Journal of Traditional Translation Study and Philology

譯學과 譯學書

第 2 號

2011. 3

譯 學 書 學 會

譯學과 譯學書 ·第 2 號·

目 次

日本現存の小説語録解について

竹越 孝

(日本, 神戸市外国語大学)

<ABSTRACT>

　日本の東洋文庫と東京大学小倉文庫には、前間恭作・小倉進平両氏の旧蔵にかかる『語録解』のコレクションがある。本稿はそのうち7種の写本中に含まれる、いわゆる「小説語録解」を取り上げ、全般的な紹介と初歩的な考察を試みたものである。

　これらの写本は『水滸伝』、『西廂記』、『西遊記』の各語録解を合冊としたものが多く、我々はその中から『水滸伝』の語録解を8種、『西廂記』の語録解を5種、『西遊記』の語録解を3種取り出すことができる。本稿ではそれぞれの作品ごとに字数別配列を持つ語録解と回数順(あるいは段落順)配列を持つ語録解に分類し、諸本の系統関係を大まかに整理した。

Key Words：語録解, 小説語録解, 水滸伝, 西遊記, 西廂記, 字数別, 回数順

1. はじめに

　日本の財団法人東洋文庫と東京大学小倉文庫には、前間恭作(1868-1941)、小倉進平(1882-1944)両氏の旧蔵にかかる『語録解』のコレクションがある。本稿は、その中からいわゆる「小説語録解」の系統に属する写本類を取り上げ、全般的な紹介と初歩的な考察を試みるものである[1]。

　これらの写本は、『水滸傳』、『西遊記』、『西廂記』の各語録解を合冊としたものが多く、それぞれの系統も決して一様ではない。本稿では、こうした諸本をそれぞれの作品ごとに整理し、その分類と系統関係を考えてみたいと思う。

---

1) 韓国における小説語録解の所蔵状況に関しては、遠藤光暁他(2009)が参考になる。

2. 小説語録解とは

　古来『語録解』の名で呼ばれた書物には、(1)「朱子語録解」の系統に属する
もの、(2)「小説語録解」の系統に属するもの、(3)訳学書『同文類解』(1748年)
や『蒙語類解』(1790年)に付載の文法解説部、という3種があるが、本稿で問
題にするのはこのうち(2)である。「語録解」という書名は、本来宋儒の語録
に見られる語彙に注解を施した書物という意味であったと思われるが、後に
は「語録解」ないしは「語録」といった名称自体が中国語の口語辞典を意味する
ようになった。中国の白話小説や戯曲に見られる語彙を集め注釈を加えた書
物を一般に「小説語録解」と総称するが、そのほとんどは作者・年代とも不詳
であり、主に写本として流布していたと考えられる。

　大谷森繁(1981)は小説語録解の作者として、中国への朝貢使節に随行した
訳官たちや、両班に属さない胥吏・中人あるいは両班の庶流の中で中国小説
を耽読していた者たちを想定している。例えば、訳学書『老乞大』には大都
(北京)で買い求めた書物として『三国志評話』が見られ、また『朴通事』には元
代に流布していた『西遊記』の一節が紹介されるなど[2]、訳官と中国白話小説
とのつながりを示すエピソードは数多い。彼らが実質的な白話小説の輸入者
であったことはもとより、中国語習得の目的でそれらを熱心に読んだであろ
うことも、想像に難くない。また、16世紀以降、士人層が中国の白話小説を
耽読することは厳に慎むべしとする議論がたびたび起こっていることか
ら[3]、白話小説が実際には幅広い層で多くの読者を獲得していたことを知り
得る。ただし、小説語録解が作者名を明らかにすることがなく、また白斗鏞
編纂、尹昌鉉増訂の『註解語録總覧』(1919年)が現れるまで刊本として流布す
ることもなかったのは、そうした白話小説蔑視の風潮のためと考えられる。

---

　2)『原本老乞大』では第104話に、『朴通事諺解』では第88話にそのエピソードが見られる。
　　『朴通事』の引く『西遊記』故事については太田辰夫(1959)等の専論がある。
　3) 大谷森繁(1981)によると、例えば李植(1584-1647)の『澤堂集』「雑著漫録」、李德懋(174
　　2-1793)の『士小説』などに関連の記載がある。

3. 各所蔵本の概略

3.1. 小倉文庫所蔵本

　東京大学文学部の小倉文庫には10冊ほどのまとまった『語録解』のコレクションがあり、見返しの部分に「語録解第一号」から「語録解第十号」までの付箋がつけられている。うち第一号から第五号までの5冊が朱子語録解[4]、第六号から第十号までの5冊が小説語録解の系統に属する。管見の限り、小倉文庫所蔵本で小説語録解を含むのは上の5冊に『物名彙』の外題を持つ1冊を加えた計6冊で、いずれも写本である。以下にその概略を記すことにする[5]。なお、筆者が補った部分は〔　〕内に示した。

　A. 小倉文庫蔵写本(蔵書番号：L174950)

　　　外題：「水滸傳語録」見返し付箋：「語録解　第六號」

　　　1冊(全169丁)。21.6×21.0cm。

　　　内容 ： 水滸傳語録(13丁)、物名攷(43丁)、〔口訣・吏讀〕(9丁)、増補字彙畧抄(12丁)、濂洛語録解抄(37丁)、語録解(19丁)、藝海珠塵駢字分箋(15丁)[6]、水滸誌語録・西廂記語録(15丁)[7]、水滸百八人(2丁)[8]。

　B. 小倉文庫蔵写本(蔵書番号：L174951)

---

4) うち2冊(語録解第一、第二号)は鄭瀁本の系統に属する木版本であり、3冊(同第三～第五号)が南二星本の系統に属する写本である。

5) 小倉文庫の目録としては福井玲(2002, 2007)があり、以下の記述においても参照した。

6) 「濂洛語録解抄」と「語録解」「藝海珠塵駢字分箋」の部分は袋とじの形になっておらず、それぞれの内容が連続していない。おそらく本来は「濂洛語録解抄」だけが記載されていた部分を折り目で二つに切断し、その裏を使って「語録解」「藝海珠塵駢字分箋」を筆写していったものと推定される。

7) 「水滸誌語録」が1a-9a、「西廂記語録」が9b-15bである。なお、後者の内題は「西廂記録語」に作るが、「録語」の右に「下上」と記され、正しくは「語録」に作ることを示している。

8) 「水滸誌語録」から「水滸百八人」までの部分は大きさが異なり、後に合綴されたものと思われる。この部分は全18丁、21.0×19.0cm、その首葉には外題「水滸誌語録 西廂記語録 合部」のほか、「自京中下來件故附後」との墨書が見られる。

外題：「水滸誌語録 附西遊記 西廂記」見返し付箋：「語録解 第七號」

1冊(全38丁)。32.5×21.4cm。

内容：水滸誌語録(22丁)、西遊記語録(10丁)、西廂語録解(6丁)。

C. 小倉文庫蔵写本(蔵書番号：L174952)

外題：「水滸志語録解」見返し付箋：「語録解 第八號」

1冊(全28丁)。30.0×16.8cm。仮綴。

内容：水滸志語録解(28丁)。

D. 小倉文庫蔵写本(蔵書番号：L174430)

外題：「滸廂遊語録 単 附史讀」見返し付箋：「語録解 第九號」

1冊(46丁)。27.9×18.0cm。

内容：忠義水滸誌語類分回［上下］9)(23丁)、西廂記語録解［上下］・西廂記語録分類［上下］(9丁)10)、西遊記語録解［上下］(10丁)、史讀［上下］(4丁)。

E. 小倉文庫蔵写本(蔵書番号：L174858)

外題：「西遊記語録 附水滸志語録」見返し付箋：「語録解 第十號」

1冊(20丁)。22.2×18.8cm。

内容：西遊記語録・水滸傳語録(20丁)11)。

F. 小倉文庫蔵写本(蔵書番号：L174350)

外題：「物名彙 単」封面：「物名彙 附語録 西廂記 水滸志」

1冊(50丁)。23.8×17.3cm。巻末に「庚午小春樵隠手抄」とあり。

内容：物名彙(26丁)、西廂記語録(7丁)、水滸誌(8丁)、［衆總語録］(7丁)。

　一見してわかるように、これらの写本は『水滸傳』、『西廂記』、『西遊記』の各語録解を合冊としたものが多い。中でもD本は「滸廂遊語録」の外題を持っており、この三つの語録解がセットで扱われていたことを物語るもの

---

9) なお、以下に見られる「上」と「下」は巻の区別ではないらしく、特定の位置で区切られるわけではない。いずれも巻首の題を「…語録上」に作り、巻尾の題を「…語録下」に作る。

10) 「西廂記語録解」が1a-6a、「西廂記語録分類」が6b-9bである。

11) 「西遊記語録」が1a-9b、「水滸傳語録」が9b-20bである。

である。

3.2. 東洋文庫所蔵本

　財団法人東洋文庫にも前間恭作氏旧蔵の『語録解』が2冊あり、そのうち小説語録解を含むのは次の1冊である[12]。

　G.　東洋文庫蔵写本(蔵書番号： Ⅶ-1-39)

　　　　題簽：「語録解　全」

　　　　1冊(全35丁)。20.5×18.5cm。巻末に「閼逢敦牂仲春上弦杏亭藏」とあり。

　　　　内容： 語録解(26丁)、第五才子書語録(9丁)。

　このうち「語録解」は朱子語録解の南二星本であり、「第五才子書語録」が『水滸傳』の語録解である。前間恭作(1944-57)は巻末にある「閼逢敦牂」を清道光14年(1834)甲午に比定し、「杏亭は写成の上にて語録解旧写本の末尾に綴込みたるなり。杏亭は洪府使大猷と別号同じきも道光頃の別人なるが如し」としている。

4.　各小説語録解の概略

　以上の7種の写本に見られる小説語録解をそれぞれの作品ごとに整理してみよう。各語録解の形式は、「一字類」「二字類」のように語彙を字数別に配列したものか、「第一回」「第二回」のように語彙を回数(または段落)順に配列したものかによって、大きく二つの系統に分けることができる。

　『水滸傳』の語録解は次の8種である。

　　　　(1)　A本所収『水滸傳語録』(以下『水一』)： 字数別、一字類～五字類

　　　　(2)　A本所収『水滸誌語録』(以下『水二』)： 字数別、一字類～十二字類

　　　　(3)　B本所収『水滸誌語録』(以下『水三』)： 回数順、楔子～七十回

---

12)　もう1種は南二星本の系統に属する木活字本で、「藝海珠塵騈字分箋」との合冊である。

(4) C本所収『水滸志語録解』（以下『水四』）：回数順、楔子～七十回
(5) D本所収『忠義水滸誌語類分回』（以下『水五』）：回数順、楔子～七
　　　　　　　　　　　　　　　　　　　　　　　　　　　十回
(6) E本所収『水滸傳語録』（以下『水六』）：字数別、一字類～五字類
(7) F本所収『水滸誌語録』（以下『水七』）：字数別、一字類～十四字類
(8) G本所収『第五才子書語録』（以下『水八』）：字数別、一字類～八字類
『西廂記』の語録解は次の5種である。
(1) A本所収『西廂記語録』（以下『廂一』）：段落順、驚艶～驚夢
(2) B本所収『西廂語録解』（以下『廂二』）：段落順、驚艶～衣錦榮歸
(3) D本所収『西廂記語録解』（以下『廂三』）：字数別、一字類～十字類
(4) D本所収『西廂記語録分類』（以下『廂四』）：段落順、驚艶～夢驚
(5) F本所収『西廂記語録』（以下『廂五』）：字数別、一字類～十字類
『西遊記』の語録解は次の3種である。
(1) B本所収『西遊記語録』（以下『遊一』）：回数順、一回～百回
(2) D本所収『西遊記語録解』（以下『遊二』）：回数順、一回～百回
(3) E本所収『西遊記語録』（以下『遊三』）：回数順、一回～百回

　以上によると、『水滸傳』の語録解は字数別が5種で回数順が3種、『西廂記』
の語録解は字数別が2種で段落順が3種、『西遊記』は回数順のみ3種というこ
とになる。
　以下、それぞれの語録解について概略を見ていくことにする。

5. 水滸傳語録解

5.1. 字数別配列
5.1.1.『水一』
　字数別配列を持つ語録解は、語彙がその字数に応じて分類されるものであ

る。『水一』の総語数は673語、その内訳は以下の通りである。

　　　　一字類58、二字類388、三字類103、四字類97、五字類27。

　一字類に挙げられる58語は以下の通りである[13]。

　　　　另、快、耍、們、倒、托、和、教、拴、與、焦、盪、桩、攧、抖、

　　　　阼、躲、吐、舀、捻、擓、央、唆、騙、矛、該、抄、睃、吥、餡、

　　　　搛、滾、虎、蹀、宂、醢、村、熬、誂、嵌、拐、踢、丟、賺、剁、

　　　　偈、搭、搧、赶、聽、啞、週、哄、膀、猜、虧、越、好。

　一字類冒頭の4語には次のような形で語釈が記されている[14]。

　　　　另　gag-bier
　　　　快　siu-i
　　　　耍　hi-rong
　　　　們　mu-ri

　上のように、『水一』ではほとんどの場合ハングルで語釈が記されてい
る[15]。

5.1.2. 『水二』

『水二』の総語数は671語、その内訳は以下の通りである。

　　　　一字31、二字291、三字217、四字79、五字24、六字16、七字2、八字
　　　　6、九字2、十字2、十二字1。

　一字類に挙げられる31語は以下の通りである。

　　　　聽、跐、闍、偌、唆、央、帮、攢、哇、巴、赶、吥、搶、尿、保、

　　　　攧、揭、撤、朝、拴、捌、繳、俏、兀、舀、歹、躔、噇、划、哨、

　　　　耍。

---

13) 本書ではこれに続けて"的、殻、鳥、鳥、些"などの語彙も挙げられているが、語釈が
　　記されていないものは数にカウントしない。
14) 以下ではハングルを河野六郎氏の方式によってローマ字転写する。ただしアレアはA
　　で表す。
15) 例えば"另"の項目にはハングルによる注釈の他に"音令、別異也"といった墨筆による
　　書き入れも見られるが、字の大きさと筆勢が明らかに異なるので、本稿ではこれを問
　　題にしない。

一字類冒頭の4語には次のような形で語釈が記されている。

聰　怒視

趴　躓也、蹈也

闖　贏得之意

偌　發語辭

『水二』では多くの場合上のように漢字で語釈が記されているが16)、ハングルで記される場合もある。

5.1.3.『水六』

『水六』の総語数は677語、その内訳は以下の通りである。

一字部59、二字部390、三字部103、四字部98、五字部27。

一字類に挙げられる59語は以下の通りである。

另、躲、村、快、們、諕、耍、旮、踢、托、夬、賺、焦、弔、膀、盪、呸、猜、抖、餡、越、掇、跊、斯、拐、倒、唆、熬、攧、和、丟、搡、教、剁、攦、與、偈、騗、阢、搨、虎、咄、趌、週、捻、噓、虒、該、哄、醮、抄、拴、圪、脥、枉、嵌、搭、滾、聰。

一字類冒頭の4語には次のような形で語釈が記されている。

另　gag-bier

躲　sum-da

村　mi-hug

快　su-i

上のように、『水六』ではほとんどの場合ハングルで語釈が記されている。

5.1.4.『水七』

『水七』の総語数は415語、その内訳は以下の通りである。

一字12、二字206、三字97、四字52、五字19、六字13、七字2、八字6、九字2、十字4、十二字1、十四字1。

---

16) 例えば"聰"の項目には漢字による注釈の他に"mui-ie bo-da"といったハングルの書き入れも見られるが、字の大きさと筆勢が明らかに異なる。

一字類に挙げられる13語は以下の通りである。

　　　瞁、唆、閞、巴、跳、偌、央、踅、幇、咘、攬、呸。

一字類冒頭の4語には次のような形で語釈が記されている。

　　瞁　怒視也

　　唆　猶屬也

　　閞　似是贏得之意

　　巴　及也、待也

『水七』では多くの場合上のように漢字で語釈が記されているが、ハングルで記される場合もある。

5.1.5.『水八』

『水八』の総語数は683語、その内訳は以下の通りである。

　　　一字55、二字378、三字105、四字97、五字31、六字11、七字4、八字2。

一字類に挙げられる55語は以下の通りである。

　　　另、焦、擻、攃、拐、快、枉、央、滾、踢、耍、攧、騸、虎、丟、們、抖、吊、蹥、剎、倒、掇、該、穵、偈、和、阼、唆、醅、搭、教、躲、抄、村、踅、托、咄、朘、熬、瞁、拴、舀、呸、譀、週、與、捻、餡、嵌、唓、哄、膀、猜、慮、越。

一字類冒頭の4語には次のような形で語釈が記されている。

　　另　gag-bier

　　焦　dab-dab

　　擻　sgi-ue、又eb-nu-ry-da、又de-dum-da

　　攃　mieng-yr bA-rie

上のように、『水八』ではほとんどの場合ハングルで語釈が記されている。

5.1.6. 字数別配列の分類

字数別配列を持つ『水滸傳』語録解は、ほぼ韓国語のみによって語釈がなされる系統と、主に中国語によって語釈がなされる系統に分かれるようで、

『水一』、『水六』、『水八』が前者、『水二』、『水七』が後者に属すると考えられる。一字類を見る限り、語彙の収録傾向もこの二系統で概ね補い合っているようだが、試みに5種すべてが収録している"瞜"と"哸"についての語釈を比較してみると次のようになる。

  "瞜"『水一』：mui-ie bo-da
    『水二』：怒視
    『水六』：mui-ie bo-da
    『水七』：怒視也
    『水八』：mui-ie bo-da
  "哸"『水一』：bi-jog
    『水二』：微笑、又相争聲
    『水六』：bis-jog
    『水七』：音丕、微笑皃、不満聲、又相争之聲
    『水八』：bi-jog

 上の例から、この両系統の違いは明らかであろう。ほぼ韓国語によって語釈がなされる系統は口語語彙全般を対象とし、主に中国語で語釈がなされる系統は難解語彙を対象とするものではないかと考えられる。

5.2. 回数順配列

5.2.1. 『水三』

 回数順の配列を持つ語録解は、語彙が字数に関係なく出現順に挙げられるものである。『水三』の総語数は1111語、その内訳は以下の通りである[17]。

  楔子46、一90、二40、三27、四24、五21、六33、七22、八20、九16、十7、十一14、十二16、十三17、十四24、十五22、十六32、十七16、十八8、十九23、二十33、二一9、二二8、二三63、二四10、二五11、二六4、二七6、二八10、二九4、三十5、三一8、三二5、三三4、三四12、三五16、三六19、三七13、三八13、三九12、四十4、四一7、四二31、四

17）以下では楔子を除き、漢数字をもって回数を表す。

三4、四四61、四五23、四六8、四七6、四八29、四九7、五十22、五一2、五二18、五三11、五四5、五五5、五六3、五七2、五八6、五九2、六十11、六一14、六二3、六三3、六四4、六五5、六六8、六七2、六八16、六九4、七十2。

楔子「張天師祈禳瘟疫、洪太尉誤走妖魔」に挙げられる46語は以下の通りである。

一條桿棒等身齊打四百座軍州都姓趙、端只是、一連、雪片也似、羅天大醮、怎生、恁地、降〃地焼着御香、約莫、看〃脚酸腿軟、尚兀自、何曾、撲地、托地、捉對児厮打、方纔、務要、歎了數口氣、限差、籔〃地響、寒栗子比簡舳児大小、待再、笑吟〃地、不保、争些児、提爐、可惜錯過、猥獕、道是去了、這児晩、両扇朱紅槅子、門上使着肐膊大鎖〃着交叉、胡説、火工道人、黒洞〃、火把點着、鋤頭、鉄鍬鑿着、可方丈圍、刮刺〃一聲響、一箇萬丈深淺、滾将起來、掀塌了半箇殿角、目睁口呆、捉顛不住。

楔子冒頭の4語には次のような形で語釈が記されている。

一條桿棒等身齊打四百座軍州都姓趙 gir-goa gas-tyn mag-dAi hA-na-hy-ro sA-bAig- joa-gun-jiu-ryr go-ro-ro cie do-mo-ji趙氏世上-yr man-dy-ni

端只是　cam-y-ro

一連　jab-yn cam-ei

雪片也似　nun nar-i-dy-si

上のように、『水三』ではほとんどの場合ハングルで語釈が記される。最初の例に見られるように、語彙というよりはほぼ文に等しい単位について注釈が記される場合もある。

5.2.2.『水四』

『水四』の総語数は1104語、その内訳は以下の通りである。

楔子45、一92、二40、三27、四24、五21、六33、七22、八20、九16、十6、十一14、十二17、十三16、十四24、十五23、十六32、十七16、

十八7、十九22、二十32、二一9、二二8、二三62、二四10、二五11、二六4、二七5、二八10、二九4、三十5、三一8、三二5、三三4、三四12、三五16、三六19、三七13、三八15、三九12、四十4、四一7、四二30、四三4、四四62、四五23、四六8、四七6、四八29、四九7、五十22、五一1、五二18、五三11、五四5、五五5、五六3、五七2、五八5、五九2、六十11、六一15、六二2、六三3、六四4、六五4、六六8、六七2、六八14、六九4、七十2。

楔子の部分に挙げられる45語は以下の通りである。

　　一條桿棒等身齊打四百座軍州都姓趙、端的是、一連、雪片也似、羅天大醮、怎生、恁地、降〃地燒着御香、約莫、看〃脚酸腿軟、尚兀自、何曾、撲地、托地、捉對児廝打、方纔、務要、歇了数口氣、限差、篏〃地響、寒粟子比饀飿児大小、待再、笑吟〃地、可惜錯過、不保、争些児、提爐、猥獕、道是去了、這児晩、両扇朱紅槅子、門上使着肒膊大鎖〃着交叉、胡説、火工道人、黒洞〃、火把點着、鋤頭、鉄鍬鑿着、可方丈圍、刮剌〃一聲響、一箇萬丈深淺、滾将起來、掀塌了半箇殿角、目睜口呆。

楔子冒頭の4語には次のような形で語釈が記されている。

　　一條桿棒等身齊打四百座軍州都姓趙 gir-goa gas-hyn mag-dAi ha-na-hy-ro sA-bAig- joa-gun-jiu-rAr go-ro-ro cie do-mo-ji dio-si-siei-siang-yr man-dy-ni

　　端的是　cam-y-ro

　　一連　jab-yn cam-yi

　　雪片也似　nun nar-ni-dy-si

『水四』は『水三』とほとんど変わるところがない。

5.2.3.『水五』

『水五』の総語数は1132語、その内訳は以下の通りである。

　　楔子46、一91、二40、三28、四24、五20、六33、七22、八20、九16、十8、十一16、十二16、十三18、十四23、十五24、十六33、十七16、

十八8、十九24、二十33、二一9、二二8、二三65、二四10、二五11、二六4、二七6、二八10、二九4、三十5、三一8、三二5、三三6、三四10、三五17、三六19、三七13、三八14、三九12、四十4、四一7、四二30、四三4、四四63、四五23、四六8、四七6、四八32、四九8、五十23、五一2、五二18、五三11、五四5、五五5、五六3、五七2、五八6、五九2、六十14、六一14、六二3、六三3、六四4、六五5、六六8、六七2、六八16、六九4、七十2。

楔子「張天師祈禳瘟疫、洪太尉誤走妖魔」に挙げられる46語は以下の通りである。

一條桿棒等身齊打四百座軍州都姓趙、端的是、一連、雪片也似、羅天大醮、怎生、恁地、降降地焼着御香、約莫、看看脚酸腿軟、尚兀自、何曾、撲地、托地、捉對児厮打、方纔、務要、嘆了數口氣、限差、簌簌地響、寒栗子比觲齣兒一般、待再、笑喰喰地、不保、争些兒、提爐、可惜錯過、猥獀、道是去了、這児晩、両扇朱紅槅子、門上使着肐膊大鎖鎖着交叉、胡説、火工道人、黒洞洞地、火把點着、鋤頭、鐵鍬鑿着、可方丈圍、掀塌了半箇殿角、目睜口呆、吊晴、刮剌剌一聲響、一箇萬丈深淺、滾将起來。

楔子冒頭の4語には次のような形で語釈が記されている。

一條桿棒等身齊打四百座軍州都姓趙 gir-goa gas-tyn mag-dAi hAn-na-hyn-ro sA-bAig- joa-gun-jiu-rar go-ro-ro ce-sie do-mo-ji dio-bsi-siei-siang man-dy-ni

端的是　cam-y-ro

一連　jab-yn cam-yi

雪片也似　nun nar-ni-dy-si

『水五』も『水三』、『水四』とほとんど同じである。

以上の回数順配列を持つ『水滸傳』語録解は、いずれも金聖嘆の七十回本[18]

---

18) 金聖嘆(1608?-1661)による『水滸傳』七十回本の出版は明崇禎14年(1641)のこととされる。また、『水八』が「第五才子書録」の内題を持つことからも、現存の水滸傳語録解の多くが七十回本に依拠していることが伺える。

に基づき、語釈はほとんどが韓国語によるものである。『水三』、『水四』、『水五』ではわずかに語数の増減があるものの、収録語彙や語釈の内容はほぼ一致しており、この3種は同系統と見てよい。

6. 西廂記語録解

6.1. 字数別配列

6.1.1.『廂三』

『西廂記』語録解の場合も、字数別配列を持つものは語彙がその字数に応じて分類される。『廂三』の総語数は300語、その内訳は以下の通りである。

> 一字類29、二字類109、三字類94、四字類43、五字類9、六字類10、七字類2、八字類1、九字類2、十字類1。

一字類に挙げられる29語は以下の通りである。

> 搦、劣、嗤、嚎、哨、煿、攪、啉、抹、瘦、趄、湯、按、搓、衙、釫、趂、管、彲、傛、攙、燀、鍬、撅、偎、颷、喳、旽、央。

一字類冒頭の4語には次のような形で語釈が記されている。

> 搦　jium
>
> 劣　po-hag
>
> 嗤　裂紙聲
>
> 嚎　diung gieng ig-nAn sio-rAi

『廂三』では多くの場合ハングルで語釈が記されるが、漢字で記される場合もある。

6.1.2.『廂五』

『廂五』は総語数274語、その内訳は以下の通りである。

> 一字類22、二字類100、三字類86、四字類43、五字類9、六字類8、七字類2、八字類1、九字類2、十字類1。

一字類に挙げられる22語は以下の通りである。

嗤、咻、熥、攬、釤、剾、攙、熰、湯、搓、抹、管、瘦、傷、趄、鍬、哨、衝、按、趍、嚎、搦。

一字類冒頭の4語には、次のような形で語釈が記されている。

嗤 裂紙聲、前喉

咻 後喉、又聒也、mar jar-hAn nan ges

熥 寺警、bog-da

攬 上仝、ji-gyn 〃

上に見られる“前喉”、“後喉”、“寺警”等は語釈ではなく、これらの語彙が「前候」、「後候」、「寺警」等の段落に見られることを示したものである[19]。『廂五』も多くの場合ハングルで語釈が記されるが、漢字で記される場合もある。

以上の字数別配列を持つ『西廂記』語録解2種を比較してみると、一字類の収録語彙は『廂三』が『廂五』をほぼ包摂しており、語釈の内容も共通性が高いので、この2種は同系統に属すると見てよいと思われる。

6.2. 段落順配列

6.2.1. 『廂一』

段落順配列を持つ『西廂記』の語録解は、いわゆる金聖嘆本[20]の分段と段落名に基づき、語彙が出現順に挙げられるものである。『廂一』の総語数は281語、その内訳は以下の通りである。

驚艶16、借廂26、酬韻10、鬧齋10、寺警43、請宴12、賴婚23、琴心13、前候14、鬧簡28、賴簡18、後候20、酬簡11、拷艶14、哭宴5、驚夢

19) なお、“喉”字に作るのは伝承の過程で生じた誤りと思われる。一字類では他にも“湯:借廂”、“瘦:拷艶”、“趄:驚夢”といった同様の例が見られる。

20) 金聖嘆批評本『西廂記』の成立は清順治13年(1656)のこととされる。その分段と段落名は以下の通り:巻一之一「驚艶」、一之二「借廂」、一之三「酬韻」、一之四「鬧齋」;巻二之一「寺警」、二之二「請宴」、二之三「賴婚」、二之四「琴心」;巻三之一「前候」、三之二「鬧簡」、三之三「賴簡」、三之四「後候」;巻四之一「酬簡」、四之二「拷艶」、四之三「哭宴」、四之四「驚夢」;巻五之一「報捷」、五之二「猜寄」、五之三「争艶」、五之四「榮歸」。

18。
　　「驚艶」に挙げられる16語は以下の通りである。なお、『廂一』では段落ごとに字数が少ないものから多いものへと推移するよう配置されている。

　　　脑腆、宜貼、旖旎、怕你不、投至到、可正是、襯殘紅、慢俄延、可憐人、打箇照面、脚跟無線、宜嗔宜喜、儘人調戲、顛不刺的、撒和了馬、前後左右閉着。

「驚艶」冒頭の4語には次のような形で語釈が記されている。

　　　脑腆　　e-rie-ue
　　　宜貼　　bu-cin ge-si mas-dang-ta
　　　旖旎　　gob-gi cyg-niang-eb-da
　　　怕你不　nei a-ni hAr-ga bo-nia

上のように、『廂一』の語釈はほとんどの場合ハングルで記されている。

6.2.2.『廂二』

『廂二』の末尾には「天都汪溥勲廣囙氏箋釋」と記されている。総語数は385語、その内訳は以下の通りである[21]。

　　　驚艶15、借廂46、酬韻15、鬧齋11、寺警31、請宴14、賴婚22、琴心15、前候13、鬧簡36、賴簡20、後候21、酬簡24、拷艶22、哭宴7、驚夢10、泥金報捷3、錦字緘愁(猜寄)5、鄭恒求配(争艶)21、衣錦榮歸(團圓)21、續13。

　　段落順配列の3種の中では唯一、巻五の内容までを含んでいることが注目される[22]。「驚艶」に挙げられる15語は以下の通りである[23]。

　　　眄、撒、随喜、聖賢、驀然、業冤、顛、不刺、儘、拈、偏、脑腆、

---

21) なお、以下においてカッコ内に示したのは小字で記された部分。また、末尾にある「續」は補遺であるらしく、「落漏追録」として驚艶3、借廂1、酬韻3、寺警6の計13語を挙げている。

22) ただし、巻五にあたる部分の段落名は現存の金聖嘆本と必ずしも一致しない。注20参照。

23) この15語の他に、「續」の部分に"怕你不"、"撒和了馬"、"宜嗔宜喜"の3語が収録され、語釈はいずれもハングルで記されている。

底印兒、慢俄延、打個照面。

「驚艶」冒頭の4語には、次のような形で語釈が記されている。

> 盷　音惠、眄字之誤
>
> 撒　音殺、擦俗字、散之
>
> 随喜　即闔耍、gu-gieng
>
> 聖賢　北方神称

『廂二』の語釈は漢字で記される場合もあればハングルで記される場合もある。

6.2.3. 『廂四』

『廂四』は総語数221語、その内訳は以下の通りである。

> 驚艶10、借廂19、酬韻12、鬧齋8、寺警35、請宴5、頼婚23、琴心10、前候6、鬧簡25、頼簡12、後候14、酬簡10、拷艶11、哭宴5、夢驚16。

「驚艶」に挙げられる10語は以下の通りである。

> 随喜、驀然、顛不剌的、儘人調戲、宜貼、宜嗔宜喜、可人憐、襯殘紅、慢俄延、打個照面。

「驚艶」冒頭の4語には、次のような形で語釈が記されている。

> 随喜
>
> 驀然　es-bdys
>
> 顛不剌的　寶石名
>
> 儘人調戲　非調笑戲䖏、任人覷視、不小家藏頭露尾、做盡樟致者也

語釈は多くの場合漢字で記されるが、ハングルで記される場合もある。ただ、語釈が記されていない語彙も多く、「驚艶」では10語のうち上の3語しか語釈がない。

6.2.4. 段落順配列の分類

段落別配列を持つ『西廂記』語録解においては、まず『廂二』のみ巻五の内容を含んでいるので別系統と見るべきであるが、「驚艶」を見る限り、残り

の『庿一』と『庿四』もさほど近いとは言えないようである。まず、『庿四』で語釈のある上の3語につき、『庿一』と『庿二』における語釈を見てみると次のようになる。

   "顛不刺的"『庿一』：i-siang-i go-yn ge-syr
   "儘人調戲"『庿一』：sA-rAm-yi-gei ir-ges in-iu-kei hA-ia-do
   "驀然" 『庿二』：奄然

 また、『庿一』と『庿二』に共通する語彙について語釈を見てみると次のようになる。

   "腼腆" 『庿一』：e-rie-ue
        『庿二』：謂顔厚羞也
   "慢俄延" 『庿一』：can-can-i hys-ge-re ga
        『庿二』：緩歩兒
   "打個照面"『庿一』：nun-sgys mas-co-i-da
        『庿二』：撞見也

 以上によると、この3種の中に特定の親疎関係を見出すのは難しそうである。

7. 西遊記語録解

7.1.『遊一』

 『西遊記』の語録解は回数順のものしか存在しない。『遊一』は総語数364語、その内訳は以下の通りである。

   一12、二18、三18、四14、五2、六2、七1、八1、九2、十1、十一1、十二3、十三9、十四1、十五3、十六11、十七1、十八15、十九2、二十5、二一3、二二11、二三4、二五5、二六6、二六2、二七3、二八4、二九1、三十9、三一2、三二6、三三5、三四6、三五5、三六2、三七2、三八2、三九3、四十1、四一1、四二5、四三4、四四4、四五2、四六1、四七2、四八2、四九2、五十3、五一3、五二5、五三15、五四3、五五3、五六

1、五七1、五八1、五九1、六十2、六一4、六二1、六三1、六四1、六五
1、六六4、六七2、六八3、六九5、七十3、七一1、七二2、七三7、七四
1、七五1、七六6、七七2、七八4、七九1、八十4、八一1、八二1、八三
4、八四1、八五2、八六9、八七1、八八5、八九3、九十3、九一1、九二
2、九三2、九四2、九五2、九六2、九七1、九八1、九九1、一百1。

第一回に挙げられる12語は以下の通りである[24]。

　　　頑耍了一會、滾瓜湧濺、造化大造化、家當、妝箇炯㫒、揺〃擺〃、
　　　丟了斧、找路、磕頭、朝禮、也罷、這個。

第一回冒頭の4語には、次のような形で語釈が記されている。

　　　頑耍了一會 ga-rAi-ag-jir hAn-ba-tang i-ra
　　　滾瓜湧濺 mur-gier-i sgo-i-ie sio-sA na-dan mar
　　　造化大造化 天作也
　　　家當 器物也

上のように、語釈はハングルで記される場合もあれば漢字で記される場合
もある。

7.2. 『遊二』

『遊二』の総語数は365語、その内訳は以下の通りである。

　　　一11、二16、三18、四14、五2、六2、七1、八1、九2、十1、十一1、
十二3、十三9、十四1、十五3、十六11、十七1、十八16、十九2、二十
5、二一3、二二11、二三4、二二四6、二五6、二六2、二七3、二八4、二
九1、三十9、三一2、三二6、三三5、三四6、三五5、三六2、三七2、三
八2、三九3、四十1、四一1、四二5、四三4、四四4、四五2、四六1、四
七3、四八3、四九2、五十3、五一3、五二5、五三16、五四3、五五3、五
六1、五七1、五八1、五九1、六十2、六一4、六二1、六三1、六四1、六
五1、六六4、六七2、六八3、六九5、七十3、七一1、七二2、七三7、七
四1、七五1、七六6、七七2、七八4、七九1、八十4、八一1、八二1、八

---

24)　本書では上欄外にも"這里je-gyi"、"那里e-dyi又ge-gyi"といった書き込みが見られる
　　が、本稿ではこれを対象としない。

　　　三4、八四1、八五2、八六9、八七1、八八5、八九2、九十3、九一1、九
　　二2、九三2、九四2、九五2、九六2、九七1、九八1、九九1、一百1。
　第一回に挙げられる11語は次の通りである。

　　　　頑要了一會、滚瓜湧溅、造化造化、家當、妝箇婀彿、揺揺擺擺、丟
　　　了斧、找路、磕頭、朝禮、也罷。

　第一回冒頭の4語には、次のような形で語釈が記されている。

　　　　頑要了一會　mAi-o gar-nAi-iag hA-gi-yr hAn-bas-tang hA-mi-ra
　　　　滚瓜湧溅　mur-gier-i sgoi-i-ie sio-sA sdu-mi-ra
　　　　造化造化　天作也、又sA-mang is-dan mar-i-ra
　　　　家當　器物也

　『遊二』はほぼ『遊一』と変わるところがないが、上の「造化造化」のようにハ
ングルで注を書き足したと思われる個所もある。

7.3. 『遊三』

　『遊三』は総語数355語、その内訳は以下の通りである。

　　　　一11、二17、三18、四14、五2、六2、七1、八1、九2、十1、十一1、
　　十二3、十三10、十四1、十五3、十六10、十七1、十八15、十九2、二十
　　5、二一3、二二11、二三3、二四6、二五6、二六2、二七3、二八4、二九
　　1、三十9、三一2、三二6、三三6、三四4、三五5、三六2、三八2、三九
　　3、四十1、四一1、四二5、四三3、四四4、四五2、四六1、四七2、四八
　　2、四九3、五十3、五一3、五二5、五三15、五四3、五五2、五六1、五七
　　1、五八1、五九1、六十2、六一4、六二1、六三1、六四1、六五1、六六
　　4、六七2、六八3、六九5、七十3、七一1、七二2、七三7、七四1、七五
　　1、七六6、七七2、七八4、七九1、八十4、八一1、八二1、八三3、八四
　　1、八五1、八六9、八七1、八八5、八九3、九十3、九一1、九二2、九三
　　2、九四1、九五2、九六2、九七1、九八1、九九1、一百1。

　第一回に挙げられる11語は次の通りである。

　　　　頑要了一會、滚瓜湧溅、造化大造化、家當、妝箇婀虎、揺〃擺〃、
　　　丟了斧、找路、磕頭、朝禮、也罷。

第一回冒頭の4語には、次のような形で語釈が記されている。

 頑嚛了一會　mAi-u gar-nAi-mi hA-ba-tang ni-ra

 滾瓜湧濺　mur-gier-ni sgoi-i-ie so-sa sdui-mi-ra

 造化大造化　天作也

 家當　器物

『遊三』もほぼ『遊一』、『遊二』と同じである。

　以上の回数順配列を持つ『西遊記』語録解は、わずかに語数の増減があるものの、収録語彙や語釈の内容はほぼ一致しており、この3種は同系統と見てよい。

8. まとめ

　以上に述べてきたところにより、日本に現存する小説語録解について、それぞれの作品ごとに系統を整理してみると、概ね次のようになるであろう。

表1　日本現存小説語録解の系統関係

作品名	分類一	分類二	同系統の語録解
水滸傳語録解	字数別	韓国語注中心	『水一』、『水六』、『水八』
		中国語注中心	『水二』、『水七』
	回数順	―	『水三』、『水四』、『水五』
西廂記語録解	字数別	―	『廂三』、『廂五』
	段落順	巻一～巻四	『廂一』
			『廂四』
		巻一～巻五	『廂二』
西遊記語録解	回数順	―	『遊一』、『遊二』、『遊三』

　これはあくまで限られた数の資料に対して外形的な特徴をもとになした試案であり、今後の分析により修正される可能性がある。また、本稿で議論の

及ばなかった、字数別配列と回数順(段落順)配列との関係や、『註解語録総覧』に収められた各語録解との関係[25]についても、今後の検討に譲ることとしたい。

　小説語録解は韓国語史や中国語史はもとより、朝鮮時代における中国語学史、中国文学受容史の点から見ても極めて興味深い資料と言えるが、現在までところその研究は非常に少なく、朴在淵(2002)において積極的に語釈が利用されている他は、未だ本格的な検討が行なわれていない如くである。今後、こうした資料の発掘と系統的な整理が行なわれ、誰もが手軽に参照できるようになれば、朝鮮半島における中国語の理解と受容をめぐる我々の視野は更に大きく広がるであろう。

<付記>

　ハングルで記された部分の解釈に関し、ソウル大学大学院の杉山豊氏より懇切なご教示をいただきました。ここに記して深甚の謝意を申し上げます。

<参考文献>

安秉禧(1983),「<語録解>解題」,『韓國文化』4, 153-170;(1992),『國語史資料研究』474-494, 서울:文學과 知性社

遠藤光曉・伊藤英人・鄭丞惠・竹越孝・更科慎一・朴眞完・曲曉雲編(2009),『譯學書文獻目録』, 서울:博文社

太田辰夫(1959),「朴通事諺解所引西遊記考」,『神戸外大論叢』10/2, 1-22;(1984),『西遊記の研究』69-94, 東京:研文出版

大谷森繁(1981),「語録解について─その書誌的検討と朝鮮小説史からの考察─」,『朝

---

25) これについては、拙稿(2010)において『水滸傳』語録解をもとに簡単な推定を述べた。即ち、『註解語録總覧』は、それまで写本として伝わってきた複数の系統に見られる語釈を集大成したものではないかとするものである。

鮮学報』99・100, 279-301.

小倉進平(1940),『増訂朝鮮語学史』, 東京:刀江書院.

河野六郎(1947),「朝鮮語ノ羅馬字轉寫案」,『Tôyôgo Kenkyû』2;『河野六郎著作集』1, 96-97, 東京:平凡社.

竹越孝(2010),「『語録解』と『水滸伝』」,『水滸伝の衝撃』(アジア遊学131)73-79, 東京:勉誠出版.

福井玲(2002, 2007),「小倉文庫目録 其一 新登録本」,『朝鮮文化研究』9, 124-182;「小倉文庫目録 其二 旧登録本」,『韓国朝鮮文化研究』10, 105-130.

朴在淵(2002),『中朝大辭典』, 牙山:鮮文大學校中韓翻譯文獻研究所.

前間恭作(1944-57),『古鮮册譜』(東洋文庫叢刊11), 東京:東洋文庫.

□ 성명 : 竹越 孝(Takashi TAKEKOSHI)
　주소 : 日本 651-2187 神戸市西区学園東町 9-1 神戸市外国語大学中国学科
　전화 : 81-78-794-8111
　전자우편 : takekosi@inst.kobe-cufs.ac.jp

□ 이 논문은 2011년 1월 3일 투고되어
　　　　2011년 1월 10일부터 2월 10일까지 심사하고
　　　　2011년 2월 25일 편집회의에서 게재 결정되었음.

『老乞大新釋』・『老乞大新釋諺解』의 成立 過程에 對하여
−關聯 史料 및 文獻 內的 根據를 通하여−

杉山 豐

(서울大學校 國語國文學科 博士修了)

<ABSTRACT>

　　本文以闡明朝鮮時代後期漢學書《老乞大新釋》（漢字本）和《老乞大新釋諺解》（諺解本）的成書過程爲研究目的，以分析和比較爲研究方法，即：一方面，通過考察各種文獻資料－－《承政院日記》、'燕行錄'等－－來推定《老乞大新釋》（含諺解本）的成書背景和年代；另一方面，通過比較《老乞大新釋》（含諺解本）各異本以及其他版本系統《老乞大》中漢語文的關聯與差異來探究各異本之間的承遞關係，進而推定《老乞大新釋》的編纂過程。

　　如前所述，本文得出的結論如下：

一，通過對史料的考察，本文推定《老乞大新釋》（含諺解本）在一七六一年六月前後已經脫稿成書，但是刻板刊行卻在兩年後的一七六三年。

二，《老乞大新釋》在刊行以後，原書刻板經過至少一次挖補。現存異本中除韓國國立中央圖書館所藏本以外，均可以認爲是未經改動的原書刻板印本。

三，漢字本與諺解本的先後關係是先有漢字本，後有諺解本，即：漢字本完成後，在其基礎上施以注音和諺解（韓語飜譯），而非先完成諺解本後，在其基礎上對注音和諺解加以刪削編成漢字本。

四，《老乞大新釋諺解》所附'今本/新本'系漢字本－－存羊本，此本大體以'侍講院本'系刪改《老乞大》爲底本，而注音則是依照平安監營重刊《老乞大諺解》右側音爲準寫就的。

五，由第四條結論，可以推論出在編纂《老乞大新釋》（含諺解本)的過程中，極有可能參考了平安監營重刊《老乞大諺解》，甚至在《老乞大新釋》（含諺解本）中所見錯誤，也是受平安監營重刊《老乞大諺解》的誤導而產生的。

Key Words: 老乞大新釋, 老乞大新釋諺解, 書誌, 成書年代, 成書過程, 異本, 注音, 用字, 異同, 底本, 修正.

1. 序論

文獻資料에 記錄된 過去의 言語를 研究함에 있어 그 言語가 실린 文獻의, '書誌, 個中에서도 文獻의 成立 背景에 對한 考慮가 優先되어야 함은 새삼 强調할 나위도 없다.1) 特히, 言語 그것 自體를 自覺的으로 다룬 語學敎材인 譯學書에 있어서는 當該 文獻이 어떠한 問題意識에 말미암아 어떠한 過程을 거쳐서 編纂되었는가, 그 文獻에 어떠한 言語가 실리게 되는가에 直結된 變數로서 作用할 것이다.2) 그러한 文獻의 成立 過程은 于先 그 當時의 史料에 나타나는 文獻 外的 根據를 通하여 엿볼 수 있을 것이다. 또 한편으로는 文獻의 內容, 文獻에서 使用된 言語라는 文獻 內的 要素가 그 文獻의 成立 過程을 推論함에 있어 根據로 삼을 수도 있다. 정승혜(2000), 竹越孝(2005a, 2006b, 2006c) 等은 司譯院 漢學書의 編纂, 刊行 過程에 對하여, 그러한 文獻 內的 根據를 通하여 論議한 研究라 할 수 있다. 이렇듯이 어떠한 文獻의 內容 特히 文獻에 실린 言語에 對한 研究와 그 文獻의 成立 背景에 對한 研究는 相互依存的인 面이 있다고 할 수 있다.

本稿 亦是 이러한 先行研究의 趣旨를 이어 18世紀에 編纂, 刊行된 司譯院 漢學書, 『老乞大新釋』 및 『老乞大新釋諺解』의 成立 過程에 對하여 몇 가지의 推論을 試圖하고자 하는 것이다.

本稿는 以下, 第2章에서 『老乞大新釋』 및 『老乞大新釋諺解』의 異本에 對하여 槪觀한 뒤, 第3章에서는 그 當時 史料의 記述을 通하여 이 文獻의 編纂 經緯 및 成書 年代에 對하여 살펴보며, 이어서 第4章에서는 『老乞大新釋』 및 『老乞大新釋諺解』 所載 漢語文을 檢討함으로써 編纂 過程의 一端을 밝힐 것이다.

---

1) 이것은 現代의 言語, 特히 方言이나 少數 言語에 對한 研究에 있어 提報者(informant)의 條件을 嚴密히 統制하여야 하는 것에 譬喩할 수 있을 것이다.
2) 本稿 3. 및 4.2.4.에서 紹介할 各種 史料도 이것을 잘 말하여 주는 것이라 할 수 있다.

第5章은 本稿의 結論으로 以上의 論議를 總括하는 章이 될 것이다.

本稿에서 研究 對象으로『老乞大新釋』과『老乞大新釋諺解』를 選擇한 最大의 理由는, 이 文獻이 그 外의 司譯院 漢學書, 特히『老乞大』,『朴通事』類에서는 볼 수 없는 內容, 體裁上의 特徵을 가지고 있기 때문이다. 後述할 바와 같이『老乞大新釋諺解』에는 이 文獻을 爲하여 새로 改訂되어 만들어진 漢語文 外에, 그 以前에 使用되었던 旣存의『老乞大』漢語文이 실려 있다. 이와 같이 한 文獻에 新舊 두 가지의 텍스트가 收錄되어 있다는 特徵은, 本稿 第4章에서 進行할 바와 같이 漢語文에 對한 檢討를 바탕으로 이 文獻의 編纂 過程을 推論함에 있어 多角的인 接近을 可能케 하여 주는 것으로 期待되는 것이다.

2. 『老乞大新釋』의 異本에 對하여

2.1. 漢字本

漢字本『老乞大新釋』의 異本으로 筆者가 只今까지 確認한 것은 다음 a)~d)의 네 가지이다.

a~d)를 各各 說明하기에 앞서 結論的으로 말하면 이 네 가지는 基本的으로 同版이므로 版式 및 構成 亦是 同一한 것으로 보아 無妨하다. 이들 네 가지 異本에 共通되는 事項을 于先 整理하면 다음과 같다[3]:

> 木版本
> 內題: '老乞大新釋
> 匡郭: 四周雙邊, 半郭은 a)는 22.7×16cm,[4] c)는 23.5×17.0cm,[5] d)는
> 22.3×15.9cm.[6]

---

[3] 이 內容은 국립중앙도서관 編(1972), 延世大學校中央圖書館 編(1977: 123), 서울大學校 奎章閣(2003)의 記述, 및 筆者가 確認한 바를 바탕으로 筆者가 綜合, 整理한 것이다.

[4] 서울大學校奎章閣(2003: 7).

[5] 延世大學校中央圖書館 編(1977: 123). 但, 延世大學校 中央圖書館 홈페이지(http://library.yonsei.ac.kr/)에서 提供되어 있는 情報에서는 '半郭 22.9 x 16.0 cm'로 되어 있다.

[6] 국립중앙도서관 編(1972: 1147).

行格: 有界, 10行 20字.
版心: 版心題 '老乞大新釋', 上三葉花紋魚尾.
構成: 洪啓禧[7] '老乞大新釋序'(5張), 本文(46張), ('檢校書寫諸官' 名單(1張)).
　　　本文은 111의 套話로 이루어지며, 套話 境界는 'O(圓圈)'로 表示됨.

以上의 前提 下에서 以下에서는 各異本의 基本的 書誌事項에 對하여, 特히 各 異本 사이의 相違點을 中心으로 살펴보고자 한다.

a) 奎章閣 所藏本(奎4871)

서울大學校奎章閣(2003: 7)에 依하면 크기는 32×21.3cm이며 '承華淸宮'의 印이 있다.

筆者가 調査한 바로는 表題 '老乞大新釋 全'은 表紙에 直接 墨書되어 있다. 保存 狀態는 매우 良好하며 印面도 鮮明하다. 墨書 等은 없다.

b) 奎章閣 所藏本(奎4872)

冊 크기, 表紙의 色, 紋樣, 表紙에 墨書된 表題 '老乞大新釋 全'의 筆跡에 이르기까지 a)와 거의 同一하다.

다만, 이 冊은 종이의 質이 全體的으로 a)보다 두꺼운 點, '檢校書寫諸官' 名單이 存在하지 않는다는 點, 綴絲가 a)와 같은 紅絲가 아니라 흰 실이 使用되어 있는 點[8] 序 마지막 部分에서 '崇祿大夫行議政府左參贊兼弘文館提學洪啓禧謹書'처럼 洪啓禧 이름에 墨書로 네모가 쳐져 있다는 點, 本文에서 各 套話 始作 部分 欄上에 墨書로 套話 番號가 記入되어 있다는 點이 a)와 다르다.

---

7) 1703(肅宗29年)～1771(英祖47年). 文臣. 本貫은 南陽. 字는 純甫, 號는 淡窩. 1737년(英祖 13年)에 別試文科에 壯元及第하였다. 1762년 京畿道觀察使로 있으면서 思悼世子의 잘 못을 告變케 함으로써 世子가 죽게 되는 契機를 마련하였다. 老論 李縡의 門人을 自處 했으나, 大多數 李縡 門人들로부터는 排斥당한 人物이었다. 한때는 蕩平派에 接近해 出世했으나 後日 不和로 因하여 멀어져, 領議政 金尙魯, 刑曹判書 尹汲, 參判 李基敬 等과 結託하였다. 또한 英祖 繼妃의 아버지 金漢耉와 內通하는 等 權力을 좇아 處世한 탓에 士林들로부터 小人 乃至 奸臣으로 指目되었다. 諡號가 文簡이었으나, 두 孫子가 正祖 弑害 未遂 事件에 連累되어 그의 두 아들(趾海・述海)과 一家가 處刑당하게 되자, 官爵이 追奪되고 逆案에 이름이 올랐다. 著書로『三韻聲彙』가 있다(鄭萬祚 1991 參照).
8) b)의 綴絲는 a)에 比해 새로워 보인다.

保存, 印面 狀態는 亦是 매우 良好하며, 落張 部分 外에는 內容도 a)와 完全히 同一하다.

c) 延世大學校 中央圖書館 所藏本(고서(I) 412.8 노걸대 신-판)

表題는 '老乞大新釋'로 되어 있는 것이 確認되나 '老乞大新釋' 다섯 글자 中 '新釋' 部分은 損傷되어 있어 各 글자의 '斤', '睪' 部分만이 겨우 判讀되는 程度이다. 保存 狀態는 a), b)보다는 若干 떨어지며, 本文의 第41~46張이 落張이다.9)

現存 部分의 內容은 a), b)와 完全히 一致한다.

그 外, 本文 欄上, 欄下에는 本文에 나타나는 字句의 音이나 뜻이 間或 작은 墨書로 注記되어 있다. 뜻의 注記에는 韓國語로 쓰인 것과 漢文으로 쓰인 것이 있다. 對應하는 諺解本이 現存하는 部分(後述)에 關한 限, 墨書된 音은 諺解本의 右側音과, 뜻의 注記 中 韓國語로 쓰인 것은 諺解文과 一致한다.

d) 國立中央圖書館 所藏本(위창古327-2)

국립중앙도서관 編(1972: 1147)에 記載된 冊 크기는 26.1×14.9cm이다.

그 外 筆者가 調査한 바로는 表題는 '老乞大 全'으로 되어 있으며, 뒷 表紙에는 漢字本 『老乞大新釋』 第13張의 反故紙가 使用되어 있다. 保存 狀態는 a), b)보다 떨어져, 特히 第44張 以後는 書眉가 約 2~3cm 破損되어 있으나 印刷된 部分의 缺損은 없다.

이 冊은 다른 異本에 比해 墨書가 많은 것이 特徵이다. 序에서 洪啓禧 이름 周圍에 틀이 墨書되어 있다는 點, 套話 番號가 欄上에 記入되어 있는 點은 b)와 共通되는데, 그 밖에 本文 字句 오른쪽에 朱墨으로 點이 찍힌 것이 全體的으로 確認되며,10) 一部에는 어떤 字句에 對한 韓國語譯이 그 字句 곁에 記入되어 있는 部分도 보인다.11) 또한 '檢校書寫諸官' 名單 마지막 部分에는, 本文에서

---

9) 落張 部分 書腦에는 原來 存在하였던 張의 一部가 남아 있는데 銳利한 칼 같은 것으로 잘라낸 痕迹이 確認된다.
10) 이 點이 뜻하는 바는 分明치 않다.
11) 第25張뒤~第26張앞, 第30張앞~뒤, 第32張앞, 第33張앞. 이들은 모두 말, 옷감, 馬具, 화살, 器皿 等 各種 商品 名稱이 羅列되어 있는 部分이다. 이 部分은 對應되는 諺解本이

點을 記入하는 데 使用된 것과 같은 朱墨으로 '丁亥菊月望日印出'이라고 記入되어 있으며, 같은 張 欄外에는 같은 朱墨으로 '冊主'의 墨書가 보인다.

墨書와 關聯되어서 興味로운 것으로는, 이 冊에서는 原來 木版에 새겨져서 印刷된 句讀點이 一部 붓으로 修訂되어 있는 點을 들 수 있다. 이 問題에 對해서는 關聯 事項과 함께, 뒤에서 다시 다룰 것이다.

마지막으로 이 冊은, 字劃, 匡郭, 版心 等의 模樣으로 미루어 a)~c)와 같은 版木으로 印出된 것은 疑心의 餘地가 없으나, a)~b)와는 內容의 相違를 보이는 곳이 存在한다. 그러므로 嚴密한 意味로는 a)~c)와 同版이라 할 수는 없다. 이 問題에 對해서도 亦是 關聯되는 다른 事項과 더불어 後述할 것이다.

2.2. 諺解本

『通文館志』卷八 '什物 續'의 '新釋老乞大板、諺解板[乾隆癸未, 訓長邊憲修整, 芸閣刊板]'이라는 記錄과 '書籍 續'의 '新釋老乞大[一本]、諺解[三本]'이라는 記錄, 그리고 M. Courant(1894)의 記載 等[12]으로 미루어 『老乞大新釋諺解』는, 늦어도 19世紀末까지는 漢字本 『老乞大新釋』과 함께 ――적어도 그 版木은―― 司譯院에서 保管되어 있었던 것으로 생각된다. 20世紀에 들어서는 方鍾鉉(1946a: 41)에 依하여 宋錫夏氏 所藏本 卷2・3이 紹介된 바 있으나, 이 2・3卷에 對해서는 安秉禧(1996: 395)에 '事變으로 그 책의 행방이 알려지지 않아서 이 책은 전하지 않는 것으로 되어 있'다고 言及되어 있으며, 그 後 現在에 이르기까지 그 有無 및 行方은 알려져 있지 않다. 現在 確認되는 傳本으로는 美國 컬럼비아大學 東亞圖書館에 所藏되어 있는 卷一 1冊만, 內容的으로는 모두 111話 中 第1話부터 第36話까지만이 알려져 있다.[13]

傳하지 않으므로 確認할 수는 없으나, 記入된 單語는 大部分이 『重刊老乞大諺解』諺解文과도 一致하면서, 同時에 部分的인 差異도 보인다. 이것으로 미루어 이 墨書는 『老乞大新釋諺解』諺解文의 內容을 記入한 것일 可能性는 높다.

12) '이 책의 木板들은 司譯院에 의해 보관되어졌다. 이 책은 1763년 사역원 관리 중 邊憲이라는 사람에 의해 교정되어 藝[Sic. '芸'의 잘못]閣에서 雕版되었다.'(李姬載 譯 1994;1997: 119). 덧붙여 말하자면 李姬載 譯(1994;1997: 119)의 '89. 新釋老乞大諺解 項에는 現在의 所在로 '「奎」<奎. 4871>'이라는 記載 內容이 追加되어 있으나 이것은 上述한 바와 같이 奎章閣 所藏 漢字本, 卽 M. Courant(1894)에서 그 위에 記載된 '88. 新釋老乞大'에 該當되는 冊을 가리키는 것으로 諺解本은 아니다.

이 諺解本의 構成은『通文館志』의 記錄, 및 方鍾鉉(1946a: 41-42)의 報告를 通해 原來 3卷 3冊으로 이루어져 있었음을 알 수 있다.

다음으로, 컬럼비아大學 東亞圖書館 所藏本의 形態事項을 整理하고자 한다. 基本的으로는 千惠鳳・李廷燮・朴相國・金己用(1994: 60-61), 安秉禧(1996: 394-397), 愼鏞權(1999: 456-458)에서 報告된 內容을 바탕으로 하였으되, 一部 筆者가 複寫本을 通하여 確認한 事項을 補充하였다.

이 冊은 木版本으로 版式은 四周雙邊, 半郭의 크기는 세로 23.3cm, 가로 17cm이며, 有界, 半葉 10行 20字이고 注音과 諺解文은 雙行이다. 版心은 版心題 '老乞大新釋'에 이어 下向三葉花紋魚尾가 있으며, 그 밑에 '諺觧○('○'는 卷次 卽 컬럼비아大本은 '一')' 및 張次가 적혀 있다. 首題는 '老[랑랖]乞[킹키]大[때다]新[신신]釋[싱시]諺[연연]解[개계]卷[권권]一[힝이]', 尾題는 '老[랑랖]乞[킹키]大[때다]新[신신]釋[싱시]諺[연연]觧[개계]一[힝이]終[즁즁]'으로 되어 있다. 冊의 크기는 세로 33.8cm, 가로 22.2cm, 線裝으로 종이는 楮紙가 使用되었고, 卷一은 모두 59張으로 이루어진다. 表題는 '老解'이다.14)

다음으로 本文 部分의 體裁에 對하여 살펴보면,『老乞大新釋諺解』는『飜譯朴通事』,『朴通事諺解』,『朴通事新釋諺解』,『重刊老乞大諺解』와 마찬가지로 各 套話가 새로 始作되는 部分에서 行을 바꿈으로써 套話 境界를 表示하였다.15) 또한『老乞大新釋諺解』컬럼비아大 東亞圖書館本에서는 套話의 始作部分 위 欄上에 墨書로 套話 番號가 記入되어 있는 것을 確認할 수 있다.

한 套話 內部에서는, 漢語 原文의 한 句가 끝나면 分句를 表示하는 圓圈에 이어 그 句에 對한 諺解文이 雙行으로 提示된다. 漢語 原文에는 한 글자마다 그 밑에 亦是 雙行으로 右側音과 左側音의 한글 注音이 表示되어 있다. 各 한 句에 該當되는 諺解文의 끝 部分은 ',' 16) 標로 表示되어 있다.

---

13) 安秉禧(1996: 394-395). 本稿에서는 컬럼비아大學 東亞圖書館 所藏 卷一의 마이크로필름을 印出한 複寫本을 使用하여 調査를 進行하였다.

14) 千惠鳳・李廷燮・朴相國・金己用(1994: 60-61)에는 表題가 題箋에 적힌 것인지 아니면 表紙에 直接 墨書된 것인지 明記되어 있지 않다.

15) 『老乞大』・『朴通事』의 各 異本에서의 套話 境界 表示 方法에 關해서는 竹越孝(2006a) 參照.

16) 原本은 세로쓰기로 되어 있으므로 實際로는 이 記號는 當然히 ' ⌐ '와 같은 模樣으로

한 套話의 內容이 끝나면 行을 바꾸고 한 글자 낮추어서, 그 앞의 套話에 對應하는, 이른바 '今本/新本'系[17]의 漢語 原文을 덧붙여 실었다. 이 部分은 雙行으로 되어 있으며 왼쪽은 漢語 原文, 오른쪽은 各 글자에 對한 注音이라는 構成을 取하였다. 이 '今本/新本'系 漢語 原文에서도 各 句마다 그 마지막 部分에 ','로 分句 表示가 되어 있다.[18] 이렇듯 各 套話가 끝날 때마다 '今本/新本'系의 原文이 提示되어 있는 것은 漢字本『老乞大新釋』에 실린 洪啓禧의 '老乞大新釋序'에서 '逐條改證, 別其同異, 務令適乎時, 便於俗, 而古本亦不可刪沒, 故倂錄之, 蓋存羊之意也。'[19]라고 說明되는 趣旨를 따른 것으로 보인다.

이 밖에도『老乞大新釋諺解』의 異本에는 京畿道 開城 中京文庫 및 서울 鍾路區 普成高等學校 所藏 筆寫本이 있었다고 알려져 있다.[20] 이 中에서 普成高等學校[21] 所藏本은 40年쯤 前에 다른 古書들과 함께 澗松美術館에 寄贈되었다고 하는데[22] 澗松美術館에서의 所藏 狀況에 對해서는 未確認 狀態이다. 國會圖書館司書局參考書誌課 編(1968: 955)에 依하면 이 筆寫本의 '著者'는 '李性'이라는 人物이고 '寫本 2冊[23]'으로 되어 있다고 한다.

나타난다.

17) 『老乞大』·『朴通事』類 諸本의 分類에 있어서의 '古本/舊本'과 '今本/新本'의 區別에 對해서는 李泰洙(2003: 13) 및 竹越孝(2005d: 129-131) 參照. '今本/新本'系『老乞大』에는 所謂 刪改本『老乞大』,『飜譯老乞大』,『老乞大諺解』,『(平安監營重刊)老乞大諺解』 等이 屬한다.

18) 다만 한 套話의 마지막 句末에서는 諺解文 및 '今本/新本'系 原文 모두 ','가 使用되지 않는다.

19) 標點은 筆者에 依함.

20) 國會圖書館司書局參考書誌課 編(1968: 955)

21) 普成高等學校는 現在 서울特別市 松坡區 芳荑洞에 所在한다.

22) 普成高等學校 吳榮植 先生님 敎示에 依함.

23) 實物을 調査하지 못한 現時點에서는 臆測에 不過하나, 이 '2冊'이라는 構成으로 미루어 이 筆寫本은 木版本에서 '存羊之意'로 실린 '今本/新本'系 原文이 割愛되어, 그 結果 木版本『老乞大新釋諺解』式의 3卷이 아니라『老乞大』의 다른 諺解本들과 같은 上下 2卷 構成으로 이루어져 있을 可能性도 있다.

3. 成書 年代에 對하여

여기에서는 各種 紀錄을 바탕으로 『老乞大新釋』 및 『老乞大新釋諺解』의 成立 經緯와 成書 時期에 對하여 推測을 試圖하고자 한다.24)

『老乞大新釋』 編纂의 動機 및 經緯는 洪啓禧의 '老乞大新釋序'의 다음과 같은 內容을 通하여 알 수 있다:

> 《老乞大》, 不知何時所創, 而原其所錄, 亦甚草草, 且久而變焉, 其不中用, 無怪矣。 …(中略)… 識者憂之。 余嘗言不可不大家釐正, 上可之, 及庚辰衛 命赴燕, 遂以 命賤臣焉。 時譯士邊憲在行, 以善華語名, 賤臣請專屬於憲。 及至燕館, 逐條改證, 別其同異, 務令適乎時, 便於俗, 而古本亦不可刪沒, 故幷錄之, 蓋存羊之意也。 書成, 名之曰: 《老乞大新釋》, 承　　上命也。 …(中略)… 上之三十七年辛巳八月下澣, 崇祿大夫行議政府左參贊兼弘文館提學洪啓禧謹書。

이 內容에 依하면 『老乞大』가 만들어진 지 오래 되어 使用할 만 못하게 되었기에 그것을 바로잡을 必要가 있다는 洪啓禧의 建議를 '上(英祖)'이 許可하였다. 이어서 庚辰年(乾隆25年, 英祖36年, 西紀 1760年)에 이르러 그 해의 冬至正使로 任命된 洪啓禧가 다시 請을 올려, 隨行했던 譯官으로 漢語를 잘한다고 이름난 邊憲25)에게 『老乞大』 改訂의 일을 맡기게 하였다는 것이다.

다음의 『承政院日記』 庚辰三月初二日 條의 記事가 바로 이 洪啓禧의 建議를 記錄한 것으로 보인다:

> 庚辰三月初二日午時, 上御熙政堂晝講。 戸判、判尹同爲入侍時, 知事洪象漢、特進官李吉輔、參贊官李重祜、侍講官任玧、檢討官徐命天、假注書任煜、記事官申益彬、鄭彦暹、武臣金致龜、行戸曹判書洪鳳漢、判尹洪啓禧, 以次進伏訖。 …(中略)… 啓禧曰: "漢學校正不難, 而久不行, 甚可悶矣。 《五

---

24) 이 章의 內容은 鄭丞惠(2009)에 힘입은 바가 매우 큼을 아울러 밝혀 둔다.
25) 1707(肅宗33年)~?(金昊鍾 1991 참조). 『譯科榜目』 康熙壬寅(61年, 西紀 1722年) 增廣條에 '邊憲[字德章 丁亥生 本原州 漢學敎誨正憲 父相協生父譯科奉事相鐍]'라고 나와 있다.

倫全備》、《博通事》、《老乞大》，兼爲講習，則好矣。"…(中略)…又命書
傳敎曰："此後赴燕時擇差書狀官，持《老乞大》、《博通事》、《伍倫全
備》，與漢學譯官，較正訛誤，作一冊子以來。"

여기에서는 燕行의 機會를 利用하여 改訂할 譯學書에는『老乞大』뿐만 아니
라,『朴通事(博通事)』,『伍倫全備(五倫全備)』도 包含하고 있어 注目을 끈다.
　이『老乞大』改訂을 洪啓禧가 燕行의 主要 任務 中 하나로 認識하고 있었음
은,『承政院日記』庚辰十一月初二日 條 記事를 通해서도 엿볼 수 있다:

　　庚辰十一月初二日辰時，上御景賢堂。冬至三使臣入侍時，上使洪啓禧、副使
　　趙榮進、書狀李徽中、左承旨沈鏐、假注書金宅洙、記事官李在簡、姜趾煥，
　　以次進伏。…(中略)…啓禧又曰："《老乞大》，接話新語，當以好道爲之
　　矣。"上曰："依爲之。"

『老乞大』改訂을 建議한 洪啓禧 自身이 上使로 冬至使行을 떠나면서 英祖에
게『老乞大』改訂 作業 完遂를 期約하고 있는 것이다.
　『老乞大新釋』關聯의 記錄으로 그 다음에 나타나는 것은『承政院日記』의
다음과 같은 記事이다:

　　辛巳四月十四日卯時，上御思賢閣。…(中略)…又命啓禧進前，下敎曰："重臣
　　有何所奏者乎？"啓禧曰："因《老乞大新釋》事，又有欲仰達者矣。《捷解新
　　語》，臣亦奉下敎，使崔鶴齡、崔壽仁，釐正開刊，而倭字，用舊本字樣矣。
　　其後更得倭人善書之本，則多有誤處，故崔鶴齡甚以爲惶恐，渠自出力校正改
　　刊，十二卷內，四卷已訖役，以此本用於科場，何如？"上曰："渠自出力爲
　　之，可嘉矣。此以後則當以官力爲之矣。"啓禧曰："渠已始役，自當訖工矣。"
　　鳳漢曰："雖使渠擔當畢役，前頭自朝家追給無妨矣。"上曰："然矣。"啓禧
　　曰："已改之四卷，用於壬午式，而乙酉式以後，則竝用十二卷之意，分付，
　　何如？"上曰："依爲之。"出擧條。啓禧曰："《老乞大新釋》，依下敎使邊憲編
　　次矣。令寫字官書出正本，付芸閣開刊，而壬午式年，則有難以此課試，自乙
　　酉式年始用之意，分付，何如？"上曰："依爲之。"

燕行使 一行이 漢陽으로 歸還한 지 며칠 지나지 않은26) 辛巳(英祖 37年, 西紀

1761年) 4月 14日, 以前에 邊憲에게 命하여 編纂하게 한『老乞大新釋』을 寫字官으로 하여금 正本을 쓰게 한 뒤 芸閣(校書館)에 맡겨 開刊시키되, 壬午(1762)年의 式年試에서『老乞大新釋』에서 出題하기는 어려우므로 乙酉(1765)年의 式年試부터 使用하는 것이 어떠냐는 洪啓禧의 建議를 임금이 許可하였다는 內容이다.

다음으로 같은 해 6月 2日의 記事를 보자:

> 辛巳六月初二日巳時, 上御景賢堂。…(中略)…洪啓禧曰:"《老乞大新釋》,令校書館刊印事定奪矣。戶判以定例中, 有觀象監、司譯院書冊, 自各其所印出之語爲據, 不欲給物力, 而所謂本所印出者, 蓋許其等第而出物印書也。今此特命釐正, 使之刊布者, 與定例所云者有異, 不當據以爲例, 以此分付戶曹, 何如?"上曰:"與定例事有異, 依爲之。"

『老乞大新釋』을 校書館에서 刊行한다는 것은 임금의 命으로 決定된 것인데도 不拘하고 戶曹에서 物資를 提供하려고 하지 않는 것을 洪啓禧가 임금에게 呼訴하는 內容이다. 이 記事로 미루어, 이때까지는『老乞大新釋』이 이미 校書館에 맡겨 刊行할 수 있는 段階에 있었던 것으로 보인다. 그것은 그로부터 9日後의, 다음과 같은 記事를 通해서도 確認할 수 있다:

> 辛巳六月十一日辰時, 上御景賢堂。…(中略)…上曰:"《老乞大》已刊乎?"啓禧曰:"印畢後, 當以一件進上矣。"上曰:"刊役畢後, 一件進上, 可也。"

『老乞大新釋』에 對한 記錄으로, 날짜 順으로 그 다음에 나타나는 것이 바로 洪啓禧에 依한 '老乞大新釋序'의 '…(前略)…書成, 名之曰:《老乞大新釋》, 承 上命也。…(中略)… 上之三十七年辛巳八月下澣, 崇祿大夫行議政府左參贊兼弘文館提學洪啓禧謹書。'라는 記載이다. 이 記載에 依하여, 洪啓禧가『老乞大新釋』의 序를 쓴 英祖37年 辛巳(1761年) 8月 上旬까지는『老乞大新釋』의 內容이 이미 完成되어 있었을 것임('書成')을 알 수 있다.

---

26) 庚辰冬至燕行의 槪略的인 日程에 對해서는 뒤의 脚註 參照.

그런데 여기까지 살펴본 紀錄들에 나타난 書名들은 '老乞大新釋' 或은 오로지 '老乞大'로만 나타나 있어 그것이 漢字本만을 가리키는 것인지 아니면 諺解本까지 包含하여 言及한 것인지가 確實치 않았다. 이제부터는 諺解本의 成立도 아울러 考察하여 보고자 한다.

現在로서는 序跋이나 刊記 等을 通하여 『老乞大新釋諺解』의 刊行 年代를 把握할 수가 없다.27) 다만 『通文館志』卷八 '什物 續'에 '新釋老乞大板、諺解板[乾隆癸未, 訓長邊憲修整, 芸閣刊板]'28)이라는 記錄을 따르면, 訓長 邊憲이 修整한 『老乞大新釋』과 그 諺解本이 乾隆癸未(28年, 英祖 39年, 西紀1763年)에 校書館에서 刊行된 것으로 되어 있다.

鄭丞惠(2009)는 여러 記錄들의 內容을 根據로 漢字本 『老乞大新釋』은 1761年에 成立되었고, 『通文館志』의 이 記錄은 잘못된 것인바 1763年에는 『老乞大新釋諺解』만이 成立되었을 것이라는 結論을 내렸다. 그런데 여기서 筆者는 『老乞大新釋』은 漢字本도 諺解本도 그 內容 自體는 1761年에는 完成된 狀態에 있었고, 다만 木版으로 刊行한 것이 ――亦是 漢字本과 諺解本 둘 다―― 그 2年 後인 1763年, 即 『通文館志』에 記錄된 乾隆癸未였을 可能性을 提案하고자 한다.

그 根據는 바로 漢字本 『老乞大新釋』에서 찾을 수 있다.

첫째는 위에서도 紹介한 序 中의 '逐條攷證, 別其同異, 務令適乎時, 便於俗, 而古本亦不可刪沒, 故併錄之, 蓋存羊之意也.'라는 記載이다. 위에서도 이미 보았듯이, 여기에서 言及되어 있는 '古本'은 '老乞大新釋序'가 실린 漢字本 『老乞大新釋』에는 실려 있지 않고, 『老乞大新釋諺解』의 各 套話 뒤에 바로

---

27) 勿論 卷 2 · 3을 볼 수 없는 現時點에서는 『老乞大新釋諺解』에 跋이나 刊記가 없었다고 斷言할 수는 없다. 그런데 方鍾鉉(1946a)에서 序跋, 刊記 等에 對한 아무런 言及도 없는 것으로 미루어, 卷 2 · 3에도 序跋, 刊記 等은 없었을 것이라고 于先 推測할 수 있다. 또한 그 밖에도 筆者는 그 外의 다른 理由로 『老乞大新釋諺解』에는 原來 跋, 刊記 等은 없었을 것으로 본다. 이 問題에 對해서는 後述한다.

28) 『通文館志』에 記錄된 이 書名에 關하여는 小倉進平 著 · 河野六郎 補注(1964: 560)에서 '惟ふに此の兩書は確かに同一物で、單に「新釋」なる文字の位置が變つたに過ぎぬものと考へる。(생각건대 이 두 冊은 틀림없이 同一한 것으로 但只 '新釋'이라는 글자의 位置가 바뀌었음에 不過한 것으로 생각한다.)'며, '新釋老乞大'와 '老乞大新釋'이 同一한 文獻을 가리키는 것으로 解釋된 바 있다.

이어 실려 있다. 이 事實은 洪啓禧가 序를 쓴 1761年 8月 時點에 이미 諺解本도 完成되어 있었거나, 적어도 諺解本의 體裁에 關한 方針, 構想이 決定되어 있었음을 말하여 준다. 또한 이와 같은 事實을 볼 때 '老乞大新釋序'는 비록 漢字本에 실려 있으나 實際로는 諺解本의 序도 兼한 性格의 것이었음을 알 수 있다.

둘째로는, 漢字本『老乞大新釋』卷末에 실린 編纂 關與者의 名單[29]이다. 여기에는 檢察官인 金昌祚, 邊憲을 비롯하여 校正官, 書寫官의 이름이 記錄되어 있다. 이 名單에서 書寫官은 4名의 이름이 記錄되어 있는데 그 中에서 通訓大夫前行司譯院僉正 趙東洙와 朝散大夫前行司譯院直長 鄭德純의 이름 밑에는 雙行으로 '諺解正書入梓'라고 注記되어 있다. 따라서 이 名單 亦是 漢字本『老乞大新釋』뿐만 아니라 그 諺解本, 即『老乞大新釋諺解』의 編纂 關與者의 名單도 兼한 것으로 보아야 한다.[30] 그렇다면 編纂者 名單이 실린 漢字本『老乞大新釋』이 刊行되려는 段階에 이르렀을 때에는 이미 諺解本 亦是, 적어도 版下가 正書된 狀態에 있었다고 보아야 한다.

여기서, 위에서 본『承政院日記』의 辛巳(1761)年 6月 2日 및 11日의 記事의 內容을 勘案하면, 이 記事가 記錄된 1761年 6月 上旬 前後에는『老乞大新釋』의 漢字本과 諺解本 둘 다 그 內容이 거의 完成되어 있어 校書館에 맡겨 正本을 쓰게 할 準備도 된 狀態였고, 洪啓禧가 序를 쓴 그 해 8月 下旬에는 거의 序만 붙이면 完成되는 段階에 이르러 있었을 것으로 推測된다.[31]

---

29) 版心題는 '撿校書寫諸官'으로 되어 있다.

30) 그러므로 萬若『老乞大新釋諺解』의 卷 2·3이 發見되어도 거기에는 跋이나 刊記 等은 없을 것으로 생각된다. 漢字本의 序나 編纂者 名單이 同時에 諺解本에 對한 것도 兼하고 있기 때문이다. 그 傍證으로『朴通事新釋』亦是 漢字本의 실린 名單이 諺解本의 編纂者 名單을 兼하는 것이라 할 수 있는데(鄭丞惠 2004: 72)『朴通事新釋諺解』에는 序跋 刊記類이 실려 있지 않다는 것을 들 수 있다.

31) 위에서도 살펴보았듯이『老乞大』改訂은 洪啓禧를 正使로 하는 庚辰冬至使行에 隨行한 譯官 邊憲이 北京 現地에서 進行한 漢語에 對한 調査 結果를 바탕으로 이루어졌다('老乞大新釋序': '時譯士邊憲在行, 以善華語名, 賤臣請專屬於憲. 及至燕舘, 逐條改證, 別其同異, 務令適乎時, 便於俗'). 이 燕行에서 書狀官 李徽中(1715~1783)의 아들로 弟子軍官 資格으로 隨行한 李商鳳(1733~1801)(김영진 2008: 27-29)에 依하여 著述된 紀行文, 이른바 '燕行錄'인『北轅錄』에 依하면, 이 해의 使行은 庚辰 即 1760年 十一月初二日壬寅에 漢陽을 出發, 이듬해 辛巳 即 1761年 四月 初六日乙亥에 歸還하였다. 이 中 邊憲인『老乞大』改訂을 爲해 言語를 調査하고 있었을 것으로 推定되는 北京 滯留 期間은 十二月 二十八日戊戌부터 二月 初九日己卯까지인데, 그 期間 동안에도 邊憲은

이렇듯이 『老乞大新釋』과 『老乞大新釋諺解』가 原稿 或은 版下 段階로는 1761年 8月頃 以前에 成立되어 있었다면, 實際로 木版으로 印出된 時期, 卽 刊行 時期는 언제였을까? 本稿는 『通文館志』에 記錄되어 있는 대로 乾隆癸未 卽 英祖 39年(西紀1763年)으로 보는 立場이다. 現在로서는 『通文館志』의 記錄을 否定할 만한 積極的 根據 亦是 찾지 못하였기 때문이다.[32]

萬若 위의 推定이 事實이라면, 왜 1761年에 內容이 完成된 지 2年이 지난 後인 1763年에야 겨우 刊行된 것일까? 그 要因으로는, 例컨대 『老乞大』 改訂을 建議한 洪啓禧 自身이 깊이 關與한 1762의 壬午獄(및 그것을 둘러싼 一連의 事情들)과 같은 事件과의 關聯을 들 수 있을지 모르나, 이것은 어디까지나 臆測의 範圍를 벗어나지 않는다. 이 問題는 現時點에서는 未解決로 남겨 두어야 할 것이다.

4. 『老乞大新釋』 및 『老乞大新釋諺解』 所載 漢語文에 對한 檢討

여기에서는 위에서 살펴본 『老乞大新釋』의 各種 異本들(諺解本도 包含)에

同時에 譯官으로서의 職務를 遂行하고 있다(『北轅錄』 卷之三 一月 二十九日己亥, 三十日庚子, 正月 十一日辛亥, 二十四日甲子, 二十七日丁卯 等 條). 그렇다면 邊憲이 北京 滯留 中에 言語 調査 外에 改訂 作業, 더욱이 諺解 作業까지 進行하였다고 보기에는 若干의 어려움이 있을 듯하다. 勿論 北京 滯留 中에도 調査 結果의 整理 作業 程度는 進行되었을 可能性이 있으나, 本格的인 編纂 作業이나 特히 諺解 作業은 歸還 後, 1761年에 4月 上旬부터 6月 上旬에 이르는 두 달 동안에 進行되었다고 보는 것이 穩當할 것이다. 이와 關聯되는 漢字本과 諺解本 成立의 前後關係에 對해서는 第4章에서 다룰 것이다.

32) 『通文館志』의 史料로서의 信憑性 問題에 對해 檢證한 安秉禧(2000)에 依하면, 『通文館志』에서 信憑性이 缺如된 記事는 壬辰亂 以前을 對象으로 한 것에 보이는 데 比하여, 信憑性이 큰 記事는 18世紀 以後를 對象으로 한 것에 보인다고 한다. 『老乞大新釋』 成立과 關聯되어서 問題가 되는 1760年代 以後 가장 가까운 時期에 이루어진 『通文館志』 重刊은 1778年(正祖 2年)의 일이다(『續附本』, 安秉禧 2000 參照). 이 1778年 重刊本에서도 問題의 年代는 (現在 影印本으로 쉽게 利用할 수 있는 1888年 重刊本과 마찬가지로) '乾隆癸未'로 되어 있다.

실린 漢語 原文을 檢討함으로써, 그 過程에서 浮刻되는 文獻 內的 根據를 바탕
으로 『老乞大新釋』 및 『老乞大新釋諺解』의 成立 過程에 對하여 推論을 試圖
하고자 한다.

以下에서는 두 가지의 漢語 原文이 檢討 對象이 된다.

하나는 말할 나위도 없이 『老乞大新釋』의 漢語 原文이다. 여기서는 特히
諺解本이 現傳하는 第1~36話까지를 對象으로 한다.

다른 하나는 『老乞大新釋諺解』에서 各 套話 뒤에 附載되어 있는 '今本/新本
系' 原文이다. 以下에서는 이 『老乞大新釋諺解』 所載 '今本/新本系' 原文을 유
재원(2003) 및 张林涛(2004)를 따라 '存羊本33)'이라는 名稱으로 부르기로 한
다. 이 '存羊本'에 對한 檢討에서는, '存羊本'과 現存하는 各種 '今本/新本系'
『老乞大』 漢語文을 比較함으로써 '存羊本'의 所據 資料 및 '存羊本' 漢語文의
性格을 밝히고자 한다.

調査를 進行 함에 있어 漢字本 『老乞大新釋』에 對해서는 一旦 2.1.에서 본
a)本, 卽 奎章閣 所藏本(奎4871)을 使用하였다. 다른 異本에 對해서는 必要에
따라 言及하기로 한다.34)

4.1. 《新釋》 部分에 對하여 -漢字本과 諺解本의 比較-

위에서 言及한 바와 같이 거의 同時에 編纂, 刊行된 『老乞大新釋』과 『老乞
大新釋諺解』에 실린 《新漢》과 《新諺》은 當然히 同一한 텍스트임이 期待된

---

33) '而古本亦不可刪沒, 故倂錄之, 蓋存羊之意也.' (洪啓禧 '老乞大新釋序')

34) 本章 以下에서는 漢字本 『老乞大新釋』에 실린 漢語 텍스트를 《新漢》, 諺解本인 『老乞
大新釋諺解』에 실린 漢語 텍스트를 《新諺》으로 略稱한다. 따라서 《新諺》에는 '存羊
本'은 包含되지 않는다. '存羊本'은 《存》으로 略稱한다. 또한 以下에서는 《新釋》은
《新漢》와 《新諺》의 總稱으로 使用한다. 『老乞大新釋諺解』는 本稿에서는 《新諺》
과 《存》을 실은 하나의 文獻에 對한 名稱으로 使用되고 있으나, 앞에서는 그것을 明示
하지 않았으므로, 여기서 다시 確認하여 두고자 한다. 같은 脈絡으로 以下에서 『老乞大
新釋』이라 指稱할 때, 그것은 《新漢》을 실은 文獻 그것 自體를 가리키는 것이다. 마지
막으로 各種 『老乞大』 類의 略稱은 다음과 같다: 『(漢字本)老乞大』 侍講院 舊藏本
《侍》, 『(漢字本)老乞大』 嶺南大學校 圖書館 所藏本 《嶺》, 『飜譯老乞大』:《飜》, 『老
乞大諺解』:《諺》, 『(平安監營重刊)老乞大諺解』:《箕》, 《重》:『重刊老乞大』, 《重
諺》:『重刊老乞大諺解』.

다. 그런데 細部的으로 檢討할 때, ≪新漢≫과 ≪新諺≫ 사이에서는 몇 가지의 相違가 發見된다.35) 여기에서는 ≪新漢≫과 ≪新諺≫ 사이에서 發見되는 相違에 對한 檢討를 通하여, 이들 두 텍스트의 成立 過程에서의 相互 關係를 推定하여 보고자 한다.

4.1.1. 分句의 異同

漢語 本文의 分句 境界는 ≪新漢≫에서는 '。'로 표시되며, ≪新諺≫에서는 'ㅇ'로 表示된다. 이 'ㅇ' 뒤에 雙行으로 諺解文이 이어진다. 이 分句 境界의 有無나 位置가 ≪新漢≫과 ≪新諺≫ 사이에서 相違를 보이는 例가 存在한다. 分句의 相違의 패턴으로는 ≪新漢≫에서 합치는 句를 ≪新諺≫에서 나누는 패턴과, ≪新漢≫과 ≪新諺≫ 사이에서 分句의 位置를 달리 하는 패턴의 두 가지로 나눌 수 있다.

于先 前者의 例는 다음과 같다:

    (1) ≪新漢≫: 再到學裏寫倣寫倣後頭對句。 (00201b05~06)36)
        ≪新諺≫: 再到學裏寫倣ㅇ[또 흑당의 가 셔픔 쓰기 ᄒ고] 寫倣後頭對句ㅇ
              [셔픔 쁜 후에 년구ᄒ기 ᄒ고] (002103a09~10)
    (2) ≪新漢≫: 寫着一箇學生的名字衆學生的名字都一樣寫着。 (00302a01~02)
        ≪新諺≫: 寫着一箇學生的名字ㅇ[ᄒᆞᆫ 學生의 일홈을 쓰고] 衆學生的名字ㅇ
              [모든 學生의 일홈을] 都一樣寫着ㅇ[다 一樣으로 써] (003104b04
              ~07)
    (3) ≪新漢≫: 姓甚麼名字甚麼。 (01205b05)

---

35) 이와 같은 現象이 『重刊老乞大』와 『重刊老乞大諺解』, 『朴通事新釋』과 『朴通事新釋諺解』 사이에서도 發見되는 것에 對해서는 竹越孝(2006b, c) 參照.

36) 本章에서의 ≪新漢≫, ≪新諺≫, ≪存≫의 用例의 出處 表示 方式은 다음과 같다. 먼저 ≪新漢≫의 境遇, 番號의 첫 3 자리는 "老乞大"의 套話 番號를, 다음 2 자리는 張을, 다음 a/b는 張의 前/後를, 마지막 2 자리는 行을 가리킨다. ≪新諺≫의 境遇에는 套話 番號를 나타내는 3자리와 張을 나타내는 2자리 사이에 卷을 나타내는 1자리가 追加된다. 따라서 여기서 引用한 ≪新漢≫의 例文 番號 '00201b05~06'은 그 用例가 第2話에 나타나며 ≪新漢≫에서는 第2張 뒤의 第5~6行에 보이는 用例임을, ≪新諺≫의 例文 番號 '002103a09~10'은 그 用例가 第2話에 나타나며 ≪新諺≫에서는 第1卷 第3張 앞의 第9~10行에 보이는 用例임을 뜻한다. ≪存≫의 用例의 出處 表示 方式은 ≪新諺≫의 方式에 準한다.

《新諺》: 姓甚麼○[姓이 므어시며] 名字甚麼○[일홈이 므엇고] (012119b04
～05)
(4) 《新漢》: 帶着弓箭跟着走到箇酸棗林地方無人處。 (02109b09～10)[37]
《新諺》: 帶着弓箭跟着走○[화살 ᄎ고 ᄯ라 녜어] 到箇酸棗林地方無人處
○[酸棗林이라 ᄒᄂᆫ 따 無人處에 다드라] (021136a10～36b03)

竹越孝(2006b)에서 指摘되었듯이 漢字本의 境遇에는 版木의 ‘。’가 磨滅되
어 있을 可能性도 있다. 또한 例文 (2)의 《新漢》의 例에서 ‘寫着一箇學生的名
字’ 뒤에 ‘。’가 보이지 않는 것은 그 位置에서 行이 바뀌어 있다는 것과 關聯이
있을지 모른다.[38]

다음으로 《新漢》과 《新諺》가 分句의 位置를 달리 하는 例는 다음과 같
다:

(5) 《新漢》: 家裏有的拿來。饋他吃没甚麼該吃東西。 (03113b05～06)
《新諺》: 家裏有的拿来饋他吃○[집의 잇ᄂᆫ 거슬 가져다가 주어 먹게 ᄒ라]
没甚麼該吃東西○[아모란 먹엄즉ᄒ 거시 업다] (031151b04～07)

‘家裏有的拿来饋他吃’에 對한 諺解는 ‘집의 잇ᄂᆫ 거슬 가져다가 주어 먹게
ᄒ라’로 用言의 終結形(命令形)으로 끝나 있으므로 諺解者는 이 部分에서 한
文章이 끝나는 것으로 解釋하였음을 알 수 있다. 이와 같은 解釋에서는 《新
漢》에서도 該當 部分에 ‘。’ 表示가 있는 것이 더 自然스러울 것으로 보인다.
萬若 이 部分이 錯誤나 版木의 破損으로 因하여 ‘。’가 떨어져 나간 것이라는
可能性을 생각할 수 있다면 이 (5)의 例는 《新漢》에서 나누는 句를 《新諺》
에서 합친 例가 된다.[39]

---

37) 國立中央圖書館本(2.1.의 d))에서는 ‘帶着弓箭跟着走’ 뒤, 卽 《新諺》의 分句와 같은 位
置에 墨書로 ‘。’가 記入되어 있다.
38) 4.2.1.에서 後述할 바와 같이 《存》에서는 行末 位置에서 分句 記號가 보이지 않는 傾向
이 있다.
39) 國立中央圖書館本에서는 ‘家裏有的拿來。’ 部分의 ‘。’가 먹으로 뭉개어져 있고, 代身
‘饋他吃’ 뒤에 ‘。’가 붓으로 記入되어 있다. 이것 亦是 國立中央圖書館本에서 墨書에
依하여 《新諺》式의 分句로 修正되어 있는 例가 된다.

以上에서 보았듯이 ≪新漢≫과 ≪新諺≫ 사이에서 分句의 相違를 보일 境遇,
例文 (5)의 한 例를 除外하고는 ≪新漢≫에서 합치는 句를 ≪新諺≫에서 나누는
傾向이 있음을 알 수 있다.40) 이러한 事實에 對해서는 몇 가지의 說明이 可能
할 것이다.

하나는 ≪新漢≫에서의 單純한 錯誤나 版木의 破損에 因한 것으로 보는 解
釋이다. ≪新諺≫에서는 分句는 圓圈과 그것에 이어지는 諺解文으로 明確히 表
示되므로 雕版에서의 錯誤나 版木의 破損 等으로 分句의 位置가 달라진다는
일은 일어날 수가 없다. 이에 比하여 ≪新漢≫에서 分句 表示로 使用되는 ‘。’는
雕版時의 失手나 版木의 破損, 또는 印刷되는 종이 表面의 凹凸 等으로도 빠져
나갈 可能性이 있을 것이다.

다른 하나는, 諺解本의 境遇에는 漢字本과 比較할 때에 原文이 지나치게
길어지는 것을 止揚하려는 方針이 存在하였다는 解釋이다. 假令 諺解本에서는
原文의 句節 하나하나에 對하여 仔細히 풀이를 加하려는 意圖로 漢字本의 分
句보다 더 작은 單位로 諺解한다는 式의 編纂 態度上의 差異를 反映하는 것으
로 보는 것이다. 위의 例 (1)~(4) 中에서 特히 (2) 및 (4)의 境遇, 萬若 分句를
넣지 않는다면 前者는 20字, 後者는 17字로, ≪新諺≫ 現傳 部分에서 가장 긴
漢語文의 15字41)를 넘게 된다. ≪新諺≫ 編纂에 있어 위와 같은 方針이 存在하
였다면 적어도 이 두 箇에 對해서는 說明이 可能할 것이다.42)

---

40) 竹越孝(2006b, c)에서 報告된 『重刊老乞大』와 『重刊老乞大諺解』, 『朴通事新釋』과 『朴
通事新釋諺解』 사이에서의 分句의 異同에 있어서도 漢字本에서 나누지 않는 句를 諺解
本에서 나누는 패턴이 그 逆의 패턴보다 많은 듯하다. 이 ≪新漢≫과 ≪新諺≫의 境遇
亦是 이와 同一한 傾向이라 할 수 있다.

41) ‘旣然這箇月初一日間從王京起身的의[이믜 이 둘 초ᄒᆞᆺ 날 王京으로 조차 ᄠᅥ난 이
면]’(001101a08~10)

42) 또한 ≪新諺≫ 諺解文의 特徵과 關聯시켜서 附言한다면, 例文 (1), (2)의 諺解文에서는
聯結語尾 ‘-고’가, (3)에서는 聯結語尾 ‘-며’가, ≪新諺≫에만 存在하는 分句 直前(卽 하
나의 諺解文 마지막)에서 使用되어 있다. ≪新諺≫에서 各各 語尾의 用例를 檢討하면
‘-고’의 用例는 모두 95例 中 88例(위의 例文 (1), (2) 包含)가, ‘-며’의 用例는 모두 10例
中 7例(例文 (3) 包含)가 分句 直前 位置에 나타나는 傾向이 發見된다는 點은 興味롭다.

4.1.2. 用字의 異同

《新漢》과 《新諺》사이에서 用字上 相違를 보이는 것으로는 于先 다음과
같은 例를 들 수 있다:

    (6) 《新漢》: 但恐怕小了伱們吃的飯 (03113a10~b01)
       《新諺》: 但恐怕少了伱們吃的飯○[다만 너희 먹을 밥이 젹을가 ᄒᆞ노라]
          (031151a02~03)
    (7) 《新漢》: 便小些飯 (03113b01)
       《新諺》: 便少些飯○[곳 밥이 젹으면] (031151a04)

(6), (7)은 《新漢》에서 '小'로 하는 것을 《新諺》에서 '少'로 하는 例이다.
'小'는 『廣韻』에서는 上聲 小韻에 '微也。私兆切。'로 나오며, '少'는 上聲 小韻
에 '不多也。書沼切。'로, 또 去聲 笑韻에 '幼少。…(中略)…失照切。'로 나온
다. 이 中에서 위의 例는 '不多也'라고 定義된 上聲의 '少'의 用法인데,[43] 이
'小'와 '少'는, 『說文解字』의 '少' 밑의 說解 '不多也。'에 對한 段注 '不多則小,
故古少、小互訓通用。'(第二篇上), 그리고 汉语大词典编辑委员会 汉语大词典
编纂处 编(1988, 第二卷 p.1587)의 '小'에 對한 定義 中 하나인 '通"少"。'를 通
하여 서로 通用되어 온 글자들임을 알 수 있다. 그런데 여기서 筆者는 《新漢》
의 '小'가 《新諺》에서 '少'로 되어 있는 것은, 말하자면 異體字와 같은 取扱으
로서 偶發的으로 交替한 것이 아니라 諺解本을 編纂하는 過程으로서 必然的으
로 或은 意圖的으로 '少'를 選擇한 것으로 보고자 한다. 위에 《新諺》의 例에서
는 '少'에 對하여 左側音은 '셜'로, 右側音은 '샾'로 되어 있다. 이 中 左側音은
『洪武正韻譯訓』이나 『四聲通解』에 記載된 '少'의 正音과 一致한다.[44] 『洪武

---

43) 《新諺》에서 '少'에 對한 '젹-'이라는 諺解는 이러한 意味解釋을 爲한 決定的인 根據가
되지는 못한다. 왜냐하면 이 時期에 있어서도 '젹-'은 現代語와 같은 '적다'의 意味 外에
'작다'의 意味로도 使用되었기 때문이다:
    大刀子一把○[큰 칼 ᄒᆞ 즈ᄅᆞ] 小刀子一把○[져근 칼 ᄒᆞ 즈ᄅᆞ] (『朴通事新釋諺解』
    : 卷一 18b04~05)
44) 《新諺》의 左側音이 『洪武正韻譯訓』 또는 『四聲通解』의 正音에 基礎하는 것에 對해서
는 愼鏞權(1999: 458) 參照. 嚴密하게 말하면 '少'에는 위에서 보았듯이 그 意味에 따라
다시 두 가지의 音이 存在하기에 『洪武正韻譯訓』에서는 各各 ':셜' 및 '·셜'로 실었으나

正韻譯訓』이나『四聲通解』에서 '小'의 正音은 ':셜'로 '少'와는 區別된다. 그러 므로 音이 表面에 드러나지 않는 漢字本인 ≪新漢≫에서는 (想定된 音은 비록 '셜'이더라도 漢字 表記로는 적어도) '少'와 '小'를 通用하여도 큰 問題가 되지 않았던 것에 比하여, 한 글자 한 글자 注音하여야 하는 諺解本인 ≪新諺≫에서 는 '셜'라는 音이 想定되는 部分에 '셜'라는 音을 가지는 '小'를 使用할 수는 없었던 것이다.

　이 事實은 ≪新漢≫과 ≪新諺≫의 成立과 關聯하여 그 先後 關係에 對한 推 測을 可能케 한다. 結論부터 말하면 ≪新漢≫이 먼저 만들어진 後 ≪新諺≫이 만들어졌다[45]고 보아야 위와 같은 用字上의 相違가 說明이 可能하다. 卽 注音 을 考慮할 必要가 없는 ≪新漢≫이 먼저 成立되었는데 거기서는 '小'와 '少'를 '通用'시켜도 아무런 問題도 없었다. 그러나 나중에 ≪新諺≫을 만들면서 各 글 자마다 注音하는 過程에서 音을 달리하는 '小'와 '少'는 嚴密히 區別할 必要가 생겨, 그 結果로 ≪新漢≫과 ≪新諺≫ 사이에서의 用字의 相違를 招來한 것으로 생각되는 것이다. 萬若 그 逆으로 ≪新諺≫이 먼저 成立되었다면(卽, ≪新漢≫ 이 ≪新諺≫에서 注音과 諺解文을 빼는 過程을 거쳐 만들어진 것이라면), ≪新 諺≫에서 嚴密히 區別하는 '小'와 '少'를 다시 '通用'시킬 必要는 없었을 것이다.

　用字上의 相違는 ≪新漢≫과 ≪新諺≫ 사이뿐만 아니라 ≪新漢≫의 異本 사이 에서 發見되는 例도 있다:

　　(8) ≪新漢≫: 且随价們吃着 (a, b, c)本 03214a05)
　　　　　　　　且随他們吃着 (d)本 03214a05)
　　　≪新諺≫: 且随他們吃着ㅇ[아직 져들대로 먹게 ᄒ라] (032153b08~09)

　이 例는 ≪新漢≫中 奎章閣本 2種(a, b)本) 및 延世大中央圖書館本(c)本)이

　　　傍點 表記를 使用하지 않는 ≪新諺≫의 注音에서는 聲調만으로 對立을 이루는 그러한
　　　差異는 問題가 되지 않는다.
45) 漢字本과 諺解本 成立의 前後關係에 對하여 文獻 內的 根據를 바탕으로 論議한 硏究로
　　는 竹越孝(2006b, c)가 있는데, 竹越孝(2006b, c)에 依하면『重刊老乞大』가『重刊老乞
　　大諺解』보다,『朴通事新釋』이『朴通事新釋諺解』보다 먼저 成立되었다고 看做된다고
　　하는데, ≪新漢≫과 ≪新諺≫의 先後 關係에 對한 本稿의 結論 亦是 이것과 一致한다.

'伱'로 하는 部分을《新漢》中 國立中央圖書館本(d)本) 및《新諺》이 '他'로 하는 例이다. a~c)本의 '伱'도, d)本의 '他'도 印出된 後에 校正된 것은 아니며, 또 問題의 한 글자 以外의 部分은 印面이 完全히 同一하므로, '伱'字 或은 '他'字 中 적어도 한쪽은 木板에서 埋木으로 修正된 것으로 보아야 한다.

이 問題를 說明하는 데 앞서 于先《新釋》을 先後하는 『老乞大』類 텍스트 에서의 對應 部分을 檢討하여 보자:

(9) 由他, 伱都喫了着。

　　《飜》：제·대·로 두·라. 너·희 :다 머·그·라. (上42b2)
　　《諺》：제대로 두고, 너희 다 머그라. (上38a07~08)
　　《箕》：제대로 두고, 너희 다 먹으라. (上38a07~08)

(10)《重》：且隨伱們喫着。(13b02~03)
　　《重諺》：且隨伱們喫着○[아직 너희대로 먹으라] (上39a01)

問題의 部分은 '今本/新本'系 諸本에서는 '由他, 伱都喫了着。'로, 『重刊老乞大』 및 『重刊老乞大諺解』에서 '且隨伱們喫着'로 되어 있다. (10)의 例로 미루어《新釋》에서도 이 部分은 '伱'로 되어 있어야 할(或은《新釋》에서 '伱'로 되어 있었으므로 『重刊老乞大』 및 『重刊老乞大諺解』도 그것을 繼承한) 것으로 생각된다. 그런데 여기서《新漢》d)本과《新諺》에서 '他'로 되어 있는 것은, (아마도 編纂 過程에서 參照한) '今本/新本系 텍스트의 '由他'에 이끌려 混入된 結果가 아닐까 한다.46)

----

46) 이러한 錯誤를 誘發한 最大의 原因은 『老朴集覽』의 '由他 더·뎌 두라 又 ᄆ·ᄉᆞᆷ·대·로 ᄒᆞ·게 ᄒᆞ·라', '由伱 네 ᄆᆞᄉᆞᆷ·ᄆᆞ로 ᄒᆞ·라'(以上 累字解 1-2[『老朴集覽』의 出處表示는 李丙疇1966에 依함]), '隨伱 네 ᄆᆞᄉᆞᆷ·ᄆᆞ·로'(單字解 5-1)에서 보듯이 '由他'와 '隨伱'가 意味 用法的으로도 類似한 데 있을 것이다. 그런데 또 다른 要因은 諺解文에서도 찾을 수 있지 않을까 한다. '今本/新本系 텍스트의 '由他'는 그 諺解本에서는 '제대로(《飜》의 傍點은 省略)'로 諺解되어 있다. 《新諺》 諺解文의 韓國語에서는 原則的으로 所謂 'ㄷ口蓋音化'가 完成된 段階로 볼 수 있으며('디달'이라는 한 單語의 3例(035157b10, 035158a01, 035158a02)는 逆表記일 可能性이 높다), 또한 /ㅈ, ㅊ/ 뒤에서의 /j/ 有無의 對立이 中和되는 樣相을 보인다('전대(020134b07)~진대(020135a08)'(搭包), '쳐(020135b03)~처(020135a06)'(打), '그저(014124b08)~그져(030150a01)'(只) 等.).《新釋》 編纂者들이 이러한 言語의 話者였다면, 그들이 旣存의 諺解本을 參照하면서('『老

이 部分에서 한 가지 더 特異한 것은 ≪新漢≫ 中 a~c)本에 보이는 問題의 '你'의 字體가 正確하게는 '你'로 되어 있다는 것이다. 이 '你'는 ≪新漢≫에서 唯一하게 a~c)本의 이 部分에서만 使用되어 있다.47)

이러한 事實을 勘案한다면, ≪新釋≫의 異本 사이에서 보이는 이 用字上의 相違에 對해서는 다음과 같은 解釋이 가장 自然스러울 것이다. 卽, ≪新釋≫ 編纂時에 原來 '你'가 되어야 할 部分을 旣存의 '今本/新本系 텍스트의 干涉으로 '他'로 한 채 刊行하여 버렸다가, 後에 그 잘못을 깨달아 問題의 部分을 埋木으로 修正하였다. 이 때 위에서 보았듯이 '你'의 字體가 統一性을 잃어 唯一한 例外를 보이는 結果가 招來되었다. 이러한 觀點에서 본다면 ≪新漢≫ d)本 및 ≪新諺≫(現傳 컬럼비아大本)은 修正 以前의, ≪新漢≫ a~c)本은 修正 以後의 板本이라 看做된다.48)

그런데 이와 같이 볼 境遇에도 不安 要因은 存在한다. 2.1.에서도 言及하였듯이 d)本 卷末 '檢校書寫諸官' 張에는 '丁亥菊月望日印出'이라는 墨書가 있는데 이것을 믿는다면 d)本은 아무리 빨라도 위에서 推定한 刊行年보다 3年後인 1767年의 9月 보름날에 印出된 것이라고 보아야 한다. 그렇다면 a~c)本의 刊

───────────────

乞大新釋諺解』編纂 過程에서 實際로 旣存의 諺解本이 參照되었을 것이라는 것, 및 여러 諺解本들 中에서 어느 것이 參照되었는가에 對해서는 4.2.3.에서 다시 다룰 것이다.) '由他'에 對한 諺解文 '제대로'를, 中世 韓國語 '뎌'로 遡及되는 單語의 曲用形으로 誤認하였을 可能性은 無視할 수 없다. 더욱이 後述할 바와 같이 ≪新釋≫ 編纂者들이 參照한 諺解本이 ≪箕≫였다고 한다면, ≪箕≫ 諺解文의 韓國語는 口蓋音化가 나타나기 始作하는 것을 ≪諺≫의 그것과 比較되는 特徵으로 하는바(安秉禧 1996: 394) 위와 같은 '誤認'을 일으킬 可能性은 더욱 높아질 것이다. 뿐만 아니라 ≪新諺≫에서는 '他'를 '져(<뎌)'로 諺解하는 것은 꽤 一般的인 傾向이다:

　等候他来○[져롤 기드려 오노라 ᄒ니] (001101b05)
　却不曽問他的姓名 ○[또 일즉 져의 姓名을 뭇지 못ᄒ엿더니] (012119b03~04)
　他也是終久不怕○[졔 또 ᄆ중시 저퍼 아니 ᄒᄂ니] (005108b08~09)
　若朝鮮小厮們却他們略好些○[朝鮮ㅅ 아히들 ᄀᄐᆫ 이ᄂᆫ 또 져들에 比컨대 져기 어지니라] (005109a01~03)

이러한 情況으로 미루어 漢語文에서의 錯誤가 發生한, 或은 적어도 잘못된 原文이 定着하여 버린 背景에서 諺解文이 어느 程度의 役割을 하였을 可能性을 考慮하는 것도 반드시 지나친 臆測은 아닐 것이다.

47) '你'라는 字體의 使用例는 『飜譯朴通事』等에서도 볼 수 있다.

48) 정승혜(2000: 171)에서는 漢字本『老乞大新釋』異本들 中에서 奎章閣本 두 가지(卽 本稿에서 말하는 a, b)本)와 延世大本(卽 c)本)을 比較하여 延世大本이 初刊本으로 보았다.

行年은 그것보다 더 내려오게 되는데, 그럴 境遇 印面이 極히 鮮明하여 良好한 奎章閣(a, b)本)을 後刷本으로 보는 것이 果然 妥當한 것인지 疑心이 남는다. 이 問題에 對해서는 此後 다른 根據로 말미암아 立證되어야 할 것이다.

4.1.3. 小結

以上에서 살펴본 內容을 여기서 다시 整理하고자 한다.

于先 分句의 相違에 對해서는 《新漢》보다 《新諺》가 漢語 原文을 더 작은 單位로 나누는 傾向이 보인다는 點을 指摘할 수 있다. 이것은 單純한 錯誤 等에 因한 것이 아니라면, 漢字本과 諺解本 사이에 存在하였던 某種의 編纂 態度 上의 差異를 反映하는 것일 可能性이 있다.

다음으로 用字의 異同에 對한 檢討를 通하여, 《新釋》成立 過程에 對한 두 가지의 問題에 對하여 言及하였다.

첫째는 《新漢》에서는 때로 通用되는 '小'와 '少'가 《新諺》에서는 嚴密히 區分되어 있다. 이것 亦是 注音을 달아야 한다는 諺解本으로서의 《新諺》의 性格에 말미암은 것으로 보이는데, 이 事實을 通하여 《新漢》이 《新諺》보다 먼저 成立되었음을 確認할 수 있다.

둘째로는 《新釋》의 漢語文에서는 異本에 따라 相違를 보이는 部分이 發見된다. 이 部分에 對하여 時代的으로 《新釋》을 先後하는 텍스트와 比較, 檢討한 結果, 및 《新釋》內部에서의 字體 使用 狀況으로 미루어 《新釋》의 여러 異本들 中에서도 《新漢》d本 및 《新釋》現傳本이 修正을 겪지 않은 編纂 直後의 모습에 가까운 텍스트일 可能性을 指摘하였다.

4.2. '存羊本' 部分에 對하여 -'今本/新本'系 여러 板本과의 比較-

여기서는 《存》의 漢語文 및 注音을 各種 '今本/新本'系 板本과 比較하면서 그 系統 및 成立 過程에 對하여 推論하여 보고자 한다. 여기서 使用하는 '今本/新本'系 板本은 《侍》, 《飜》, 《諺》,49) 《箕》이며, 必要에 따라 《嶺》도 參

---

49) 《諺》의 傳本 中 서울大學校 奎章閣 所藏 '奎2044'는 1944年에 京城帝國大學 法文學部에서 '奎章閣叢書' 第9로 影印되어 그 以來로 널리 利用되어 왔음에도 不拘하고, 일찍부터 方鍾鉉(1946b) 以後 安秉禧(1996), 竹越孝(2009) 等에서 論議되어 왔듯이 크고 작은

照하고자 한다.

4.2.1. 分句의 異同

上述하였듯이 《存》에서는 ',' 에 依하여 分句의 境界가 表示된다. 《存》의 分句의 位置는 事實, 《諺》 및 《箕》 와 거의 完全한 一致를 보인다.[50] 그런 面에서 《存》은 分句에 關해서는 《諺》, 《箕》 와 같은 系統에 屬한다고 할 수 있다.

그러면서도 《存》의 分句가 《諺》, 《箕》 를 따르지 않는 例 2箇가 發見된다:

(11) 《飜》: 料是黑豆○草是秆草○ (上18a1~2)
《諺》: 料是黑豆草是稈草○ (上16a07~08)
《箕》: 料是黑豆草是稈草○ (上16a07~08)
《存》: 料是黑豆」草是稈草」(013123a07)

(12) 《飜》: 出外時○也和你一般○ (上41b5~6)
《諺》: 出外時○也和你一般○ (上37b4~5)
《箕》: 出外時○也和你一般○ (上37b4~5)
《存》: 出外時也和你一般」(031153a07)

(11)은 《存》의 分句가 《諺》 및 《箕》 를 따르지 않고 《飜》 과 一致함을 보여 준다. 그런데 理由는 分明하지 않다. 《存》을 編纂할 때에 編纂者들이

誤脫字를 적지 않게 包含하는 非善本이며, 影印되어 있지 않는 '奎1528'이 오히려 善本에 屬한다. 本稿 亦是 《諺》 의 用例를 抽出하는 데 있어서 主로 이 '奎2044'을 底本으로 2003年에 다시 影印하여 '奎章閣資料叢書 語學篇(一)'로 出刊된 影印本을 使用하였으나, 必要에 따라 '奎1528'도 마이크로필름 資料로 아울러 調査하였다. 그 結果 本稿에서 問題가 되는 用字 및 注音에 關해서는 '奎2044'와 '奎1528' 間에 相違가 存在하지 않음을 確認할 수 있었다. 이 《諺》 傳本 텍스트의 善本 與否와 關聯된 校正 狀況에 關聯하여서는 神戶市外國語大學의 竹越孝 先生님께서 많은 가르침을 주셨다. 이 자리를 빌어 眞心으로 感謝의 뜻을 表한다.
50) '今本/新本'系 異本 間의 分句의 異同에 對해 比較, 檢討한 論考로는 《飜》 과 《諺》 을 다룬 竹越孝(2005c)가 있다.

《飜》을 參照할 수 있었는지, 아니면 只今까지 알려져 있지 않는 '今本/新本' 系『老乞大』異本 中에 이러한 分句를 한 것이 있었는지 現時點에서는 알 길이 없다.[51] (12)는 《飜》, 《諺》, 《箕》에서 나누는 句를 《存》에서 나누지 않는 例이다. 이 例 亦是 그 理由는 分明치 않다.[52]

그 外에도 《諺》, 《箕》에서 나누는 句를 《存》에서 나누지 않는 例가 發見되었으나 그들은 모두 句가 나누어질 것으로 期待되는 部分이 行末에 位置하는 例이므로 分句 記號 ','가 匡郭, 界線과 一體化되어 보이지 않을 뿐일 可能性이 크다. 아래에 그 位置만 提示한다:

003105b03, 008114b04, 012120b09, 014125a05, 026144b10, 031152b07, 031152b09, 031153a01, 035158b03

4.2.2. 用字의 異同

'今本/新本'系『老乞大』의 各種 板本 사이에서의 漢字 部分의 異同에 關해서는 이미 竹越孝(2005b,d)에 依하여 詳細한 論議가 이루어진 바 있다. 여기서는 竹越孝(2005b,d)의 成果를 바탕으로 《存》과 그 外의 '今本/新本'系 板本들과의 異同點을 檢討하여 보고자 한다. 다만 이번에는 字體의 相違에 依한 異同을 보이는 例는 檢討 對象에서 除外하였다.

竹越孝(2005b,d)에서 整理된 內容을 바탕으로 《存》과 여러 異本 사이의 異同 패턴을 다시 分類하면 大略的으로:

---

51) 影印에서 句讀點을 確認하기가 어려우므로 分句에 對한 調査에 《侍》는 使用하지 않았으나, 影印으로 確認하는 限 《侍》에서는 이 位置에서 句를 나누지 않았다(06b07). 그런데 《嶺》에서는 이 位置에서 分明히 句讀點을 確認할 수 있다(06b07). 여기서 《存》이 그 分句만 《新釋》을 따랐을 可能性도 생각할 수 있으나 《新漢》의 對應 部分에서도 句를 나누지 않는다('料是黑豆草是秆草。' 01306a09. 《新諺》도 마찬가지임).

52) 參考로 《侍》에서는 影印本으로도 이 位置에 句讀點을 確認할 수 있다(14b07). 《嶺》에서는 影印本에서는 句讀點을 確認할 수 없으나 이 例가 나타나는 張에서는 句讀點은 '、' 模樣의 작은 點으로 記入되어 있으므로 影印만을 根據로 이 部分에서의 分句 與否에 對해 速斷할 수는 없다(14b07). 또한 이 部分에 該當하는 《新漢》의 分句는 《飜》, 《諺》, 《箕》와 同一하다('若出外時候。也與你們一般的。' 03113b10. 《新諺》도 마찬가지임).

A) ≪侍≫ ≠ ≪飜≫ = ≪諺≫ = ≪箕≫일 境遇에 ≪存≫ = ≪侍≫
B) ≪侍≫ ≠ ≪飜≫ = ≪諺≫ = ≪箕≫일 境遇에 ≪存≫ = ≪飜≫ = ≪諺≫ = ≪箕≫
C) ≪諺≫의 잘못에 對한 ≪箕≫의 修正 部分을 ≪存≫이 繼承하는 境遇
D) ≪箕≫가 意圖的으로 改訂한 部分에서 ≪存≫이 ≪諺≫ 以前의 內容을 따르
는 境遇

의 네 가지로 나뉜다. ≪侍≫ = ≪飜≫ = ≪諺≫ = ≪箕≫ ≠ ≪存≫라는 패턴은 發
見되지 않았다.

以下에서 各 패턴마다 그 代表的인 例만 提示한다(A, B)에 對해서는 ≪存≫
에서의 出處만 表示).

A) ≪侍≫ ≠ ≪飜≫ = ≪諺≫ = ≪箕≫일 境遇에 ≪存≫ = ≪侍≫
a) '則'(≪侍≫ ≪存≫) : '只'(≪飜≫ ≪諺≫ ≪箕≫)

013123a04, 013123b02, 018131b09, 018132a01, 019134a09, 019134b02,
020135b10, 021137b05, 023140a09, 027146a10, 027146b03, 029149a06,
029149a07, 031153a01, 036159a10

≪諺≫에서 '只'로 되어 있는 部分이 ≪存≫에서 '則'으로 되어 있다는 事實에
對해서는 이미 愼鏞權(1999: 457)에서 指摘된 바 있다. 다만 이 傾向에 對한
例外도 1箇 發見되었다. 卽, ≪存≫이 ≪侍≫의 '則'을 따르지 않고 ≪飜≫,
≪諺≫, ≪箕≫의 '只'를 따르고 있는 例이다:

028147b6

結論에서 다시 論할 바와 같이 ≪存≫을 編纂하는 데에서는 그 內容은 基本
的으로 旣存의 '今本/新本系 諺解本, 卽 ≪飜≫, ≪諺≫, ≪箕≫ 等과는 다른 系統
의 텍스트를 따른다는 方針이 있었을 것으로 생각된다. 그 텍스트에서는
≪飜≫, ≪諺≫, ≪箕≫에서 '只'로 하는 部分이 '則'으로 되어 있었던 것이다. 그
런데 同時에 旣存의 諺解本도 參照된 痕迹이 發見된다. 위와 같은 例外는 그러
한 編纂 過程에서 旣存의 諺解本을 參照할 때에 그 本文의 內容까지 混入되어

버린 結果로 看做된다.

b) '澁'(《侍》 《存》) : '濇'(《飜》 《諺》 《箕》)

  019134a10, 022139a01

c) '幔'(《侍》 《存》) : '鞔'(《飜》 《諺》 《箕》)

  029149a07

以上의 例를 볼 때 《存》의 漢語文은 基本的으로 《飜》, 《諺》, 《箕》와 다른, 《侍》와 같은 系統에 屬하는 텍스트를 底本으로 삼은 것일 可能性이 크다.

B) 《侍》 ≠ 《飜》 = 《諺》 = 《箕》일 境遇에 《存》 = 《飜》 = 《諺》 = 《箕》

a) '小'(《侍》) : '少'(《存》 《飜》 《諺》 《箕》)

  002103b07, 004107b10, 006110b08, 026144b07(2例), 032152b10('便一')

b) '目'(《侍》) : '日'(《存》 《飜》 《諺》 《箕》)

  007112a04

b)는 《侍》에서의 單純한 錯誤로 看做된다.

a)에서 漢字本인 《侍》가 '小'로 하는 部分을 《飜》, 《諺》, 《箕》에서 '少'로 하는 것은 上述한 《新漢》과 《新諺》의 境遇와 同一한 事情에 因한 것일 可能性이 있다. '小'와 '少'가 비록 흔히 通用된다고 하더라도 意味나 音으로 볼 때에는 '少'가 '옳은' 것으로 編纂者가 判斷한 結果, 《存》의 漢語文은 基本的으로는 《侍》와 같은 系統의 텍스트를 따르면서도 《飜》, 《諺》, 《箕》에 比해 '덜 正確한' 部分까지 굳이 踏襲하지는 않았을 것으로 보인다.

C) ≪諺≫의 잘못에 對한 ≪箕≫의 修正 部分을 ≪存≫이 繼承하는 境遇

竹越孝(2005b)에는 ≪諺≫와 ≪箕≫ 사이의 相違點의 類型을 몇 가지로 分類하여 指摘하였는데, 그 中 한 가지로 ≪諺≫의 錯誤를 ≪箕≫에서 修正한 類型이 紹介되어 있다. ≪箕≫ 現存 部分에서는 다음의 例 1箇가 問題의 패턴에 該當된다. ≪侍≫ 및 ≪飜≫의 例도 함께 提示한다:

(13) ≪侍≫: 這火伴你敢不會煑料。 (07a10)
　　 ≪飜≫: 這火伴你敢不會煑料○ (上19b8)
　　 ≪諺≫: 這火伴你敢不會煑了○ (上18a01)
　　 ≪箕≫: 這火伴你敢不會煑料○ (上18a01)
　　 ≪存≫: 這火伴你敢不會煑料 (014125a05)[53]

≪存≫과 ≪諺≫, ≪箕≫만을 比較한다면 ≪存≫이 ≪箕≫를 따랐을 可能性도 생각할 수 있으나, 위의 A)에서 본 傾向을 勘案하면 ≪存≫의 '料'는 ≪侍≫와 같은 系統의 텍스트에 나타나는 '料'를 따른 것으로 보는 것이 穩當할 것이다.

D) ≪箕≫가 意圖的으로 改訂한 部分에서 ≪存≫이 ≪諺≫ 以前의 內容을 따르는 境遇

竹越孝(2005b)에서는 ≪諺≫과 ≪箕≫ 사이에서 볼 수 있는 相違 中 하나로 ≪箕≫가 意圖的으로 ≪諺≫의 內容을 改訂한 例가 紹介되어 있다. 그 例를 ≪存≫ 및 ≪侍≫, ≪飜≫에서의 對應 部分과 함께 提示하면 다음과 같다:

(14) ≪侍≫: 到京都賣了。 (05b09)
　　 ≪飜≫: 到京都賣了○ (上15a5)
　　 ≪諺≫: 到京都賣了○ (上13b07)
　　 ≪箕≫: 到京裏賣了○ (上13b07)
　　 ≪存≫: 到京都賣了」(011119a08)

---

53) ≪存≫에서 '料' 뒤에 分句 記號 ','가 보이지 않는데 이것은 '料'가 行末에 位置한다는 것과 關聯이 있는 것으로 보인다. 이 問題에 對해서는 4.2.1. 參照.

위의 例를 볼 때 《存》의 漢語文은 적어도 《箕》를 따른 것은 아님을 알수 있으며, 위의 A), C)의 傾向을 勘案하면 이 部分 亦是 《侍》와 같은 系統의텍스트를 따른 것으로 생각된다.[54]

여기까지 살펴본 用字의 異同을 다시 整理하면 다음 表와 같다:

	例	《侍》	《疏》	《諺》	《箕》	《存》	備考
A)	則:只	則	只	只	只	則	《存》 '只'로 하는 例外 1例
	澁:濇	澁	濇	濇	濇	澁	
	幔:鞔	幔	鞔	鞔	鞔	幔	
B)	小:少	小	少	少	少	少	
	目:日	目	日	日	日	日	《侍》의 誤字?
C)	料:了	料	料	了	料	料	
D)	都:裏	都	都	都	裏	都	

以上을 綜合하면 《存》의 漢語文은, 《侍》의 誤字일 境遇나, 通用되는 글자 사이에서 《侍》가 '덜 正確한' 쪽을 取하였을 境遇 外에는, 基本的으로 旣存의 諺解本이 아니라 《侍》가 屬하는 系統의 텍스트를 底本으로 한 것일 可能性이 크다고 할 수 있다.

그 外의 《存》의 誤字, 脫字와 그 修正 關聯된 事項에 對하여 簡略히 言及하여 두고자 한다.

다음은 '今本/新本'系 各種 板本에서는 存在하는 글자가 《存》에서 빠져 있는 例이다. 原來 存在하여야 할 것으로 생각되는 글자를 '[ ]'로 묶어 復元하였다:

(15) [對]句罷吟詩」(002104a02)
(16) 講[小]學論語孟子」(002104a03)

---

54) 위에서 引用한 用例에 對하여 덧붙여 말하면 《諺》과 《箕》는 그 原文에서는 相違를 보이면서도 諺解文은 둘 다 '셔울 가 다 풀고'로 되어 있어 差異가 없다. 《箕》의 原文을 諺解한다면, 《諺》에서 '都'에 對한 飜譯으로 使用된 副詞 '다'는 적어도 나타날 수 없을 것으로 생각된다. 이것이 編纂時의 單純한 잘못이 아니라면 《箕》의 問題의 部分은 諺解까지 完成된 後에 다시 原文에만 修正이 加해졌을 可能性도 考慮할 수 있다.

이들 두 例는 두 行에 걸쳐 連續되어 나타나며, 또한 脫字 直後의 글자(卽 ‘句’와 ‘學’)는 모두 行頭에 位置한다. 上述한 바와 같이 《存》의 各行은 《新 諺》部分보다 한 글자 낮춘 位置에서 始作된다. 그렇다면 위와 같은 脫字가 일어난 理由는 다음과 같이 說明되지 않을까 한다. 卽 《存》의 版下 書寫者가 이 두 行만 失手로 行頭 部分을 한 글자 낮추지 않은 狀態로 始作하여 버렸다 가, 後에 그 잘못을 깨달아, 原來 비어 있어야 하는 部分에 쓰이게 된 ‘對’와 ‘小’를 削除함으로써 體裁上의 ‘修正’을 加한 것이다.

다음은 埋木에 依하여 修正된 것으로 보이는 例이다:

(17) 我一們不會體例的人」(012121a06)

여기서는 ‘我一們不’의 4 글자가 다른 部分에 比하여 글자 크기가 若干 작으 며, 또 이 行만 그 글자 數가 20字로 다른 行의 19字보다 한 글자 많다. 여기서 《新釋》의 對應 部分에 注目하면 ‘這是我們不忌的人家’(《新漢》: 01206a02, 《新諺》: 012120b03~04)로 되어 있다. 이것으로 미루어, 아마도 《存》에서 도 《新釋》의 ‘我們’에 이끌려 처음에는 "我們不會體例的人’으로 하였다가 나 중에 校正 過程에서 위와 같이 埋木으로 修正하게 된 것이 아닌가 생각된다.

4.2.3. 注音의 異同

위에서 보았듯이 《存》의 漢語文은 그 內容은 旣存의 諺解本이 아닌 《侍》와 같은 系統의 텍스트를 따르고 있다. 그런데 한편에서 《存》에는 한 글로 注音이 달려 있다는 點을 勘案하면 《存》을 編纂하는 데서는 諺解本도 亦是 同時에 參照되었을 蓋然性이 크다. 이것은 위에서 보았듯이 《新諺》에서 旣存의 諺解本에 干涉을 받은 것으로 보이는 部分이 發見된다는 點에서도 充 分히 首肯되는 것이다.

事實 安秉禧(1996: 395)에서도 指摘되어 있듯이 《存》에 달린 注音은 《諺》의 右側音과 大體로 一致한다. 이런 點에서 《存》이 그 注音에 있어서 依據한 資料로서는 《諺》 或은 《箕》의 右側音55)일 可能性이 먼저 떠오른다. 여기서는 《存》의 注音에 對하여 《諺》 및 《箕》의 右側音과의 比較에 依한

微視的 檢討를 通하여, 《存》에 나타나는 注音의 所據 資料에 對한 推論을 試圖하고자 한다. 다만 各 異本의 比較 檢討에 있어서는, 그들 사이에서 發見되는 注音의 相違 中, 單純한 錯誤나 版木의 破損으로 因한 것으로 생각되는 것에 對해서는 하나하나 言及하지 않는다.

《存》에 나타나는 注音의 所據 資料와 關聯되어 注目을 끄는 것은 다음의 例이다(參考로 《飜》의 例 및 《飜》, 《諺》, 《箕》에 關해서는 左側音도 함께 提示한다):

> (18) '覆: 《飜》: ·봄 ·부(上20a3, 上22a2), 《諺》: 봉 부(18a05, 19b10), 《箕》: 봄 부(18a05, 19b10), 《存》: 부(014125a07, 016128a05).

《存》의 注音이 《飜》, 《諺》의 右側音과는 一致하지 않고 《箕》의 右側音과 一致함을 알 수 있다.

『廣韻』에서는 '覆'에 對한 記述은 A) 去聲 宥韻 '敷救切' '蓋也。', B) 去聲 宥韻 '扶富切' '伏兵曰覆', C) 入聲 屋韻 '芳福切' '反覆, 又敗也。倒也。審也。', D) 德韻 '匹北切' 等, 네 군데에 보인다.

(18)의 例는 그 中에서 A)의 意味로 使用된 것인데[56] 《飜》과 《諺》의 注音은 그 左側音에 依하여 C)의 境遇에 對應하는 것임을 알 수 있다. 이에 反하여 《箕》의 注音은 그 意味에도 맞게 A)에 對應하는 것이며, 그 左側音은 該當하는 意味를 가지는 境遇의 『洪武正韻譯訓』 및 『四聲通解』의 正音과 一致한다.

위와 같은 事實로 미루어 《諺》에서 《箕》로의 改訂에서의 左側音 改訂은 單純히 『洪武正韻譯訓』, 『四聲通解』의 俗音을 正音으로 바꾸는 것에만 있었던

---

55) 《諺》과 《箕》의 注音이 그 左側音에서는 前者가 『洪武正韻譯訓』 또는 『四聲通解』의 俗音을 取한 反面 後者가 基本的으로 『洪武正韻譯訓』 또는 『四聲通解』의 正音을 取하였다는 差異가 있는데 比하여, 右側音은 거의 完全한 一致를 보이는 點에 對해서는 愼鏞權(1994: 76-84) 參照.

56) 問題의 '覆'이 使用된 原文은 '豆子上盖覆了' 및 '鍋子上盖覆了'(《飜》에서 引用)임. 또한 『說文解字注』에서 '覆'의 項目(七篇下) 中 '一曰蓋也。'에 對한 注 '此別一義。…(中略)…古本與上義同一音。南音乃別此義爲敷救切。'도 參照.

것은 아님을 알 수 있다. 即, 所謂 破音字 中 ≪諺≫ 以前의 諺解本에서 그 意味에 맞게 注音되어 있지 않았던 것에 對한 修正도 同時에 目的으로 하는 것으로 생각된다.57)

≪箕≫ 의 右側音이 ≪飜≫, ≪諺≫ 과 달리 '복'로 되어 있는 것은, 그러한 目的으로 인하여 左側音을 改訂하면서 그 右側音도 左側音에 對應하는 音으로 고친 結果일 것이며,58) ≪存≫ 의 注音은 ≪箕≫ 에서의 改訂을 繼承한 것으로 생각된다. 要컨대 ≪存≫ 의 注音은 ≪箕≫ 의 그것에 依據한 것이라고 할 수 있는 것이다.

4.2.4. 小結

以上의 內容을 要約하면, 먼저 그 用字에 對한 檢討를 通하여, ≪存≫ 은 그 內容에 있어서는 ≪侍≫ 가 屬하는 系統의 텍스트를 底本으로 하였음을 알 수 있었다. 竹越孝(2005d: 155)에 依하면 '今本/新本系 『老乞大』의 各種 板本中에서는 ≪侍≫ 가 內容上 '古本/舊本'에 가장 가까운 모습을 보여준다고 한다. 그렇다면 '老乞大新釋序'에서 '而古本亦不可刪沒, 故併錄之, 蓋存羊之意也。' 라고 言及된 '古本'은 '今本/新本系 各種 텍스트 中에서도 特히 古形을 갖추는 系統의 것을 말하는 것으로 보이며, '存羊之意'란 꽤 復古的인 態度라고 할 수 있다.

이에 比하여 그 注音에 있어서는 反對로 '今本/新本'系 諺解本들 中에서도 그 當時에 있어 가장 새로운 ≪箕≫ 의 그것을 따른 것임을 보았다.59)

---

57) ≪箕≫ 의 이러한 態度는 그 序인 '老乞大諺解序'에서 '辨明字音, 考校文義'라고 하는 데서도 엿볼 수 있다.

58) 덧붙여 말하면 『洪武正韻譯訓』, 『四聲通解』에서 A)의 意味를 가지는 '覆'과 同一한 小韻에 屬하는 글자, 例컨대 '富'의 ≪箕≫ 의 右側音은 ≪諺≫ 와 마찬가지로 '부'로 되어 있다. 이러한 差異 亦是 ≪箕≫ 에서 볼 수 있는 '覆'의 右側音 '복'가 ≪諺≫ 에서 ≪箕≫ 로의 改訂時에 새로 追加된 것임을 말하여 주는 것일지 모른다. 다만 한편으로, 『洪武正韻譯訓』, 『四聲通解』에서 '覆(A의 意味), 富' 等과 同韻의 上聲에 屬하는 '否'는 『朴通事諺解』에서 '볼 복'로 注音되어 있다.

59) 이러한 文脈에서 보면 ≪存≫ 은 그 分句도 위에서 提示한 例外 2箇를 除外하고는 ≪箕≫ 의 그것을 따랐을 可能性이 크다. 다만 ≪侍≫ 와 같은 系統에 屬하는 異本 中에 只今까지 알려져 있지 않은, ≪存≫ 의 分句와 完全히 一致하는 것이 있었으며, ≪存≫ 의 內容과 分句가 모두 그것을 參照한 것이었을 可能性도 勿論 全無한 것은 아니다. 그러할 境遇

이와 같이 《存》이 所據 資料 選擇에 있어 原文 內容의 境遇와 注音의 境遇에서 對照的인 差異를 보이는 理由가 무엇일까? 먼저 《存》編纂 當時(卽《新釋》編纂時)에 있어 그 編纂者가 볼 수 있었던 資料가 무엇이었는가를 考慮하여야 한다. 『承政院日記』乾隆十年乙丑(英祖21年, 西紀1745年) 五月二十日辛卯條에:

> 乙丑五月二十日午時, 上御熙政堂。…(中略)…象漢曰：“昨年漢語文臣殿講時, 以老乞大諺解之未備, 臣果請罪該官矣。臣方待罪譯院提擧, 細聞物情, 則此不過二卷冊子, 而以板本無之, 故本院官生輩, 亦不得講習云。不可不開刊廣布, 以資講習之道矣。”上曰：“無諺解而能讀耶？”象漢曰：“無諺解則不得開口矣。殿講時所用, 不過十餘件, 卷帙不多, 若開木板以置, 則院生輩講習之冊, 自可私印以用矣。”上曰：“分付該曹, 磨鍊物力, 令譯院開刊木板, 可也。”

라고 나오며, 《箕》의 '老乞大諺解序'에도:

> 舊有活字印布, 而歲月寖久, 若干印本, 幾盡散佚。

이라고 하였듯이 《箕》編纂 當時에도 '活字本『老乞大諺解』는 벌써 거의 散逸한 狀態에 있어 보기가 쉽지 않았음을 알 수 있다. 더욱이 《箕》가 編纂된 지 15年 가까이가 지난 《新釋》編纂 當時, 編纂者들이 《諺》을 볼 수 있었을 可能性은 더욱 드물었을 것으로 想像된다. 卽 그 當時의 編纂者들이 參照할 수 있었던 '今本/新本'系의 諺解本으로는 《箕》밖에 없었기 때문에 《存》에 注音을 加하는 데서는 《箕》를 따를 수밖에 없었다는 消極的인 理由를 먼저 들 수 있는 것이다.

그런데 한편에서는 《存》의 編纂者들은 設令 《諺》을 볼 수 있었다고 하더라도, 注音 選擇에 있어서는 積極的으로 《諺》이 아닌 《箕》의 그것을 따랐을 것으로 筆者는 본다. 洪啓禧의 '老乞大新釋序'에서:

分句의 例外도 完全히 說明될 수 있다.

此《新漢》, 以便於通話爲主, 故往往有舊用正音, 而今反從俗者, 亦不得已
也。欲辨正音, 則有《洪武正韻》、《四聲通解》諸書在, 可以考据, 此亦不
可不知也。

라고 하였듯이《新釋》은 音에 對하여 多分히 '敏感한' 文獻이었을 것으로 생
각된다.60)《箕》와《新諺》은 그 左側音으로『洪武正韻譯訓』,『四聲通解』의
正音을 採擇하였다는 點에서 共通되며,《飜》,《諺》과 區別된다. 編纂者들은
'音에 對해서 敏感한'《新諺》과 같은 冊에 收錄되는《存》의 注音으로 旣存
의 諺解本의 右側音을 採用하는 데서, 그 左側音이 正音을 따르지 않는《諺》
을 버리고 積極的으로《箕》를 따른 것이 아닐까 한다.

5. 結論

여기서는 以上의 檢討 結果를 바탕으로『老乞大新釋』및『老乞大新釋諺解』
의 成立 過程에 對하여 推論함으로써 結論을 代身하고자 한다.

于先 成書 年代에 對해서는, 序나 그 外 史料의 記載를 通하여『老乞大新釋』
및『老乞大新釋諺解』의 內容 自體는 1762年 6月, 乃至는 늦어도 8月까지는 完
成 段階에 이르러 있었다고 볼 수 있다. 그런데 그것이 刊行된 것은,『通文館
志』에 記載되어 있는, 그로부터 2年 後인 1763年으로 보는 것이 現在로서는
穩當할 것으로 생각된다.

다음으로『老乞大新釋』및『老乞大新釋諺解』所載 漢語文에 對한 檢討를
通하여 推測되는 바를 中心으로 이 文獻의 成立 過程은 다음과 같이 整理할
수 있을 것이다.

卽, 漢字本《新漢》이 먼저 完成된 後, 그것을 바탕으로 注音과 諺解가 追加
함으로써《新諺》이 만들어졌다. 그 過程에서 어떤 部分에서는《新漢》通用

---

60)《新釋》의 이러한 性格은 그 編纂을 建議한('老乞大新釋序' 參照) 洪啓禧가 自身도 韻
　　書『三韻聲彙』를 編纂할 만큼 音韻學에 對한 關心과 造詣가 있었던 人物이었다는 點도
　　그 背景으로 作用하였을지 모른다.

되었던 글자가 整理되었다. 同時에 各 套話가 끝날 때마다 그 套話에 該當하는 '今本/新本'系 『老乞大』 原文과 注音이 附錄되었다. 이것이 《存》인데 그 本文은 旣存의 諺解本이 아니라 《侍》와 같은 系統의 텍스트가 採擇되었으며, 한편 注音은 《箕》의 右側音을 따랐다. 여기까지는 아마도 1762년 6월(或은 8월) 以前의 일일 것이다. 그런데 이 段階에서는 《新釋》漢語文에는 編纂時에 參照한 '今本/新本'系 텍스트의 干涉으로 發生한 誤字가 섞여 있어, 나중에 埋木으로 修正되게 되었다. 또한 誤字 및 그 修正에 對한 이러한 推測이 틀리지 않는다면, 그 修正은 1767년 9월 보름날 以後에 加하여진 것일 可能性이 있다.

以上의 內容은 《存》이 《侍》와 같은 系統에 屬한다는 部分, 및 《新釋》의 誤字와 修正에 對한 部分을 除外하고는 一般的인 思考로 充分히 想像할 수 있는 것들이다. 一般的으로 볼 때 漢字本이 諺解本보다 먼저 成立될 것이고, 또한 編纂 過程에서 旣存의 諺解本이 參照된 痕迹이 있다면, 그 때에는 旣存의 諺解本 中에서도 가장 새로 나온 것이 參照되었다[61]고 보는 것이 自然스럽기 때문이다. 그런데 그러한 一般的으로 쉽게 할 수 있는 想像에 對하여, 本稿는 主로 文獻 內的 實證을 通하여 어느 程度 根據를 附與할 수 있었을 것으로 期待된다.

---

61) 諺解와 關聯된 問題로 가장 큰 課題는 다름 아닌 《新諺》諺解文이 作成될 때에 旣存의 諺解本 어느 程度 參照되었는가 하는 問題이다. 《新諺》諺解文도 旣存의 諺解文을 參照하면서 만들어졌다면, 本稿의 論理로는 亦是 《箕》가 參照되었을 可能性이 가장 크다. 그러한 推測을 어느 程度 可能케 하는 것처럼 보이는 것으로, 例컨대 《新諺》이 現存하는 第36話 以前까지의 部分에서는 《諺》에서 '若'이 'ᄒ다가'로 諺解되어 있는 部分은 《箕》에서는 모두 '만일에'로 바뀌며, 《新諺》의 對應 部分에서는 모두 '만일'로 나타난다는 事實을 들 수 있다. 그러나 이것은 《諺》이 編纂된 17世紀 後半부터 《箕》가 編纂된 18世紀 前半 사이에 일어난 語彙 使用의 通時的 變化를 反映한 것일 뿐, 《箕》에서의 '만일에'의 使用과 《新諺》에서의 '만일'의 使用이 相互間의 關聯 없이 個別發生的인 것일 수도 있다. 따라서 現在로서는 그 事實만 指摘하여 두는 데 그치기로 한다.

<參考文献>

(本文 및 註釋에서 引用한 文獻에 限함)

국립중앙도서관 編(1972), 『국립중앙도서관 고서목록 3』, 국립중앙도서관.

김영진(2008), 「北轅錄」, 林熒澤 編(2008), 『燕行錄選集補遺 上』, 동아시아學術院 大東文化硏究院, 27-33.

김현주・정경재(2006), 「飜譯『老乞大』・刪改『老乞大』・『老乞大諺解』의 漢文原文 對照」, 『솔미 정광 선생 정년퇴임 기념논총 역학서와 국어사 연구』, 태학사, 294-335.

金昊鍾(1991), 「변헌」, 편찬부 편 『한국민족문화대백과사전 9』, 한국정신문화연구원, 676.

國會圖書館司書局參考書誌課 編(1968), 『韓國古書綜合目錄』, 大韓民國國會圖書館.

方鍾鉉(1946a), 「老乞大諺解」, 『한글』 95, 37-47.

_____(1946b), 「老乞大諺解의 影印原本과 訂正本의 比較」, 『한글』 96, 42-55.

서울大學校奎章閣(2003), 「解題」, 『奎章閣資料叢書 語學篇(二) 老乞大新釋 重刊老乞大 重刊老乞大諺解』, 서울大學校奎章閣, (1)-(8).

愼鏞權(1994), 「老乞大諺解의 漢語音 硏究」, 『언어학연구』, 제22호, 서울대학교 대학원 언어학과.

_____(1999), 「《老乞大新釋諺解》의 漢字音 硏究」, 성백인 교수 정년퇴임 기념논문집 간행위원회 편, 『언어의 역사』, 태학사, 455-480.

安秉禧(1996), 「老乞大와 그 諺解書의 異本」, 『人文論叢』, 第35輯, 서울대학교 人文學硏究所, 1-20(安秉禧 2009: 378-401 再錄).

_____(2000), 「通文館志의 刊行과 그 資料 檢證」, 『奎章閣』, 23, 서울大學校奎章閣, 47-70(安秉禧 2009: 154-178 再錄).

_____(2009), 『國語史 文獻 硏究』, 신구문화사.

유재원(2003), 「『老乞大新釋諺解』의 중국어 성모 표기체계에 관한 고찰」, 『中國硏究』, 第32卷, 31-48.

李丙疇(1966), 『老朴集覽考』, 進修堂.

鄭萬祚(1991), 「홍계희」, 편찬부 편, 『한국민족문화대백과사전 25』, 한국정신문화연구원, 67-68.

鄭丞惠(2000), 「司譯院 漢學書의 基礎的 硏究」, 『藏書閣』 제3집, 한국정신문화연구원, 167-214.

_____(2004), 「『朴通事新釋(諺解)』의 간행에 대한 一考察」, 『語文硏究』, 제32권 제1호 (2004년 봄), 63-83.

_____(2009),「各種 記錄을 통해 본 老乞大・朴通事의 出刊에 대하여」, 2009년 6월 19일 문헌과 해석 발표요지.

千惠鳳・李廷燮・朴相國・金己用(1994),『海外典籍文化財調査目錄－美國 COLUMBIA大學 東亞圖書館所藏韓國本目錄－』, 韓國書誌學會.

汉语大词典编辑委员会 汉语大词典编纂处 编(1988),《汉语大词典》, 汉语大词典出版社。

李泰洙(2003),《《老乞大》四種版本語言研究》, 語文出版社。

张林涛(2004),〈《老乞大》12版本用字研究〉, 深圳大学文学院编,《汉语言文字学论文集》, 中国社会科学出版社, 236-262。

竹越孝(2005d),〈今本系《老乞大》四本的異同點〉, 遠藤光曉、嚴翼相編,《韓國的中國語言學資料研究》, 學古房, 129-159。

小倉進平 著・河野六郎 補注(1964),『增訂補注 朝鮮語学史』, 刀江書院.

竹越孝(2005a),「『飜譯老乞大』における「匹」「疋」字の分布」,『KOTONOHA』, 第27号, 古代文字資料館.

_____(2005b),「二種の『老乞大諺解』における漢字部分の異同」,『KOTONOHA』, 第28号, 古代文字資料館.

_____(2005c),「『飜譯老乞大』と『老乞大諺解』における分句の相違」,『KOTONOHA』, 第31号, 古代文字資料館.

_____(2006a),「『飜譯老乞大』に見られる墨書について」,『KOTONOHA』, 第40号, 古代文字資料館.

_____(2006b),「『重刊老乞大』と『重刊老乞大諺解』における異同について」,『KOTONOHA』, 第42号, 古代文字資料館.

_____(2006c),「『朴通事新釋』と『朴通事新釋諺解』における異同について」,『KOTONOHA』, 第45号, 古代文字資料館.

_____(2009),「天理図書館蔵の内賜本『老乞大諺解』について──印出後の訂正状況を中心に──」,『愛知県立大学外国語学部紀要(言語・文学編)』, 第41号, 379-404.

Courant, M.(1894), *Bibliographie Coréenne* (모리스 꾸랑 原著, 李姬載 譯, 1994;1997,『修訂飜譯版 韓國書誌』, 一潮閣).

資料類

『老乞大新釋』(奎章閣 所藏本, 奎4871).
『老乞大新釋』(奎章閣 所藏本, 奎4872).
『老乞大新釋』(延世大學校 中央圖書館 所藏本, 고서(I) 412.8 노걸대 신-판).
『老乞大新釋』(國立中央圖書館 所藏本, 위창古327-2).
『老乞大新釋諺解(卷一)』(컬럼비아大學 東亞圖書館 所藏本, PL1121.K6 C462).

『老乞大』(嶺南大學校 圖書館 所藏 甲寅字覆刻本),『民族文化論叢』, 第24輯, 嶺南大學
　　　　校.
『老乞大』(侍講院 舊藏 奎章閣 所藏本, 奎6293), 서울大學校奎章閣(2003a),『奎章閣資料
　　　　叢書 語學篇(一) 老乞大 老乞大諺解』.
『飜譯老乞大 卷上』, 中央大學校大學院(1972).
『老乞大諺解』(奎章閣 所藏本, 奎1528).
『老乞大諺解』(奎章閣 所藏本, 奎2044), 서울大學校奎章閣(2003a),『奎章閣資料叢書 語
　　　　學篇(一) 老乞大 老乞大諺解』.
『老乞大諺解(箕營版)』(奎章閣 所藏本, 奎2303), 서울大學校奎章閣(2003a).
『重刊老乞大』(奎章閣 所藏本, 奎4869), 서울大學校奎章閣(2003b),『奎章閣資料叢書 語
　　　　學篇(二) 老乞大新釋 重刊老乞大 重刊老乞大諺解』.
『重刊老乞大諺解』(奎章閣 所藏本, 奎2050), 서울大學校奎章閣(2003b),『奎章閣資料叢
　　　　書 語學篇(二) 老乞大新釋 重刊老乞大 重刊老乞大諺解』.

『朴通事 上』, 慶北大學校大學院 國語國文學研究室(1959).
『朴通事新釋』(奎章閣 所藏本, 一簣 古495.1824-B992b), 서울大學校奎章閣(2004),『奎
　　　　章閣資料叢書 語學篇 朴通事新釋 朴通事新釋諺解』.
『朴通事新釋諺解』(奎章閣 所藏本, 古3917-8), 서울大學校奎章閣(2004).

『老朴集覽』(乙亥字本), 李丙疇(1966) 所收.

『廣韻』, 藝文印書館(2002),『校正宋本廣韻 附索引』.
『四聲通解』(奎章閣 所藏本), 弘文閣(1998).
『說文解字注』, 上海世紀出版股份有限公司 上海古籍出版社(1981;1988).
『洪武正韻譯訓』(高麗大學校 中央圖書館 所藏本), 高麗大學校出版部(1974),『高麗大學
　　　　校 影印叢書 第2輯 洪武正韻譯訓』.

『北轅錄』(李商鳳 著), 林熒澤 編(2008),『燕行錄選集補遺 上』, 동아시아學術院 大東文
　　　　化硏究院.
『承政院日記』, 大韓民國文敎部 國史編纂委員會 編(1969), 探求堂.
『譯科榜目』(奎章閣 所藏本), 民昌文化社(1990).
『通文館志』(奎章閣 所藏 正祖2年(1778) 重刊本, 奎812).
『通文館志』(奎章閣 所藏 高宗25年(1888) 重刊本, 奎882), 서울大學校 奎章閣韓國學硏
　　　　究院(2006a),『奎章閣資料叢書 官署志篇 通文館志 上』; 서울大學校 奎
　　　　章閣韓國學硏究院(2006b),『奎章閣資料叢書 官署志篇 通文館志 下』.

□ 성명 : 스기야마 유타카(杉山 豐)
　　주소 : 서울特別市 鍾路區 東崇洞 181-2 國立國際敎育院 國際會館 2館 101號室
　　전화 : 010-2462-0355
　　전자우편 : pung2462@gmail.com

□ 이 논문은 2011년 1월　3일 투고되어
　　　　　　2011년 1월 10일부터 2월 10일까지 심사하고
　　　　　　2011년 2월 25일 편집회의에서 게재 결정되었음.

麗末鮮初의 漢語 敎育과 元代의 童蒙 敎育*
-老乞大・朴通事의 學堂 風景을 通하여-

鄭丞惠

(韓國・水原女大)

<ABSTRACT>

Chinese Education from the End of Goryeo to the Beginning of Chosun Dynasty and Boys' Education of Yuan Dynasty
-Through the view of Nogeoldae and Baktongsa-

Used as Chinese textbooks Chosun dynasty for 500 years, "Nogeoldae" and "Baktongsa" are not only effctive as linguistic materials, but also important materials that can complement Yuan dynasty's historical material. "Nogeoldae" is consisted of total 106 (107) scenes, and the contents is a story of merchants who go to China to sell products and come back. "Baktongsa" is consisted of total 106 scenes, and unlike "Nogeoldae" which is a connecting story, it is made up of a large amount of separate stories for each scene. "Nogeoldae" is an everyday conversation textbook for a beginner level focusing on travel and trade, and "Baktongsa" is so called an advanced conversation textbook that indiscriminately reflects Chinese social customs and life culture such as customs, social condition, entertainment, funeral rites, religion, trade, document, etc,. Especially it is a good material to learn about Beijing and the surrounding's refined culture.

This study investigated foreign language education from the end of Goryeo to the beginning of Chosun dynasty and boys' edcation during Yuan dynasty through the view of village school on "Nogeoldae" and "Baktongsa." The study shows that "Nogeoldae" reflects the view of foreign language school, and "Baktongsa" reflects the village school that is considered Yuan dynasty's private school. Moreover, there

---

* 이 글은 2010년 11월 12-13일 日本 麗澤大學에서 열린 日韓言語學者會議에서 "<老朴>의 漢語學習"이라는 제목으로 발표한 논문이다.

is also differences on learning targets between "Nogeoldae" and "Baktongsa."

Key Words : Nogeoldae(노걸대), Baktongsa(박통사), Boys' Education(동몽교육),
Yuan Dynasty(원대), Chinese Education(한어교육)

1. 緒言

『老乞大』와 『朴通事』는 朝鮮時代 代表的인 漢語 學習書로서, 약 500여 년간 使用된 司譯院의 譯學書이다. 이 두 資料는 著者와 編纂年代가 정확히 밝혀지지는 않았으나 高麗末期인 1352년과 1368년 사이에 編纂된 것으로 推定하고 있다.

『老乞大』는 모두 106(또는 107)개의 場面으로 이루어졌는데 그 內容은 高麗 商人 一行 네 명(주요 대화자, 그의 姑從 사촌형 金氏, 姨從 동생 李氏, 이웃 趙氏)이 고려의 말[馬]과 베[毛施布], 인삼(人蔘) 등을 가지고 中國 大都(燕京)로 行商하러 가는 도중, 中國 商人 王氏(遼陽城 出身)를 만나는 것으로부터 시작된다. 이들 일행이 同行하면서 나누는 對話가 기본 줄거리를 이루면서, 目的地에 도착하여 갖고 간 물건들을 다 처리하고 高麗에 가져다 팔 物件들을 購入한 후 서로 작별 인사를 나누는 것으로 끝이 난다. 이 資料는 旅館 投宿, 飮食 注文, 장사 흥정 등 實用的인 場面들을 생생하게 보여주며 살아 있는 中國語를 習得하도록 編纂한 것이 特徵이다.

『朴通事』는 106개 場面으로 이루어졌는데 『老乞大』와는 달리, 이어진 내용이 아니라 매 場面마다 독립된 대화로 구성되어 있으며 그 내용이 실로 방대하다. 『老乞大』가 여행과 교역을 중심으로 한 일상용 初級會話라면 『朴通事』는 風俗, 世態, 娛樂, 婚喪, 宗敎, 賣買, 文書 등 중국의 사회적 풍속과 생활 문화를 골고루 반영하는 이른바 高級會話라고 할 수 있다. 특히, 北京과 그 周邊의 高級文化를 익히기에 좋은 資料라 할 수 있다.

본고에서는 이 두 資料 속에 나타나는 學堂 風景을 통하여 當代에 이루어진 漢語 敎育과 童蒙 敎育의 方法과 敎材에 대하여 살펴보고자 한다. 『老乞大』의

漢語 學習 場面 分析을 통해서는 麗末鮮初의 漢語 敎育의 모습을, 『朴通事』의 童蒙學習 場面 分析을 통해서는 元代 童蒙 敎育의 모습을 알 수 있을 것이다. 또한 이를 통하여 두 책의 學習 對象과 讀者에 差異가 있었음을 確認하고자 한다.

2. 『老乞大』의 學堂 風景

2.1. 麗末·鮮初의 漢語 學習

周知하다시피 麗末·鮮初의 漢語 敎育은 주로 司譯院을 통하여 이루어졌다. 『通文館志』 卷1 沿革 官制 조에 다음과 같은 기사가 있다.

> 高麗忠烈王二年始置通文館, 習漢語, 恭讓王改爲漢文都監{出高麗史職官志}。
> 國初置司譯院, 掌譯諸方言語{出輿地勝覽}, 其屬官有蒙倭女眞學, 通爲四學{康
> 熙丁未 女眞學改稱淸學}, 屬禮曹{出經國大典} [續]{乾隆乙酉淸學序於蒙學之
> 上 出啓辭謄錄}。

이를 통해, 高麗 忠烈王 2年(1276년) 처음 設置된 '通文館'이 恭讓王 때 '漢文都監'으로 바뀌었고, 朝鮮 初에 '司譯院'으로 연계되었음을 알 수 있다. 그런데 국가 교육기관인 '司譯院' 이외의 곳에서도 '漢語'를 배울 수 있었던 것으로 보인다. 단지 文例에 불과한 것인지는 모르겠으나, 『老乞大』에는 中國人이 高麗人에게 漢語를 어떻게 배웠는지 묻는 場面이 나와, 그 內容을 알 수 있다. 여기 보이는 原文은 『{原本}老乞大』와 『{飜譯}老乞大』의 것을 취하였다.

> 漢人 : 恁是高麗人, 却怎麼漢兒言語說的好有? (原老)
>   你是高麗人, 却怎麼漢兒言語說的好? (飜老)
> 너는 高麗ㅅ사ᄅᆞᆷ이어시니 ᄯᅩ 엇디 漢語 닐오미 잘 ᄒᆞᄂᆞ뇨? (飜老)
> 당신은 고려 사람인데 어떻게 한어(漢語)를 잘합니까?
>
> 高麗人 : 俺漢兒人上學文書來的上頭, 些小漢兒言語省的有。 (原老)

我漢兒人上學文書, 因此上, 些少漢兒言語省的。(飜老)
내 漢兒人의손더 글 비호니 이런 젼추로 겨그나 漢語 아노라 (飜老)
저는 漢人한테서 글을 배웠기 때문에 조금이나마 한어를 알 수 있습니다.

漢人 : 你誰根底學文書來? (原老)
　　　　你誰根底學文書來? (飜老)
네 뉘손더 글 비혼다? (飜老)
당신은 누구에게서 글을 배웠습니까?

高麗人 : 我在漢兒學堂裏學文書來。(原老)
　　　　　我在漢兒學堂裏學文書來。(飜老)
내 되 혹당의셔 글 비호라 (飜老)
한인학당(漢兒學堂)에서 배웠습니다.

漢人 : 你學甚麼文書來? (原老)
　　　　你學甚麼文書來? (飜老)
네 므슴 그를 비혼다? (飜老)
무슨 글을 배웠습니까?

高麗人 : 讀論語, 孟子, 小學。(原老)
　　　　　讀論語, 孟子, 小學。(飜老)
論語 孟子 小學을 닐고라 (飜老)
『논어(論語)』, 『맹자(孟子)』, 『소학(小學)』을 읽었습니다.

漢人 : 恁每日做甚麼工課? (原老)
　　　　你每日做甚麼工課? (飜老)
네 미실 므슴 이력ᄒ는다 (飜老)
매일 어떤 공부를 합니까?

高麗人 : 每日清早晨起來, 到學裏, 師傅行受了生文書。
　　　　　下學到家, 喫飯罷, 却到學裏寫倣書。
　　　　　寫倣書罷對句, 對句罷吟詩。
　　　　　吟詩罷, 師傅行講書。(原老)
　　　　　每日清早晨起來, 到學裏, 師傅上受了文書。

　　　放學到家裏, 喫飯罷, 却到學裏寫倣書。
　　　寫倣書罷對句, 對句罷吟詩。
　　　吟詩罷, 師傅前講書。(飜老)

민실 이른 새배 니러 흑당의 가 스승님끠 글 듣줍고 흑당의 노하든 지븨 와 밥 머기 못고 또 흑당의 가 셔품 쓰기 ᄒᆞ고 셔품 쓰기 못고 년구ᄒᆞ기 ᄒᆞ고 년구 ᄒᆞ기 못고 글 이피 ᄒᆞ고 글 입피 못고 스승님 앎픠 글 강ᄒᆞ노라 (飜老)

매일 아침 일찍 일어나 학당에 가서 스님께 책의 배우지 않았던 부분(生文書)을 배웁니다. 수업을 마치면 집으로 돌아가 밥을 먹고 다시 학당에 가서 습자(習字)를 합니다. 습자가 끝나면 대구(對句)를 하고, 대구가 끝나면 시(詩)를 읊습니다. 시 읊기를 마치면 스승한테 가서 책을 강(講)합니다.

漢人 : 講甚麼文書? (原老)
　　　　講甚麼文書? (飜老)
므슴 그를 강ᄒᆞᄂᆞ뇨 (飜老)
무슨 글을 외웁니까?

高麗人 : 講小學 論語 孟子。(原老)
　　　　　講小學論語孟子。(飜老)
小學 論語 孟子를 강ᄒᆞ노라 (飜老)
『소학(小學)』, 『논어(論語)』, 『맹자(孟子)』를 외웁니다.

漢人 : 說書罷, 更做甚麼工課? (原老)
　　　　說書罷, 又做甚麼工課? (飜老)
글 사김ᄒᆞ기 못고 또 므슴 공부 ᄒᆞᄂᆞ뇨 (飜老)
책을 외우고 나면 그 다음에 어떤 공부를 합니까?

高麗人 : 到晚師傅行撒籤背念書, 背過的師傅與免帖 一箇,
　　　　　若背不過時, 敎當直學生背起 打三下。(原老)
　　　　　到晚師傅前撒籤背念書, 背過的師傅與免帖一箇,
　　　　　若背不過時, 敎當直的學生背起 打三下。(飜老)
나죄 다듣거든 스승님 앎픠셔 사술 빼혀 글 외오기 ᄒᆞ야 외오니란 스승님이 免帖 ᄒᆞ나흘 주시고 ᄒᆞ다가 외오디 몯ᄒᆞ야든 딕실션븨 ᄒᆞ야 어피고 세 번 티ᄂᆞ니라

저녁이 되면 스승님 앞에서 제비뽑기를 하여 (뽑힌 사람이) 책을 암송하는데,

암송을 했으면 스승이 면첩(免帖)을 하나 주시고, 암송하지 못하면 당직(當直)
학생을 시켜서 돌려 세워[背起] 세 번을 때립니다.

漢人 : 怎生是撤簽背念書, 怎生是免帖? (原老)
　　　怎的是撤簽背念書, 怎的是免帖? (飜老)
엇디홀 시 사술 빼혀 글 외오기며 엇디홀 시 免帖인고 (飜老)
어떻게 제비를 뽑아서 책을 암송하며, 면첩이란 무엇입니까?

高麗人 : 每一箇竹簽上寫著一箇學生的姓名, 衆學生的姓名都這般寫著,
　　　　一箇簽筒兒裏盛著。教當直學生將簽筒來搖撼動, 內中撤一箇。撤著誰的,
　　　　便著那人背書。背念過的, 師傅與免帖一箇。那免帖上寫著免決三下。
　　　　師傅上頭畫著押字。若再撤簽試不過,將出免帖來毀了。便將功折過免了打。
　　　　若無免帖, 定然喫三下。(原老)
　　　　每一箇竹簽上寫着一箇學生的姓名, 衆學生的姓名都這般寫着,
　　　　一箇簽筒兒裏盛着。教當直的學生將簽筒來搖動, 內中撤一箇。撤着誰的,
　　　　便着那人背書。背念過的, 師傅與免帖一箇。那免帖上寫着免打三下。
　　　　師傅上頭畫着花押。若再撤簽試不過 將出免帖來毀了 便將功折過免了打
　　　　若無免帖 定然喫打三下。(飜老)
민 흔 대똑애 흔 션븨 일홈 쓰고 모든 션븨 일후믈 다 이리 써 흔 사술통애
다마 딕실션븨 ᄒᆞ야 사술통 가져다가 흔드러 그 듕에 ᄒᆞ나 빼혀 빼혀니 닌고
ᄒᆞ야 믄득 그 사ᄅᆞᆷ ᄒᆞ야 글 외오오더 외와든 스승이 免帖 ᄒᆞ나홀 주ᄂᆞ니 그
免帖 우희 세번 마조믈 면ᄒᆞ라 ᄒᆞ야 쓰고 스승이 우희 쳐두ᄂᆞ니라。 ᄒᆞ다가 다시
사술 빼혀 외오디 몯ᄒᆞ야도 免帖 내여 ᄒᆞ야 ᄇᆞ리고 아리 외와 免帖 타 잇던
공오로 이번 몯 외온 죄를 마초와 티기를 면ᄒᆞ거니와 ᄒᆞ다가 免帖곳 업스면
일뎡 세 번 마조믈 니브리라 (飜老)
하나의 대쪽에 한 사람씩 학생 이름을 적고, 모든 학생 이름을 다 이와 같이
써서 사슬통(제비뽑기통)에 넣습니다. 당직학생을 시켜 사슬통을 가져다가 흔
들어, 그 속에서 제비 한 개를 뽑아서 그 제비 뽑힌 사람에게 외우게 합니다.
외울 수 있으면 스승이 면첩을 한 개 주시는데 그 면첩에는 '세 번 맞기를 면하
라'고 쓰고, 스승이 위에 서명합니다. 만일 다시 제비를 뽑아 외우지 못하면
그 면첩을 내어 찢어버리고, 앞의 (외운) 공으로 이번에 못 외운 죄를 상쇄하여
맞기를 면하고, 만일 면첩이 없으면 딱 세 번 맞습니다.

漢人 : 你是高麗人, 學他漢兒文書怎麼? (原老)

你是高麗人, 學他漢兒文書怎麼? (飜老)
너는 高麗ㅅ사ᄅᆞ미어시니 漢人의 글 ᄇᆡ화 므슴ᄒᆞ다? (飜老)
당신은 高麗人인데, 한어 서책을 배워서 무엇을 합니까?

高麗人 : 你說的也是, 各自人都有主見. (原老)
          你說的也是, 各自人都有主見. (飜老)
네 닐옴도 올타커니와 각각 사ᄅᆞ미 다 웃드오로 보미 잇ᄂᆞ니라 (飜老)
당신이 말씀하시는 것도 당연하지만, 사람은 각기 자기 생각이 있으니까요

漢人 : 你有甚麼主見? 你說我試聽咱. (原老)
        你有甚麼主見? 你說我聽着. (飜老)
네 므슴 웃듬보미 잇ᄂᆞ뇨? 네 니ᄅᆞ라 내 드로마 (飜老)
당신 생각은 어떻습니까? 말씀해 보세요. 들어보겠습니다.

高麗人 : 如今朝廷一統天下, 世間用著的是漢兒言語.
          咱這高麗言語, 只是高麗田地裏行的.
          過的義州, 漢兒田地裏來, 都是漢兒言語.
          有人問著, 一句話也說不得時, 敎別人將咱每做甚麼人看? (原老)
          如今朝廷一統天下, 世間用着的是漢兒言語.
          我這高麗言語, 只是高麗地面裏行的.
          過的義州, 漢兒地面來, 都是漢兒言語.
          有人問着, 一句話也說不得時, 別人將咱們做甚麼人看? (飜老)
이제 됴뎡이 텬하를 一統ᄒᆞ야 겨시니 셰간애 ᄡᅳ노니 漢人의 마리니 우리 이
高麗ㅅ말소믄 다믄 高麗ㅅ짜해만 ᄡᅳ는 거시오 義州 디나 中朝ㅅ짜해 오면 다
漢語ᄒᆞᄂᆞ니 아뫼나 ᄒᆞᆫ 마를 무러든 쏘 디답디 몯ᄒᆞ면 다른 사ᄅᆞ미 우리를다가
므슴 사ᄅᆞ믈 사마 보리오? (飜老)
지금 조정이 천하를 통일하였고 세상에서 통용되고 있는 것은 한어입니다. 우
리 고려의 말은 단지 고려 땅에서만 사용되는 것이고, 의주(義州)를 지나 한인
(漢人)들의 땅에 들어오면 모두 한어를 사용합니다. (중국에서) 누군가 물었는
데 한 마디도 말을 못하면 남들이 우리를 어떻게 보겠습니까?

漢人 : 你這般學漢兒文書呵, 是你自意裏學來那你的爺娘敎你學來? (原老)
        你這般學漢兒文書時 是你自心裏學來? 你的爺娘敎你學來? (飜老)
네 이리 漢人손ᄃᆡ 글 ᄇᆡ호거니 이 네 ᄆᆞ슴모로 ᄇᆡ호ᄂᆞ디 네 어버ᅀᅵ 너를 ᄒᆞ야

비호라 ᄒ시ᄂ녀?
당신이 이런 한인(漢人)의 글을 공부하게 된 것은 자기 스스로 한 것인가요?
당신의 부모가 시켜서 공부한 것인가요?

高麗人 : 是俺爺娘教我學來。(原老)
　　　　是我爺娘教我學來。(飜老)
올ᄒ니 우리 어버ᄉ 나를 ᄒ야 비호라 ᄒ시ᄂ다
부모님께서 나에게 공부하라고 하신 것입니다.

漢人 : 你學了多少時? (原老)
　　　你學了多少時節? (飜老)
네 비환 디 언머 오라뇨?
배운 지 얼마나 되었나요?

高麗人 : 我學半年有餘也。(原老)
　　　　我學了半年有餘。(飜老)
내 비환 디 반 히 남즉ᄒ다 (飜老)
배운 지 반 년 남짓 됩니다.

漢人 : 省的那省不的? (原老)
　　　省的那省不的? (飜老)
알리로소녀 아디 몯ᄒ리로소녀? (飜老)
알겠던가요? 모르겠던가요?

高麗人 : 每日和漢兒學生每一處學文書來的上頭, 些小理會的有。(原老)
　　　　每日和漢兒學生們一處學文書來因此上, 些少理會的。(飜老)
ᄆ일 漢兒션비둘콰 ᄒ야 ᄒ디셔 글 비호니 이런 젼ᄎ로 져기 아노라 (飜老)
매일 한인(漢人)학생들과 함께 공부해서 그런지 조금 알겠습니다.

漢人 : 你的師傅是甚麼人? (原老)
　　　你的師傅是甚麼人? (飜老)
네 스승이 엇던 사ᄅᆷ고? (飜老)
선생님은 어떤 사람인가요?

高麗人 : 是漢兒人有。(原老)
        是漢兒人有。(飜老)
이 漢人이라. (飜老)
한인(漢人)이셨습니다.

漢人 : 多少年紀? (原老)
        多少年紀? (飜老)
나히 언메나 ᄒᆞ뇨? (飜老)
연세가 얼마나 되셨습니까?

高麗人 : 三十五歲也。(原老)
        三十五歲了。(飜老)
설흔 다ᄉᆞ시라. (飜老)
서른 다섯 살이었습니다.

漢人 : 耐繁敎那不耐繁敎? (原老)
        耐繁敎那不耐繁敎? (飜老)
즐겨 ᄀᆞᄅ치ᄂᆞ녀 즐겨 ᄀᆞᄅ치디 아닛ᄂᆞ녀 (飜老)
참을성 있게 잘 가르쳐 주시던가요 아니던가요?

高麗人 : 俺師傳性兒溫克, 好生耐繁敎。(原老)
        我師傳性兒溫克, 好生耐繁敎。(飜老)
우리 스승이 셩이 온화ᄒᆞ야 ᄀᆞ장 즐겨 ᄀᆞᄅ치ᄂᆞ다. (飜老)
우리 선생님은 성품이 온화하여, 정말 잘 가르쳐주셨습니다.

漢人 : 恁那衆學生, 內中多少漢兒人? 多少高麗人? (原老)
        你那衆學生, 內中多少漢兒人? 多少高麗人? (飜老)
네 모든 션비 듕에 언메나 漢兒人이며 언메나 高麗ㅅ사ᄅᆞᆷ고? (飜老)
당신네 학생 중에서 漢人은 몇 명이고, 高麗人은 몇 명이었나요?

高麗人 : 漢兒, 高麗中半。(原老)
        漢兒, 高麗中半。(飜老)
漢兒와 高麗 반이라 (飜老)
漢人과 高麗人이 반반이었습니다.

2.2. 學習 方法과 教材

	『老乞大』의 漢語 學習
學習 目的	(元)朝廷이 天下를 統一하여 世上에서 通用되고 있는 것은 漢語이므로 漢語를 學習함.
學習 場所	漢人學堂
教師	35세의 漢人(原語民 講師)
班 編成	高麗人 50%, 漢人 50%
教材	『소학(小學)』, 『논어(論語)』, 『맹자(孟子)』 外
學習 方法	(1) 아침 : 새로운 教科(生文書) 學習 　　　　歸嫁하여 食事 (2) 점심 : 習字 – 對句 – 吟詩 – 講書 (3) 저녁 : 背念書(제비뽑기(撤籤))

2.2.1. 學習 目的

外國語 學習을 하는 가장 기본적인 목적은 대화 상대와의 원활한 意思疏通에 있을 것이다. 오늘날에도 外國語를 배우는 목적이 그러하듯이, 當時 元나라가 天下를 統一하여 世上에서 通用되고 있는 것이 漢語였다면, 漢語를 學習한다는 것은 지극히 당연한 일이었을 것이다. 특히 貿易을 하기 위한 商人의 입장에서는 더욱 필요한 언어가 漢語였을 것이므로 漢語를 배우는 목적은 分明하다.

2.2.2. 學習 場所와 班의 構成

여기에 보이는 '漢人學堂'이 실제로 어디에 있었는지 알 수는 없으나, 漢人과 高麗人 이 半半 있다는 것은 漢人들이 많이 모여 살던 곳이 아닌가 싶다. 즉, 漢人들이 모여 살던 곳(漢人村)이 있었을 것으로 보이는데, 실제로『承政院日記』英祖 47年(1771년) 4月 3日 癸酉 조에 다음과 같은 記事가 보인다.

> 上曰, 當初漢人, 使處東村, 謂之漢人村, 田哥則本不在漢村, 而王哥・梁哥, 俱是漢村中人矣。漢禎, 近來欲效田得雨, 故自漢村移居他處, 此事亦可痛矣。

이 장면은 漢禎이라는 漢人이 죄를 짓고 姓을 바꾸어 도망한 일을 두고 신하들과 의논하는 장면으로, 漢人들을 원래 '東村'에 살게 했는데, 이를 '漢人村'이라 하였고, 王氏·梁氏가 '漢村'의 中人들이었으며, 그들을 '漢村'에서 다른 곳으로 옮겨 살게 한 후로 문제가 생겼다는 내용이다. 따라서 늦어도 朝鮮時代에는 따로 '漢人村'이 있었다는 것을 알 수 있다. 그러면 英祖가 말한 '東村'은 漢陽의 어디에 있었을까? 1974년 9월 16일자 東亞日報에 다음과 같은 내용이 실려 있다.

> 고려시대부터 한양에서 이씨(李氏) 왕조(王朝)가 난다는 도선(道仙)의 예언에 의해 한양 동촌(東村)에 오얏나무(李木)를 심고 그 나무가 무성해 지면 베어버리고 하여 이씨(李氏) 조선(朝鮮)의 흥기(興起)를 예방하였기 때문에 이 일대를 예리촌(刈李村)이라 불렀는데, 뒷날에 음이 비슷한 어의동(於義洞)으로 바뀌었으며, 1914년 동명(洞名)을 개정할 때, 인의동(仁義洞)으로 바뀌었다.

이 記事에 의하면 '東村'은 '於義洞'으로 바뀌었다가 日帝時代인 1914년 行政區域 統廢合에 '仁義洞'으로 바뀐 것으로 보인다. 또한 "高麗末의 漢陽은 景福宮 자리에 離宮이 한 채 있었을 뿐 다른 宮闕과 官衙는 없었고 民家들은 지금의 孝悌洞 近處에 몰려 있어 그곳을 '東村' 또는 '楊柳村'이라 했다"는 기록(김문수:2010, 311)이 있어, 이곳은 지금 서울의 鐘路 5街, 6街 周邊이었을 것으로 생각된다.

그러나 高麗時代의 '漢人學堂'은 漢陽보다는 당시의 首都였던 開京[開城]에 있었을 可能性이 크며, 當時의 狀況으로 미루어 보아, 高麗末의 王京, 즉 開京은 따로 漢人村을 두지 않아도 될 만큼 來元人이 많은 國際的인 都市였으므로 '漢人學堂'은 곳곳에 있었을 것으로 생각된다. 오늘날에도 곳곳에 外國人學校가 있듯이, 朝鮮時代에도 漢人들이 모여 살던 '漢人村'이 있었고, 이곳에도 漢人學堂이 있었을 것이라는 推測은 可能하다.[1]

---

1) 鄭光(2002)에서는 『老乞大』에 보이는 學堂을 元나라에 있는 것으로 推定하고, 元나라에 留學한 내용을 記述한 것으로 보았으나, 高麗에서 온 사람에게 漢人이 質問을 하는 全體的인 內容의 흐름으로 보아, 漢人學堂은 高麗에 있었을 可能性이 크다.

2.2.3. 敎師

高麗와 朝鮮에서는 譯官들의 漢語 實力을 向上시키기 위하여 中國 現地에 譯官들을 파견하는 방법[留學]과 中國의 原語民을 講師로 招聘하여 漢語를 가르치도록 하는 方法을 취하기도 하였다. 그 例로 世宗 23年 10月에 中國의 遼東鐵嶺衛 軍人인 李相을 國境 地方에서 漢陽으로 招請하여, 수개월간 承文院 生徒와 講肄生들에게 吏文과 漢語를 가르치게 한 記錄이 있다. 『世宗實錄』卷 94, 23年(1441) 10月조에 다음과 같은 기사가 보인다.

漢音傳音漸致差訛, 慮恐倘有宣諭聖旨難以曉解, 朝廷使臣到國, 應待言語理會者少, 深爲未便, 幸今李相粗識文字, 漢音純正, 擬合存留傳習.

이 例文은 中國의 使臣이 올 때 漢語에 能通한 자가 적어 不便을 겪고 있는데 多幸히 李相의 漢語 發音이 純正하므로 그를 남기어 漢語를 가르치도록 하였다는 記錄이다.

漢人을 漢語 講師로 招聘한 記錄은 『通文館志』卷8 故事 조에서도 찾아 볼 수 있다.

至於庚午年大臣引見時, 語及偶語廳, 上曰壬戌年間閔鼎重爲提調時, 倂設此廳, 使漢人文可尙等敎習漢語 其時以爲有效.

이것은 肅宗 8年에 設置된 司譯院 偶語廳에서 中國人 文可尙과 鄭先甲을 漢語訓長으로 삼았다는 내용을 記錄한 것인데 그 效果가 아주 좋았음을 말해주고 있다. 이처럼 朝鮮時代에도 外國語의 實力 向上을 위하여 직접 原語民을 불러다가 가르치게 하는 방법을 채택하였다.

2.2.4. 敎材

『老乞大』에 보이는 漢語 敎材는 『소학(小學)』, 『논어(論語)』, 『맹자(孟子)』이다. 이들은 아마도 敎材 自體가 漢語로 쓰여졌거나, 古文으로 쓰여졌더라도 漢語로 읽혔을 것이다. 『經國大典』(1485년)에 보이는 譯科 漢學 初試의 科試

書 中 '講書-臨文'의 『四書』 즉, '論語, 孟子, 中庸, 大學'과 '背講'의 '老乞大, 朴通事, 直解小學'은 各 冊의 內容 把握만이 아니라, 이들을 漢語로도 말할 수 있어야 했음을 意味한다.2) 여기서 『소학(小學)』, 『논어(論語)』, 『맹자(孟子)』 를 스승 앞에서 '講書'한다고 한 것은 아마도 책을 보지 않고 대답하거나 외우 는 '背講' 또는 '背誦'이었을 것으로 보인다.

또, 書名이 나오지는 않았으나 詩를 읊는다(吟詩)고 하였으므로, 당시에 詩 를 읊는 데 사용된 교재가 또 있었을 것으로 보인다. 예를 들어 『三體詩』3)와 같은 책은 朝鮮 前期에 流行하여 읽혔던 책인데, 日本 對馬島에서 韓語 通詞를 養成하기 위해 만든 기관인 '韓語司'에서도 韓語通詞의 교재로 『小學』, 『四書』, 『古文』, 『三體詩』 등을 使用한 것을 보면, 이 책과 같이 基礎入門書的인 性格 을 가진 詩 敎材도 使用되었을 것으로 생각된다.

2.2.5. 學習 方法

『老乞大』에 나타나는 漢語 學習方法을 살펴보면, 매일 아침 일찍 일어나 學堂에 가서 스승에게서 새로운 敎科(生文書)를 배우고, 午前 受業을 마치면 집으로 돌아가 밥을 먹고, 다시 學堂으로 돌아와 습자(習字)를 한다. 이어서 대구(對句)를 하고, 대구가 끝나면 시를 읊는다(吟詩). 시 읊기를 마치면 스승 한테 가서 책을 강(講)한다.

---

2) 조선시대 역과 시험의 종류는 크게 세 가지가 있었다. 우선 강서(講書)로서, 經書를 臨文 하여 강독하는 강경(講經)과 역학서를 외워 대답하는 배강(背講)이 있고, 외국어를 베껴 쓰는 사자(寫字), 해당 외국어를 번역하는 역어(譯語)가 그것이다. 講書는 구술시험이고 寫字는 필답시험이었다. 일반적으로 講書에는 본문을 보지 않고 물음에 답하는 배강(背 講), 본문을 보지 않고 외우는 배송(背誦), 본문을 보고 물음에 답하는 임문고강(臨文考 講)이 있었다.

3) 송(宋)나라 주필(周弼)이 1250년에 엮은 책이다. 당시3체가법(唐詩三體家法)·당현3체 시법(唐賢三體詩法)·당3체시(唐三體詩)라고도 한다. 7언절구(七言絶句)·7언율시(七 言律詩)·5언율시(五言律詩)의 3체시 494수를 수록하였다. 수록된 시인 167명의 대다수 가 중만당(中晚唐) 시인인 점이 특색이다. 주필은 시인들에게 作詩의 標準을 提示해 주기 위해 이 책을 엮었다고 한다. 두보(杜甫)와 이백(李白)의 시를 전혀 싣지 않은 것이 라든지 고시(古詩)를 모두 제외한 것도 일반 작시자가 접근하기 쉽도록 하려는 편집목 적 때문이었을 것이다. 시의 분류도 허(虛:서정)와 실(實:서경)을 중심으로 한 허접(虛 接)·실접(實接)·전허후실(前虛後實)·전실후허(前實後虛) 등 시의 구성요소에 따르 고 있으며, 入門書的 性格이 강하다.

저녁에는 제비뽑기(撤簽)를 통하여 책을 외운다(背念書). 이 때 책을 외울
수 있으면 스승이 '세 번 맞기를 면하라'고 쓴 면첩(免帖)에 서명(花押)을 하여
주고, 외우지 못하면 그 면첩을 내어 찢어버리거나, 앞의 (외운) 공으로 이번에
못 외운 죄를 相殺하지만, 만일 먼저 받은 면첩이 없으면 돌려세워(背起) (종아
리) 세 대를 때린다.

3. 『朴通事』에 나타나는 學堂 風景

3.1. 元代의 童蒙 學習과 『朴通事』의 學堂 風景

　예나 지금이나 아동 교육은 매우 중요하게 취급되는데, 元은 中國의 童蒙
敎育의 발전에 중요한 역할을 담당한 것으로 평가 받는다. 이 시기에는 蒙學이
量的으로 발전했을 뿐만 아니라 敎育 內容, 敎育 方法, 敎材面에서도 다양한
발전을 이룩하여 後代의 童蒙 敎育에 중요한 영향을 미쳤다.

　이 시기 蒙學의 主要 內容은 初步的인 水準의 道德과 基礎的인 文化 知識의
學習이다. 매일 공부하는 주요 내용은 識字(글자 익히는 것), 習字(글자 쓰기
연습하는 것), 讀書(책을 읽는 것), 背書(암송하는 것), 作文(글을 짓는 것) 등이
었다. 또한 기본 도덕규범의 교육과 도덕 행위 습관의 배양 등도 가르쳤다.

　童蒙 敎育은 基礎 敎育이므로 엄격하게 기초 쌓기를 강조하였다. 예를 들어
兒童이 책을 읽을 때는 高度의 集中力을 要求하였다. 글자 하나하나를 소리
내어 읽어야 하는데, 한 글자도 틀려서는 안 되고, 한 글자를 빠뜨려도 안 되고,
한 글자를 더해도 안 되고, 한 글자의 순서가 바뀌어도 안 되었다. 글자를 쓸
때는 一筆, 一劃이 嚴正하고 分明해야 하고 흘려 써서도 안 되었다고 한다.

　『朴通事』에서는 兒童들이 다녔던 學堂[書堂]의 敎育 모습이 學生의 입을
통해 구체적으로 描寫되고 있다. 『朴通事』의 第25話에 學堂의 學習 風景이 보
인다. 여기에 제시한 원문은 『{번역}朴通事』의 것을 취하였고, 話者와 聽者는
친구 간의 對話로 想定하였다.

學生1 : 你今日怎麽學裏不曾去? (飜朴)
　네 오늘 엇디 흑당의 아니 간다?
　너 오늘 어찌 학당에 안 갔니?

學生2 : 我今日告假來。(飜朴)
　내 오늘 말미ᄒᆞ야 오라.
　오늘 휴가를 얻었어.

學生1 : 你幾箇學生? (飜朴)
　너희 며치나흔 션비오?
　너희 학생이 몇 명이야?

學生2 : 咱學長爲頭兒四十五箇學生。(飜朴)
　우리 흑댱 위두ᄒᆞ야 만슌 다숫 션비라
　학장(學長)을 비롯하여 마흔 다섯이야.

學生1 : 多少學課錢? (飜朴)
　흑당의 드리는 쳔이 언메나 ᄒᆞ뇨?
　학비는 얼마야?

學生2 : 一箇月五錢家。(飜朴)
　ᄒᆞᆫ ᄃᆞ래 닷 돈식이라.
　한 달에 다섯 돈이야.

學生1 : 你師傅是甚麽人? (飜朴)
　네 스승은 엇던 사ᄅᆞᆷ고?
　선생님은 어떤 분이셔?

學生2 : 是秀才。(飜朴)
　이 션븨라.
　수재(秀才)셔.

學生1 : 你如今學甚麽文書? (飜朴)
　네 이제 므슴 그를 비호ᄂᆞᆫ다?

너, 요즘 어떤 책을 배우니?

學生2 : 讀毛詩尙書。(飜朴)
모시 샹셔 닑노라.
毛詩와 尙書를 읽어.

學生1 : 讀到那裏也? (飜朴)
어드메 닐거 갓는다?
어디까지 읽었니?

學生2 :待一兩日了也。(飜朴)
흔 두 날만 기드리면 ᄆᆞᆾ리라.
앞으로 하루 이틀 정도면 다 끝날 거야.

學生1 : 你每日做甚麼功課? (飜朴)
네 날마다 므슴 이력 ᄒᆞᆫ다?
너는 날마다 어떻게 공부하니?

學生2 : 每日打罷明鍾起來洗臉, 到學裏, 師傅上唱喏。
試文書的之後, 回家喫飯, 却到學裏上書 念一會, 做七言四句詩, 到上
50a午寫做書,
寫差字的手心上打三戒方。(飜朴)
민실 바루 텨든 니러 ᄂᆞᆺ 시븟고, 흑당의 가 스숭님끠 읍ᄒᆞ고, 글 바틴 후에
지븨 도라와 밥 먹고 ᄯᅩ 흑당의 가 글 듣고 흔 디위 외오다가 칠언 ᄉᆞ시 짓고
바른 낫 만ᄒᆞ거든 셔품 쓰기 ᄒᆞ야 ᄌᆞ 그르 스니란 슓바당의 세 번 젼반 티ᄂᆞ니라.
매일 종이 치면 일어나 세수하고, 학당에 가서 먼저 선생님께 인사해. 글짓
기를 한 후 집에 돌아와 밥 먹고, 다시 학당에 가 글 한 번 외우고, 칠언사구
시를 짓지. 점심때가 되면 글씨 쓰기 연습을 하는데, 글씨를 잘못 쓴 사람은
손바닥을 세 번 맞아.

學生1 : 好好! 你休撒頼, 街上休遊蕩, 越在意勤勤的學着。
如今國家行仁義重詩書, 你學的成人長大, 應科擧得做官, 輔國忠君,
孝順父母, 光顯門閭時如何?
這的便是立身行道, 揚名於後世, 以顯父母, 孝之終也。(飜朴)

됴토다 됴토다 네 게으른 양 쁘기 말며 거리로 굴외디 말며 더욱 지의호야 브즈러니 비호라. 이제 나라히 仁義之道를 펴 쁘시며 詩書之教를 크긔 너기시 ᄂ니 네 비화 사룸 도의여 조라나 급뎨호야 벼슬호야 나라 돕ᄉ와 님굼끠 진심 호야 셤기ᄉ오며 부못끠 효도ᄒᄉ오며 가문을 빗내요미 엇더홀고? 이 곧 내 몸 일워나 道를 힝ᄒ야 후셰예 일홈 베퍼 내여 부모를 나토와 내요미 효도의 ᄆ초미니라.

좋다, 좋아! 너 게을리 하지 말고, 또 거리로 쏘다니지 말고 더욱 뜻을 굳게 하고 부지런히 배워라. 지금 나라에서 '인의(仁義)'를 행하고, 시서(詩書)를 중히 여기니 너는 배워서 급제하여 벼슬해라. 그래서 나라를 보호하고 임금께 충성하고, 부모님께 효도하며, 가문을 빛내는 것이 어떠냐? 몸을 일으켜[立身] 도를 행하고[行道] 후세에 이름을 날리고[揚名] 부모를 드러내는 것이 효도의 끝이다.

3.2. 學習 方法과 教材

	『朴通事』의 學習
學習 目的	科擧에 及第하여 벼슬을 함으로써, 나라를 보호하고 임금께 충성하고 부모님께 효도하며 가문을 빛내기 위함
學習 場所	學堂 (學費는 1個月에 五錢)
教師	秀才 (벼슬 안 한 선비)
班 編成	45명(學長 포함)
教材	『모시(毛詩)』, 『상서(尙書)』 外
學習 方法	(1) 午前 : 試文書(作文 : 글을 써서 바침) 歸嫁하여 食事 (2) 午後 : 글 배우고 외우기(上書・念 − 識字, 讀書, 背書에 該當), 7言4句 詩 짓기(做七言四句詩 − 作文), 쓰기(寫字−習字)

3.2.1. 學習 目的

이 글에 나타난 학습의 목적은 본문에서 "지금 나라에서 '인의(仁義)'를 행하고, 시서(詩書)를 중히 여기니 너는 배워서 급제하여 벼슬해라. 그래서 나라를 보호하고 임금께 충성하고, 부모님께 효도하며, 가문을 빛내는 것이 어떤가?(如今國家行仁義重詩書, 你學的成人長大, 應科擧得做官, 輔國忠君, 孝順父母, 光顯門閭時如何?)"라고 한 데서 찾을 수 있다. 窮極的으로는 科擧에 及第

하여 벼슬을 하기 위해 공부하는 것이다.

『元史』志 卷31 選擧1 조에 다음과 같은 기록이 있다.

> 至仁宗皇慶二年十月, 中書省臣奏:"科擧事, 世祖、裕宗累嘗命行, 成宗、武宗尋
> 亦有旨, 今不以聞, 恐或有沮其事者。夫取士之法, 經學實修己治人之道, 詞賦乃
> 摛章繪句之學, 自隋、唐以来, 取人專尙詞賦, 故士習浮華。今臣等所擬將律賦
> 省題詩小義皆不用, 專立德行明經科, 以此取士, 庶可得人。"帝然之。十一月,
> 乃下詔曰:惟我祖宗以神武定天下, 世祖皇帝設官分職, 徵用儒雅, 崇學校爲育材
> 之地, 議科擧爲取士之方, 規模宏遠矣。朕以眇躬, 獲承丕祚, 繼志述事, 祖訓是
> 式。若稽三代以来, 取士各有科目, 要其本末, 擧人宜以德行爲首, 試藝則以經述
> 爲先, 詞章次之。浮華過實, 朕所不取。爰命中書, 參酌古今, 定其條制。(下略)

元代는 世祖代부터 人材 選拔 基準이 學校 敎育 爲主였고 科擧制는 1313년 (仁宗2년 癸丑)에야 비로소 實施되었다. 1234년 金이 亡하고, 1260년 元 世祖의 卽位까지 26년이 걸렸으며, 成宗(1294-1307) 및 武宗(1307-1311)의 在位 期間 을 거치면서 政權이 安定的으로 자리 잡는 데는 꽤 오랜 時間이 걸렸다. 따라 서 우리는 『朴通事』의 原文이 빨라도 1313년 이후에 作成되었음을 알 수 있다.

한편, 韓國에서는 高麗 光宗 9年(958년)에 後周의 歸化人 雙冀의 建議에 따 라 唐나라 制度를 參考하여 實施되었지만, 高麗末에 오면 上流層에게 特惠를 주는 蔭敍制가 並行되기도 하며 많은 弊端이 發生하였으므로, 恭愍王 때에는 科擧보다는 國子監[4]의 敎育에 더 관심을 기울였다. 이는 恭愍王이 元 滯在 時節에 國子監 在學生으로서 元이 學校 敎育을 통해 人材를 調達하는 狀況을 익히 보았기 때문이었다.

농암(聾菴) 유수원(柳壽垣, 1694-1755)이 쓴 『우서(迂書)』의 '論麗制(고려 의 제도를 논함)'의 '學校' 조에 다음과 같은 기록이 있다.

> 麗朝學校, 與今無異, 所謂太學四門學, 畧倣唐制。而勿論內外, 元無選士。所謂

---

4) 高麗時代 國子監은 忠烈王 元年(1275) '國學'으로 改名 後 忠烈王 34年(1308) '成均館'으 로 改稱, 恭愍王 5年(1356) 다시 '國子監'으로 復舊되었다가, 恭愍王 11年(1362) '成均館' 으로 바꾸어 朝鮮時代까지 계속되었다(『高麗史』 권30 志 百官1 成均館조 기록).

貢舉, 令界首官, 試五言六韵一首, 中格者起送赴舉, 此乃認初試。爲貢舉也, 厥
後又令誦四韵百首赴舉, 其後又許千字中能書百字者赴舉。法制可笑如此。

고려의 학교는 오늘날과 다름이 없었으니, 이른바 태학(太學)과 사문학(四門學)은 대략 당 나라 제도를 모방한 것이다. 그리고 서울이나 지방을 물론하고, 선비를 선발하는 제도는 애당초 없었다. 이른바 공거(貢舉 인재를 선발함)라는 제도는 계수관(界首官)으로 하여금 오언 육운(五言六韻) 1수(首)를 시험하여 합격한 사람을 보내 과거에 응시케 한 것으로 오늘날의 초시(初試)에 해당되는 것이다. 그런데 이 제도는 뒤에 사운(四韻) 1백 수(首)를 외면 합격이 되도록 바뀌었고, 또 그 뒤에는 천자(千字) 가운데 1백자를 쓸 줄 알면 합격이 되도록 바뀌었다. 법제(法制)가 이같이 가소로웠던 것이다.

또 『高麗史』選舉 志 序文에는 "學校는 國子學, 太學, 四門學이 있고, 또 9齋學堂이 있다." 하여, 高等敎育 기관과 中等敎育 기관, 私學으로 9재학당 등이 있었음을 알 수 있는데, 여기 나온 文例가 당시의 학교를 말하는 것인지는 확실하지 않다.

『朴通事』의 全體的인 內容과 脈絡에서 볼 때, 이 例文은 元代의 敎育으로 보는 것이 더 妥當하다. 이 談話의 背景을 高麗가 아닌 元나라로 想定하는 또 하나의 근거는 老乞大와 朴通事의 文例에 보이는 體罰 方式이다. 學習目標를 달성하지 못했을 때 高麗・朝鮮에서는 돌려 세워[背起] 종아리를 때리지만[老乞大], 中國에서는 손바닥을 때리는 것이 일반적이었기 때문이다[朴通事].

3.2.2. 學習 場所와 班의 構成, 學費

여기 나오는 學堂은 國家敎育機關이라기보다는 朝鮮의 書堂(또는 日本의 寺子屋)과 같은 性格의 元代 私學이었을 것으로 보인다. 學費가 1個月에 五錢인 것으로 보아 매우 낮은 가격이라 할 수 있는데, 『朴通事』에 나타나는 다른 物價와 비교해 보면, 大都 下馬莊에서 파는 말먹이 조짚[稈草] 1단 값과 同一하다(정승혜・서형국 2009 참조).

班의 구성에 있어서 한 班에 學長[班長]을 포함하여 45명이면, 제법 많은 인원인데, 元의 서울 大都의 地理誌인 『析津志』에 몽골의 제2대 칸(汗)인 太宗 오고타이(窩闊臺)가 1233년(太宗5年)에 발표한 성지(聖旨)의 비문(碑文)이 실려 있다(『析津志輯佚』學校 조).

> 太宗五年癸巳, 初立四敎讀, 以蒙古子弟令學漢人文字, 仍以燕京夫子廟爲國
> 學。南城文廟有己酉年道士石刻詔云.. 皇帝聖旨..道與朶羅觧、咸得不、綿思
> 哥、胡土花小通事、合住、迷速門、並十役下管匠人、官人、這必闍赤一十箇
> 孩兒, 敎漢兒田地裏學言語文書去也。不選。但是, 可以學底公事啊也。敎學者,
> 宣論文字。但是你每官人底孩兒每, 去底十八箇蒙古孩兒門根底, 你每孩兒每內,
> 更揀選二十二箇作牌子, 一同參學文書弓箭者。若這二十箇孩兒內, 却與歹底孩
> 兒, 好底孩兒隱藏下底, 並斷案打奕罪戾。這孩兒每學得漢兒每言語文書會也,
> 你每那孩兒亦學底蒙古言語弓箭也會也。(下略)

燕京(大都의 舊稱)에 '四敎讀'이라는 學校를 처음 세우고 몽고자제들에게 漢人의 文字를 배우게 하였으며, 그곳에서 몽골인 피자치(必闍赤[5]), 필도치, — 書記, 令史)의 자제 18명과 漢人 자제 22명을 함께 起居시키면서 몽골인 자제에게는 "한아언어(漢兒言語)와 문서(文書)"를, 그리고 漢人 자제에게는 蒙古語와 弓術을 배우게 하도록 명령하였다는 것이다. 여기 보이는 學堂은, 인원수가 學長을 包含하여 45名이라고 한 것으로 보아, 規模가 40名 정도인 '四敎讀'과 비슷한 학교 형태의 私學이 아니었을까 싶다. 다만 여기서는 인원수만 나타날 뿐 漢人이나 高麗人, 몽골인의 構成比에 대하여는 나타나지 않아서 자세히 알 수 없다.

3.2.3. 敎師

여기 보이는 '秀才'는 본래 '優異之才' 즉, 우수하고 남과 다른 사람을 의미하지만, 단순히 재능이 우수한 사람을 일컫는 것이 아니고, 科擧 試驗을 準備하는 사람을 의미한다. 元에서는 과거 시험을 준비하는 사람을 수재(秀才)라 하였고, 과거에 응시하거나 합격하면 거인(擧人)이라 불렀다(鄭丞惠외 2010近刊). 그런데 『老朴集覽』6b 大帽 조에도 다음과 같은 기록이 있다.

---

5) 必闍赤(Bichikchi 또는 Bicigci)은 蒙古語로 書記란 뜻이다. 必闍는 Bici 곧 쓴다는 말에 Ci는 하는 사람이란 語尾가 붙어서 형성된 말로 書記 또는 令史로 번역된다(『中國正史 朝鮮傳』 p.407. 元史 卷208 外夷列傳 第95).

南村輟耕錄云: 胡石塘先生嘗應聘入京, 世皇召見於便殿, 趨進, 不覺笠子欹側。
上間曰: "秀才何學?" 對曰: "脩身齊家治國平天下之學。上哂曰: "自家笠子尚不
端正, 又能平天下耶?" 此元時戴笠也。今俗唯出外行者及新婚壻郎無職者, 親迎
之夕必戴大帽。

『남촌철경록(南村輟耕錄)』에 말하기를 호석당(胡石塘) 선생이 초빙되어 서울
에 왔을 때 세황(世皇)이 편전(便殿)에서 그를 불러보았다. 그런데 급히 들어간
탓으로 그는 자신의 갓이 비뚤어진 것도 몰랐다. 임금이 묻기를 "수재(秀才)는
무슨 공부를 했는가?" 하고 묻자 그는 "자신의 몸을 닦고 집안을 꾸리며 나라
를 다스리고 천하를 평정하는 공부를 하였습니다."라고 대답하였다. 그러자 임
금이 웃으며 말하기를 "자신의 갓도 하나 단정히 쓰지 못하면서 어찌 천하(天
下)를 평정할 수 있겠느냐?"라고 하였다. 여기에 나오는 '갓'은 원(元) 나라 때
쓰던 것이다. 지금 세간에서는 다만 외출을 할 때와 신혼(新婚)하는 신랑이 관
직이 없는 경우 신부를 맞이하는 첫날밤에만 반드시 대모(大帽)를 쓴다.

그러나 위의 기록으로 보아, 여기 나오는 '秀才'가 꼭 과거 시험을 준비하는
사람으로 단정하기는 어렵지만, 『漢語大詞典』에도 元明 以來로 書生이나 讀書
人 등을 칭하는 말로 사용되었다고 되어 있어, '벼슬을 하지 않은 선비' 정도로
해석하는 것이 좋을 것 같다.

3.2.4. 敎材

『朴通事』의 學堂에서 가르치는 敎材로 『모시(毛詩)』, 『상서(尚書)』의 書名
이 보인다. '毛詩'는 『오경(五經)』의 하나인 『시경(詩經)』을 가리킨다. 한대(漢
代)에 모형(毛亨)6)이 텍스트를 정하였기 때문에 이렇게 부른다. 또한 '尚書'는
『오경(五經)』의 하나인 『서경(書經)』을 가리킨다.

元代의 科擧에서 '毛詩'는 주자(朱子)의 『시집전(詩集傳)』이 주로 사용되었
으며, '尚書'는 주자(朱子)의 제자인 채침(蔡沈)이 주석한 『서집전(書集傳)』이
사용되었다.7) 『元史』 志31 選擧 조 考試程式에 다음과 같은 기록이 있다.

---

6) 毛亨(? ~ ?) : 중국 한나라 초기의 학자. 『시경』을 전한 4가(家)의 하나로 『시경』을
   연구하여 『시고훈전(詩詁訓傳)』을 지어 모장(毛萇)에게 주었는데, 이것이 『모시(毛詩)』
   이며, 나머지 3가에 전해진 것은 유실되었기 때문에 그대로 오늘날의 『시경』이 되었다.
7) 『老乞大』의 마지막 장면에도 『毛詩』, 『尚書』, 『周易』 등의 유교 경전과 『韓文柳文』, 『東
   坡詩』와 같은 文學書, 그리고 『君臣故事』, 『資治通鑑』 등의 역사서, 『三國志評話』, 『貞

蒙古、色目人, 第一場經問五條, 『大學』、『論語』、『孟子』、『中庸』内設問, 用
朱氏章句集註. 其義理精明, 文辞典雅者爲中選. 第二場策一道, 以時務出題,
限五百字以上. 漢人、南人, 第一場明經經疑二問, 『大學』、『論語』、『孟子』、
『中庸』内出題, 並用朱氏章句集註, 復以己意結之, 限三百字以上;經義一道, 各治
一經, 『詩』以朱氏爲主, 『尚書』以蔡氏爲主, 『周易』以程氏、朱氏爲主, 已上三經
兼用古註疏, 『春秋』許用『三傳』及胡氏『傳』, 『禮記』用古註疏, 限五百字以上, 不
拘格律. 第二場古賦詔誥章表内科一道, 古賦詔誥用古體, 章表四六, 參用古
體. 第三場策一道, 經史時務内出題, 不矜浮藻, 惟務直述, 限一千字以上成. 蒙
古、色目人, 願試漢人、南人科目, 中選者加一等注授. 蒙古、色目人作一榜,
漢人、南人作一榜. 第一名賜進士及第, 從六品, 第二名以下及第二甲, 皆正七
品, 第三甲以下, 皆正八品, 兩榜並同.
所在官司遲悞開試日期, 監察御史、肅政廉訪司糾彈治罪. 流官子孫蔭敍, 並依
舊制, 願試中選者, 優陞一等. 在官未入流品, 願試者聽. 若中選之人, 已有九品
以上資級, 比附一高, 加一等注授. 若無品級, 止依試例從優銓注.
鄕試處所, 并其餘條目, 命中書省議行. 於戲經明行修, 庶得眞儒之用;風移俗易,
益臻至治之隆. 咨爾多方, 體予至意.

　이 기록에는 『大學』, 『論語』, 『孟子』, 『中庸』 등을 包含한 여러 種類의 科試
書가 보이는데, 身分(蒙古人과 色目人, 漢人과 南人)에 따른 差別이 있었음을
알 수 있다. 蒙古人과 色目人은 '經問', '策'을 시험 보는데, '大學, 論語, 孟子,
中庸'의 朱子 註釋書로 選拔하였고, 漢人(高麗人, 女眞人 包含)과 南人은 '明
經', '古賦詔誥・章表', '策'을 시험 보는데, '大學, 論語, 孟子, 中庸' 및 '詩, 尙書,
周易'의 三經, '春秋, 傳, 禮記' 등의 科試書가 사용되었다. 여기 보이는 『詩』는
'毛詩'를 말한다.[8] 따라서 『毛詩』와 『尙書』는 元代의 明經科에 使用된 科試書
였음을 알 수 있다.[9] 高麗人은 契丹, 女眞, 渤海人 등과 함께 漢人의 범주에

　觀政要』와 같은 인기 도서를 구입하는 내용이 들어 있다.

8) 高麗의 대표적인 敎育機關인 國子監에서도 『毛詩』와 『尙書』가 교재로 사용되었는데,
　고려의 왕들은 國子監 敎育을 매우 중요시하였다. 1109년(睿宗 4)에는 교과 과정을 체
　계화하기 위해 국자감 안에 7재(七齋)를 설치하였다. 7재는 7개의 전문 강좌로, 주역(周
　易)을 공부하는 여택재(麗澤齋), 상서(尙書)를 공부하는 대빙재(待聘齋), 모시(毛詩)를
　공부하는 경덕재(經德齋), 주례(周禮)를 공부하는 구인재(求仁齋), 대례(戴禮)를 공부하
　는 복응재(服膺齋), 춘추(春秋)를 공부하는 양정재(養正齋), 그리고 무학(武學)을 공부
　하는 강예재(講藝齋)로 구성되었다.

속해, 제3계급의 대우를 받았다.10)

3.2.5. 學習 方法

『朴通事』에 보이는 學堂에서 이루어지는 학습 방법은 다음과 같다.

午前에는 '試文書'라 하여, 글을 써서 시험을 보는데, 아마도 作文을 의미하는 것이 아닐까 한다. 오전 수업을 마치면 歸嫁하여 食事를 한 후 학당으로 돌아와 새로운 글을 배우고 외운다. 이는 識字, 讀書, 背書에 該當하는 것으로 보이며, 그 후에는 7言4句 詩 짓기를 하는데, 오전의 作文과는 다른 詩作法이 었을 것으로 보인다. 그 다음에는 쓰기를 하는데, 寫字 또는 習字에 해당하는 것이다. 寫字를 못하면 손바닥을 세 대 맞는다.

4. 『老乞大』와 『朴通事』의 學習 對象

周知하다시피, 『老乞大』는 漢語의 基礎 會話書이고, 『朴通事』는 그보다 높은 단계의 高級 會話書이다. 둘 다 譯學書이므로, 司譯院의 譯生들 및 漢語를 배우려는 일반인들, 譯科를 준비하는 考試生들이 보았을 것이다. 그런데 애초에 이 두 책이 만들어질 때는 그 學習 對象과 讀者가 各各 달랐을 것으로 보인다. 初級과 高級이라는 漢語 能力水準 差異뿐만 아니라, 身分的인 差異도 있었을 것으로 보이는 것이다. 즉, 『老乞大』가 일반인들을 위한 회화서였다면, 『朴通事』는 보다 身分이 높은 上流 階層의 사람들이 보았을 가능성이 크다. 그것은 各各 다루고 있는 內容을 보아도 알 수 있다. 前述한 바와 같이, 『老乞大』가 商賈들의 元 旅行記라고 한다면, 『朴通事』는 주로 大都(北京)에 居住하면서 上流 文化를 즐기는 사람들의 이야기가 많이 나온다. 당시에는 麗元의 官僚進

---

9) 高麗의 科擧制度에서도 조선시대와 마찬가지로 文科에 해당하는 製述業과 明經業이 兩大業으로서 가장 重視되었다. 製述業은 시험과목이 '詩, 賦, 論, 策'이었던 반면, 明經業은 '周易, 尙書, 禮記, 春秋'였다. 이 가운데 製述業이 훨씬 중요하게 여겨졌는데, 이는 經學보다 詞章을 重視하였던 考慮의 學問的 風潮를 반영하고 있다.

10) 法制的 規程集에서는 高麗人을 漢人의 範疇에 포함시키지 않았고 高麗人이라는 독립적 사회적 신분으로 漢人보다 우대되었다.

出이 相互 聯關性을 갖고 있어서 高麗의 文人들이 元에 대한 知見을 확대하기 위해 蒙古語 및 文字를 배우기도 하였고, 蒙古支配層 사이에 많이 사용되고 있었던 畏兀文字까지도 習得하였다는 記錄이 있다(『高麗史』 列傳2 忠宣王 薊國大長公主 38 宋邦英 조). 또한 元으로의 留學 및 使臣團, 征東行省, 宿衛 등이 주된 媒體가 되어 麗・元 兩國 文人의 交遊는 매우 활발히 진행되었다. 高麗人들은 元의 수도인 大都을 위시하여 中國의 各地를 旅行하면서 여러 분야의 知性들과 광범위하게 交遊하였다. 이러한 시대적 분위기에 따라, 元에 進出하여 仕宦을 하거나 元 文人과의 交遊를 하고 있었던 高麗의 文人들은 諸科에 及第하여 元의 官僚로 活躍하기도 하였다. 따라서 元의 文物에 대해서도 매우 肯定的이었다. 『朴通事』는 바로 그러한 內容을 反映하고 있는 資料이다. 따라서 科擧, 使臣맞이, 官員들의 生活에 필요한 내용 등 元의 高級文化를 배울 수 있는 여러 가지 내용들이 들어있는 것이다.

앞에서 살펴 본 내용을 통하여 『老乞大』와 『朴通事』의 學堂 風景을 對校해 보겠다. 양자 간의 가장 큰 差異點은 學習 目標와 學習 場所이다. 老乞大는 高麗 漢人學堂에서 이루어지는 漢語 敎育을 主題로 이야기하고 있고, 朴通事는 元의 學堂에서 이루어지는 童蒙 敎育을 主題로 이야기한다. 또 外國語 敎育으로서의 漢語 敎育이 주로 읽기와 외우기 중심으로 이루어졌다고 한다면, 科擧 시험을 위한 공부는 쓰기와 외우기 중심으로 이루어졌다고 할 수 있다. 오전에 공부하고 집에 가서 점심을 먹은 후 다시 돌아와 공부하는 것은 高麗나 元이나 같았던 것으로 보인다.

	老乞大	朴通事
學習 目的	漢語 學習	科擧 及第
學習 場所	高麗의 漢人學堂	元의 學堂[書堂]
教師	35세의 漢人(原語民 講師)	秀才(선비)
班 編成	高麗人 50%, 漢人 50%	45명(學長 포함)
教材	『소학(小學)』, 『논어(論語)』, 『맹자(孟子)』 外	『모시(毛詩)』, 『상서(尙書)』 外
學習 順序	아침 : 새로운 教科(生文書) 學習 歸嫁하여 食事 점심 : 習字 - 對句 - 吟詩 - 講書 저녁 : 제비뽑기(撤簽)로 背念書	아침 : 試文書 - 作文 歸嫁하여 食事 점심 : (새)글 배우고 외우기(上書・念) - 識字, 講書에 해당 7言4句 詩 짓기(詩作) 쓰기(寫字-習字)
體罰 方法	돌려세워(背起) (종아리) 세 대	손바닥 세 대

5. 結語

　이상에서 『老乞大』와 『朴通事』의 學堂 風景을 통하여 麗末鮮初의 漢語(外國語) 教育 및 元代 童蒙 教育에 대하여 살펴보았다. 이를 통하여 『老乞大』는 外國語(漢語) 學堂의 風景을 반영하고 있고, 『朴通事』는 元代 私設 學校로 생각되는 學堂(書堂)의 風景을 반영하고 있음을 알 수 있었다. 또한 『老乞大』와 『朴通事』의 學習 對象에 差異가 있음을 確認하였다.

　『老乞大』와 『朴通事』는 語學教材로서의 價値뿐만 아니라 不足한 元代의 史料를 補完해 줄 수 있는 重要한 資料로서 그 價値가 認定된다. 本稿에서는 '學堂'이라고 하는 키워드를 가지고 간단히 元代의 文化를 풀어보았다. 앞으로 多樣한 方式으로 이 資料들에 接近해 갈 생각이다. 同學諸賢의 많은 助言을 바란다.

<참고資料>

熊夢祥(元). 析津志輯佚. 北京圖書館善本組輯. 北京:北京古蹟出版社 1983
朝鮮王朝實錄. 國史編纂委員會 影印本
國譯 朝鮮王朝實錄. 世宗大王記念事業會
元史. 續修四庫全書 293. 上海: 上海古籍出版社 影印(1995)
承政院日記
通文館志. 서울大學校 奎章閣 所藏 ; 世宗大王記念事業會 國譯・影印(1998)
譯科榜目. 民昌文化社 影印本
譯註 經國大典(成宗16, 1485). 韓國精神文化研究院
經國大典註解(明宗10, 1555). 檀國大學校 東洋學研究所 影印本
CD 韓國歷史五千年. 서울시스템

<參考文獻>

姜信沆(2000), 『韓國의 譯學』, 서울대학교 출판부.
國史編纂委員會(1989), 『中國正史朝鮮傳』, 大韓民國文敎部.
김문수(2010), 『우리 설화』, 돌을새김.
金渭顯(2004), 『高麗時代 對外關係史 研究』, 景仁文化社
朴贊洙(2001), 『高麗時代 敎育制度史 研究』, 景仁文化社
梁伍鎭(1998), 『老乞大 朴通事 研究』, 太學社
_____(2000), 「論元代漢語『老乞大』의 語言特點」, 『中國言語研究』10, 韓國中國言語學會.
와타나베 마나부(1975), 교육사연구회 역(2010), 『와타나베의 한국교육사』, 문음사.
張東翼(1994), 『高麗後期外交史研究』, 一潮閣.
_____(1997), 『元代麗史資料集錄』, 서울대학교 출판부.
鄭 光(1988), 『司譯院 倭學研究』, 太學社
_____(1990), 『朝鮮朝 譯科 詩卷 研究』, 成均館大學校 大東文化研究院.
_____(2002), 『譯學書 研究』, 서울: J & C
_____(2004), 『역주 原本老乞大』, 서울: 김영사.
_____(2006), 『역주 번역노걸대와 노걸대언해』, 서울: 신구문화사.
_____(2009), 『蒙古字韻 研究』, 서울: 박문사.
鄭丞惠(2002), 「한국에서의 외국어교육의 역사」, 『二重言語學』21, 二重言語學會, 286-3
       12面.

_____(2004),「外國語 敎材로서의『老乞大』」,『二重言語學』26, 二重言語學會, 291-328面.

_____(2006),「對馬島에서의 韓語 敎育」,『語文硏究』130, 韓國語文敎育硏究會, 37-56面.

鄭丞惠・徐炳國(2009),「朴通事에 반영된 物價와 經濟」,『어문논집』60, 民族語文學會, 153-187面.

鄭丞惠 外(2011),『朴通事, 원나라 大都를 거닐다』, 서울: 博文社

許興植(1989),『高麗時代科擧制度史』, 一潮閣.

_____(2004),「『高麗史』選擧志 譯註(1)」,『고려시대연구 Ⅵ』, 31-72面.

_____(2005),「『高麗史』選擧志 譯註(2)」,『고려시대연구 Ⅶ』, 113-186面.

小倉進平(1964), 河野六郎 增訂補注『朝鮮語學史』, 東京:刀江書院.

梅田博之(2003),「雨森芳洲의 韓國語敎育論」,『日語日文學研究』第46輯, 韓國日語日文學會, 49-68面.

金文京外(2002),『老乞大』, 東洋文庫 699, 東京: 平凡社

藤本幸夫(2006),「日・韓兩國의 童蒙書에 대하여」, 第3回 日韓人文社會科學學術會議 發表資料, 2006.8.31.

<參考 URL>

韓國歷史情報統合시스템 http://www.koreanhistory.or.kr/

□ 성명 : 정승혜(鄭丞惠)
　　주소 : (441-748) 경기도 수원시 오목천동 수원여대길 62
　　　　　　　　　　수원여자대학 인제관 406호
　　전화 : 031-290-8162 / 010-6345-3348
　　전자우편 : cshblue@chol.com

□ 이 논문은 2010년 12월 30일 투고되어
　　　　　 2011년　1월 10일부터 2월 10일까지 심사하고
　　　　　 2011년　2월 25일 편집회의에서 게재 결정되었음.

훈민정음 초성 31자와 파스파자 32자모

정 광

(고려대 명예교수)

<Abstract>

On the 31 Syllable-Initial Consonant Characters of Hunmin.jeong.eum and
the 32 Syllable-Initial Consonant Characters of the hPags-pa Script

This paper discusses how the invention of Humin.jeong.eum was related to that of
new writing systems by North-Asian peoples against the Hanzi culture of China. It
particularly argues that, out of the 36 syllable-initial consonant characters listed in the
preface to the abstracted London copy of *Menggu Ziyun* (蒙古字韻), only 32 characters
were transcribed in the hPags-pa script, while their number was enlarged to be 43
characters by recopying some letters or restoring some extant letters. The 43 hPags-sa
characters specified in *Fashukao* (法書考) and *Shushihuiyao* (書史會要) consist of those
36 characters in *Menggu Ziyun* plus 7 vowel characters called Yumu(喩母). This is
shown by the figure of 36 consonant characters in *Menggu Ziyun* with a statement
displayed on its right, saying "These seven characters belong to Yumu: ᐛ, ᐁ, ᐃ, ᐅ,
ᐃ and ᐂ", although there are only six characters.

This paper also argues that those 43 hPags-sa characters listed in *Fashukao* and
Shushihuiyao actually number only 41. We first note that there are only 6 Yumu
characters, as listed above, that supposedly represent 7 vowel characters. Hence, one
character is missing from the list. We then claim that another character that is supposed
to represent the labio-dental light aspirate sound should also be excluded from the list.
Hence, there are only 41 characters with these two characters subtracted from the list
of characters that should contain 43 characters. As a result, a great deal of confusion
has been created from these two documents concerning the exact number of hPags-sa
characters. Based on the description of basic characters and their phonetic values in
Menggu Ziyun, it can be concluded that the shape and phonetic value of each of the
characters in the hPags-sa script can be determined more precisely.

The main claim of this paper is that the list of 31 initial consonants of Hunmin.jeong.eum totally correspond to that of 32 initial consonants that are listed among the 36 initial consonants of *Menggu Ziyun*. This claim is supported by the Jeong.eum script version (Eonhaebon) of parts of the introduction to Hunmin.jeong.eum, appended to the preface of *WolinSeokbo* (月印釋譜), that describes how those 31 initial consonants represented Chinese sounds. The second claim is that each of the initial consonant charts of *Guan Yun* (廣韻三十六字母之圖) for 36 initial consonants, which was appended to *Saseong Tonghae* (四聲通解), *Yun Hui* (韻會三十五字母之圖) for 35 initial consonants and *Hongwu Yun* (洪武韻三十一字母之圖) for 31 initial consonants converted those hPags-sa characters listed in the initial consonant charts of *Menggu Yunlüe* (蒙古韻略), *Menggu Ziyun*, *Gujin Yunhui*(古今韻會) and *Gujin Yunhui Juyao* (古今韻會擧要) into the Jeong.eum characters. The third claim is that *Hongwu Yun* directly converted those 32 initial consonants of hPags-sa script listed in the London copy of *Menggu Ziyun* into the Jeong.eum characters.

While analyzing those three charts of *Guan Yun*, which was appended to *Saseong Tonghae*, *Yun Hui* and *Hongwu Yun*, the paper concludes that those initial consonant characters in *Guan Yun* were made match the Jeong.eum characters according to *Menggu Yunlüe*. Those initial consonant characters that were listed in the other two charts, on the other hand, were related to the hPags-sa character chart in *Menggu Ziyun* for the creation of the Jeong.eum characters.

1. 緒論

한글, 즉 훈민정음의 제정에 대하여 그동안 많은 연구가 있어 어느 정도 그 윤곽은 들어나 있지만 아직도 그 제정의 목적이나 기원, 다른 문자와의 관계에 대하여 분명하게 밝혀지지 않았다.[1] 훈민정음에서 국어의 음절 초(onset) 자

---

[1] 그 원인은 두 가지라고 생각한다. 첫째는 우리 國字인 한글에 대한 국수주의적인 연구 태도를 들 수 있다. 한글에 대한 어떠한 貶毀도 용납하지 않고 '사상 유례가 없는 가장 과학적인 최고의 문자'에서 한자도 바꿀 수가 없는 태도가 이에 대한 연구를 가로 막고 있다. 둘째는 과거의 한글학자들의 연구를 그대로 받아들여서 이 학설에 대한 조금의 毀損도 인정하지 않은, 완고하다 못해 광기어린 일부 학자들의 연구태도다. 이들은 집단으로 어떤 행동도 불사한다. 이러한 연구 풍토 아래에서 한글에 대한 정상적인 연구는 불가능하다.

음의 문자 제정에 대한 그동안의 연구에서 가장 신빙성이 있는 것은 유창균 (1966)의 『동국정운』 23자모에서 全濁字 6개를 뺀 것이 훈민정음 초성 17자라 는 견해다. 즉 세종대왕이 당시 우리말의 음운을 분석하여 음절 초에 17개의 자음을 초성으로 제정한 것이 아니고 당시 한자음을 정리하기 위하여 이를 분석한 결과 23개의 초성이 존재함을 깨닫고 그에 대응하는 문자를 만들었으 며 이 가운데 고유어의 자음 표기에 사용될 초성자는 17개로 정한 것이라는 견해다.

이 견해에 대하여 정식으로 반론을 제기한 논저를 필자는 아직 본 바가 없 다. 물론 이 논저를 읽지 못하였거나 읽었어도 이해하지 못한 훈민정음, 즉 한글 연구자들은 이 논의에 포함되지 않는다. 그러나 만일 이 논저를 읽고 이 해하였다면 그 타당성을 인정하지 않을 수 없을 것이다. 왜냐하면 훈민정음의 17 초성 가운데는 우리말의 음절 초 자음으로 인정하기 어려운 [ㆆ]이나 어두 자음에 존재한 것으로 보기 어려운 유성음의 [ㅿ], [ㅸ]2) 등이 들어있는 반면 당시 음운론적으로 존재한 것으로 보이는 된소리들은 글자를 제정하지 않았기 때문에 당시 우리말의 음운을 분석하여 문자를 만든 것으로 보기 어렵기 때문 이다.

한자음의 정리를 위하여 23자모를 만들었고 이 중에서 고유어 표기에 불필 요한 全濁의 6자(ㄲ, ㄸ, ㅃ, ㅆ, ㅉ, ㆅ)를 뺀 것이 훈민정음의 17 初聲이라는 위의 견해에 덧붙여서 이 문자가 元代에 漢字의 당시 표준음을 轉寫하기 위하 여 제정된 파스파 문자의 32자모(36자모에서 동일한 문자 4자모를 제외한 것) 에서 「훈민정음」 「세종어제훈민정음」3) 등에 보이는 漢音 표기의 31 초성이 제 정되었고 이어서 『동국정운』의 東音 표기 23자모와 고유어 표기의 17 초성이 온 것이라는 주장이 최근에 제기되었다(졸고, 2008a, b, c).

---

2) [ㅸ]은 「훈민정음」, 또는 「세종어제훈민정음」의 17 초성에는 들어있지 않으나 (해례본) 『훈민정음』의 「용자례」에는 [ㆆ] 대신 [ㅸ]이 들어가 17자를 채웠다.
3) 「훈민정음」은 그동안 원본으로 주장된 故朴勝彬씨 소장본을 말하고 「세종어제훈민정 음」은 조선 世祖조에 간행된 『月印釋譜』(초간본이 서강대에 소장됨)의 권두에 부재된 것을 말한다. 필자는 『月印釋譜』에 舊卷과 新編이 있고 후자는 세조 때에 간행된 (新編) 『月印釋譜』의 것이며 전자는 세종 생존 시에 간행된 舊卷의 『月印釋譜』에 부재되었을 것이라고 보았다(졸고, 2005).

이러한 주장은 파스파 문자가 중국에 元 帝國이 건국된 이후에 몽골인과 색목인의 중국어 교육을 위하여 漢字의 당시 표준음을 교육하기 위하여 그 발음을 전화하게 표음하려고 제정한 것이라는 것에 근거를 두고 있다. 이 파스파 문자는 후에 몽고어를 포함하여 帝國의 모든 언어를 표기하는 國字로 발전한 것이며 이러한 파스파 문자의 제정과 표기 대상의 확대로부터 영향을 받아 훈민정음이 제정되어 한자의 漢音, 즉 중국어 표준음의 표기로부터 우리 漢字音의 정리, 그리고 고유어 표기로 확대되어 간 것이라는 논지다. 최근에 논의된 이러한 주장에 바탕을 두고 본고도 작성되었다.

중국은 예부터 詩文의 韻律을 공부하는 韻學이 발달하였고 唐代에는 天竺, 즉 인도에 유학을 다녀온 佛家의 승려들에 의하여 인도에서 발달한 음성학이 유입된 이후로 음절 초 자음(聲)에 대한 연구도 운학과 더불어 고찰하게 되어 聲韻學이 발달한다.[4] 당시 인도 주변의 여러 민족들이 古代 인도음성학의 영향을 받아 언어를 분석하여 문자를 만들고 자신들의 민족어를 표기하는 것이 유행하였다.

중국에서도 이러한 서역의 유행에 따라 중국 한자의 발음을 분석하여 조음방식과 조음위치에 따라 정리하는 聲韻學이 발달하였다. 이러한 聲韻學의 발달은 隋의 陸法言 등에 의하여 『切韻』(601 AD.)이란 운서를 낳게 한다. 이후 이 운서는 唐代의 『唐韻』,[5] 그리고 宋代의 『廣韻』으로 발전한다. 이 운서들에서는 한자의 발음을 反切法에 의존하여 표음하였는데 여기서 反切이란 한자음을 聲(字母)과 韻으로 나누어 후자를 반절 下字, 전자를 반절 上字로 표시한 방법이다.

예를 들면 東(tung)자의 발음을 德紅切이라 하면 德[tək]紅[hung]의 앞부분과 뒷부분을 따서, 즉 德[t] + 紅[ung] = 東[tung]으로 표음하는 방법을 말한다. 이때 반절 上字의 자음을 표시하는 德[t]을 운목자로 하는 자모가 『廣韻』에서

---

4) 중국의 인도 留學僧들이 고대인도의 고도로 발달한 음성학을 수입하여 성운학을 확립한 경위에 대하여는 졸저(2009:74~75)에 자세한 설명이 있다.
5) '唐韻'은 唐의 孫愐의 편찬한 것을 말하기도 하고 唐代의 <切韻>계 운서를 통칭하기도 한다.

36개로 본 것이 중국 성운학의 전통적인 36聲母, 또는 字母라고 하는 것이다.6) 반절 下字의 韻(rhyme)은 오늘날의 생성음운론 술어로 보면 모음(nucleus or vowel)과 음절 말 자음(coda)이 결합된 상태를 말하는 것으로 중국의 詩文에서 脚韻이 중요한 역할을 한다.7)

졸저(2009)에서는 파스파자가 韻을 喩母자, 즉 모음자와 음절 말에 허용되는 韻尾의 자음으로 나누어 후자는 음절 초의 字母를 그대로 사용하였으나 다만 모든 자모가 다 쓰이는 것이 아니라 몇 개만이 허용되는 것으로 보았다. 『몽고자운』에는 한자의 당시 표준음을 표기하는데 허용되는 6개의 韻尾 표음자와 몽고어에 쓰이는 음절 말 자음 13개를 「蒙古字韻總括變化之圖」(『몽고자운』 런던초본 上 4엽 앞)라는 이름으로 제시하였다.8) 喩母에 속하는 7개 문자는 몽고어의 모음 표기에 쓰인 문자이었다(졸고, 2008a · b와 졸저, 2009:260~262). 여기서 파스파자가 한자의 표준을 轉寫하기 위하여 제정되었을 가능성을 볼 수 있다. 또 이 문자는 중국어만이 아니라 주변의 다른 문자도 轉寫할 수 있는 문자이었다.

조선의 훈민정음은 파스파자의 聲, 자모를 初聲으로, 그리고 喩母자에 속한 것을 中聲으로, 韻尾에 허용되는 자모를 終聲(=받침)으로 하여 28자를 제정한 것으로 볼 수 있다. 즉 파스파자는 훈민정음의 제정에 이론적 바탕을 만들어 준 것으로 보아야 할 것이다. 본고에서는 전통적인 중국 성운학의 성모, 또는 자모로 불리는 음절 초 자음(onset)의 파스파자와 훈민정음의 初聲을 비교하고 그 상호 영향관계를 살펴보려는 것이다.

---

6) 중국에서 36자모의 발달에 대하여는 졸저(2009:73~196)를 참조할 것.
7) 이에 대하여 김완진 외(1990:154)에서는 생성음운론의 음절 단위를 다음과 같은 圖形으로 설명하였다.

8) 이에 대하여는 훈민정음의 終聲과 비교한 별고를 준비 중에 있다.

2. 중국 한자 문화에 대한 북방민족의 신문자 제정

고려후기의 문화적 전통을 이어받은 조선 초기의 문명이 몽골의 元代 文明을 답습하여 북방민족의 영향을 많이 받았던 것은 여러 분야에서 확인된다. 明이 아직 漢文化의 기반을 형성하지 못하였고 한반도에 그 영향이 미미했던 때였기 때문에 조선 초기에는 몽골을 통한 북방민족의 문물이 여전히 한반도에서 힘을 가졌던 시대였다.

중국 대륙의 북방민족은 7세기경에 티베트의 吐蕃 王朝 때에 송찬 감포 (Srong-btsan sgam-po) 大王이 톤미 아누이브(Thon-mi Anu'ibu)를 인도에 파견하여 인도의 발달된 聲明學, 즉 毘伽羅論을 학습하고 돌아온 다음에 표음적인 티베트 문자를 제정하게 한 때부터 한자문화에 대한 저항으로 신문자를 제정하기 시작한다. 티베트문자는 당시 티베트어의 음절 초 자음을 상술한 바와 같이 조음방식과 조음위치로 나누어 분류하고 그 각각에 대하여 글자를 만드는 것이었다. 놀라운 것은 티베트 문자의 첫 글자가 우리의 훈민정음과 같이 [ka]로 시작한다는 것이다.

이러한 吐蕃의 티베트문자가 자국의 언어의 표기에 성공하였고 한 걸음 더 나아가서 주변 민족의 언어를 기록하는데도 성공하였다.9) 이후에 북방민족 사이에는 새로운 왕국을 건국한 다음에는 반드시 새로운 문자를 만들어 자신들을 추종하는 세력에게 이를 교육하고 시험하여 관리로 임명함으로써 지배계급의 물갈이를 시도하는 전통이 생겼났다.

吐蕃 왕국의 뒤를 이어 10세기 초에 중국의 북방지역에 왕국을 건설한 遼의 契丹문자가 그런 예의 하나가 될 수 있으며 遼의 뒤를 이어 12세기 초에 이 지역의 새로운 강자가 된 金의 女眞문자가 그러하였다. 金을 멸망시키고 13세기 초에 유라시아대륙의 북방을 석권하여 거대한 帝國을 건설한 몽골의 칭기

---

9) 이에 대하여는 졸저(2009:149)에 "티베트 문자는 위와 같이 비교적 과학적으로 제정된 표음문자이기 때문에 7·8세기 이후 티베트어만이 아니라 티베트 문화권을 넘어 다른 문화권과의 경계지역에서 사용되었다. [중략] 이 문자로 기록된 언어도 티베트어, 남(Nam)어, 장중(Zhangzhung)어, 갸롱(Gyarong)어, 토스(Tosu)어 등이 있다. 13세기에 파스파 문자와 18세기의 레프차(Lepcha) 문자도 티베트문자를 개변한 것이라고 한다." 를 참조할 것.

즈 칸(成吉思汗)에 의하여 도입된 蒙古 畏兀字와10) 13세기 중엽에 중국의 南
宋을 멸망시키고 중국에 元을 세운 쿠빌라이 칸(忽必烈汗)이 제정한 파스파
문자가 그러하였다.11) 이러한 전통에 따라 조선이 건국한 다음에 새 문자 훈민
정음을 제정 한 것으로 볼 수도 있다(졸저, 2009:38, 221~223).

따라서 明 正統 8년(1443, 세종 25년) 겨울에 세종이 친제한 훈민정음은 明이
건국한지 80년이 채 못 되는 시대에 만들어진 것이므로 明의 문화보다는 元代
에 제정된 파스파 문자의 영향을 받았던 것으로 본 경우가 없지 않았다.12) 고려
와 元과의 관계는 단순한 中原과 邊方의 국가로서의 관계가 아니라 鮒馬國으로
서 그 관계가 매우 밀접하였고 서로 문화의 소통도 빈번하였기 때문이다.

그러나 한국어에 대한 연구가 이 땅에서 본격적으로 뿌리를 내린 1950년대
이후의 국내연구에서는 파스파 문자에 대한 지식의 결여로 이 두 문자의 비교
연구는 없었다. 간혹 단편적인 비교가 있었지만 최근에 졸고(2008a, b, c)에
의하여 비로소 한글, 즉 훈민정음과 파스파 문자의 비교가 본격적으로 이루어
졌다고 본다. 이 연구에서는 대체로 훈민정음이 파스파 문자의 영향을 받았으
나 해외 학자들이 주장해 오던 바와 같이 字形조차 모방한 것은 아님을 밝히게
되었다.

그러다가 졸고(2009c)에서는 훈민정음의 中聲에서 단모음을 표시한 기본자
와 초출자의 7자가 모음을 표기하기 위하여 만든 파스파 문자의 喩母 7字로부
터 온 것임을 주장하면서 한글, 즉 훈민정음과 파스파 문자의 상호관계가 점차

---

10) 위구르 문자로 알려진 이 문자는 소그드 문자에서 왔다고 본다. 즉 Poppe(1965:65)에
의하면 "매우 많은 고대 투르크어 자료, 다시 말하면 후기 자료(9세~10세기)가 소위
말하는 위구르 문자로 쓰였다. 후자[위구르 문자]는 소그드 문자의 자모에서, 정확하
게 말하면 소그드 문자의 速記体(Kursivschrift)에서 발달한 것이다. 위구르 문자는
후대에 아마도 12세기 후반을 지나서 몽고에 전달되었다"라고 하여 나이만(乃蠻)에서
몽골 칭기즈 칸에게 전달된 것으로 보았다.
11) 티베트 문자에 대하여는 졸저(2009:142~152)를 참고하고 契丹문자와 女眞문자의 大·
小字에 대하여는 졸고(2009b)를 참조할 것.
12) 훈민정음, 즉 한글이 파스파 문자의 영향으로 제정된 것이라는 주장은 일찍이 조선시
대 李瀷의 『星湖僿說』을 비롯하여 柳僖의 『諺文志』 등에서 거론되었으며 구한말에
한반도에 온 서양의 여러 선교사들에 의해서도 언급되었다. 본격적으로 미국의 Ledyard
(1966, 1997, 2008), 중국의 照那斯圖·宣德五(2001a, b), 照那斯圖(2008) 등에 의하여
훈민정음과 파스파 문자의 비교 연구가 시도되었다.

분명하게 들어나기 시작하였다. 이 논문에서 필자는 훈민정음 중성 11자 가운
데 단모음을 표음하기 위하여 만든 기본자 3자와 初出字 4자가 모두 파스파
문자에서 모음 표기를 위하여 만든 喩母의 7자에 대응하는 것임을 주장하였다
(졸고, 2009c).

본고는 이러한 母音字에 이어서 子音字인 聲母字들의 비교를 통하여 파스
파 문자 32字母와 훈민정음 初聲 31字母를 비교하여 이 둘은 상관관계를 살펴
보려는 것이다.

3. 파스파 문자의 32자모

파스파 문자는 졸저(2009)에 의하면 티베트의 라마승 팍스파(八思巴)에[13]
의하여 고안된 표음 문자로 元 世祖 至元 5년(1268) 12월에 완성되어 至元 6년
(1269)에 황제의 詔令으로 반포되었다(졸저, 2009:153).[14] 그리고 이 문자를

---

13) 문자의 명칭인 파스파나 이를 고안한 라마 승 팍스파는 모두 티베트어 'hP'ags-pa(聖
童)'에서 온 것이다. 원래 이 말을 한자로 '八思巴, 八思馬, 帕克斯巴'로 표기하였다
(『元史』 권202, 「傳」第89 '釋老 八思巴'조). 문자의 명칭은 한자음 '八思巴'의 음 변화
로 '파스파'로 변하였으나 문자를 고안한 팍스파 라마는 티베트어 발음을 살려서 쓰기
로 한다. 영어로는 둘 다 Phags-pa로 티베트어 "hP'ags-pa'의 구분부호(diacritical
mark)를 모두 없앴다.

14) 졸저(2009:154~155)에 『元史』 (권202) 「傳」(89) '釋老 八思巴' 조에 소재한 이 詔令의
전문을 인용하고 우리말로 풀이하였다. 여기에 그 부분을 옮겨보면 "詔令說:'朕認爲用
字來書寫語言, 用語言來記錄事情, 這是從古到今都采用的辦法。我們的國家在北方創業,
民俗崇尙簡單古樸, 沒來得及制定文字, 凡使用文字的地方, 都沿用漢字楷書及畏兀文字,
以表達本朝的語言。查考遼朝, 金朝以及遠方各國, 照例各有文字, 如今以文敎治國逐漸
興起, 但書寫文字缺乏, 作爲一個朝代的制度來看, 實在是沒有完備。所以特地命令國師
八思巴創制蒙古新字, 譯寫一切文字, 希望能語句通順地表達淸楚事物而已。從今以後,
凡是頒發詔令文書, 都用蒙古新字, 幷附以各國自己的文字。' - 조령에 말하기를 '짐은
오로지 글자로써 말을 쓰고 말로써 사물을 기록하는 것이 고금의 공통 제도라고 본다.
우리들이 북방에서 국가를 창업하여 속되고 간단한 옛 그대로의 것을 숭상하고 문자를
제정하는 데 게을러서 [지금에] 쓰이는 문자는 모두 한자의 해서나 위구르 문자를 사용
하여 이 나라의 말을 표시하였다. 遼 나라와 金 나라, 그리고 먼 곳의 여러 나라들의
예를 비추어 보면 각기 문자가 있으나 우리가 지금처럼 문교로 나라를 다스려 점차
흥기하였는데 다만 서사할 문자가 없으니 한 왕조의 역대 제도를 만든 것을 보면 실제

元 帝國이 諸路에15) 세운 학교에서 몽고인에게 漢語音을 학습하는 발음기호, 그리고 漢人들에게는 몽고어를 학습하는 문자가 되었으며 『蒙古韻略』이나 『蒙古字韻』과 같은 운서의 발음 표기에 사용되었다(졸저, 2009:166).

파스파 문자의 자음 표음자와 모음 표음자에 대하여는 아직도 많은 부분이 未知의 것으로 남아있고 그 해독도 학자에 따라 서로 다른 것이 많다.16) 이것은 明 太祖 이후 줄기차게 明 王朝가 실시해 온 胡元의 殘滓를 抹殺하는 정책에 의하여 이 문자의 자료들이 철저하게 파괴되었기 때문이다. 또 이 문자에 대한 연구는 본토인 중국의 학자들에 의해서 그동안 외면되었고 서양의 몇몇 호사가들이나 몽고의 몇몇 국수주의적인 연구자들, 그리고 대부분은 일본인 학자들에 의하여 연구가 진행되었다.

서양 연구자들은 주로 현존하는 金石文의 파스파자 자료를 몽고어로 해독하고 그로부터 이 문자의 음가를 파악하는 방법이어서 많은 오류가 있었다. 몽고어의 역사적 연구자로서 자타가 공인하는 포페(N. Poppe) 교수도 파스파 문자의 해독과 연구를 포함한 초기 몽고인들의 문자사용에 대한 연구가 아직 미숙한 상태임을 공언하고 있다(Poppe, 1957:1, 졸고, 2009:112). 이후에 일본인 학자들에 의하여 이러한 서양연구자들의 연구가 계승되었으나 역시 이 문자의 전모를 파악하지는 못한 것으로 보인다.17)

로 [이것이 없이는] 완비되었다고 할 수 없다. 그러므로 국사 파스파에게 몽고신자를 창제하라고 특명을 내려서 모든 문자를 번역하여 기록하라고 하였다. 그리하여 능히 언어가 순조롭게 통하고 각지의 사물이 바르게 전달되기를 바랄 뿐이다. 이제부터 대저 조령(詔令) 문서의 반포와 발행은 모두 몽고신자를 쓸 것이며 각국의 자기 문자는 함께 붙이게 할 것이다.'라고 하다."와 같다.

15) 여기서 '路'라 함은 明代의 '府'에 해당하며 현대 중국의 '省'에 유사하다. 조선시대의 '道'와 같은 행정 단위이다.

16) 이에 대하여는 졸저(2009:23)에서 "파스파 문자는 아직도 해독이 안 되거나 분명히 알 수 없는 것이 많은 迷宮의 문자다. 몽골이 유라시아대륙의 東部를 모두 점령하고 帝國의 통치문자로 제정된 이 문자는 몽골의 元이 망하고 뒤를 이은 漢族의 明에 의하여 철저하게 파괴당하여 오늘날 남아있는 자료가 매우 적고 그 연구도 매우 지지부진하였다."를 참고할 것.

17) 예를 들면 최근 일본의 吉池孝一(2005)에 소개된 파스파자의 모음자는 모두 5자로 포페 교수의 8자와도 다르며(Poppe, 1957:34) 『蒙古字韻』의 런던 鈔本에 의거하여 재구한 졸고(2009)의 7개 모음자와도 다르다. 이것은 금석문 자료를 중심으로 한 파스파 문자의 연구에 한계가 있음을 보여주는 예로 볼 수 있다. 훈민정음으로 한자의 東音을 정리

졸저(2009)는 그런 의미에서 획기적인 연구서라고 할 수 있다. 훈민정음이 창제되면서『東國正韻』을 간행하여 우리 한자음, 즉 東音을 정리한 것처럼 파스파 문자도 제정되고 나서 바로 <廣韻> 계통의 운서를 파스파 문자로 번역한 운서인『蒙古韻略』을 간행한 것으로 보았다. 그리고 이것으로 몽고인들이 中原의 표준어인 通語의 학습에서 한자의 표준 발음을 학습하는 참고서로 삼았다고 하였다. 그러나 이미 元의 首都인 燕京에서는 이곳의 통용어인 漢兒言語가 유행하여 帝國의 공용어로 자리를 잡자 이 언어에서 달라진 漢音을 보여줄 운서가 필요하게 되었다.

漢兒言語에서 쓰는 한자의 발음은 秦 이후 중국의 통용어가 된 唐代 長安의 通語와 많이 달랐기 때문이다. 이러한 한아언어의 소위 북방음을 반영한『古今韻會』가 元代 黃公紹에 의하여 편찬되고 그의 제자인 熊忠이를『古今韻會擧要』란 이름을 간행하자 이를 반영한『蒙古字韻』이 편찬되었다. 이것은 通語를 그대로 반영한『廣韻』을 파스파 문자로 주음한『蒙古韻略』을 수정한 것이다.

이렇게 파스파 문자로 北方音을 반영하여 전사한『蒙古字韻』이 간행되어『蒙古韻略』을 대신하여 몽고인들의 한어음 학습에 널리 사용되었으며 그에 따라 많은 異本이 생겨났다. 이것을 朱宗文이 元 至大 元年(1308)에 校訂하고 增添하여 印刊한 것이 있었는데 당시의 印本은 오늘날 전하지 않고 清代 乾隆 年間(1736~1795)에 필사된 鈔本이 영국 대영도서관에 소장되어 전해질 뿐이다. 졸저(2009)는 朱宗文이 편찬한 校添本, 즉 런던초본에 의거하여 파스파 문자의 字形과 그 字母의 음가를 이해하고 이를 훈민정음과 비교한 것이다.

원래『蒙古字韻』은 훈민정음 창제 이후에 이 문자로 한자의 東音을 정리한『東國正韻』의 모델이 된 元代의 韻書로서 元代 여러 자료에 이름을 보일 뿐 아니라『四聲通攷』·『四聲通解』등의 조선 韻書에서도 '蒙古韻'이란 이름으로 소개된 일이 많았다. 특히 현전하는 崔世珍의『사성통해』에 元代 俗語들과 더불어 蒙古韻이 들어있어 중국어의 근세 속어 연구에 도움이 된다는 연구도 있다(花登正宏, 1997).

한『동국정운』의 연구를 통하여 한글의 모음자를 고찰할 수 있는 것처럼 파스파자로 당시 중국의 표준을 정리한『蒙古字韻』의 연구를 통하여 보다 정밀한 파스파 문자를 재구해 낼 수 있다고 본다.

중국에는 인도에서 발달한 聲明學, 즉 6세기경 고대인도의 산스크리트어 문법서로 널리 알려진 파아니니(Pānini)의 『팔장(八章, Aṣṭādhyāyi)』에서 볼 수 있는 고도로 발달한 음성학이 唐代에 佛經과 함께 유입되어 중국의 전통적인 聲韻學을 세웠다.18) 표음문자인 범자(梵字)로 쓰여진 불경을 한자로 번역하면서 한자의 발음을 두자로 표음하는 소위 반절(反切)의 표음법이 발달하였다.

이 반절법의 발달은 인도의 悉曇의19) 영향을 받은 것으로 한자의 발음을 聲(어두 자음)과 韻(모음과 받침)으로 나누어 분류하고 이 순서에 따라 한자를 배열하는 韻書가 생겨났다. 물론 인도의 파아니니 음성학에서는 자음과 모음을 구분하는 음소의 개념도 있었음으로 한자의 韻을 韻腹(어중 모음)과 韻尾(어말 자음)로 재분류하였으며 운복도 모음의 종류에 따라 1等韻으로부터 4等韻까지 구별하였다(김완진·정광·장소원, 1997:108).

이 36자모는 그 결과로 얻어진 음절 초(onset)의 자음을 말하는 것으로 唐代守溫이란 僧侶가 30자모를 고안한 것이 시작이라고는 하지만 확실하지는 않다(졸저, 2009:75). 36聲母가 정식으로 중국 韻書에 부재된 것은 金代 韓道昭의 『五音集韻』의 36자모표가 현재로는 가장 이른 시기의 것이다.20) 따라서 元代에는 이 36자모표가 매우 일반화되었을 것으로 본다.21)

---

18) 파아니니의 『팔장(八章, Aṣṭādhyāyi)』은 인류가 가진 3대 고전문법서의 하나이다. 이것이 毘伽羅論이 되어 불경의 大藏經 속에 포함되었다.

19) 범어(梵語)의 자모를 'siddham, 또는 siddhirastu'이라고 하며 범자(梵字)는 마다(摩多-母韻)와 체문(體文-子韻)의 47자로 되었는데 이를 한자로 표기한 것이 실담(悉曇)이다. 실담학(悉曇學)은 범자로 쓰여진 산스크리트어의 연구를 말하는 것으로 실담학에서는 범자의 자의(字義), 서법(書法) 등을 연구 대상으로 한다. 문법도 지극히 초보적인 것이기는 하지만 상당히 면밀하게 소개되었다. 아동들이 범자를 배울 때에 가장 초보적인 교과서가 '실담장(悉曇章)으로서 <구당서(舊唐書)> 천축국전(天竺國傳)에 "其人皆學 悉曇章-그곳 사람들은 모두 '실담장'을 배운다--"라는 기사을 참조할 것.

20) 中宗조 최세진의 저작으로 보는 『老朴集覽』에는 『五音集韻』이 많이 인용되었다. 이것으로 보아 이 운서가 한반도에서 매우 유용하게 쓰였음을 알 수 있다.

21) 이에 대하여는 "聲으로 알려진 자모는 처음에 唐末의 僧侶인 守溫이 梵語를 중국어로 번역하면서 30개의 字母를 설정하였으며 宋代 謝靈雲의 『十四音訓敍』에서 梵語의 자음을 한자로 대응시켜 여러 갈래로 쓰이던 反切 上字를 30자모로 정리하였다. 이 梵語 飜譯에서 얻어 낸 한자의 30자모를 중국어의 음운, 즉 어두 자음에 맞게 36자모로 고친 것은 金의 韓道昭가 편한 『五音集韻』(AD. 1212)에서 처음으로 나타난다."(김완진·정광·장소원, 1997:107)라는 설명을 참고할 것.

朱宗文이 校訂 增添한『蒙古字韻』의 런던 鈔本(이하 '런던초본'으로 약칭함)에서는[22] 중국 聲韻學의 전통적인 36자모를 파스파 문자로 대응하는 다음과 같은 자모표를 권두에 부재하였다. 이를 사진으로 보이면 다음과 같다.

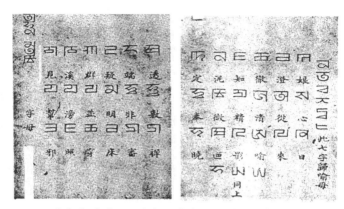

[사진 1]『몽고자운』런던 鈔本의 36 字母표

이 사진의 36자모를 알기 쉽게 표로 보이면 다음과 같다.

	牙 音	舌 音		脣 音		齒 音		喉 音	半 音	
		舌頭音	舌上音	脣重音	脣輕音	齒頭音	正齒音		半舌音	半齒音
全清	見 ㄱ	端 ㄷ	知 ㅌ	幫 ㄹ	非 ㅎ	精 ㅋ	照 ㅌ	曉 ㅎ		
次清	溪 ㅁ	透 ㅂ	徹 ㅎ	滂 ㄹ	敷 ㅎ	清 ㄱ	穿 ㅎ	匣 ㅁ		
全濁	群 ㄲ	定 ㅁ	澄 ㅂ	並 ㄹ	奉 ㅎ	從 ㅎ	床 ㅂ	影 ㄹ, ㅆ		
不清不濁	疑 ㄹ	泥 ㅁ	娘 ㄸ	明 ㄹ	微 ㅁ			喩 ㄷㄷ, ㅆ	來 ㄹ	日 ㅁ
全清						心 ㅈ	審 ㅁ			
全濁						邪 ㅋ	禪 ㅁ			

[표 1]『몽고자운』런던 鈔本의 36 字母표[23]

22)『몽고자운』의 편찬과 그 런던초본의 서지적 특징에 대하여는 졸저(2009)를 참고할 것.
23) [사진 1]과 [표 1]은 모두 졸저(2009:41)에서 전재함.

위의 [사진 1]과 [표 1]을 살펴보면 설음의 舌上音 "知ㅌ(전청), 徹ㆄ(차청), 澄ㅂ(전탁)"의 셋과 치음의 正齒音 "照ㅌ(전청), 穿ㆄ(차청), 床ㅂ(전탁)" 셋은 그 파스파 자형이 같다.24) 이를 보면 『몽고자운』에서 설음의 舌上音과 치음의 正齒音이 전청, 차청, 전탁에서 합류되어 같은 발음이 되었다고 본 것이다. 그리고 脣音에서 脣輕音 全淸의 非[ㆆ]母와 全濁의 奉[ㆆ]母가 자형이 동일하다.25) 따라서 파스파 문자는 음절 초에 올 수 있는 음운으로 32개만을 인정하고 이 각각을 문자로 보인 것이 위의 파스파 문자 字母表다.26)

런던초본에 인용한 36자모에 대하여 元代에 『蒙古字韻』을 교정 증첨한 朱宗文의 自序에서는 "[전략]惟古今韻會、於每字之首、必於四聲釋之。由是始知見經堅爲ㅋ、三十六字之母、備於韻會、可謂明切也。[하략] -고금운회에서 매 글자의 첫머리에 반드시 四聲(여기서는 전청, 차청, 전탁, 불청불탁을 말함)으로 해석하여 이로부터 '見, 經, 堅'[의 첫 발음]이 ㅋ[ㄱ]임을 알게 되었다.27) 36자모는 운회에서 갖춘 것이며 가히 분명하게 바로 잡은 것이라고 말할 수 있다-"이라 하여 『고금운회』의 36자모로부터 인용한 것임을 밝히고 있다.28)

파스파자는 『몽고자운』이외에도 元代 盛熙明이 편찬한 『法書考』29)와 明代 陶宗儀가 편찬한 『書史會要』30)에도 파스파 문자의 43자를 한자의 운목자

---

24) 朱宗文의 『蒙古字韻』校添本 권두에 보인 36字母圖에서 설음을 舌頭와 舌上으로 나누었으며 불청불탁의 泥母 ㄷ[n]과 娘母 ㄸ[n]가 서로 다르다. 따라서 牙音의 불청불탁 '疑 ㄹ[ng]과 脣音의 '明 ㅁ[m]과 '微 ㅱ[w]'까지 鼻音[+nasal]이 5개나 인정되었다. 다만 '微 ㅱ[w]'은 [+nasal]의 자질을 인정하였는지 분명하지 않다. 훈민정음에서는 /ㅱ/로 대응하여 轉寫하였다.

25) 이에 대하여 다음에 논의할 『四聲通解』의 『洪武韻三十一字母之圖』의 말미에 "時用漢音, 以知倂於照, 徹倂於穿, 澄倂於狀, 孃倂於泥, 敷倂於非, 而不用, 故今亦去之"란 기사를 참고할 것.

26) 『몽고자운』에서는 牙音으로 4개, 설두음으로 4개, 설상음 1개(3개는 정치음과 합류), 순중음으로 4개, 순경음으로 3개(순경음 전청과 전탁이 동일 문자), 치두음 5개, 정치음 5개, 후음 4개, 반설음 1개, 반치음 1개, 도합 32개 聲母字를 파스파 문자로 표음하였다.

27) [ ]안은 원문에는 없지만 문맥으로 보아 그런 내용일 경우에 삽입한 것이다. 이하 같다.

28) 현전하는 『古今韻會擧要』의 어느 판본에도 36자모표가 부재된 것은 없다. 다만 필자가 졸저(2009:186)에 인용한 고려대 도서관 소장본(화산문고본)에 '禮部韻略七音三十六母通攷'라는 제목이 보인다. 그러나 제목만 있을 뿐 36 字母圖는 없다.

29) 元代 盛熙明이 至正 4년(1334)에 간행한 『法書考』는 모두 8권으로 되었고 書法에 관하여 '書譜, 字源, 筆法, 圖訣, 形勢, 風神, 工用' 등으로 나누어 설명하였다.

와 더불어 소개되었다. 인터넷 판에 소개된『法書考』의 파스파자 소개 부분은 권2, 3엽 앞면으로 "[전략] 惟我皇元肇31)基朔方, 俗尙簡古, 刻木爲信, 猶結繩 也. 旣而頗用北庭字, 書之羊革猶竹簡也. 蓋天將徹世以復古, 奄有中夏未遑於制 作. 乃詔國師拔思巴, 采諸梵文, 創爲國字, 其母四十有三. -생각컨대 우리 황제 의 원나라가 북쪽에 나라를 세우고 옛 것의 간단한 풍속을 숭상하여 나무를 깎아서 소식을 전하니 옛날 결승, 끈을 묶어 소식을 전하는 것과 같았다. 이미 잘못된 위구르 문자를 써서 양피지에 글을 쓰니 마치 죽간에 쓴 것과 같았으며 세상을 옛 것으로 돌리려 하여 중국에 있어서도 서둘러 [글자를] 제작하지 않 았다. 이에 국사 파스파에 알려 범문, 산스크리트 문자에서 뽑아서 새로 나라 의 글자를 삼으니 그 성모가 43문자이었다.-"라는 설명과 함께 파스파자 41개 를 漢字와 더불어 소개하였다.32)

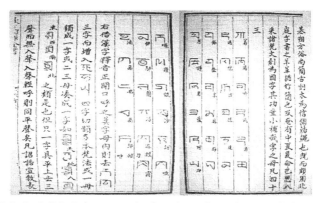

[사진 2]『書史會要』소재 파스파 문자(졸저, 2009에서 재인용)

---

30) 明代 도종의가 편찬한『書史會要』는 전 9권으로 되었고 補遺 1권과 續編 1권이 있다. 上古시대부터 元代에 이르는 사이에 書藝에 능한 사람들을 많이 수록하여 소개하였고 책의 말미에 書法을 부재하였다. Poppe(1957:10~13)에『欽定四庫全書』에 수록된『書 史會要』와『法書考』에서 파스파 문자 43자를 소개한 것을 사진으로 전재하였다.

31) 인터넷에 소개된 이 부분의 한자는 '兆'로 되었다. 원래 '兆'와 '肇'는 동음자로 통용되지 만 여기서는『欽定四庫全書』소수『법서고』의 같은 부분에 '肇'가 보이므로 이를 택하 여 혼란을 피하고자 한다.

32) 파스파자를 43자로 보는 것은『몽고자운』에서 보이는 36성모자와 喩母 7자를 합하여 통칭 43자로 하였다. 그러나 喩母 7자는 실제로는 6자밖에 없어서 42개만을 보인 것이다.

[사진 2]에서 보이는 바와 같이 『書史會要』(권7 22엽 앞)에도 파스파자를 소개하고 이어서 "右借漢字釋音, 並開口呼之. 漢字母內則去, ㆆ ·ᇮ· ㅿ三字,[33] 而增入ㆆ· ㅋ· ㅈ· ㅛ 四字. 切韻多本梵法, 或一母獨成一字, 或二三母揍成一字. 如 't'jen 天, ti 地, jin 人, dong 東, si 西, nam 南, bui 北之類是也. [하략] – 앞에서 한자를 빌려 발음을 설명한 것은 모두 [그 글자를] 개구음([ɑ] 를 붙여 읽고 받침이 없는 발음)으로 발음한다. 한자로 표시한 자모 가운데 'ㆆ, ᇮ, ㅿ'의 3자를 없애고 'ㆆ, ㅋ, ㅈ, ㅛ'의 4자를 더 넣었다. 『절운』은 범자 (梵字), 산스크리트 문자의 서법을 많이 본받아서 한 성모가 혼자서 한 글자가 되거나 2,3 성모가 줄어서 한 글자가 되기도 한다. 예를 들면 't'en'이 '天'의 발음이고, 'ti'가 '地', 'ʑin'이 '人', 'dong'이 '東', 'si'가 '西', 'nam'이 '南', 'bui'가 '北'이 되는 것과 같다.–"라고[34] 하여 한자가 음절 단위의 문자임에 대하여 파스파자는 음운 단위의 문자임을 설명한 것이다.

『法書考』에서도 유사한 설명이 붙어있다. 그러나 "切韻多本梵法" 이하에 "字勢方古嚴重. 凡詔誥表章, 鴻文大冊並以書焉. –글자 모양은 네모나고 옛스 러우며 엄중하다. 대체로 아랫사람에게 알리는 글이나 윗사람에게 올리는 글, 매우 긴 문장이나 커다란 책을 모두 이것으로 쓰게 되었다.–"라고 하여 『서사 회요』의 그것과 다르다.

照那斯圖 · 楊耐思(1984:381~382)에서는 이 두 책의 파스파 문자를 정리하 여 자음을 정하려고 하였다. 그리하여 다음과 같이 이 두 책에 나온 파스파 문자를 정리하였으나 이 책들이 이용한 파스파 문자들이 부정확하여 이 문자 의 정리에서도 많은 誤謬를 갖게 되었다. 또 이를 이용한 후대의 논문에서도 같은 잘못이 발견된다.

---

33) 이들은 『書史會要』와 『法書考』에 써 넣은 파스파자를 말한다. 『書史會要』의 字形이 분 명하지만 하나가 공란으로 되었다. 『法書考』의 것을 그대로 스캔하여 옮겨본다. 특히 『법서고』의 'ㅋ'와 'ㅛ'는 『書史會要』의 'ㆆ'와 'ㅛ'가 더 분명하다.
34) 파스파자는 로마자 발음기호로 전사하였다. 여기서는 照那斯圖 · 楊耐思(1987:7)의 전사 체계에 의거한 것이어서 졸저(2009)와 조금 다르다.

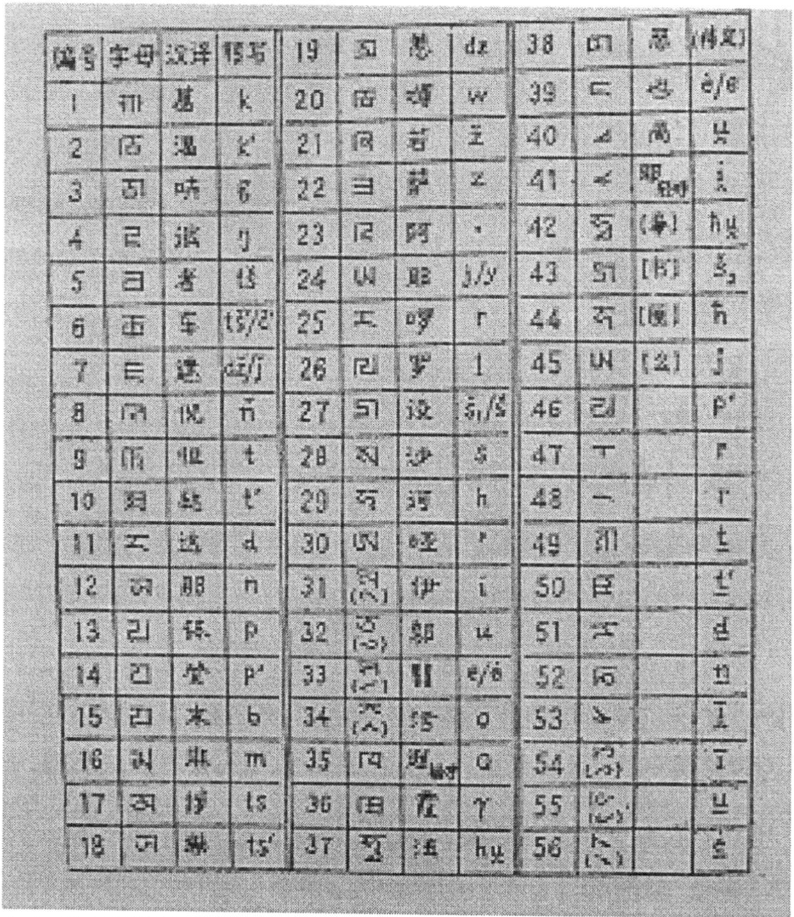

[사진 3] 照那斯图・楊耐思(1984)에서 정리한 『書史會要』의 파스파 문자35)

[사진 3]에 보이는 파스파 문자들을 전통적 36 字母表에 대비하여 [표 1]과 같이 정리하여 보이면 다음과 같다.

___

35) 파스파 문자가 이렇게 복잡하게 製字되었을리는 없다. 다만 훈민정음도 만일 {해례본} 『훈민정음』이나 「세종어제 훈민정음」이 없이 옛 문헌의 사용 예로부터 글자를 추출하였으면 위와 같이 다양한 모습을 보일 것이다.

	牙音	舌音		脣音		齒音		喉音	半音	
		舌頭音	舌上音	脣重音	脣輕音	齒頭音	正齒音36)		半舌音	半齒音
全清	葛ㄲ	担ㄷ	者ㄹ	鉢ㄹ	法ㆆ	掇ㅁ	者ㄹ	訶37)ㅎ		
次清	渴ㆆ	撻ㅌ	車ㅍ	發38)ㄹ		撦39)ㄲ	車ㅍ	霞ㅸ		
全濁	啤40)ㄱ	達ㄷ	遮ㅌ	末ㄹ41)		嵆42)ㄹ	遮ㅌ	阿ㄹ, ㅿ		
不淸不濁	誐ㄹ	那ㅇ	倪ㅁ	麻ㅿ	嚩ㄸ43)			啞ㅇ, ㅱ	羅ㄹ	若ㅿ
全淸						沙ㅿ	設ㄹ			
全濁						薩ㅌ				

[표 2] 『法書考』의 36자모도

[사진 3-1] 『法書考』에 등장하는 파스파자의 36자모표

---

36) 正齒音으로 간주될 수 있는 파스파자가 '設ㄹ'를 제외하고는 『書史會要』, 『法書考』에 소개된 파스파자에서 보이지 않는다. 아마도 舌上音에 나왔기 때문에 다시 소개하지 않은 것으로 보인다.

37) 照那斯圖·楊耐思(1984)에서 인용한 [표 2]의 29번 '河ㅎ'의 '河'는 『書史會要』, 『法書考』의 어디에도 보이지 않는다. 아마도 '訶'의 착오인 것 같다.

38) 인터넷 『書史會要』, 『法書考』에는 '癹'로 되었으나 『欽定 四庫全書』 소재의 『書史會要』, 『法書考』 모두가 '發'이다.

39) 『書史會要』에는 이 한자가 공란으로 되었으며 『法書考』에서는 두 판본이 모두 '撦'로 되었다. 이것은 분명한 誤字로 照那斯圖·楊耐思(1984)에서는 '撦'로 수정하였다.

40) '啤'자의 '大'가 없는 字이나 필자의 컴퓨터에 들어 있지 않아 이것으로 대신한다.

41) 『法書考』에는 'ㄹ'로 보이는 글자를 넣었다.

42) 아마도 '蕠'의 오자로 보인다.

43) 이 '嚩ㄸ'가 올 순서는 아니다. 여기서부터 『法書考』, 『書史會要』의 파스파 자모 순서가 흐트러졌다.

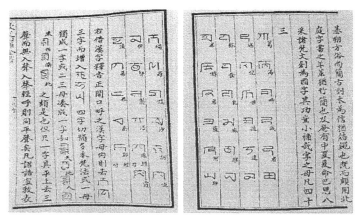

[사진 3-2] 『書史會要』에 등장하는 파스파자의 36자모표

이외에도 『書史會要』, 『法書考』에 소개된 파스파자는 몇 개가 더 있다. 이들은 [사진 1]에 보이는 『몽고자운』의 36자모도 옆에 "ꡜ ꡝ ꡗ ꡒ ꡁ ꡉ 此七字歸喩母"로 소개된 7개 모음자들에 해당하나 실제 글자 수는 6개이다. 이들을 정리하면 "伊 ꡜ, 鄔 ꡝ, 嵒 ꡗ, 汚 ꡒ, 耶 ꡁ, ꡉ也"와 같다. 이 가운데 '嵒 ꡗ'의 ꡗ는 윗선을 없앤 자형을 보이고 'ꡁ'는 위의 '也 ꡉ'와 밑에 '嵒 ꡗ'를 없애어 두 자의 결합임을 알려준다.

그 밖의 '羅 [l]'과 '囉[r]'을 문자로 구별하였고 '醫[e/é], 遐[ɢ, 경음], 惡[wü][44], 耶ꡁ [ja, 가벼운 발음]'자들을 추가하여 모두 41개 문자를 한자의 운목자로 발음을 표시하였다. 그럼에도 불구하고 이것은 앞에 언급한 바와 같이 36자모에 喩母字(모음자) 7개(실은 喩母 'ꡟ'가 이미 36자모에 들었음으로 6개)를 더하여 모두 43자(실은 42자)를 보여주기로 한 兩書 末尾의 기록 "字之母凡四十三 -자모는 모두 43이다-"에서 2자나 부족하다.

뿐만 아니라 『書史會要』, 『法書考』에서 소개한 파스파 문자는 『몽고자운』의 그것처럼 발음 위치에 따를 牙·舌·脣·齒·喉의 구별과 발음 방법에 따

---

44) 이 '惡'의 파스파자는 照那斯图·楊耐思(1984)에서 정리된 파스파자의 [표 2]에 들어있지 않다.

른 全淸, 次淸, 不淸不濁의 구별 순서도 지키지 않았다. 특히 문제가 되는 것은 七音의 각 위치에서 맨 먼저 등장한 牙音의 '葛 �'이나 舌頭音의 '怛 ᒐ', 舌上音의 '者 ᘔ', 脣重音의 '鉢 ᘰ', 순경음의 '法 ᘔ', 치두음의 '捨 ᘯ', 후음의 '訶 ᘍ'가 [표 2]에서처럼 과연 全淸音인가 하는 문제가 있다.

Poppe(1957:19)에도 이 『書史會要』, 『法書考』에 소개된 것에 의하여 脣音의 '末 ᘰ'을 양순 무성 경 정지음(unvoiced fortis bilabial stop)의 /p/로 전사하였다. 그러나 이런 발음을 어두에 갖는 어휘가 상대적으로 매우 적으며 否定 첨사 'pu'와 접속사 'pa'에서는 유성음 /b/로 발음되는데 이러한 이유를 필기상의 오류로 보았다.45) 그러나 『몽고자운』의 「36자모도」([표 1])에 의하면 '並 ᘰ'은 全濁에 들어 있고 全濁音은 이미 유성음으로 알려졌다.46) 따라서 전탁음이 유성음일 경우 『몽고자운』의 '字母'에 배열된 전탁자들은 유성음을 표음한 글자로 보아야 할 것이다.

照那斯图·楊耐思(1984)에 정리한 파스파자가 실제 발음과 차이가 있고 이에 의거한 照那斯图·楊耐思(1987)에서 全淸字들 有聲音으로 재구하고 全濁字를 무성음으로 재구한 것은 『書史會要』, 『法書考』에서 소개한 파스파 문자가 전탁자와 전청자를 반대로 하였으며 이에 근거하여 파스파자를 再構한 탓으로 볼 수밖에 없다. 앞에 보인 [표 2]와 『몽고자운』의 36 字母圖에 의거한 [표 1]을 비교하면 전청자와 전탁자가 완전히 반대가 되었음을 분명하게 볼 수 있다.47)

---

45) 이 부분을 옮겨보면 "[ᘰ] This represents an unvoiced fortis labial stop *p*. It is founded in comparatively few words. [중략] *P* is found for b in the negative particle pu II 18 and perhaps also in the conjunction *pa* [*ba*?] I 6. As the other monuments write these words with b, it may be assumed that *pu* and *pa* are scribal errors, or that the sign for *b* came out somewhat indistinctly on the rubbings or photographs, thus creating the impression that it was the letter *p*. Poppe(1957:19)

46) 『東國正韻』의 서문에 "我國語音, 其淸濁之辨, 與中國無異. 而字音獨無濁聲, 豈有此理? 此淸濁之變也。 --우리나라의 말소리에서 청음과 탁음을 분별하는 것이 중국과 더불어 다르지 않는데 한자음(동음)에만 홀로 탁성(濁聲-전탁음)이 없으니 어찌 이치에 맞으리오? 이것이 청탁의 변화다--"라고 설파한 것처럼 전탁음, 즉 유성음이 구별되지 않음을 말한 바 있어 우리에게는 쓰이지 않는 음운으로 인식하였다.

47) 졸저(2009:189~195)에서는 파스파 전청자의 음가를 무성음으로 하고 전탁자를 유성음

더욱이 이 두 책에 보이는 파스파 문자는 정확하지 못하여 이에 의거한 파스파 자모의 정리도 [표 2]에 보인 바와 같이 많이 실패한 것으로 보인다. 照那斯图・楊耐思(1987)에서는 [표 2]에 보이는 파스파자의 音價와 전사체계를 수정하여 『몽고자운』의 '字母'에 의거한 附II '蒙古字韻字母正體及轉寫表'(照那斯图・楊耐思, 1987:7)를 작성하였다. 필자에게 故 照那斯图 박사가 2008년 11월 17일에 서울에서 자필로 수정하여 전해준 照那斯图・楊耐思(1987)에서는 照那斯图・楊耐思(1984)의 것을 많이 수정하였다.

이런 사실에 근거하여 졸저(2009:188~189)에서는

쿠빌라이 칸의 의도는 파스파자가 몽고어만이 아니고 漢語를 비롯한 여러 언어와 문자를 전사하기 위하여 제정시킨 것이어서 대상 문자를 기계적으로 파스파자로 바꾸는 '飜字(transliteration)'의 방법과 표기대상이 된 언어의 音韻體系에 맞추어 '轉寫(transcription)'하는 방법을 구별하여 사용하게 되었다. 이것은 몽고어와 다른 언어의 음운 차이를 인식한 데서 온 것으로 보인다. 예를 들면 전통적인 중국 聲韻學의 全淸은 無聲無氣音이다. 그러나 파스파자의 全淸音은 몽고어의 有聲無氣音을 표음하는 데 사용하였다. 반면에 중국 전통의 36자모에서 全濁音은 有聲音으로 알려졌는데 몽고어의 無聲無氣音은 全濁字 대응의 파스파자가 표기하였다. 아마도 몽고어의 음운변화에서 유성음이 무성음으로의 변환이 있었던 것으로 보아야 할 것이다.

라고 하여 몽고자의 유성음과 무성음 표기에 혼란이 있었으며 그 원인이 몽고어에서 있었던 音韻推移 현상으로 보았으나 본고에서는 『書史會要』, 『法書考』를 통하여 이해한 36 자모도의 혼란도 그 원인의 하나가 아닌가 한다.

다만 그동안의 파스파 문자의 해독에 있어서 飜字(Nominal phonetic value)와 음운 轉寫(transcription)의 이원적 방법으로 이해한 것은 얼마나 많은 문제가 파스파 문자의 해독에 있었는지를 보여준다고 할 수 있다. 예를 들어 牙音의 見母 '見 ꡂ'는 飜字로는 /k/이고 轉寫로는 [g]이며 群母 '群 ꡖ'는 飜字로는 /g/이나 전사로는 [k]로 본다(졸저, 2009:189). 이에 대하여는 추후 상세한 논의가 있을 것이다.

으로 하여 새로운 파스파 자음자의 음가를 보였다.

4. 훈민정음 31 초성자

훈민정음의 제정에 관한 기사는『세종실록』에 두 차례 나타난다. 가장 먼저 나타난 것은『세종실록』(권102), 세종 25년(1443) 12월조에 "是月上親制諺文二十八字。其字倣古篆。分爲初中終聲、合之然後、乃成字。凡于文字及本國俚語、皆可得而書。字雖簡要、轉換無窮、是謂訓民正音-이 달에 임금이 친히 언문 28자를 만들다. 그 글자는 고전(古篆)을48) 본뜬 것이다. 초·중·종성으로 나누어 합친 다음에 자음을 이룬다. 대저 문자(한자를 말함) [발음] 및 우리의 말도 모두 쓸 수가 있다. 글자는 비록 간출하지만 전환이 무궁한데 이것이 소위 말하는 훈민정음이다 -"라는 내용의 기사이다.

그리고 두 번째는『세종실록』(권113), 세종 28년(1446) 9월조에

是月訓民正音成。御製曰、國之語音、異乎中國、與文字不相流通、[중략]ㄱ牙音如君字初發聲、[중략]·如呑字中聲、一如卽字中聲、ㅣ如侵字中聲。[중략] 初聲○連書脣音之下、則爲脣輕音。[중략] 禮曹判書鄭麟趾序曰、[중략] 正音之作、無所祖述。[하략]-이달에 훈민정음이 완성되었다. 임금이 지어 말씀하시기를 우리말의 발음이 중국[어의 그것]과 달라서 문자가 서로 통하지 못한다. [중략] 'ᄋ'는 [呑]자의 가운데 소리 같고 '으'는 [卽]자의 가운데 소리 같고 '이'는 [侵]자의 가운데 소리 같다.[중략] 예조판서 정인지가 서에서 말하기를 [중략] 훈민정음을 지은 것은 옛 사람이 저술한 바가 없다.[하략]-

라는 내용의 기사이다.

그러나 세종 28년의 두 번째 기사에 나오는 '훈민정음'은 오늘날 {해례본}『훈민정음』(이하 '해례본'으로 약칭 함)으로 알려진 서적의 완성을 말한다. 이『세종실록』(권113)의 기사에는 해례본의 앞 석장, 즉 세종의 '어제서문'과 '例義'와 함께 권미에 붙은 鄭麟趾의 後序가 들어있어 '實錄本 훈민정음'(이하 '실록본'으로 약칭함)이라고 불리기도 한다.

---

48) 이 '古篆'에 대하여는 많은 논의가 있다. 필자의 관심을 끄는 것은 '蒙古篆字'의 약자라는 Ledyard 교수의 주장인데 몽고전자는 파스파자의 篆字 필법을 말한다. 학계에서는 篆字 필체를 말한다고 보는 것이 일반적인 추세인 것 같다.

해례본과 실록본 이외에 또 하나의 훈민정음은 故朴勝彬씨가 舊藏했던 것으로 우리말로 풀이된 소위 '諺解本 훈민정음', 또는 '國譯本 훈민정음'이 있다. 이것은 전술한 바 있는 「훈민정음」·「세종어제훈민정음」이란 권두의 제목으로 불리기도 하는데 본고에서는 편의상 언해본으로 약칭하고자 한다. 이 언해본은 세종의 서문과 例義 부분의 석장 반을 우리말로 풀이한 것으로 해례본에 비하여는 '解例'와 '鄭麟趾의 후서'가 빠졌고 실록본에 비하면 정인지의 後序만 빠진 것이지만 모두 우리말로 풀이가 된 것이 앞의 두 훈민정음과 다르다.49)

이 3종의 훈민정음에서는 초성에 17자의 例(자형)와 義(발음)를 보이고 해례본에서는 이들의 제자에 대한 해설과 用字의 例를 든 것이다.50) 이 부분을 "略揭例義以示之- 간략하게 예(例)와 뜻(義)을 들어 보인 것이다-"라는 정인지의 후서에서 따라 '例義'라 하고 여기에서는 初聲 17자를 牙, 舌, 脣, 齒, 喉의 발음 위치와 全淸, 次淸, 全濁, 不淸不濁의 발음 방식에 따라 분류하여 그 음가를 설명하였다. 물론 이어서 중성과 終聲에 대하여도 例義에서 같은 방식으로 언급된다.

1) 언해본 훈민정음의 초성자

실록본과 언해본, 그리고 해례본에서는 초성 17자 이외에 雙書字인 全濁音 표시자와 脣音에서 脣輕音字의 제자 방법을 보였다. 그리하여 이론적으로는 全濁의 雙書자 6개(ㄲ, ㄸ, ㅃ, ㅆ, ㅉ, ㆅ)와 순경음자 3개(ㅸ, ㅹ, ㅱ)를 더 하여

49) 이 외에도 『訓蒙字會』 권두에 이들과는 완전히 다르게 훈민정음, 즉 한글에 대하여 설명한 '諺文字母'가 있다. 여기서는 훈민정음, 또는 정음이란 명칭 대신에 '諺文'이란 이름으로 세종의 신문자를 불렀고 그 각각의 설명도 "ㄱ 君字初發聲, ㅋ 快字初發聲" 등이 아니라 "ㄱ 其役, ㄴ 尼隱 ···"으로 설명되었다. 후자는 초성과 종성의 예를 이두, 구결 등에 자주 쓰이는 한자로 음가를 보인 것이라면 전자는 중국 전통의 36자모에 맞춘 것이라고 볼 수 있다.

50) 실록본에서 훈민정음의 어제 서문 및 다음에 이어지는 "ㄱ牙音、如君字初發聲,。並書如虯字初發聲。ㅋ牙音、如快字初發聲。 ····" 등과 해례본에서 어제 서문 및 "ㄱ、牙音、如君字初發聲。並書如虯字初發聲。 ····", 그리고 언해본에서 어제 서문과 그 언해, 그리고 "ㄱ는 엄소리니 ····" 부분을 '例義'라고 부르는 것은 정인지의 후서에 "癸亥冬、我殿下創制正音二十八字、略揭例義以示之、名曰訓民正音。"의 '略揭例義以示之' 구절에서 가져 온 것이다.

모두 26개의 초성자를 만든 셈이 된다.51) 예의에서는 17자의 경우에만 자형의
예를 보이고 전탁의 各字並書字(쌍서자)와 脣輕音字는 글자의 예를 보이지 않
았다.

그런데 언해본에는 앞의 2종에 없는 문자를 추가하여 제정하여 보였다. 즉
언해본 훈민정음에는 末尾에 例義의 마지막 부분인 '入聲加點同而促急漢音'을
"入聲은 點의 더우믄 ᄒᆞᆫ가지로더 ᄲᆞᄅᆞ니라" 라고 언해한 다음에 '漢音齒聲은
有齒頭正齒之別ᄒᆞ니 – 中國 소리옛 니쏘리ᄅᆞᆫ 齒頭와 正齒왜 ᄀᆞᆯ히요미잇ᄂᆞ
니 –'로 시작하는 齒頭音과 正齒音을 구별하여 표음하는 내용이 이어지고 앞
에서 언급한 齒音 표시의 자형과 조금 다른 훈민정음의 자형을 보였다.

그 부분에서 언해문과 원문을 따로 여기에 옮겨 보면 다음과 같다.

　ᅎ, ᅔ, ᄍ, ᄼ, ᄽ 字는 齒頭ㅅ 소리예 쓰고, ᅐ, ᅕ, ᅑ, ᄾ, ᄿ 字는 正齒ㅅ소리예
쓰ᄂᆞ니, 엄과 혀와 입시울와 목소리옛 字는 中國 소리예 通히 쓰ᄂᆞ니라. (漢音齒
聲은 有齒頭正齒之別 ᅎ, ᅔ, ᄍ, ᄼ, ᄽ 字는 用於齒頭ᄒᆞ고, ᅐ, ᅕ, ᅑ, ᄾ, ᄿ 字는
用於正齒ᄒᆞᄂᆞ니, 牙舌脣喉之字는 通用於漢音ᄒᆞᄂᆞ니라.)
　언해문이 먼저 있고 다음 ( )안의 것은 본문이다. 띄어쓰기와 구두점은 필자.

이것은 漢音 표기의 경우라고 前提하였지만 치음 /ㅅ, ㅆ, ㅈ, ㅊ, ㅉ/를 齒頭
와 正齒로 나누어 치두음의 표음은 /ᄼ, ᄽ, ᅎ, ᅔ, ᄍ/으로 하고 정치음은 /ᄾ,
ᄿ, ᅐ, ᅕ, ᅑ/로 하여 서로 다른 글자를 5개 더 만들었다.

이론적으로는 앞에서 언급한 26자, 즉 초성 17자에 전탁자(6자)와 순경음자
(3자) 이외로 치두음과 정치음을 구별하는 5개의 글자가 더 만든 것이며 이
모두를 합하면 모두 31개의 글자를 만든 것이다. 언해본에서 '漢音'의 표기에
쓴다는 전제는 한자의 중어 표준음, 즉 漢音을 표기하기 위한 것이라고 이해하
여야 한다. 왜냐하면 우리말의 표기에는 이러한 구별이 필요 없기 때문이다.

이 31개 초성자는 위에서 논의한 『몽고자운』의 '字母'에서 파스파 문자와

---

51) 이론적으로는 순경음이 순음 'ㅂ, ㅍ, ㅃ, ㅁ'의 4개에 'ㅇ'를 붙여 'ㅸ, ㆄ, ㅹ, ㅱ'와 같이
4개의 순경음을 만들 수 있지만 全濁의 'ㅹ'는 인정하지 않은 것 같다. 즉『사성통해』
에 부재된 「洪武韻三十一字母之圖」에서는 다른 자모도와 달리 'ㅹ'가 삭제되었다. 후술
하겠지만 이 「洪武韻 31자모도」가 바로 언해본 훈민정음의 漢音 표기 정음자이다.

대응시킨 32 자모와 관계가 있다. 또 31개 초성자는 비단 언해본 훈민정음에만 있었던 것이 아니고 최세진의 『四聲通解』에도 다양한 이름으로 보여주었다. 아마도 이것은 申叔舟 등의 『四聲通攷』에 연결될 것이고 훈민정음 창제의 배경적 이론이었을 것이다. 다음에 이에 대하여 고찰하기로 한다.

2) 『四聲通解』 「廣韻三十六字母之圖」의 초성

중국어의 漢音 표기를 위하여 만든 齒頭와 正齒의 구별을 보여주는 초성과 이미 우리 한자음의 정리에 필요했던 脣輕音, 全濁音의 표기를 위하여 만든 훈민정음 初聲字들은 『四聲通解』의 권두에 「廣韻三十六字母之圖」, 「韻會三十五字母之圖」, 「洪武韻三十一字母之圖」란 이름으로 정리되었다.

4.2.1 먼저 「廣韻三十六字母之圖」를 살펴보면 다음과 같다.

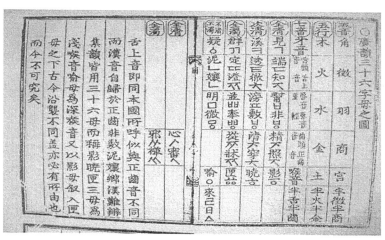

[사진 4] 『四聲通解』 卷頭의 「廣韻三十六字母之圖」

이 [사진 4]를 도표로 정리하여 보기 쉽게 하면 다음과 같다.

五音	角	徵		羽		商		宮	半徵半商
五行	木	火		水		金		土	半火半金
七音	牙音	舌頭音	舌上音	脣音重	脣音輕	齒頭音	正齒音	喉音	半舌半齒
全清	見 ㄱ	端 ㄷ	知 ㅈ	幫 ㅂ	非 ㅸ	精 ㅈ	照 ㅈ	影 ㆆ	
次清	溪 ㅋ	透 ㅌ	徹 ㅊ	滂 ㅍ	敷 ㅸ	清 ㅊ	穿 ㅊ	曉 ㅎ	
全濁	群 ㄲ	定 ㄸ	澄 ㅉ	並 ㅃ	奉 ㅹ	從 ㅉ	牀 ㅉ	匣 ㆅ	
不清不濁	疑 ㆁ	泥 ㄴ	孃 ㄴ	明 ㅁ	微 ㅱ			喻 ㅇ	來ㄹ 日ㅿ
全清						心 ㅅ	審 ㅅ		
全濁						邪 ㅆ	禪 ㅆ		

[표 3] 『四聲通解』 卷頭의 「廣韻三十六字母之圖」

위의 [사진 4]와 [표 3]에서 「廣韻三十六字母之圖」는 36개의 운목자와 그에 상응하는 정음자를 표시하였다. 五音 가운데 牙音과 喉音을 제외하고는 모두 둘로 나누었다. 특히 舌音을 舌頭와 舌上으로 나누어 舌頭音은 전청, 차청, 전탁, 불청불탁의 4자로 '端 ㄷ, 透 ㅌ, 定 ㄸ, 泥 ㄴ'를 보였고 舌上音도 '知 ㅈ, 徹 ㅊ, 澄 ㅉ, 孃 ㄴ'으로 보였다. 그러나 후자는 '孃ㄴ'을 제외하고는 자형이 완전히 다르며 오히려 치음의 正齒音과 동일하다.

이에 대하여 [사진 4]의 좌측 3행부터 매우 의미심장한 기사가 보인다. 이를 옮겨 우리말로 풀이하면 다음과 같다.

舌上音卽同本國所呼, 似與正齒音不同, 而漢音自歸於正齒。非敷泥孃鄕漢難辨, 集韻皆用三十六母。而稱影曉匣三母爲淺, 喉音喩母爲深。喉音又以影母敘入匣母之下, 古今沿襲不同。盖亦必有所由也, 而今不可究矣。 - 설상음은 우리나라 말의 발음하는 바와 같아서 정치음과 비슷하지만 같지는 않은데 한음(漢音)이 스스로 정치음에 돌아 간 것이다. 非[ㅸ]와 敷[ㅸ], 泥[ㄴ]와 孃[ㄴ]는 우리말이나 한음이 모두 구별하기 어려운데 『집운(集韻)』에서 36모를 모두 사용하였다. 그리고 影母 [ㆆ], 曉모[ㅎ], 匣모[ㆅ]의 3모는 얕게 [발음하게] 되고 후음의 喩母[ㅇ]는 깊게 [발음하게] 된다. 또 후음에서 影母[ㆆ]는 匣母[ㆅ]의 아래에 들어가 있어서 오늘에 이어지는 옛 것과 같지 않은데 역시 의지하여 따르는 곳이 반드시 있을 것이나 지금에는 이를 연구하여 밝히기가 불가능하다 -.

이것은 위에서 살펴본 설상음과 정치음의 구별이 『몽고자운』의 파스파자 36 자모도에 의존하고 있음을 말한다. 즉 [사진 4]와 [표 3]에서 본 『몽고자운』 런던 鈔本의 권두에 첨부된 자모도는 중국 전통의 36 字母圖를 보이지만 파스파자의 자형은 설상음의 “知 (전청), 徹 (차청), 澄 (전탁)”이 치음의 正齒音 “照 (전청), 穿 (차청), 床 (전탁)”과 완전히 동일하며 『사성통해』의 「廣韻三十六字母之圖」도 舌上音 “知ㅈ, 徹ㅊ, 澄ㅉ”의 훈민정음자가 正齒音의 “照ㅈ, 穿ㅊ, 狀ㅉ”과 완전히 일치한다.52)

이것으로부터 “舌上音이 正齒音과 비슷하지만 서로 다른데 ‘漢音’이 스스로 정치음에 돌아간 것이다(舌上音[중략]、似與正齒音不同、漢音自歸於正齒)”라는 구절은 『몽고자운』의 字母圖에서 설상음과 정치음을 같은 파스파자로 표기한 것을 지적한 것임을 알 수 있으며 여기서 우리는 ‘漢音’이란 것이 파스파 문자로 표시한 것을 의미하는 것임을 알 수 있다. 또 마지막 구절의 “喉音又以影母敍入匣母之下-후음에서 影모[ㆆ]는 匣모[ㆅ]의 아래에 들어가 있다”는 것은 『몽고자운』의 자모도에서 喉音이 보이는 이상한 서열을 지칭한 것이다. 왜냐하면 [사진 1]과 [표 1]에 보이는 蒙古韻의 자모도에서 喉音 全淸이 운목자가 ‘ 曉[ㅎ]’모이고 ‘ 影[ㆆ]’모가 次淸 ‘ 匣[ㆅ]’모의 다음의 전탁에 들어있기 때문이다. 이에 대하여는 다음에 상론하기로 한다.

이러한 사실은 『사성통해』 권두에 부재된 「廣韻 36자모도」가 『몽고운략』의 「字母圖」이거나 이를 이어받은 『古今韻會』, 『古今韻會擧要』, 『蒙古字韻』 등의 蒙古韻으로부터 옮긴 것임을 말한다. 또 이것은 『사성통고』를 이어 받은 『사성통해』의 기사이므로 『사성통고』를 편찬한 申叔舟 등에 의하여 蒙古韻의 자모도가 참고 되었음을 명확하게 증명하고 있다.

다만 설두와 설상에서 불청불탁의 ‘泥 ’와 ‘娘 ’으로 파스파자가 서로 다르고 순경음의 전청 ‘非 ’와 차청의 ‘敷 ’는53) 역시 파스파자가 조금 다르

---

52) 『사성통해』와 『몽고자운』의 설상음과 정치음에서 『사성통해』의 경우에는 설상음이 “知, 徹, 澄, 孃”이고 『몽고자운』의 경우에는 “知, 徹, 澄, 娘”으로 ‘孃 : 娘’이 서로 다르고 역시 정치음에서도 ‘狀 : 床’이 서로 다르다. 졸저에선느 아마도 『蒙古韻略』의 것을 인용한 것이 아닌가 하였다.

53) 순경음의 전청 ‘非 ’와 차청의 ‘敷 ’의 파스파자를 동일한 것으로 보는 연구자도 적지 않다.

나 全濁의 '奉 ꥼ'는 전청자와 동일하다. 『사성통해』의 「廣韻 36자모도」에서
'泥ㄴ : 孃ㄴ', '非ᄫ : 敷ᄫ'로 정음자가 서로 같다. 이에 대하여 전게한 기사에
서 '鄕漢難辨 - 우리말과 한음에서 모두 변별하기 어려운 것'으로 보았다. 이것
은 『사성통해』의 권두에 소재된 「廣韻 36자모도」가 『몽고자운』 등의 몽고운
字母圖에 근거하고 있음을 확인시켜 준다.

4.2.2 그러면 『몽고자운』는 어떠한 운서인가?

졸고(2008d)와 졸저(2009)에 의하면 金代 平水[54] 사람 王文郁이 正大 6년
(1229)에 『新刊韻略』을 편찬하였는데[55] 원래 이 운서는 『禮部韻略』 계통으로
『廣韻』의 전통을 이은 것이다. 宋代 景德 연간(1004~1007)에 간행된 『韻略』
을 藍本으로 하여 編韻한 것으로 속칭 <平水韻>이라고도 불렸다. 모두 106운
으로 나누었고 反切로 발음을 표시하였으며 그 뜻을 주석하였다. 四聲도 표시
하였는데 宋代의 간본은 전하는 바가 없고 역시 淸代의 鈔本만이 이용되고
있다(忌浮, 1994:128).[56]

필자가 참고한 『몽고자운』의 런던초본은 지후운(忌浮)에[57] 의하면 『新刊韻
略』을 근거로 하여 朱宗文이 교정하고 한자를 增添한 것이라고 한다. 졸저
(2009:89~90)에서는 『몽고자운』에 朱宗文이 증첨한 한자가 다수 있음을 밝히
면서 이 양자의 관계를 살펴보았다. 주종문은 『고금운회』 등을 참고하여 원래
에 있던 『몽고자운』을 교정하고 한자를 증첨한 것으로 보았다(졸저, 2009:58~
71).

따라서 申叔舟 등이 참고한 것은 『蒙古韻略』으로 불리는 『廣韻』 계통의 『新
刊韻略』을 파스파자로 표음한 운서가 아닌가 한다.[58] 그리고 여기에 『古今韻

---

54) 金의 平水는 平陽이라고도 불렸으며 오늘날의 山西省 臨汾을 말한다. 王文郁이 平水人
    이어서 그의 『新刊韻略』을 <平水韻>이라고도 부른다(忌浮, 1994:128).
55) 『新刊韻略』에 대하여는 졸저(2009:61~63)에 상세하게 소개되었다.
56) 필자가 참고한 『新刊韻略』은 북경의 국가도서관(구북경도서관) 소자장본으로 淸代 초
    본이다.
57) 지후우(忌浮)는 중국 吉林省 社會科學院 교수로 본명은 寧繼福이며 '忌浮'는 그의 筆名
    이다(졸저, 2009:83).
58) 崔世珍이 편찬한 『四聲通解』의 권두 범례에 "蒙古韻略、元朝所撰也。胡元入主中
    國、乃以國字飜漢字之音、作韻書、以敎國人者也。 -몽고운략은 원대에 편찬된

會』에 근거하여 수정한 것이『몽고자운』이며 이것이 당시 파스파 문자의 교육
과 과거시험 준비에 널리 이용된 것으로 보인다(졸저, 2009:62~63). 그리고
런던초본은 여기에 주종문이『古今韻會擧要』등을 기대여 교정하고 한자를
增添한 것으로 보아야 할 것이다.

　　졸저(2009:78)에는『몽고운략』에서 {원본}『몽고자운』, 그리고 런던 초본에
이르기까지의 영향 관계를 吉池孝一(2008:143)의 도표를 이용하여 설명하였는
데 이를 수정하여 여기에 옮겨보면 다음과 같다.

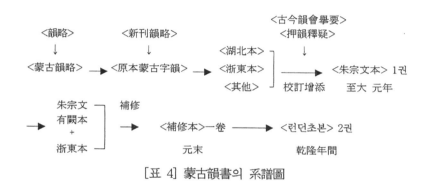

[표 4] 蒙古韻書의 系譜圖

　　이 [표 4]에 의하면 景德本『韻略』을 藍本으로 하여 파스파자로 한자음을
표음한『蒙古韻略』이 있었고 이를 세종과 集賢殿의 申叔舟·成三問 등이 참
고하였으며 후에『新刊韻略』이나『고금운회』를 참고로 하여 역시 파스파자로
한자음을 표음한『蒙古字韻』이 편찬된 것으로 본다. 여기에 朱宗文이『押韻釋
疑』,『古今韻會擧要』등을 참고로 하여 校訂增添한『몽고자운』이 있었고 元末
에 이를 補修한 것이 있으며 이를 乾隆 연간에 필사한 것이 런던초본이 될
것이다.

　　것이다. 오랑캐 元이 주인의 중국에 들어가서 나라의 글자(파스파자를 말함-필자)로
　한자의 발음을 표기하여 운서를 만들고 그로써 나라 사람을 가르쳤다.-"라는 기사가
　있어『몽고운략』을 세종조의 신숙주 등이 참고하였음을 증언한다. 이 책에는 신숙주
　의『四聲通攷』에서 인용한 '凡例'가 부재되었다.

3) 『四聲通解』권두의 「韻會三十五字母之圖」

　『四聲通解』권두에는 「廣韻 36字母圖」이 외에도 「韻會 35字母圖」가 이어서 소개되었다. 여기서 '韻會'란 전술한 바와 같이 『古今韻會』나 『同擧要』를 말할 것이고 아마도 『蒙古韻略』에는 이 「韻會 35자모도」와 「廣韻 36 字母圖」와 함께 등재되었을 것으로 보이며 『四聲通攷』에 이를 옮겨 놓은 것을 『사성통해』가 그대로 전재한 것으로 보인다. 이를 사진으로 보이면 다음과 같다.

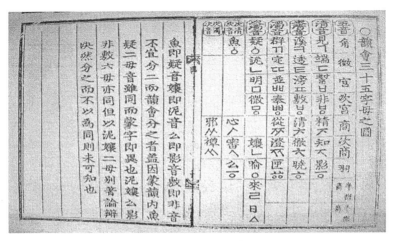

[사진 5] 『四聲通解』권두의 「韻會三十五字母之圖」

　여기서 '韻會'라 함은 전술한 바와 같이 元代 黃公紹의 『古今韻會』이거나 후대 熊忠이 이를 축약한 『古今韻會擧要』를 말할 것이다. 전자를 출판된 일이 없는 것으로 알려져 오늘날 전해지는 것은 후자의 '擧要'뿐인데 원래 여기에는 '36자모도'가 없었다. 다만 {화산본}『古今韻會擧要』(고려대 도서관 소장)의 권두에 「禮部韻略七音三十六母通攷」라는 제목이 있고 이어서 "據古字韻音同"이 있다. 이것을 보면 여기에 36자모도가 부재되었으나 후일 어떤 이유로 삭제되고 "蒙古字韻音同"도 "據古字韻音同"으로 바꾼 것으로 보인다. 그 부분을 사진으로 보이면 다음과 같다.59)

―――――――――

59) "蒙古字韻音同"을 "據古字韻音同"으로 바꾼 것은 明初 明 太祖의 '胡元殘滓'의 抹殺 정

[사진 6] 화산본『고금운회거요』권두의 36母通攷

　'三十六字母圖'는 현재로는 金代 韓道昭의『五音集韻』의 권두에 부재된 것이 가장 오래된 것이다. 아마도 金代에 매우 유행한 것으로 보이며 이것이 元에 계승되었다. 元代 몽고인들도 '三十六字母圖'를 애용하여 한자음의 파스파 문자 전사에 사용하였다. 아마도『蒙古韻略』에는 七音, 즉 '牙・舌・脣・齒・喉・半舌・半齒'의 발음 위치를 구별하고 全淸・次淸・全濁・不淸不濁의 발음방식으로 나누어 36모를 배열한 파스파 문자의 字母圖가 첨부된 것으로 보이며 이것이『蒙古字韻』에 이어졌던 것이다. 또 이 36자모도가『古今韻會』에도 전수되었기 때문에 위와 같은 '據字韻音同'이란 알림과 함께 후대의 판본에서는 36자모도를 삭제한 것으로 보인다.60)

　[사진 5]에 보이는『四聲通解』의「韻會三十五字母之圖」를 보기 쉽게 표로

　　책과 관련이 있을 것이다. 판본에 따라서 "蒙古字韻音同"이 그대로 있는 것도 있으니
　　고대 도서관의 晩松문고에 소장된 2종의『운회』에는 "蒙古字韻音同"로 되었다.
60) 아마도『古今韻會』나 그『擧要』의 初版에는 파스파 문자로 대응된「36자모도」가 사진
　　의 그 위치에 부재되었을 것이나 明初 胡元殘宰의 말살 정책으로 후대 판본에서 그것이
　　사라졌을 가능성이 있다.

작성하면 다음과 같다.

五音	角	徵	宮	次宮	商	次商	羽	半徵商	半徵商
淸音	見 ㄱ	端 ㄷ	幫 ㅂ	非 ㅸ	精 ᅎ	知 ᅐ	影 ㆆ		
次淸音	溪 ㅋ	透 ㅌ	滂 ㅍ	敷 ㅸ	淸 ᅔ	撤 ᅕ	曉 ㅎ		
濁音	群 ㄲ	定 ㄸ	並 ㅃ	奉 ㅹ	從 ᅏ	澄 ᅑ	匣 ㆅ		
次濁音	疑 ㆁ	泥 ㄴ	明 ㅁ	微 ㅱ		孃 ㄴ	喩 ㅇ		
次淸次音	魚 ㆁ				心 ᄼ	審 ᄾ	幺 ㆆ	來 ㄹ	日 ㅿ
次濁次音					邪 ᄽ	禪 ᄿ			

[표 5] 『四聲通解』 권두의 「韻會三十五字母之圖」

「韻會 35 字母圖」에서는 처음부터 舌音에서 舌頭와 舌上의 구별이 없고 舌音에는 舌頭音 "端 ㄷ, 透 ㅌ, 定 ㄸ, 泥 ㄴ" 뿐이다. 「廣韻 36자모도」에서 正齒音과 자형이 일치했던 舌上音 3자가 없어졌을 뿐 아니라 파스파 문자로 '泥 ꡋ.: 娘 ꡃ'로 구분되던 것도 없어졌다. 즉 舌音에서 전청, 차청, 전탁, 불청불탁의 舌頭音과 舌上音의 구별이 없어져 4모가 줄었다. 이미 蒙古韻에서 이 두 음의 구별이 없어진 것을 말한다. 그러나 순음의 脣重과 脣輕은 구분되어 '宮, 次宮'으로 하였고 齒頭音과 正齒音도 商과 次商으로 구별하였다.

「廣韻 36자모도」와 다른 것은 舌音에서 '泥 ꡋ.: 娘 ꡃ'의 구분이 없어진 대신 次商(正齒音)에 '孃 ㄴ'모을 추가했고 舌上音의 다른 3모 대신에 角(牙音)에서 차청차음의 '魚 ㆁ'모와 羽(喉音)에서 역시 次淸次音의 '幺 ㆆ'모의 2모를 추가하여 1모를 줄였다. 실제로는 舌上音 4모를 모두 줄인 셈이며 여기서 추가한 "魚 ㆁ, 孃 ㄴ, 幺 ㆆ"음은 당시 北京音에서는 구별되었을지 모르나 우리 한자음이나 고유어음에서는 실재하지 않았던 것으로 정음의 초성 표기는 '疑ㆁ: 魚ㆁ', '泥ㄴ: 孃ㄴ', '影ㆆ: 幺ㆆ'로 자형이 모두 같다.

이에 대하여 이미 『사성통고』의 저자들이나 『사성통해』의 최세진도 파악하고 있었던 것으로 [사진 6]에 보이는 「韻會 35자모도」의 좌측에 다음과 같은 해설을 기입하였다.

> 魚卽疑音、孃卽泥音、幺卽影音、敷卽非音、不宜分二。而韻會分之者、盖因蒙韻內魚疑二母音雖同、而蒙字卽異也。泥孃幺影非敷六母亦同、但以泥孃二母別著、論辨決然分之、而不以爲同則未可知也。 ─ [ㅇ]魚와 [ㅇ]疑, [ㄴ]孃과 [ㄴ]泥, [ㆆ]幺와 [ㆆ]影, [ㅸ]敷와 [ㅸ]非는 둘로 나누지 말아야 하는 것이다. 그러나 운회에서 나눈 것은 모두 몽운 내에서 魚와 疑는 비록 같지만 몽고자가61) 다르다. 泥[ㄴ] : 孃[ㄴ], 幺[ㆆ] : 影[ㆆ], 非[ㅸ] : 敷[ㅸ]도 역시 같으나 다만 泥[ㄴ] : 孃[ㄴ] 두 자모는 [파스파 문자를] 따로 써서 확실하게 나누어지는데 그렇다고 해도 같지 않은 것은 알지 못하겠구나.

라고 하여 훈민정음의 언해본에서 '欲ㅇ'과 '業ㆁ'을 구별하였다.62) 현대 음성학의 입장에서 보면 ㆁ(欲母)는 口腔 내의 유성음이고 ㅇ(業母)는 鼻音이니 완전히 다른 음운이다. 그럼에도 불구하고 훈민정음 제정자들이 유사한 음으로 이해한 것은 공명음이라는 점일 것이며 생성음운론에서 보면 주요부류 자질(major features)에서 [+sonorant] 자질을 공유한 음운이기 때문일 것이다. 다만 下位자질에서는 ㆁ(欲母)는 [+syllabic]을 가졌고 ㅇ(業母)는 [+nasal]의 자질을 더 가졌을 뿐이다. 그러나 파스파 문자에서는 '喩母 ꡝ'와 '疑母 ꡂ'는 완전히 구별되었다.

다음으로 「洪武韻三十一字母之圖」에 대하여 살펴보면 『사성통해』에 「韻會35 字母圖」에 계속해서 이 「洪武韻 31字母圖」가 도표로 부재되었는데 이것은 明 太祖의 欽撰韻書로서 樂昭鳳·宋濂 등이 편찬한 『洪武正韻』에서 채택한 31聲母를 종래의 36자모도에 맞추어 보인 것이다. 이 운서는 明 太祖가 元代의 胡元漢語를 바로 잡으려는 언어 醇化 정책의 일환으로 편찬된 것이다.

---

61) 이것은 [사진 1]과 [표 1]에서 볼 수 있는 바와 같이 『몽고자운』의 『몽고자운』의 字母表에 魚는 없고 疑[ꡂ]만 보인다.

62) 欲母의 'ㅇ'은 소위 꼭지가 없고 業母의 'ㆁ'은 꼭지가 있어 구분한다. 이에 대하여 {해례본}『훈미정음』「제자해」에서는 "[전략] 盖喉屬水, 而牙屬木, ㆁ雖在牙, 而ㅇ與相似, 猶木之萌芽生於水而柔軟, 尙多水氣也.[하략] - 대체로 후음(喉音)은 [五行의] 수(水)에 속하고 아음(牙音)은 [오행]의 목(木)에 속하나 ㆁ(欲母)이 비록 아음(牙音)에 있지만 ㅇ(業母)와 서로 유사한 것은 마치 나무의 싹들이 물에서 나와서 부드럽고 연하며 아직 물기가 많은 것과 같다."라고 하여 ㆁ(欲母)와 ㅇ(業母)의 유사함을 五行에서 찾았다. 아무튼 유사한 음운으로 보아서 牙音의 'ㅇ(業母)'는 喉音의 欲母 ㅇ에 이끌려 異體字로 제자되었다.

그러나 한번 변한 언어를 다시 되돌리는 것은 불가능한 일이어서 이 韻書는 南京官話를 반영한 것도 아니고 북방음을 제대로 보인 것도 아니어서 후대에는 거의 무용지물이 되었다. 그러나 이 운서의 편찬에 참여한 사람들을 남북의 여러 곳에서 골고루 선정하는 등 여러 가지 배려 끝에 만들어진 운서이며 당시 조선에는 明이 인정한 유일의 欽撰韻書인 때문에 특별한 대우를 받았고 세종 대에는 이 운서에 의거하여 과거시험도 실시하였다.63) 『사성통해』에는 「洪武韻 31字母圖」란 제하에 다음과 같은 자모도가 부재되었다.

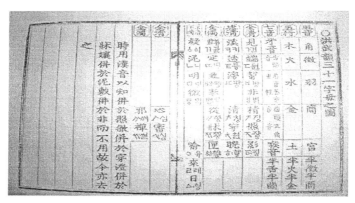

[사진 7] 『四聲通解』 권두의 「洪武韻三十一字母之圖」

---

63) 『세조실록』(권21) 세조 6년 9월 庚寅 조에 "禮曹啓, 訓民正音先王御製之書, 東國正韻·洪武正韻皆先王撰定之書, 吏文又切於事大, 請自今文科初場試講三書, 依四書五經例給分. 終場幷試吏文, 依對策例給分. 從之. --예조에서 계하기를 '『훈민정음』은 선왕이 만드신 책이고 『동국정운』과 『홍무정운역훈』도 모두 선왕께서 정하여 편찬한 책이며 吏文은 또 事大에 중요한 것입니다. 지금부터는 과거의 문과에서 初場에는 앞의 세 책을 강론하는 것으로 시험하고 四書와 五經의 예에 의하여 점수를 주며 終場에는 이문을 함께 시험해서 對策의 예에 의거하여 점수를 주겠습니다'라고 하다. 그대로 따르다--"라는 기사가 있어 세조 6년(1260) 6월부터 『훈민정음』, 『동국정운』, 『홍무정운역훈』을 과거의 출제서로 하였음을 알 수 있고 또 『세조실록』(권28) 세조 8년 6월 癸酉 조에 "禮曹啓, 在先科擧時只用禮部韻, 請自今兼用洪武正韻, 譯科並試童子習, 從之. --예조에서 계하기를 '전에는 과거를 볼 때에 예부운만을 사용하였으나 이제부터는 홍무정운을 겸용하고 譯科는 동자습을 함께 시험하도록 청합니다'라고 하다. 그대로 따르다--"라는 기사가 있어 세조 8년(1462) 6월부터는 과거에 홍무운을 예부운과 함께 쓰게 하였음을 알 수 있다.

이 자모도의 말미에 "時用漢音, 以知倂於照, 徹倂於穿, 澄倂於牀, 孃倂於泥, 敷倂於非, 而不用, 故今亦去之- 현재 쓰이는 한음은 설상음 知[ㅈ]는 정치음 照[ㅈ]에 합류되었고 徹[ㅊ]은 穿[ㅊ]에, 澄[ㅉ]은 牀[ㅉ]에 아울러졌으며 치두음 泥[ㄴ]에 설상음 孃[ㄴ]이 합류되었으며 순경음에서 차청의 敷[ㆄ]가 전청의 非[ㅸ]에 합류되어 쓰이지 않으므로 이제 여기서도 없앴다"라고 하여 설상음 '知, 徹, 澄'과 정치음 '照, 穿, 牀'의 파스파 문자가 동일하게 합류되었고 설상음 '孃'이 없어져 설두음 '泥'에 통합된 것, 그리고 순경음에서 전청과 차청의 구별이 없어진 것을 증언하고 있다. 이것은 [사진 1]과 [표 1]의 『몽고자운』 36자모도에 보인 파스파 문자를 보면 알 수 있다.

[사진 7]의 『四聲通解』 권두의 「洪武韻三十一字母之圖」를 알기 쉽게 도표로 보이면 다음과 같다.

五 音	角	徵	羽		商		宮	半徵	半商
五 行	木	火	水		金		土	半火	半金
七 音	牙音	舌音	脣音重	脣音輕	齒頭音	正齒音	喉音	半舌	半齒
全 淸	見ㄱ:견	端ㄷ 뒨	幫ㅂ 방	非ㅸ 뷔	精ㅈ 징	照ㅈ · 쟣	影ㆆ:힝		
次 淸	溪ㅋ 키	透ㅌ 틓	滂ㅍ 팡		淸ㅊ 칭	穿ㅊ 쳔	曉ㅎ:향		
全 濁	群ㄲ 끈	定ㄸ · 띵	並ㅃ:뻥	奉뻥뻥64)	從ㅉ 쭝	牀ㅉ 쫭	匣ㆅ 향		
不淸不濁	疑ㆁ 이	泥ㄴ 니	明ㅁ 밍	微ㅱ 뮈			喩ㅇ 유	來ㄹ 래	日ㅿ · 싕
全 淸					心ㅅ 심	審ㅅ · 심			
全 濁					邪ㅆ 써	禪ㅆ · 쎤			

[표 6] 『四聲通解』 권두의 「洪武韻三十一字母之圖」

위의 [표 6]을 보면 舌上音 4모가 없어졌고 순경음에서 次淸의 1母, 도합 5母가 빠져 모두 36자모에서 31자모가 된 것이다. 이 31자모는 『몽고자운』 '字母'에서 파스파 문자로 표음된 32자모와 脣輕音 次淸의 '敷 ꡰ'만 다르고 완전

64) 『몽고자운』에서는 脣音 全淸 '非 ꡤ'와 전탁의 '奉ꡤ'가 동일자로 보이나 여기서는 이를 구분하였고 오히려 차청자를 없앴다. '뻥'은 원래 '병ㅗ ₒ'[뱽 + ㅇ]이어야 하나 컴퓨터가 이를 수용하지 못하여 임시로 놓은 것이다.

일치한다.65) 언해본 훈민정음의 漢音 31 초성자는 필자가 이미 졸저(2009)에서 언급한 바와 같이 『몽고자운』의 字母를 글자만 바꾼 것으로 본다.

5. 喉音 全淸의 ㆆ(挹)母와 全濁의 ㆅ(洪)母

유창균(1966)에서는 한자음의 정리를 위하여 23자모를 만들었고 이 가운데 전탁자 6개를 제외한 17자가 훈민정음의 초성 17자라는 것이다. 훈민정음이 제정되고 바로 『동국정운』이 편찬되었으며 여기에서 초성 17자에 전청자를 各字並書, 또는 雙書하여 표시한 전탁자 6개를 더한 '東國正韻 23자모'가 해례본에서 설명된 초성자의 전부라는 것이다.

이 논저에서는 '동국정운 23자모'를 다음과 같이 도표로 보였다.

	牙音	舌音	脣音	齒音	喉音	半舌音	半齒音
全 淸	ㄱ(君)	ㄷ(斗)	ㅂ(彆)	ㅈ(卽)	ㆆ(挹)		
次 淸	ㅋ(快)	ㅌ(呑)	ㅍ(漂)	ㅊ(侵)	ㅎ(虛)		
全 濁	ㄲ(虯)	ㄸ(覃)	ㅃ(步)	ㅉ(慈)	ㆅ(洪)		
不淸不濁	ㅇ(業)	ㄴ(那)	ㅁ(彌)		ㅇ(欲)	ㄹ(閭)	△(穰)
全 淸				ㅅ(戌)			
全 濁				ㅆ(邪)			

[표 7] 『東國正韻』 23 字母圖

여기서 보이는 23자모의 韻目 漢字가 牙音의 '見, 溪, 群, 疑'로부터 '君, 快, 虯, 業'과 같이 모두 다르게 된 것은 임홍빈(2006) 등에서 주장된 바와 같이 世宗의 恣意的인 변개였다. 이런 變改가 가능한 것은 아마도 『法書考』나 『書史會要』에 소개된 36자모의 운목 한자들이 자의로 선정된 것으로 보았기 때문

---

65) '敷ퟢ'는 『法書考』, 『書史會要』에 소개된 파스파 문자 43개에도 나타나지 않는다. 아마도 이미 잘 쓰지 않는 글자이었을 가능성이 높다. 그러면 언해본 훈민정음의 정음자와 같이 모두 31자가 된다.

으로 추정한다.

그러나 전통적인 36자모도로 설명하는 경우가 있으니 '質韻'이나 '勿韻'의 받침은 'ㄷ'이 되어야 하는데 'ㄹ'로 바뀌는 현상을 방지하기 위하여 '質'의 발음을 '짏'로 표기하는 것을 '以影補來'라고 하였다.66) '東國正韻 서문'에

[전략] 乃因古人編韻定母, 可倂者倂之, 可分者分之, 一倂一分, 一聲一韻, 皆稟宸斷, 而亦各有考據. 於是調以四聲, 定爲九十一韻二十三字母. 以御製訓民正音定其音, 又於質勿諸韻, 以影補來, 因俗歸正, 舊習訛謬, 至是而悉革矣. --옛 사람이 운을 나누고 자모를 정한 것을 가지고 합칠 것은 합치고 나눌 것은 나누었는데 한 번 합치고 한 번 나누는 것과 한 성(聲)이나 한 운(韻)이라도 모두 임금께 아뢰어 결정을 받았으며 또 각기 상고하고 근거하는 바가 있다. 이에 비로소 사성이 고르게 되었으며 91운 23자모를 정하였다. 임금이 지으신 훈민정음으로서 그 발음을 정하고 또 질(質), 물(勿)의 제운은 이영보래(以影補來)의 방법으로 속음을 바르게 하여 옛날의 잘못된 습관이 이에 이르러 모두 고쳐지게 되었다--

라는 구절이 보인다. 여기서 말하는 '以影補來'는 '來ㄹ'母를 '影ㆆ'모로서 보충한다는 뜻으로『동국정운』의 '挹 ㆆ'과 '閭 ㄹ'로 표시하지 않고 중국 성운학의 전통적인 36 자모도의 '影 ㆆ'과 '來 ㄹ'로 설명하였다. 이것은 실제로 훈민정음의 제정이나 동국정운의 편찬에 관여한 인사들이 모두『몽고자운』'자모'에서 보이는 전통적 36자모 체계에 익숙하였음을 말 수 있다.

위의 [표 7]을 보면 전탁자는 대부분 전청자를 雙書하는 방법으로 制字하였다. 그러나 喉音만은 차청자인 'ㅎ'을 쌍서하였는데 이것은 全淸의 各字竝書가 全濁이 되는 제자 원칙을 위반하고 있다. 당연히 喉音도 전탁음은 全淸의 'ㆆ'을 쌍서하여 'ㆆㆆ'로 制字했어야 한다. 그러나 실제로는 차청자인 'ㅎ'을 쌍서하여 'ㆅ'과 같은 전탁자를 만들었으나 그동안 학계에서는 이에 대하여 아무런

---

66) 이에 대한 언급을 '동국정운 서문'에서 옮겨 보면 "語音卽四聲甚明, 字音則上去無別, 質勿諸韻宜以端母爲終聲, 而俗用來母, 其聲徐緩, 不宜入聲, 此四聲之變也. --말 소리는 사성이 매우 분명한데 한자음에는 상성과 거성의 구별이 없고 질운(質韻)과 물운(勿韻)의 제운은 마땅히 단모(端母=ㄷ)로서 종성(終聲=받침)을 삼아야 하는데 속되게는 래모(來母=ㄹ)를 써서 그 소리가 느리어 입성이 되지 못한다. 이것이 사성의 변화다--"라 하여 입성자에 'ㄹ' 받침을 써서 入聲의 특징인 促急함을 나타내지 못함을 지적하였다.

설명도 하지 못하였다.

앞에서 『사성통해』에 부재된 「廣韻 36字母圖」에는 이 도표의 마지막에 "喉音又以影母紋入匣母之下 –후음에서 影모[ㆆ]는 匣모[ㆅ]의 아래에 들어가 있다"라는 설명이 따로 붙어 있다. 이것은 전술한 거처럼 『몽고자운』의 자모도에서 喉音과 같은 이상한 서열을 지칭한 것이다. 왜냐하면 [사진 1]과 [표 1]에 보이는 蒙古韻의 字母圖에서 喉音 全淸이 운목자가 'ᅙ 曉[ㆆ]'母이고 'ᄙ 影[ㆆ]'母가 次淸 '曰 匣[ㆅ]'母의 다음인 전탁에 들어있기 때문이다. 따라서 몽고운에서 전청이었던 'ᅙ 曉[ㆆ]'를 雙書하여 훈민정음에서는 전탁음으로 표시한 것이다. 이를 표로 보이면 다음과 같다.

五音	전청	차청	전탁	불청불탁
<몽고자운>의 喉音字	曉 ᅙ	匣 曰	影 ᄙ	喩 ㅆ
<훈민정음>의 대응 후음자	虛 ㅎ	洪 ㆅ	挹 ㆆ	欲 ㅇ

[표 8] 『몽고자운』의 喉音과 훈민정음의 대응 후음자

이 표를 보면 『몽고자운』 '字母'에서 喉音은 전청 'ᅙ 曉[ㆆ]', 차청 '曰 匣', 전탁 'ᄙ, ㅆ 影', 그리고 불청불탁 'ㅆ, ㅆ 喩'의 순서로 배열된 것으로 볼 수 있다. 『동국정운』에서는 몽고운의 전청 '曉母'에 대응하는 훈민정음의 'ㅎ[虛]'를 雙書하여 전탁자 'ㆅ[洪]'을 만들 수밖에 없었다. 이 사실로 우리는 훈민정음 초성자가 蒙古韻의 36자모에 의하여 결정되었음을 알게 된다.

또 『몽고자운』의 32자모에 의거하여 언해본 훈민정음의 31 초성이 결정된 것이니 이것은 설두음과 설상음의 '泥 ᅇ'와 '娘 ᄓ'를 'ㄴ'으로 합류시킨 때문이다. 즉 설상음을 모두 설두음에 합류된 것으로 간주한 것이다. 또 이 31자모에서 치두음과 정치음의 구별을 없애어 5개 글자를 줄이고 순경음의 3자를 줄여 모두 8자가 줄어서 [표 7]에서 볼 수 있는 것과 같이 훈민정음 31 자모에서 『동국정운』 23자모를 만든 것으로 본다. 훈민정음에서는 여기서 다시 전탁자(쌍서자) 6개를 제하여 초성 17자를 정한 것이다.

6. 結語

이제까지 훈민정음이 중국 한자 문화에 대한 북방민족의 신문자 제정과 관련하여 제정된 것임을 논의하여 왔다. 먼저 파스파 문자의 어두 子音字는『몽고자운』의 런던 鈔本을 통하여 권두에 실린 '字母'의 36모가 실제로는 파스파자로 전사된 것이 32 字母뿐이다. 그러나 중복된 같은 문자로 표기하거나 이미 없어진 음운의 표음자를 만들어 억지로 43 문자에 맞추었음을 주장하였다.

여기서『法書考』와『書史會要』에 명기된 파스파 문자 43이란 것은 실은『廣韻』등에서 결정된 전통적인 36자모에다가 喩母에 속하는, 다시 말하면 모음을 표기하는 문자 7개를 더 한 것이다. 이 사실을『몽고자운』에 36자모도가 있고 그 오른 편에 "ᅙᅙᄀᄌᅕᅀᄃ 此七字歸喩母"이란 기록이 있기 때문이다. 즉 36자모에 7개의 喩母에 속하는 글자를 합하여 모두 43개 문자를 보인다는 것이다.

그러나『법서고』와『서사회요』의 43자는 실제로 세어보면 41자이었다. 이것은 처음부터 喩母자 7개를 표시하는 파스파자가 6字밖에 없어서 전통적인 자모 36을 표기한 36자에 喩母자 6개를 더하여 42자가 되어야 하지만 아마도 순경음 차청자 1자를 제외하여 모두 41자로 본 것 같다. 또 이 두 책의 파스파자는 매우 不明하여서 후대에 이를 통한 파스파자의 음가 설정에 막대한 지장을 초래한 것으로 보인다. 이제『몽고자운』의 '字母'를 통하여 좀 더 분명하게 파스파자의 자형과 그 음가를 추정할 수 있을 것임을 강조하였다.

이어서『월인석보』권두에 부재된 언해본 훈민정음에서 제시한 漢音 표기의 훈민정음 31 초성자는 전혀 몽고운의 36 자모로부터 나온 32개 자모와 일치함을 밝혔다. 특히『사성통해』에 부재된 「廣韻三十六字母之圖」, 「韻會三十五字母之圖」, 그리고 「洪武韻三十一字母之圖」가 각기『蒙古韻略』, 『蒙古字韻』, 『古今韻會』, 그리고『古今韻會舉要』등의 字母圖에 실렸던 파스파자를 그대로 정음자로 바꾼 것으로 추정하였다. 특히 「洪武韻三十一字母之圖」는『蒙古字韻』런던 鈔本의 권두에 실린 '字母'의 파스파자 32 자모도를 그대로 정음 문자로 바꾼 것임을 밝혔다.

이상의 『四聲通解』 권두에 부재된 「廣韻 36字母圖」, 「韻會 35字母圖」 「洪武韻 31字母圖」를 살펴보면 「廣韻」의 것은 아마도 『몽고운략』에 첨부되었던 것으로 추정되는 「廣韻 36字母圖」에 맞추어 정음자를 대응시킨 것이고 나머지 둘은 『몽고자운』의 '字母'에 보이는 파스파자의 字母圖에 맞추어 정음자를 대응시켜 만든 것으로 결론할 수 있을 것이다.

끝으로 『東國正韻』 23 자모에서는 喉音 全淸이던 'ㆆ(挹)'母가 실은 『蒙古字韻』의 파스파 字母에서는 喉音 全濁의 '影'母이었으며 '東國正韻 23자모'에서도 이를 影母로 보았던 것은 '以影補來'의 'ㄹㆆ'을 동국정운식의 운목자를 이용하여 '以挹補閭'로 하지 않은 예가 있기 때문이다. 뿐만 아니라 『몽고자운』의 36 자모도에서 '曉ㅎ'가 전청이었고 그로부터 『동국정운』에서는 전청자를 雙書하여 전탁 '匣ㆅ'母를 만든 것이라고 보았다. 이렇게 설명하여야 '東國正韻 23자모'에서 喉音만이 차청자를 쌍서하여 전탁자를 만든 이유를 납득할 수 있기 때문이다.

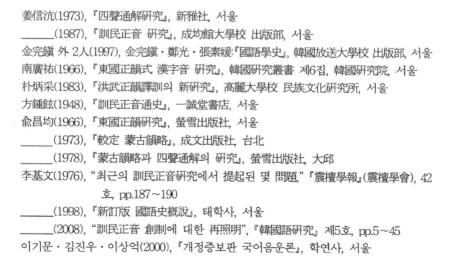

<參考文献>

姜信沆(1973), 『四聲通解研究』, 新雅社, 서울

_____(1987), 『訓民正音 研究』, 成均館大學校 出版部, 서울

金完鎭 外 2人(1997), 金完鎭·鄭光·張素媛: 『國語學史』, 韓國放送大學校 出版部, 서울

南廣祐(1966), 『東國正韻式 漢字音 研究』, 韓國研究叢書 제6집, 韓國研究院, 서울

朴炳采(1983), 『洪武正韻譯訓의 新研究』, 高麗大學校 民族文化研究所, 서울

方鍾鉉(1948), 『訓民正音通史』, 一誠堂書店, 서울

兪昌均(1966), 『東國正韻研究』, 螢雪出版社, 서울

_____(1973), 『較定 蒙古韻略』, 成文出版社, 台北

_____(1978), 『蒙古韻略과 四聲通解의 研究』, 螢雪出版社, 大邱

李基文(1976), "최근의 訓民正音研究에서 提起된 몇 問題," 『震檀學報』(震檀學會), 42호, pp.187~190

_____(1998), 『新訂版 國語史槪說』, 태학사, 서울

_____(2008), "訓民正音 創制에 대한 再照明," 『韓國語研究』 제5호, pp.5~45

이기문·김진우·이상억(2000), 『개정증보판 국어음운론』, 학연사, 서울

李東林(1970),『東國正韻硏究』, 東國大學校 大學院, 서울

_____(1974), "訓民正音創製經緯에 對하여-俗所謂 反切二十七字와 相關해서-",『국어국문학』(국어국문학회), 제64호, pp.59~62

任洪彬(2006), "한글은 누가 만들었나: 한글 창제자와 훈민정음 대표자,:『국어학논총』(이병근선생 퇴임기념), 태학사, pp.1347~1395.

_____(2008), "訓民正音 創制와 관련된 몇 가지 問題",『훈민정음과 파스파문자 국제학술 Workshop』(2008년 11월 18일~19일에 열린 한국학중앙연구원 주최 International Workshop on Hunminjeongeum and hPags-pa script의 proceedings, pp.163~195

拙稿(2002), "훈민정음 중성자의 음운대립",『문법과 텍스트』(서울대학교 출판부) pp.31~46

_____(2005), "<月印釋譜> 編刊에 대한 再考",『국어사 연구』(국어사학회), 제5호, pp.20~45

_____(2006a), "吏文과 漢吏文",『口訣硏究』(口訣學會) 16호 pp.27~69

_____(2006b), 새로운 자료와 시각으로 본 훈민정음의 創製와 頒布",『언어정보』(고려대학교 언어정보연구소), 제7호, pp.5~38

_____(2008a), "『蒙古字韻』의 八思巴 문자와 訓民正音",『第2次 韓國語學會 國際學術大會 發表要旨』(2008 '한글' 國際學術大會, 日時: 2008年 8月 16-17日, 場所: 高麗大學校 仁村紀念館) Session 1 '한글과 문자' pp.10-26

_____(2008b),『蒙古字韻』과 八思巴 文字 - 訓民正音 制定의 理解를 위하여 -, 第1次 世界 속의 韓國學 硏究 國際學術討論會, 2008년 10월 25일-26일, 中國 北京中央民族大學 韓國學-朝鮮學研究中心 主催

_____(2008c), "훈민정음 자형의 독창성 -『몽고자운』의 八思巴 문자와의 비교를 통하여 -, 훈민정음과 파스파문자 국제학술 Workshop』(International Workshop on Hunminjeongeum and hPags-pa script), 한국학중앙연구원 대강당, 豫稿集 pp.50~65

_____(2009a), The Vowels of hP'ɑgs-pɑ Script and the Middle Sound Letters of Hunmin- Jeongeum, Korean Hangul (論八思巴文字的母音字與訓民正音的中聲), The hP'ɑgs-pɑ Script: Genealogy, Evolution and Influence, The 16th World Congress, The International Union of Anthropological and Ethnological Science, Kunming, China, July 27~31, 2009

_____(2009b), 契丹·女眞文字と朝鮮の口訣字, 国際ワークショップ「漢字情報と漢文訓読」, 2009年 8月 22~23日, 札幌市·北海道大学人文·社会科学総合教

育研究棟 W408 会議室

____(2009c), "파스파 문자의 모음자와 훈민정음의 中聲",『국어학』(국어학회) 제56호,
        pp.221~246

拙著(2006),『훈민정음의 사람들』, 제이앤씨, 서울

____(2009),『蒙古字韻 硏究』, 博文社, 서울

洪起文(1946),『正音發達史』상·하, 서울신문사 출판국, 서울

花登正宏(1997),『古今韻會擧要硏究 -中國近世音韻史の一側面- 』, 龍文書局, 東京

吉池孝一(2005), "パスパ文字の字母表,"『KOTONOHA』(古代文字資料館) 37號, pp.9
        ~10

忌浮(1992), "蒙古字韻校勘補遺",『內蒙古大學學報』(1992.8), pp.9~16

____(1994), "『蒙古字韻』與『平水韻』",『語言硏究』(1994.2), pp.128~132

金光平·金啓綜(1980),『女眞語言文字硏究』, 文物出版社, 北京

羅常培·蔡美彪(1959),『八思巴文字與元代漢語』[資料汇編], 科學出版社, 北京

王力(1985),『漢語語音史』, 社会科学出版社, 北京

鄭再發(1965),『蒙古字韻跟跟八思巴字有關的韻書』, 臺灣大學文學院文史叢刊之十五,
        臺北

照那斯图(2001), "<訓民正音>的借字方法,"『民族語文』(社會科學院民族硏究所) 第3期,
        pp.336~343

_____(2003),『新編 元代八思巴字 百家姓』, 文物出版社, 北京

_____(2008), "訓民正音基字與八思巴的關係,"『훈민정음과 파스파문자 국제학술
        Workshop』(International Workshop on Hunminjeongeum and
        hPags-pa script), 한국학중앙연구원 대강당, 豫稿集 pp.39~44

照那斯图·宣德五(2001a), "訓民正音和八思巴字的關係探究-正音字母來源揭示-,"『民
        族語文』(中國社會科學院 民族硏究所) 第3期, pp.9~26

照那斯图·楊耐思(1984), "八思巴字硏究",『中國民族古文字硏究』, 中國民族古文字研
        究會, pp.374~392

_____(1987);『蒙古字韻校本』, 民族出版社, 北京

Poppe(1954), Nicholas Poppe: Grammar of Written Mongolian, Wiesbaden.

_____(1955), N. Poppe: Introduction to Mongolian Comparative Studies, Suomalais
        -Ugrilainen Seura, Helsinki

_____(1957), N. Poppe: The Mongolian Monuments in ḥP'ags-pa Script, Second

Edition translated and edited by John R. Kruger, Otto Harrassowitz, Wiesbaden

_____(1965), Introduction to Altaic Linguistics, Otto Harrassowitz, Wiesbaden

□ 성명 : 정광(鄭光)
　　주소 : (139-958) 서울시 노원구 중계본동 363 대림벽산 아파트 104-1402
　　전화 : 010-8782-2021, 02-939-5938
　　전자우편 : kchung9@hanmail.net, kchung@korea.ac.kr

□ 이 논문은 2010년 12월 30일 투고되어
　　　　　　2011년　1월 10일부터 2월 10일까지 심사하고
　　　　　　2011년　2월 25일 편집회의에서 게재 결정되었음.

<한글초록>

훈민정음 초성 31자와 파스파자 32자모

이 논문은 훈민정음이 중국 한자 문화에 대한 북방민족의 신문자 제정과 관련하여 제정된 것임을 논의한 것이다. 먼저 파스파 문자의 32자모는 『蒙古字韻』의 런던 鈔本을 통하여 권두에 실린 '字母'의 36字母가 실제로는 파스파자로 전사된 것이 32 字母뿐이고 중복된 문자로 표기하여 이미 없어진 음운의 표음자를 억지로 43 문자에 맞추었음을 주장하였다.

여기서 『法書考』와 『書史會要』에 명기된 파스파 문자 43이란 것은 실은 36자모에다가 喩母에 속하는, 다시 말하면 모음을 표기하는 문자 7개를 더 한 것이다. 이 사실을 『蒙古字韻』에 36字母圖가 있고 그 오른 편에 "ꡝꡜꡢꡆꡛꡟꡈ 此七字歸喩母"이란 기록이 있기 때문이다. 즉 36자모에 7개의 喩母에 속하는 글자를 합하여 모두 43개 문자를 보인다는 것이다.

그러나 『法書考』와 『書史會要』의 파스파 문자의 43자는 실제로는 41자이었다. 이것은 처음부터 喩母字 7개를 표시하는 파스파자가 6字밖에 없었으며 거기에다가 아마도 脣輕音 次淸字 1자를 제외하였기 때문에 모두 41자가 된 것으로 본 것이다. 또 이 두 책의 파스파자는 매우 不明確하게 쓰이어서 후대에 이를 통한 파스파자의 음가 설정에 막대한 지장을 초래한 것으로 보인다. 이제 『몽고자운』의 '字母'를 통하여 좀 더 분명하게 파스파자의 자형과 그 음가를 추정할 수 있을 것임을 강조하였다.

이어서 『月印釋譜』 권두에 부재된 언해본 훈민정음에서 제시한 漢音 표기의 훈민정음 31 초성자는 전혀 몽고운의 36 자모로부터 나온 32개 자모와 일치함을 밝혔다. 특히 『사성통해』에 부재된 「廣韻三十六字母之圖」, 「韻會三十五字母之圖」, 그리고 「洪武韻三十一字母之圖」가 각기 『蒙古韻略』, 『蒙古字韻』, 『古今韻會』, 그리고 『古今韻會擧要』 등의 字母圖에 실렸던 파스파자를 그대로 정음자로 바꾼 것으로 추정하였다. 특히 「洪武韻三十一字母之圖」는 『蒙古字韻』 런던 鈔本의 권두에 실린 '字母'의 파스파자 32 자모도를 그대로 정음 문자로 바꾼 것임을 밝혔다.

이상의 『四聲通解』 권두에 부재된 「廣韻 36字母圖」, 「韻會 35字母圖」 「洪武韻 31字母圖」를 살펴보면 「廣韻」의 것은 아마도 『몽고운략』에 첨부되었던 것으로 추정되는 「廣韻 36字母圖」에 맞추어 정음자를 대응시킨 것이고 나머지 둘은 『몽고자운』의 '字母'에 보이는 파스파자의 字母圖에 맞추어 정음자를 대응시켜 만든 것으로 결론할 수 있을 것이다.

晚松文庫本 『譯語類解』 (下) 研究
-筆寫資料를 中心으로-

吳慜錫

(韓國, 高麗大)

<ABSTRACT>

Yeok-eo-yu-hae(譯語類解), Chinese-Korean translation vocabulary book, is a valuable text to study Korean vocabulary system of 17-18c. From among These books, Yeok-eo-yu-hae that placed in Man-song library(晚松文庫), Korea Univ. has been included more many transcribed data than other block books but not sudied yet.

This paper aims to observe transcribed words of this book that placed in Man-song library(晚松文庫) then assume published term and transcribed term through these. at first I had assumed published term through signature to be written 'Lee dae-sung(李大成)' on final page of this book. the first edition of the book was published in 1690 belongs to when Lee dae-seong had lived. At once, It has a possibility that this book had published at least before Yeok-eo-yu-hae-bo(譯語類解補, 1775) as a book closed to the first edition. It was assumed that now existing leok-eo-yo-hae has remained only the books that has been published after Yeok-eo-yu-hae-bo(1775) by Yeon gyu-dong(1995).

next, It was observed traces referred to Dong-mun-yu-hae(同文類解), Pang-eon-yu-seok(方言類釋), and Yeok-eo-yu-hae-bo(譯語類解補) etc. thorough such fact It can notice wide gap between published term and copied term. in addition to It can assume the fact transcriber are more than 1 person through that various marks was written irregularly on the book.

Key word: Yeok-eo-yu-hae(譯語類解), Man-song laibrary(晚松文庫本), Lee dae-seong(李大成), transcribed data(筆寫資料).

1. 머리말

사역원에서는 17세기 말엽부터 18세기 중엽에 이르는 약 80여 년간 외국어 대역 유별사서(類別辭書)로서 유해류 역학서들을 편찬했다. 한학(漢學)의 『譯語類解』를 위시하여 청학(淸學)의 『同文類解』, 몽학(蒙學)의 『蒙語類解』, 왜학(倭學)의 『倭語類解』 등이 바로 유해류 역학서라고 불리는 것들이다.(정광:1978 참조).

이 중 『역어유해』는 여타 유해류 역학서들보다 먼저 간행된 것으로 17세기는 국어사의 근대가 시작된 시기로서 여러모로 주목되는 바, 이 시기의 자료가 적다고는 할 수 없지만, 그 대표적인 어휘집이라는 점에 역어유해의 가치가 인정된다. 이 책을 통해서 우리는 근대국어 초기의 어휘체계를 어느 정도 전체적으로 파악할 수가 있고 음운사의 관점에서도 이 책은 몇몇 중요한 음운변화의 연대 추정에 표점이 된다(이기문:1974 참조).

한편 『역어유해』는 과시용(科試用) 교재로도 쓰였기 때문에[1] 거듭 중간·개간되었고 현전하는 자료도 많은 편이다. 그 중 고려대학교 중앙도서관 소장 만송문고본 『역어유해』(하권)는 학계에서 구체적으로 다루지 않은 자료로서 특히 다른 판본들과 달리 필사의 흔적이 많이 발견되는 특징을 지니고 있다.

본고에서는 세 가지 측면에서 만송문고본 『역어유해』(하권)을 다루고자 한다.[2] 첫째는 연규동(1995)에서 논의되었던 현전본 『역어유해』(하)들의 공통된 특징을 만송문고본과 비교해 보고 그 시기가 다른 자료들보다 앞선 3엽본임을 살펴보는 것이고, 둘째는 뒷면에 필사된 기록을 통해서 좀 더 구체적인 인출시

---

1) 강신항(1978:59)의 각주9)를 재인용.
　「이조중기에 직해소학은 오륜전비로 대치되는 동시에 오륜전비는 노걸대·박통사와 함께 배송으로 되었다가, 오륜전비는 뒤에 또 역어유해와 대치되었다.」
2) 이하 만송문고본이라고 한다.

기와 책의 이동경로를 살펴보는 것이며, 셋째는 만송문고본 『역어유해』(下)에 필사된 부분을 체계적으로 분석하여 필사자의 필사 기입 시기를 대략적으로 추정해보는 데에 있다.

2. 만송문고본 『譯語類解』 (下)의 인쇄부 연구

2.1. 연규동(1995)에 제시된 현전본 『역어유해』 (하)의 특징

『역어유해』는 상(上)·하(下)·보(補)권이 전하고 있는데 이 중 보권은 발문이 있어서 1775년 김홍철에 의해 편찬되었음을 알 수 있다. 반면 상·하권은 현전하는 자료가 모두 서문과 발문이 없는 관계로 자료 자체로는 간행시기를 알 수 없다. 그러나 다행히도 『통문관지』의 기록3)을 통해 1690년에 간행되었음을 알 수 있다.

현전 판본의 비교는 연규동(1995)에 의해 심도 있는 고찰이 이루어졌다.4) 연규동(1995)에서는 직접 열람한 13종의 자료5)를 검토하여 현전본의 『역어유해』를 이엽본(二葉本)과 삼엽본(三葉本)으로 분류하였다. 현전본들을 화문어미를 중심으로 분류한 이유는 그에 따라 내용상의 차이도 함께 보이고 있기

---

3) 「原志 什物條」에 실려 있다. 그 내용은 강희 임술년(숙종 8년, 1682)에 노봉 민정중이 사역원의 신이행, 김경준, 김지남 역관에게 명하여 중국인 문가상, 정선갑에게 질문하여 수정하게 하였고 경오(숙종16년, 1690)에 사역원의 정창주, 윤지홍, 조득현에게 간행하도록 했다는 것이다. 이 기록을 통해 『역어유해』는 8년간 심혈을 기울여 완성된 역작임을 알 수 있다.(심소희 1995)

4) 본고에서 특히나 연규동(1995)의 논의를 주 대상으로 삼은 이유는 많은 자료를 비교대상으로 하여 오류를 최대한 줄이려고 한 흔적이 곳곳에 보이고 학계에서도 보편적으로 그 논의를 받아들여서 여러 논문들에서 인용이 되고 있기 때문이다.

5) '규장각본, 고도서본, 일사본A, 일사본B, 가람본, 국립본, 교회사연구소본, 東洋本A, 東洋本B, 小倉本A, 小倉本B, 京都大本A, 京都大本B'이 그것인데 이 중 일사본B와 소창본B는 하권이 전하지 않는다. 하권이 전하는 판본들을 다시 화문어미별로 분류하면 다음과 같다.
삼엽본(8종): 규장각본, 일사본A, 국립본, 京都大本B, 가람본, 교회사연구소본, 東洋本A, 東洋本B
이엽본(3종): 고도서본, 小倉本A, 京都大本A

때문이었는데 그 차이를 구분하여 제시하면 아래와 같다.6)

(1) 삼엽본과 이엽본의 내용상의 차이<하권>

장차	표제어	삼엽본	이엽본	비고
13a	孟子	댜야	대야	딕(고금석림474)
14a	水桶	믈통	물통	
22b	輞子	술윗박회	술윗박쾨	
24a	鞦轡	그리	그릐	
26a	鷹跳	낭가손	샹가손	
29a	癩馬	비르오른물	비라오른물	
29b	念群馬	벗지는물	벗진는물	
30b	攔馬	노흰물막즈르다	노한물막즈르다/노 혼물…	이엽본은 판본에 따라 달라진다
34a	金箅斤草	딥사호다	딥싸호다	
39a	芍藥	샤약	쟈약/쟉약	이엽본은 판본에 따라 달라진다
40a	回軍草	잠뛰	쟘뛰	
41b	早角樹	주엽나모	주엽나모	
43b	粧假	조장ᄒ다	조쟝ᄒ다	
49b	打背公	곡뒤내다	곡뒤치다	

(2) 삼엽본과 이엽본의 오탈자 및 수정어형(3: 3엽본, 2: 2엽본, 숫자가 없는
것은 공통)

　　ㄱ. 비지→비치(白寀 하10a)

　　ㄴ. 마ᄂᆞᆯ섯다→마ᄂᆞᆯ싯다(剝蒜 하12b): 2

　　ㄷ. 훗니불→훗니블(臥單 하15b)

　　ㄹ. 삼모리或云꾸리→꾸리(馬繮兒 하18b): 3

　　ㅁ. 닐채→딜채(鞦皮穗頭 하20a): 3

　　ㅂ. 섭지은술위→집지은술위(室車 하22a): 3

---

6) 연규동(1995)에서는 이 외에도 상, 하, 보권을 모두 비교고찰의 대상으로 삼고 있으나
　본고는 하권만을 다루므로 나머지 상권과 보권에 대한 것은 제시하지 않는다.

ㅅ. 술윗ᄂᆞ룻몡에(大鞅 하22b): 2. 'ㄹ'이 거꾸로 판각되어 있다.

ㅇ. 매겻ᄂᆞᆫ갓→매겻ᄂᆞᆫ것(叫頭 하26a): 3

ㅈ. 벗지ᄂᆞᆫ믈→벗지ᄂᆞᆫ믈(念羣馬 하29b): 3

ㅊ. 바ᄃᆞ리빌→바ᄃᆞ리벌(細腰蜂 하36b)

ㅋ. 젼머→젼어(玉板魚 하37a): 2

ㅌ. 집의두고글비호ᄂᆞᆫ슝승→스승(文館先生 하53b): 3

(3) 삼엽본(동양본A와 동양본B) 간의 비교

전반적으로 동양본B가 동양본A보다 반곽의 크기가 작고, 판목에 훼손이 가 있는 흔적이 보이기도 하며, 인쇄 상태가 조금 흐리다(하4, 15, 21, 23, 25, 26, 42, 47, 52, 51장 등 참고). 그러므로 동양본B가 동양본A보다 후쇄본인 것으로 보인다.

(4) 삼엽본간의 차이(□/■: 하16장의 필사 여부(인쇄/필사), ▣: 하16, 31, 32장의 필사)

판본	하 16장
가람본	▣
교회사연구소본	缺
東洋本A	□
東洋本B	■
규장각본	□
일사본A	■
국립본	■
京都大本	■

(5) 3엽본과 2엽본 간의 판목 비교

이엽본에도 다음과 같이 삼엽어미로 되어 있는 장이 섞여 있는데,
하5, 6, 9, 10, 17, 18, 19, 35, 38, 44, 45, 46, 52, 53장

이 중 다음 부분은 삼엽본과 동일한 판목을 사용하여 인출해 낸 것이다.
하5, 6, 19, 35, 38, 44, 45, 46장

이처럼 연규동(1995)는 현전본 『역어유해』의 서지적 정보와 국어학적 정보를 토대로 삼엽본과 이엽본의 선후관계를 좀 더 명확하게 밝혀보고자 하였고 그 결과 삼엽본이 이엽본보다 이른 시기의 자료라는 추정을 하였다. 그 근거를 제시하면 아래와 같다.

(6) 연규동(1995:310-312)에서 제시한 삼엽본이 前本이라는 근거

> 가. 삼엽본과 이엽본에서 차이가 나는 부분을 비교해 볼 때, 여러 부분에서 이엽본이 보여주는 언어 사실이 삼엽본이 보여주는 언어 사실보다 후대의 것이다.(원순모음화, 경음화, 단모음화 등)
> 나. 삼엽본에서의 'ㅳ'을 가진 어휘풀이들은 이엽본에서 'ㅌ'를 가진 꼴로 나타난다.(믈쯔다, 뒤쯔기옷 등)
> 다. 서지적으로도 삼엽화문어미가 이엽화문어미보다는 이전 시기의 특징이다.

이러한 근거를 토대로 삼엽본이 이엽본보다 앞서 간행된 것으로 보았다. 다만 이러한 추정에 대해 한 가지 문제점을 제기하였는데 그것은 바로 삼엽본 내에 들어가 있는 삼엽화문어미의 부분적인 판본들에 관한 것이었다. 이 부분적인 장들의 자획은 이엽본 또는 보권의 자획과 유사한 모습을 띠고 있어서 이를 근거로 현존판본은 모두 보권이 만들어진 이후에 인출된 것으로 보았다. 지금까지의 논의를 간략히 제시하면 다음과 같다.

(7) 현전하는 『역어유해』에 대한 논의의 요약

> 가. 『역어유해』는 1690년에 초간본이 간행되었다.
> 나. 현존하는 자료는 모두 언제 간행되었는지 정확히 알 수 없다.
> 다. 삼엽본과 이엽본이 있는데 삼엽본이 선행하는 자료이고 현전본은 모두 보권(1775) 이후에 인출된 것으로 추정된다.

이러한 견해를 바탕으로 하여 아래에서는 만송문고본에 반영된 언어적 특징을 비교해 보고자 한다.

2.2. 만송문고본과 현존 판본들 간의 비교

2.2.1. 만송문고본의 서지정보

비교에 앞서 만송문고본의 서지적 정보를 아래에 제시한다.[7]

(8) 만송문고본『역어유해』(下)의 서지학적 정보

책명	역어유해
소장처	《고려대학교 도서관 소장》
청구번호	만송 C-11 A3A-2/387641
편찬자	金敬俊 편
판목	목판본
권, 책수/엽수	零本 1책(下-54엽 : 전 2권 2책)
冊匡	세로: 33.7cm 가로: 21.7cm
반엽광곽	세로: 24cm 가로: 17.7cm
周邊	사주쌍변
경계선	유계
행, 자수	10행 不定字, 國文 小子雙行, 2단 구성
표지제	譯語類解 (地) - 판독 어려움
내제	譯語類解 (下)
판심제	譯語類解 (下)
어미	상하내향삼엽화문어미
印	고려대학교도서관(朱紋方印), 의주(朱紋方印) - 매엽마다 있음
裝幀	線裝 五針案
참고사항	1. 1a엽 우측난외에 '小通事廳'이라 써 있다. 2. 하권의 말미에도 '漢活冊義州小通事'라고 적혀있다. 3. 뒤표지의 안쪽 면에 역어유해라는 제목이 거듭 적혀있고 누군가에게 전달한 기록이 적혀있다.

---

7) 이 정보는 필자가 직접 정리한 것 이외에도 고려대 민족문화연구원의 김양진 선생님이 정리한 '고려대학교 도서관 소장 한학서 서지 사항 결과 중간보고'의 기록을 참고하였다. 이 외에도 직간접적으로 김양진 선생님에게 많은 도움을 얻었다. 이 자리를 빌려 심심한 감사의 말씀을 드린다.

| | 4. 책 전반에 새로운 어휘 및 어휘 풀이가 필사되어 있다.
5. '義州'라는 붉은 인장이 각 장마다 찍혀있다.
6. 4엽까지 하단 중앙에 불똥자국이 있다. |

이 정보를 통해 만송문고본이 3엽본임을 알 수 있다. 특히 반곽이 24×17.7인 것은 연규동(1995)에 제시된 기존의 삼엽본들과 큰 차이가 없음을 뜻한다.8) 현존 삼엽본들은 인출시기의 차이만 있을 뿐 똑같은 판목을 사용한 것으로 보이는데(연규동:1995), 만송문고본도 기존의 삼엽본과 그 성격을 같이하고 있다.

2.2.2. 만송문고본과 현존 판본들 간의 비교

여기서는 앞서 논의된 『역어유해』(하)에 나타나는 전반적인 특징을 만송문고본에 그대로 대입해 보고자 한다. 서지적인 측면을 먼저 살펴보면, 표(3), (4)와 관련하여 만송문고본은 삼엽본들 중에서도 선본임을 추정해 볼 수 있다. 첫째로 동양본B에서 흐릿하다고 판단된 장들이 필자가 확인한 결과 만송문고본에서는 모두 선명하게 인쇄되어 있었다. 다음으로는 하권의 16, 31, 32장이 모두 필사가 아닌 판목으로 인쇄되었다는 것이다. 이것은 만송문고본의 16, 31, 32장의 인쇄본이 소멸됐거나 훼손되기 이전의 판목일 가능성을 시사한다. 이러한 추정은 앞의 표(2)에서 제시된 용례의 대입을 통해서 더욱 선명해진다.

(9) 삼엽본과 이엽본의 오탈자에 대응되는 만송문고본(차이나는 것만 제시)

ㄱ. 비지→비치(白寀 하10a)　　　　　　만송문고본: 비치
ㅁ. 닐채→딜채(鞦皮穗頭 하20a): 3　　만송문고본: 딜채
ㅂ. 십지은술위→집지은술위(室車 하22a): 3　만송문고본: 집
ㅇ. 매곗는깃→매곗는것(叫頭 하26a): 3　만송문고본: 것
ㅊ. 바드리빌→바드리벌(細腰蜂 하36b)　만송문고본: 벌

위의 표에 제시된 '비치, 딜채, 집지은술위, 매곗는 것, 바드리벌'

---

8) 현존 삼엽본(하권)들의 반곽의 크기는 다음과 같다. 규장각본(23.8×17.6), 일사본 A(23.8×17.6), 가람본(23.6×17.7), 국립본(23.8×18.3), 교회사연구소본(23.3×18.3), 동양본A(23.9×18.5), 동양본B(23.5×18.5), 京都大本B(24.2×18.2). (연규동:1995 참조)

등을 통해서 만송문고본은 탈각이 일어나기 전의 삼엽본임을 짐작해 볼 수 있다. 또한 표(6)을 토대로 아래와 같은 사항도 살펴볼 수 있다.

(10) 삼엽/이엽본의 동일판목(하5, 6, 19, 35, 38, 44, 45, 46장)과 만송문고본의 비교

ㄱ. 동일판목(35장)에서

구려기(만송문고본)	구더기(고도서본)	모긔무다(만송문고본)	모기므다(고도서본)

ㄴ. 다른 판목에서(30장과 43장)

믈(만송문고본)	뭉(고도서본)	날조로다(만송문고본)	날조로나(고도서본)

ㄱ은 (6)에서 이엽본과 삼엽본 간의 판목이 같다고 논의된 것들에서 차이를 보이는 두 예를 가지고 온 것이다. 이를 통해 이엽본의 '구더기'는 삼엽본의 '구려기'에서 'ㄹ'의 윗부분이 탈각되어 만들어진 것임을 확인할 수 있다. '모긔무다'의 경우도 이와 같다. 이외에도 필자는 동일판목이 아닌 다른 판목에서도 인출의 선후를 판별할 수 있는 자료를 발견할 수 있었다. ㄴ의 경우 '믈→뭉'으

로의 변화는 이해가 어려운 부분이다. 그러나 만송문고본의 탈각된 상태를 통해 '믈'가 '뭉'처럼 보이면서 2엽본에 그대로 옮겨졌다는 사실을 알 수 있다. '날조로다'도 마찬가지다. 여기서 역어유해의 중간 및 복간의 과정에서 일부 어휘의 경우 오탈자의 의심 없이 그대로 왜곡된 채 판각이 이루어진 부분이 있음을 알 수 있다.

우리는 지금까지의 논의를 통해서 만송문고본이 연규동(1995)에서 제시한 현존 삼엽본들보다 인출시기가 빠른 것임을 어느 정도 짐작해 볼 수 있었다. 그러나 이 문제는 앞의 표(1)에 만송문고본을 그대로 대응한 아래의 표에서 난점을 드러낸다.

(11) 만송문고본에 나타나는 삼엽본과 이엽본의 특징<하권>(연규동:1995 참조)

장차	표제어	삼엽본	이엽본	비고
13a	孟子	다야		
14a	水桶	믈통		
22b	輞子	술윗박회		
24a	鞦韆	그리		
26a	鷹跳	ㅅ가손		'상각손'으로 보사
29a	癩馬	비르오른물		여타 삼엽본: ㄹ
29b	念群馬	벗지는물		'벗찻는물'로 보사
30b	攔馬	노힌물막즈른다		
34a	(金+算+斤)草	딥사호다		
39a	芍藥	샤약		
40a	回軍草		잠뛰	보사일 가능성 존재
41b	早角樹	주염나모		
43b	粧假	조장ㅎ다		
49b	打背公		곡뒤치다	'쏙뒤내다'로 보사

여기서 문제가 되는 어휘는 '잠뛰'와 '곡뒤치다'이다. 이 두 어휘는 이엽본을 따르는 것으로 만송문고본이 삼엽본 중에서도 가장 앞선 본이라는 추정에 반

례가 될 수 있다. 이를 해소하기 위해서는 '잠뛰'나 '곡뒤치다'가 현존 삼염본들 이전에 이미 나타난 어휘라는 증거를 제공하거나, 보사를 많이 한 만송문고본 의 특성이 반영되어 교묘하게 보사를 한 것으로 보아야 한다. 여기서 그러한 것을 판별하기는 어려워 보인다. 하지만 '곡뒤치다'의 경우 이 어휘가 '곡뒤내 다'보다 이른 시기의 어휘일 가능성이 있다는 것은 밝히고자 한다.

(12) 만송문고본 '곡뒤치다'(49b)의 앞면과 뒷면

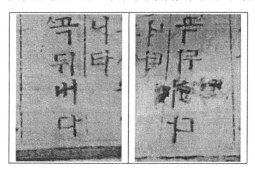

만송문고본이 필사로 보충설명이나 수정을 가한 부분이 많다고는 하나 유 독 이 어휘만이 여러 번에 걸쳐 수정한 흔적이 보인다. 그리고 그 흔적을 감추 기 위해 앞면의 그림에서는 종이를 덧대고 '내'로 고쳤음을 알 수 있다. 그런데 만약 연규동(1995)의 견해처럼 '곡뒤내다'가 '곡뒤치다'의 선대형이라면 후대 형의 어휘로 보사한 일반적인 경우와는 반대로 이 어휘에서만은 선대형으로 보사한 것이 되어 버린다. 이러한 현상은 필사자가 '곡'을 '쏙'으로 수정하여 후대형을 반영한 것과도 직접적으로 상치하는 것이다. 만송문고본의 보사된 흔적을 이용해 '곡뒤내다'로 새긴 여타의 3엽본을 이해해 본다면 '곡뒤내다'라 는 어휘는 '곡뒤치다'에서 비교적 이른 시기에 수정된 것이라 어느 것이 선대형 인지 파악이 쉽지 않게 된 것으로 이해해 볼 수도 있다.9)

---

9) 그러나 뒷면에 제시된 글자가 엄밀하게는 '치'로 보기도 어렵다는 점에서 만송문고본의
   어휘는 '곡뒤치다'와 '곡뒤내다' 이외의 다른 선대형일 가능성도 있다.

3. 만송문고본 『譯語類解』의 필사부 연구

3.1. 만송문고본의 시기 추정 및 이동 경로

삼엽본이라는 서지적 정보 이외에도 만송문고본은 삼엽본의 시기추정에 중요한 열쇠를 가지고 있다. 만송문고본의 맨 뒷장 안쪽 면에는 '譯語類解'라는 서지명이 3군데에 필사로 적혀있다.

(13) 뒷면에 필사로 기입된 내용(쪽수는 임시로 표시)

뒤표지 안쪽 면	55b	55a
譯語類解 甲辛年 此書人 李大成 書	貞洞 13) 寓客 候書 譯語解 旌旗日暖龍蛇動 宮殿風微鷰雀高14) 譯語類解 灣府 10) 大衙 11) 下執事 12) 入納	漢活冊義州 小通事

---

10) 灣府: 평안북도 의주(義州)의 옛 이름

11) 大衙: 큰 관아라는 뜻으로, 지방관으로 있는 아버지나 형에게 편지할 때에 겉봉의 지명 밑에 쓰던 말.

12) 下執事: 지위가 낮은 집사. 보내는 이가 하집사(下執事)를 통해 올리는 것으로 스스로를 낮추는 겸양의 뜻임.

이 중 뒤표지 안쪽 면에 기입된 필사는 서지명과 함께 그 책명을 필사한 시기와 이름이 적혀있다. 서명자의 이름은 이대성(李大成)이고 시기는 甲辛年으로 적혀있다. 조선왕조실록(http://sillok.history.go.kr) 및 한국역대인물종합정보시스템(http://people.aks.ac.kr)으로 검색한 결과, 이대성이라는 인물은 숙종조에 살았던 사람으로『역어유해』가 편찬된 지 10년 후부터 요직을 두루 거쳐 1718년까지 살았던 인물임을 알 수 있다.15) 특히 1717년에는 청나라에 사신을 갔다가 숙종에게 알현했다는 기록이 있다. 이것은 이대성도 외국어 학습에 대해 어느 정도 인식을 하고 있었음을 유추할 수 있는 기록이다.

<55b>의 기록은 서울에서 의주로『역어유해』를 보낸다는 기록이고 <55a>의 기록은 소장자가 의주소통사임을 밝히는 기록이므로 위의 기록을 통해서 이 책의 이동경로가 '서울→의주'로 갔고 더 구체적으로는 '의주소통사청'으로

---

13) 貞洞: 서울 중구에 있는 동.
14) 따뜻한 날에 깃발이 날리니 용사(龍蛇)가 꿈틀거리고, 궁전에 바람이 잔잔하니 연작(燕雀)이 높이 떴도다.
15) 이대성의 관직과 관련된 조선왕조실록의 기록을 보이면 다음과 같다.

시기	관직
숙종 25년(1699기묘/강희 38년) 11월 29일	이대성(李大成)을 지평(持平)으로 삼다
숙종26년(1700/강희 39년) 1월 7일	이대성(李大成)을 지평(持平)으로 삼다
숙종26년(1700/강희 39년) 8월 14일	이대성(李大成)을 정언(正言)으로 삼다
숙종 27년(1701/강희 40년) 2월 7일	이대성(李大成)을 사서(司書)로 삼다
숙종 31년(1705/강희 44년) 3월 14일	이대성(李大成)을 지평(持平)으로 삼다
숙종 31년(1705/강희 44년) 6월 21일	이대성(李大成)을 문학으로 삼다
숙종 32년(1706/45년) 4월 2일	이대성(李大成)을 사서(司書)로 삼다
숙종 33년(1707/46년) 3월 19일	이대성(李大成)을 부교리(副郊理)로 삼다
숙종 33년(1707/ 강희 46년) 8월 10일	이대성(李大成)을 부교리(副郊理)로 삼다
숙종 33년(1707/강희 46년) 9월 12일	이대성(李大成)을 교리(郊理)로 삼다
숙종 35년(1709/강희 48년) 10월 6일	이대성(李大成)을 이조 참의(吏曹參議)로 삼다.
숙종 36년(1710/ 강희 49년) 7월 24일	이대성(李大成)을 대사성(大司成)으로 삼다.
숙종 37년(1711/강희 50년) 12월 23일	이대성(李大成)을 이조 참의(吏曹參議)로 삼다.
숙종 39년(1713/ 강희 52년) 5월 30일	이대성을 이조 참의로 삼다.
숙종 40년(1714/ 강희 53년) 11월 13일	이대성을 호조참판(戶曹參判)으로 삼다.
숙종 43년(1717/ 강희 56년) 4월 1일	임금이 사은사 일행을 인견하고 청국 사정을 묻다

전달되었음을 알 수 있다.16) 이와 관련되어서 18세기 후반에 살았던 이대성의 가족 중에 의주에서 생활을 했던 인물이 있다고 한다면 추정의 결정적인 단서가 될 수 있을 것이다. 그러나 이와 관련된 기록을 찾을 수는 없었다. 이대성의 아버지인 이정영이 평안도 관찰사로 있었다는 기록이 있으나 자세하지 않고 특히 그는 이 책의 간행 이전에 사망했기 때문에 관련성이 적어 보인다. 형인 이만성도 의주에서 벼슬을 했다는 기록이 없어서 구체적인 관련 기록을 찾기는 쉽지 않다.

甲申年이 아닌 甲辛年으로 적혀있다는 것이 홈이기는 하나 이대성의 생몰년대와 갑신년(1704년)이라는 기록, 그리고『역어유해』의 간행시기가 서로 맞물려 있다는 것은 단순한 우연으로 치부하기가 힘들다. 만약 이 필사자료가 숙종대의 것이라고 한다면 만송문고본은 적어도 갑신년인 1704년 이전에 간행된 것으로서 여태까지 발견되지 않은 가장 초간본에 가까운 자료라고 할 수 있을 것이다. 또한 연규동(1995)에서 추정에만 머물러 있던 삼엽본이 이엽본보다 이전본이라는 것을 실증할 수 있는 중요한 자료가 될 것으로 보인다. 여기서는 가능성을 제시하는 수준에 그치고 좀 더 면밀한 고찰은 후고로 남겨둔다.

3.2. 만송문고본『역어유해』(하)의 필사부 연구

3.3.1. 필사의 유형 분류

만송문고본『역어유해』(하)에는 유독 필사를 통해 표제어를 보충 설명한 것들이 많이 드러나 있어 눈길을 끈다. 만송문고본에 제시된 필사의 유형이 다양하기 때문에 이 자료들을 구분하여 살펴볼 필요가 있다. 아래는 만송문고본의 필사자료를 특징에 따라 나누어 본 것이다. 크게는 보사, 첨언, 항목추가 등으로 나누었고 세부적인 유형은 각 항목에 각각 그림과 함께 제시하여 놓았다.

---

16) 2.2.1의 참고사항을 참조

(14) 보사

ㄱ. 단순보사: 인쇄된 글자가 흐리거나 탈각되어서 다른 변개가 없이 이루어진
보사

ㄴ. 수정보사: 오류가 있다고 판단되어 기존어휘를 지우거나 덧씌우는 방식으로
수정한 보사

ㄷ. 대체보사: '上소'이나 'ㅣㅣ'으로 기입된 어휘들 중에서 그 해당어휘의 東音으
로 대체하여 기입한 보사17)

ㄹ. 추가보사: 단어 전체를 수정하지 않고 한두 글자만을 추가한 보사

단순보사	수정보사		대체보사		추가보사
13a 	30b(암쇼→수쇼) 	1a(分→成) 	1b 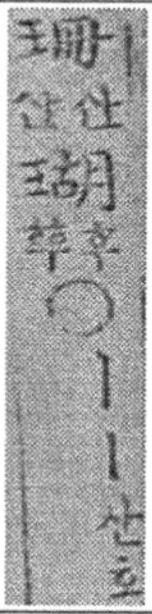	5a 	7b(보→보십) 

<그림1> 보사의 유형

---

17) 이들 어휘들은 아래의 첨언으로도 분류할 수 있으나 그럴 경우 '上소'이나 'ㅣㅣ'라는
표지를 쓰고 유의어를 필사한 경우와 구분을 지을 수 없기 때문에 'ㅣㅣ'이나 '上소'을
대체한 東音의 표기로 보았다.

(15) 첨언

첨언은 기존어휘에 수정을 가하는 것 없이 그 주변에 동의어(유의어) 관계에 있는 고유어(외래어 및 뜻풀이 포함)18), 한어(뜻풀이 포함)19), 만주어20), 방언21) 등을 달아 놓거나 한자어의 당시 속음이나 본음 및 이체자나 유의자 등을 달아 놓은 것이다. 고유어의 경우에는 순수한 고유어나 외래어뿐만 아니라 고유어와 한자어가 합성된 어휘도 등장한다. 한자어의 경우는 다시 둘로 나누어 볼 수 있는데, 한자어와 漢音을 병기(예: 魚유白버, 湖후縐, 草초縫봉 등)한 것과 한자만 표기(예: 庄戶, 麩子, 弓鑽 등)한 경우가 그러하다.

첨언이 필사자료 중에 가장 많은 부분을 차지한다. 판목에 의해 인쇄된 부분에서는 '又'나 '一云' 등과 같은 표지가 규칙성을 지니고 있으나 필사된 자료에서는 이들의 표지가 약간의 경향성만 띨 뿐 규칙적인 분화를 보이고 있지는 않다. '又, 俗, 俗音, 卽, 一名, 滿洲, 一云, 方言, 一作, 亦云, 本音, 亦作, 言, 疑是, 曰, 上同, ㅣㅣ' 등의 표지가 필사 자료에서 사용되고 있는 표지인데 이 중 又와 一云이라는 표지가 주로 이용된다.

(16) 항목추가

제시되지 않은 어휘항목 중에 필사자가 필요하다고 생각된 경우 빈칸(주로 난상)에 새 어휘를 적어놓은 것이다.

---

18) 여기서 말하는 외래어는 한자어를 한글로 적은 어휘들을 가리킨다. 이 경우 東音을 반영하였으므로 외래어로 보았다.

19) 사름죽ᄂᆞ듸쓰ᄂᆞ말(山高水低, 53a)에 대해 言哀痛若此로 필사한 경우를 한자 뜻풀이로 보았다.

20) 필자가 살펴본 바에 의하면 '부치(10b), 토란(10b), 고기굼ᄂᆞ섯쇠(13b), 믈레(18b), 사공(21a)' 등 총 5개의 어휘항목에 6개의 만주어가 나오고 이 중 2개의 어휘항목(부치, 믈레)이 『동문유해』에 제시된 어휘임을 살펴볼 수 있다. 2개의 어휘항목으로 『동문유해』를 참고했다는 것을 가정하기는 어려우나 '믈레'를 뜻하는 ' ⟨squiggle⟩ 一云 ⟨squiggle⟩ '(입력본 번호는 76)의 경우는 『동문유해』와 똑같은 방식으로 두 개의 동의어와 함께 '一云'을 제시하고 있다는 점에서 『동문유해』를 참조했을 근거가 될 수 있다.

21) 방언 역시 고유어에 포함이 되는 것이지만 필사자료의 특수성(즉 方言이라는 표지를 사용한 점)을 고려하여 따로 분류해 보았다.

고유어			한어			만주어	방언
17a (고유어)	18b (외래어)	16b (뜻풀이)	52a (한자만)	04a (한음병기)	53a (뜻풀이)	18b	21a

속음	본음	유의자	항목추가	
19a	46a	24b	난상 (30b)	행 내부 (24b)

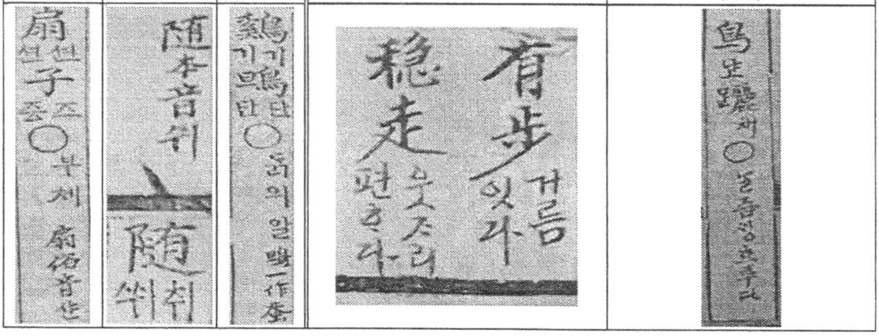

<그림2> 첨언과 항목추가의 유형

3.3.2. 필사자료의 입력

본절은 앞절에서 구분한 필사유형에 따라서 필사자료를 입력한 것이다. 여기에 제시된 인쇄자료와 필사자료의 비교를 통해서 필사된 시기를 추정해 보고 필사된 자료가 그 자체로서의 가치를 지니고 있는지를 살펴보고자 한다. 입력방식은 아래와 같은 방식으로 이루어졌다. 첨언은 보사와 달리 해당어휘에서 한 줄을 띄어 쓰는 것으로 구분을 지었고 항목추가는 인쇄부가 없는 것으로 구분을 지었다.

(17) 자료 입력 방식

가. 보사의 입력

	번호	권-엽수:행:단	인쇄부	필사부	비고
花 화화 銀인 ○十 城삇	6	하01a:07:상	花(화화)銀(인인) ○十分銀	成	수정보사(이엽본: 分)

나. 첨언의 입력

	번호	권-엽수:행:단	인쇄부	필사부	비고
書 슈슈 案 한안 ○히히	127	하18b:06:하	書(슈슈)案(한안) ○ㅣㅣ	칙상	첨언보사

다. 항목추가의 입력

	번호	권-엽수:행:단	인쇄부	필사부	비고
穩 走 有 步	200	하30b:04:난상		有步 거름 잇다	항목추가
	201	하30b:05:난상		穩走 웃즈리 편ᄒ다	항목추가

　필사목록을 제시하면 다음과 같다. 만송문고본 자료가 삼엽본임을 감안하여 서울대규장각에서 영인된 이엽본『역어유해』(하)와 전반적으로 비교를 하여 차이가 나는 부분을 비고로 제시하였고 일부 필사 자료의 경우는 사전과 코퍼스 자료를 이용하여 다른 문헌에서도 출현하는지를 살펴보았다.

(18) 『譯語類解(下)』(만송문고본)에 필사된 자료 분석22)

[위치(권수엽수:행수:段구분), 진한 글씨; 보사]

번호	위치	인쇄부	필사부	비고
1	하01a:欄右		小通事廳	23)
2	하01a:02	珍(진진)寶(방비)		
3	하01a:03:上	寶(밧비)貝(븨븨) ○ㅣㅣ	보위	대체보사
4	하01a:03:下	風(봉봉)磨(뭐모)銅(뚱퉁) ○色賽金而貴於金	브람 쏘이면 빗ᄂᆞᆫ 구리	첨연(고유어)
5	하01a:07:상	花(화화)銀(인인) ○十分銀	成	수정보사(이엽본: 分)
6	하01a:09:하	羊(양양)脂(즁즈)玉(융유) ○양의 곱 ᄀᆞ른 옥		2엽본: 튼
7	하01b:01:상	珊(산산)瑚(葦후) ○ㅣㅣ	산호	대체보사
8	하01b:01:하	琥(후후)珀(픻펴) ○ㅣㅣ ○珀俗音패	호박	대체보사
9	하01b:03:상	瑪(마마)瑙(납놔) ○ㅣㅣ	만호마노	대체보사(재수정)
10	하01b:03:하	琉(릴루)璃(리리) ○ㅣㅣ	류리	대체보사24)
11	하01b:04:하	水(쉬쉬)晶(징징) ○ㅣㅣ	슈졍	대체보사
12	하01b:05:상	蜜(밍미)蠟(랑라)珠(쥬쥬) ○ㅣㅣㅣ	밀하쥬	대체보사25)
13	하01b:07:하	玳(때대)瑁(믜믜) ○ㅣㅣ	대모	대체보사
14	하01b:08:하	犀(시시)角(걍교) ○ㅣㅣ	셔각	대체보사
15	하02a:09:상	石(씽시)鱗(린린) ○ㅣㅣ	돌비놀	첨연(고유어)
	하02a:10	蚕(젼찬)桑(상상)		
	하02b:10	織(짖지)造(잗좌)		
16	하03b:01:상	機(기기)頭(뜰투) ○도토마리	又 비단화두씃	첨연(고유어)26)

---

22) 일부 영인 자료의 경우 지면 관계상 부득이하게 가로로 회전하여 제시하였다.

17	히03b:04:하	小(샤오)紅(훙훙) ○쇼훙비단		2엽본: 샤
18	히04a:02:상	艾(애애)褐(헝허) ○쑥빗쳇비단		2엽본: 바
19	히04a:10:하	月(웡워)白(삥버) ○연남비단27)	又 魚유白버	첨언(한어)28)
20	히04b:06:상	光(광광)素(수수) ○편비단29)	又 素的	첨언(한어)30)
21	히04b:09:상	織(즁쥬)紗(사사) ○즈우사	又 湖亭綢	2엽본: 샤 첨언(한어)31)
22	히04b:09:하	帽(맢맣)紗(사사) ○무로32)	又 帽羅	첨언(한어)33)
23	히05a:05:하	倭(궈오)段(뛴뒨) ○上소	왜단	대체보시34)
24	히05a:06:상	大(따다)細(시시)三(산산)梭(서소) ○세삼승85)	白生布	첨언(한어, 欄上)
25	히05a:10:난상		牢緯 놀 ㄴ릇다	항목추가
26	히05b:05:하	綟(링링)布(부부) ○자토리	又36) 尺치頭	첨언(한어)
27	히05b:09:상	搖(양앟)擣(닯닫) ○두드림질하다	打捧椎	첨언(한어, 欄上)37)
	히06a:01	裁(제채)縫(봉봉)		
28	히06a:02:상	裁(제채)帛(삥버) ○옷ㄱ음	又 衣料	첨언(한어)38)
29	히06a:10:상	大(따다)袖(씰싶) ○ᄉ매밋동	又 진동39)	첨언(고유어)40)
30	히06b:04:상	引(인인)了(랼랸) ○슷다	又 草칟縫봉	첨언(한어)41)
31	히07a:06:상	綉(싱싱)針(진진) ○슈 쓰는 바놀		2엽본: 비
	히07a:08	田(뎐뎐)農(눙눙)		

32	하07b:01:하	破(퍼포)荒(황황)田(뎐뎐) ○처음 닐온 밧		2엽본: 뎐
33	하07b:04:상	犂(리리)兒(슬슬) ○보	보십	추가보사
34	하07b:05:하	犂(리리)鏵(쵀화)兒(슬슬) ○보십날	날	단순보사(2엽본: 놀)
35	하07b:09:하	鋤(주추)子(즈즈) ○호미		2엽본: 믜
37	하07b:10:하	鏟(찬찬)子(즈즈) ○셔셔 기음 믜는 호미		2엽본: 믜
38	하08a:03:상	鐵(텽뎌)鍬(챺챺) ○삽	俗 散子	첨언(한어)
39	하08a:10:상	發(방바)穗(쉬쉬) ○이삭 픠다	삭	단순보사
40	하08b:06:상	年(년년)成(쳥칭)好(햠햘) 녀룸 됴타	룸	단순보사
41	하08b:09:상	▨(빵바)一(잉이)▨(빵바) ○쌀 슬타	쌀	수정보사(2엽본: 슬)
42	하08b:09:하	佃(뎐뎐)戶(쭉후) ○農人	又 庄戶 又 마름	첨언(한어/고유어)
하08b:10		禾(훠호)穀(궁구)		
43	하09a:04:상	大(따다)麥(머머) ○보리	麥俗音믜	2엽본: 햠 첨언(한어)
44	하09a:09:상	黑(힁허)粘(년년)穀(궁구)米(미미) ○쳥냥미[42]	쳥	단순보사(2엽본: 냥)
45	하09b:01:상	玉(융유)薥(쓩슈)薥(쓩슈) ○옥슈슈	又包반米미	첨언(한어)
46	하09b:02:상	黑(힁허)豆(뚤두) ○가믄콩	거	수정보사(2엽본: 가)
47	하09b:03:하	菀(원원)豆(뚤두) ○광쟝이	원[43] 쟝	수정보사(2엽본: 원) 단순보사
48	하09b:05:상	玉(융유)米(미미)珠(쥬쥬)子(즈즈) ○율모뱔 玉兒米[44]		2엽본: 웅
49	하09b:07:상	零(링링)大(따다)麥(머머) ○귀우리	鈴	첨언(한어, 欄上)[45]
50	하09b:08:하	麩(부부)皮(삐피)		

		○밀기울	又 麩子	첨언(한어)46)
51	하09b:09:하	熟(쑹수)了(랼랴) ○닉다	다	단순보사
52	하10a:02:하	藃(궁구)草(챃챷) ○좃딥	又 稈간草	첨언(한어)47)
53	하10a:04:상	豆(뜧두)楷(계계) ○콩각대	楷俗音긔	첨언(속음, 欄上)
53	하10a:06:상	麻(마마)楷(계계) ○겨릅대48)		2엽본: 릅
	하10a:07	菜(채채)蔬(수수)		
54	하10a:08:상	豆(뜧두)芽(야야)菜(채채) ○녹두기름	又 菉豆芽	이엽본: 채채 첨언(한어, 欄上)49)
55	하10a:08:상	豆(뜧두)芽(야야)菜(채채) ○녹두기름	黄豆芽50) 콩기름	2엽본: 야, 채 첨언(한어/고유어)
56	하10a:08:하	藜(랴뢔)芽(야야)菜(채채) ○역괴기름		2엽본: 야
57	하10a:09:하	蒿(휘오)苣(규규)菜(채채) ○부로	卽 싱치	첨언(한어)
58	하10a:10:상	蓬(띵팅)子(즈즈) ○부룻대	卽 부룻동 又 와거대	첨언(고유어/고유어)
59	하10a:10:하	白(빛버)菜(채채) ○빅치		2엽본: 지
60	하10b:03:상	芥(계계)菜(채채) ○갓		2엽본: 재
61	하10b:03:하	水(쉬쉬)芹(낀킨)菜(채채) ○미나리		2엽본: 켜
62	하10b:04:하	蒜(숸숸)菜(채채) ○마놀	又 大蒜	첨언(한어)
63	하10b:05:하	薤(혜혜)菜(채채) ○부치	⬛⬛⬛51)	첨언(만주어)
64	하10b:06:상	赤(칭치)根(근근)菜(채채) ○시근치	一名 싱검초	첨언(고유어)

65	하10b:07:상	芋(유유)頭(뚤투) ○토란	(만주어) 52)	첨언(만주어)
66	하11b:06:하	龍(룽룽)葵(끼키)菜(채채) ○上소		이엽본: 개
67	하12a:01:상	黃(薵황)角(걍교)菜(채채) ○듬복이		2엽본: 북
68	하12a:04:하	松(숭숭)蘑(뭐모)果(무모) ○松耳	菓	수정보사(2엽본: 果고)
69	하12a:08:상	蔞(름루)蒿(향화) ○믈뚝	又 水蒿	첨언(한어)53)
70	하12b:03:하	釼(밥비)蒜(원원) ○마늘 싼다		2엽본: 밥 2엽본: 썬
	하12b:05	器(키키)具(뀨규)		
71	하12b:07:하	鍋(궈고)兒(슬슬) ○솟	又鍋궤子즈	첨언(한어)54)
72	하13a:01:하	洗(시시)臉(련련)盆(쁜픈) ○세슈소라	슈	단순보사
73	하13a:02:하	孟(유유)子(즌즈) ○다야	야	단순보사(2엽본: 대야)
74	하13a:06:상	酒(질주)罈(해해)子(즌즈) ○술준	又 酒罇	첨언(한어)
75	하13a:06:하	酒(질주)龘(병벼)兒(슬슬) ○쥬벼ᅌ	俗쥬합	첨언(고유어)55)
76	하13a:07:상	酒(질주)壺(후후) ○호병	병	단순보사
77	하13a:09:상	甕(힁잉)頭(루우)螺(러로) ○잉무비	비	단순보사
79	하13b:05:하	炙(징지)床(쫭촹) ○고기 굽ᄂᆞᆫ 섯쇠	滿洲 (만주어) 56)	첨언(만주어)
78	하13b:03:하	火(훠호)床(쫭촹) ○화로	화	단순보사
80	하13b:07:상	瀝(름루)杓(쌷쇼) ○젓쟈	쟈	단순보사
81	하13b:07:하	榪(마마)杓(쌷쇼) ○나모쥬게	나	단순보사
82	하13b:08:상	銅(둥퉁)杓(쌷쇼)		

		○놋쥬게	게	단순보사
83	하13b:09:상	笊(쟘쟘)篱(리리) ○죠리	죠리	단순보사
84	하14a:01:상	水(쉬쉬)桶(퉁퉁) ○믈퉁		2엽본: 믈
85	하14b:07:상	糚(쇽후)刷(솽솨) ○귀야		2엽본: 鬂
86	하14b:08:하	蠅(잉잉)拂(붕부)子(즈즈) ○프리채		2엽본: 영
87	하15a:09:하	碾(년년)子(즈즈) ○上소		2엽본: 녀
88	하15b:01:상	剪(젼젼)子(즈즈) ○가이		2엽본: 젼
89	하15b:02:상	烙(랍로)鐵(텽텨) ○인도		2엽본: 랍
90	하15b:04:상	棒(빵방)槌(쮜취) ○방마치		2엽본: 훠
91	하15b:05:상	拗(랍요)棒(빵방) ○上소		2엽본: 합
92	하15b:05:하	呀(야야)石(씸시) ○방춋돌	야	단순보사
93	하15b:06:상	槌(쮜취)板(반반)石(씸시) ○上소		2엽본: 훠
94	하15b:07:상	臥(어오)單(단단) ○훗니블		2엽본: 블
95	하16a:02:상	薰(갈갈)薦(젼젼) ○딥지즑	딥	2엽본: 젼 단순보사
96	하16a:07:하	秤(칭칭)竿(간간) ○저울때	울	단순보사
97	하16a:08:하	秤(칭칭)鉤(글구) ○저울갈고리	고	단순보사
98	하16b:02:상	碓(뒤뒤)桯(팅팅) ○上소		2엽본: 탕
99	하16b:05:상	燭(즁주)臺(때태) ○춋딕	又 蠟리臺태	첨언(한어)57)
100	하16b:05:하	燈(등등)臺(때태) ○ㅣㅣ	등잔 놋는 것 燈檠슈子	첨언(고유어/한어)58)
101	하17a:03:상	撍(챵차)床(쫭촹) ○혈칼		

번호	위치	표제어		又 최칼	첨언(고유어)39)
102	하17a:04:상	月(웡워)刀(닳됴) ○딤칼			2엽본: 웡
103	하17a:05:상	凹(와와)面(면면)刀(닳됴) ○골진칼			2엽본: 솨
104	하17a:10:하	鑡(쟝자)床(쬬챵) ○쟉도벗텅		밧탕	수정보사/2엽본: 벗텅60)
105	하17b:02:하	墨(믱머)斗(들두) ○먹고즈		又 먹통	첨언(고유어)61)
106	하17b:07:하	鐵(텽뎌)銼(쮀쵸)子(즁즈) ○줄			2엽본: 쥐
107	하17b:08:하	牽(켠켠)鑽(권권) ○활비븨		又 弓鑽	첨언(한어)62)
108	하18a:03:하	火(훠호)石(씽시) ○부쇳돌			2엽본: 쯩
109	하18a:04:하	火(훠호)繩(씽싱) ○上소		血쇼‖	수정보사
110	하18a:05:상	坐(쮜조)火(훠호) ○박히는 불			2엽본: 휘
111	하18a:05:하	飛(븨븨)火(훠호) ○아니 박히는 블			2엽본: 회
112	하18a:06:상	帽(맢모)架(갸갸) ○갓거리		갓	단순보사
113	하18a:08:하	圓(변변)擔(단단) ○짐몌는 나모	변	메 모	단순보사 단순보사
114	하18a:09:상	搖(얗오)車(쳐쳐) ○아ᄒ 담아 흔드는 술위			2엽본: 쳐쳐
115	하18b:02:하	鐵(텽뎌)杻(닙뉴) ○ᄢᄋ양이옛 쇠가락			2엽본: 뗘
116	하18b:03:하	紡(밯밯)車(쳐쳐) ○믈레		⟨만주문자⟩ 一云 ⟨만주문자⟩63)	첨언(만주어)
117	하18b:05:하	麻(마마)纓(힝잉)兒(ᅀᆞᆼ을) ○삼모리 ○或云ᄯᅮ리		삼	단순보사 이업본: ᄯᅮ
118	하18b:06:하	書(슈슈)案(한안) ○‖		칙상	첨언(고유어)
119	하18b:10:하	繩(씽싱)床(쬬챵) ○‖			2엽본: 쨩

120	하19a:10:상	扇(션션)子(중즈) ○부체		扇俗音샨	첨언(속음)64)
	하19b:04	鞁(한안)轡(비피)			
121	하19b:07:상	軟(원원)座(쭤조)兒(슗슬) ○연좌ᅌ		又소부리	첨언(고유어)65)
122	하19b:09:상	韉(쳔쳔) ○돌애		一云 馬마韉쳔	첨언(한어)66)
123	하19b:10:하	鞴(방반)黉(본본) ○밀치67)		一云 쏭밧기	첨언(고유어)68)
124	하20a:03:상	兜(듛듛)頦(헤헤) ○즈가마)69)		一云 턱쟈감이	첨언(고유어)70)
125	하20a:03:하	接(졍겨)絡(랑로) ○혁		一云 扯쳐手싈	첨언(한어)71)
126	하20a:05:상	嘲(짤죠)子(중죠) ○上소			2엽본: 즈
127	하20a:10:상	鐙(둥둥) ○등즈		一云 鐙子	첨언(한어)72)
	하20a:07	舟(질쥐)舡(훤훤)			
128	하20b:09:상	艚(짤챠)舡(훤훤) ○마샹이73)		一云 三板子	첨언(한어, 欄上)
129	하20b:09:상	艚(짤챠)舡(훤훤) ○마샹이		一云 艚子 又 통마샹이 狐木舡	첨언(한어/고유어/한어)
130	하20b:09:하	筏(빵바)子(중즈) ○떼		一云 木牌	첨언(한어)
131	하21a:02:하	檜(루루) ○비 밋틔 겻는 나모		又方言 조피	첨언(방언)
132	하21a:03:하	撐(충충)子(중즈) ○사홧대74)		方言 지건	첨언(방언)
133	하21a:07:하	馬(마마)頭(뚤투) ○비 다히는 션창			2엽본: 션
134	하21a:09:상	梢(샿샿)工(궁궁)			

		○사공	水手 ...75)	첨언(만주어, 欄上)
135	하21a:09:상	梢(샾소)工(궁궁) ○사공	一云 柁工	첨언(한어)
136	하21b:02:상	攏(배배)舡(쥔쳔) ○비 버리다	一云 배 젓다	첨언(고유어)76)
137	하21b:04:상	開(캐캐)舡(쥔쳔) ○비 떼왓다	一云 비 쓰이다	첨언(고유어)
138	하21b:05:상	划(솨솨)舡(쥔쳔) ○비 젓다		2엽본: 화
139	하21b:09:하	拔(빵바)猫(말맏) ○닷 것다	다	단순보사
140	하21b:10:하	艌(년년)舡(쥔쳔) ○비 틈 메오다	方言 션식ᄒ다	첨언(방언)
141	하22a:01:하	㢐(후후)斗(들두) 푸래		2엽본: 파
142	하22a:03:상	纜(룽룽)岸(안안) ○비 뭇틔 다히다		2엽본: 안
	하22a:08	車(쳐쳐)輞(량량)		
143	하22b:02:상	車(쳐쳐)軸(쫑주) ○술위띠	수뤼박회 박아 도는 나모	첨언(고유어, 欄上)
144	하22b:02:하	輨(강강)軸(쫑주) ○ᄒ피술위	狗輪車	첨언(한어)
145	하22b:03:하	車(쳐쳐)頭(뜰투) ○술위 앞 괴오는 나모	등상	첨언(고유어)77)
146	하22b:05:하	輞(탕왕)子(즈즈) ○술읫박회	박회 一云 車輪	단순보사(2엽본: 박쾨) 첨언(한어)
147	하22b:06:상	輻(부부)條(땁됴) ○술읫살		2엽본: [圖]
148	하22b:07:상	大(따다)鞅(향양) ○술읫 누릇 멍에		2엽본: [圖](거꾸로)
149	하22b:07:하	小(샾소)鞅(향양)		

		○술읫 줄에 겨근 몡에		2엽본: 져
150	하23a:10·상	搾(쎙쎄)扠(걍걈) ○실홈ᄒ다	씰	수정보사(2엽본: 실)
151	하23b:02·상	雜(쯍자)戲(히히) ○노룻	一云 戲法바	첨언(한어)
152	하23b:07·상	睹(두두)錢(젼쳔) ○돈 더나다	一云 돈나기 ᄒ다	첨언(고유어)
153	하23b:10·하	鼈(알오)棚(뾩픙)78) ○上소	一云 회주ᄒᄂ 가ᄆ	첨언(고유어)
154	하24a:02·상	鬼(귀귀)臉(련련)兒(슻슬) ○광대	광대탈	추가보사
155	하24a:06·하	滑(쁑화)蹸(채채) ○어름 즈척다	一云 蹸水빙	첨언(한어)
156	하24a:09·하	鞦(칠취)韆(쳔쳔) ○그릐	그릐그늬	수정보사(2엽본: 그릐)
하24b:01			飛(비븨)禽(낀킨)	
157	하24b:01·하		鳥(뇨뇨)蹸(채) ○늘슴싱 ᄒ루다	항목추가79)
158	하24b:04·상	芛(숧숧)鷄(기기) ○연계80)		2엽본: 계
159	하24b:06·난 상		麟子雞 멱부리	항목추가81)
160	하24b:07·상	鷄(기기)抱(뺭빈)窩(줘오)兒(슻슬) ○上소 抱一作打	疑是 돍의 둥주리	첨언(고유어, 欄上)
161	하24b:08·상	鷄(기기)鳴(단단) ○닭의알	鳴一作蛋	첨언(유의자)
162	하25a:05·상	鷄(기기)肫(쥰쥰) ○돍의 똥개	一云 돍의 멀더기	첨언(고유어)
163	하25b:08·상	兎(투투)鶻(쁗후) ○익더귀		2엽본: 닉
164	하26a:02·상	鷹(힝잉)打(다다)潮(잡좌)? ○매똥누다		2엽본: 잡좌
165	하26a:08·상	五(우우)指(중즈)兒(슻슬) ○매버러		

		○或云 套받手식	매밧는 손에 끼는 것	첨언(고유어, 欄上)
166	하26b:02:하	皀(짤좌)鵙(달달) ○上소	지빗두로미 又 너새	이엽본: 달 첨언(고유어/고유어)
167	하27a:03:상	野(여여)鷄(기기) ○생	山雞	이엽본: 생 첨언(한어)
168	하27a:04:하	啄(잘조)水(믕무)官(권권) ○뎌구리	又 닷져구리	첨언(고유어)82)
169	하27a:06:상	拙(쫼줘)薑(련연) ○져비	一云 玄鳥	첨언(한어)
170	하27a:06:하	鴈(연연) ○기러기	隨陽鳥쉬양냐	첨언(한어)83)
171	하28a:03:하	鷦(쟐쟈)鷯(랴랴) ○볍새	一云 밥새	첨언(고유어)84)
	하28a:06		走(즐쥬)獸(싈싀)	
172	하28a:10:하	豹(발발)臀(뚠툰)馬(마마) ○구불쟈할	궁둥이에 졈 잇는 몰	첨언(고유어, 欄下)
173	하28b:04:난 상		破瓜臉련馬 간쟈몰	항목추가
174	하28b:05:상	黑(릥허)駿(중중)馬(마마) ○上소	가라춍이몰	첨언(고유어)
175	하28b:06:하	繡(싈싀)膛(밤밤)馬(마마) ○쇠ㄴ래 브튼 몰	가슴 흰 몰	첨언(고유어)
176	하28b:09:상	兒(슝슐)馬(마마) ○아질개몰	又 수몰	첨언(고유어)85)
177	하28b:09:하	騸(션션)馬(마마) ○악대몰	又 불친 몰	첨언(고유어)
178	하28b:10:상	大(따다)馬(마마) ○上소	큰 몰	첨언(고유어)
179	하29a:02:하	騾(래래)馬(마마) ○비르오른 말		2엽본: 라

180	허29b:05:상	焌(쥰쥰)礬(쿤쿤)馬(마마) ○벗지ᄂ믈	벗챳ᄂ믈	수정보사(2엽본: 진)
181	허29b:09:하	馬(마마)蹄(띠티)子(즈ᄌ) ○믈굽		2엽본: 따
182	허30a:01:하	馬(마마)尾(웨이)子(즈ᄌ) ○믈초리		2엽본: 이
183	허30a:05:상	懷(홰홰)駒(규규)子(즈ᄌ) ○삿기비다		2엽본: 가
184	허30a:07:하	澡(잘좌)馬(마마) ○믈솃기다		보사(2엽본: 싯)
185	허30b:01:하	攔(란란)馬(마마) ○노힌 믈 막ᄌᄅ다		2엽본: 혼
186	허30b:04:난 상		有步 거름 잇다	항목추가
187	허30b:05:난 상		穩走 웃ᄌ리 편ᄒ다	항목추가
188	허30b:08:하	牡(믈무)牛(닙누) ○암쇼	합수쇼	이엽본: 믕 수정보사
189	허30b:09:하	乳(유유)牛(닙누) ○上소	血쑸암쇼	수정보사
190	허30b:10:상	犢(뚱두)兒(슝슐) ○쇠야지		2엽본: 아
191	허31a:08:상	下(햐햐)犢(뚱두)兒(슝슐) ○쇼 삿기 낫타		2엽본: 다
192	허31b:02:상	喝(헝허)牛(닙누) ○쇼 저히다		2엽본: 힘
193	허31b:04:하	驢(류류)跳(땹댜) ○나귀 흘우다		2엽본: ᄃ탈
194	허32a:09:하	狗(긍구)吠(갈ᄀ) ○上소	血쑸개 우다	수정보사[86]
195	허33a:07:하	老(랄뢰)虎(후후) ○범	又 老麻子	첨언(한어)[87]
196	허33a:10:상	貂(댤ᄃ)鼠(슈슈) ○돈피	一云 黑鼠	첨언(한어)
197	허33b:09:하	兎(투투)兒(슝슐) ○톳기	一云 山猫	첨언(한어)[88]
198	허34a:04:하	金+算+斤(짱자)草(참찬) ○딥사ᄒ다		2엽본: 싸

199	하34b:01:상	蟙(부후)蝶(뎌뎌)兒(슐슐) ○납이	납의	수정보사(2엽본: 의)
200	하34b:01:하	紅(흥흥)蛾(어오)兒(슐슐) ○블근납이	블근납의	수정보사(2엽본: 의)
201	하34b:02:상	白(뻴버)蛾(어오)兒(슐슐) ○흰납이	흰납의	수정보사(2엽본: 의)
202	하34b:03:하	織(징지)兒(슐슐) ○귓生라미		2엽본: 도
203	하34b:04:상	虹(왕왕)(순순) ○上仝	一云 秋취虫	첨언(한어)
204	하34b:08:하	水(쉬쉬)螺(러로)子(즈즈) ○골왕이	又 둘팡이	첨언(고유어)89)
205	하34b:09:상	田(뎐뎐)螺(러로) ○上仝	一云 울엉이 又 土螺	첨언(고유어/한어)90)
206	하35a:03:하	蜿(우우)膿(삼쇼) ○놀여기	又 膿虫 一云 膿蜿	첨언(한어/한어)
207	하35a:04:상	多(되도)脚(갸교)虫(쭝충) ○구려기	一云 수면발	이엽본: 구더기 첨언(고유어)
208	하35a:09:하	蠘(기기)子(즈즈) ○혁	혁키	추가보사(2엽본: 혁)
209	하35b:07:하	蚊(몬운)釘(딩딩) ○모긔 무다		2엽본: 므
210	하35b:09:하	細(시시)腰(햐오)蜂(봉봉) ○바드리벌	又 물벌	2엽본: 빌 첨언(고유어)91)
211	하35b:10:상	(쟝쟝)蜋(랑랑) ○박회		2엽본: 샹
212	하36b:06:하	小(샬쇼)八(발바)梢(샬쇼)魚(유유) ○낙디		2엽본: 샾
213	하36b:08:상	肬(륭리)魚(유유) ○균티	一云 划子魚	첨언(한어)
214	하36b:10:상	魴(빵방)魚(유유) ○방어		2엽본: 방
215	하37a:02:하	玉(웅유)板(반반)魚(유유) ○젼어	어	단순보사(2엽본: 머)

216	허37a:04:상	犂(리리)子(즌즌)魚(유유) ○上소		2엽본: 즌
217	허37a:06:상	蠣(리리)子(즈즈) ○굴		2엽본: 즈
218	허37a:08:상	鰒(빵반)魚(유유) ○싱포	又 전복	첨언(고유어)
219	허37a:09:상	蛤(겁거)蜊(랑리) ○이흑 ○蜊一作蛼리	어흑조기	수정보사[92]
221	허37a:10:하	鮒(면면)條(땸땨)魚(유유) ○빅어	빙어 一云 白魚	수정보사(2엽본: 비) 첨언(한어)
222	허37b:01:하	拔(빵바)魚(유유) ○망어	又 麻魚	첨언(한어)
223	허37b:05:상	古(구구)道(땸땨)魚(유유) ○고도리	고도릭어	수정보사
224	허37b:05:하	鯽(짱지)魚(유유) ○붕어		2엽본: 머
225	허38b:04:하	青(칭칭)魚(유유) ○ㅣㅣ	又 비웃	첨언(고유어)
226	허38b:09:상	魚(유유)䏶(방방)子(즌즈) ○고기진에	고기진에미	추가보사(2엽본: 애)
227	허39a:01:하	芍(샵샤)藥(얍요) ○샤약 ○芍俗音쇼		2엽본: 쟉약
228	허39a:04:상	蓮(련련)蓬(뽕뽕) ○년송이	송	단순보사
229	허39b:02:하	金(긴긴)鳳(뽕뽕)花(화화) ○봉션화	봉션화	단순보사
230	허39b:03:하	捲(권권)丹(단단)花(화화) ○개녀랏곳	너	단순보사(2엽본: 리)
231	허39b:05:상	冬(둥둥)花(화화) ○동빅	동빅	단순보사
232	허39b:06:하	映(힝잉)山(산산)紅(훙훙) ○력튝 ○紅或作花	훙 력	수정보사 단순보사
233	허39b:07:하	月(원워)季(기기)花(화화) ○월계	월	단순보사

234	하39b:08:하	白(삥버)米(미미)花(화화) ○몰역괴	괴	단순보사
235	하39b:10:상	綠(륭루)梅(믜믜)花(화화) 듥의심곳	씹	보사(2엽본: 십곳)93)
236	하39b:10:하	野(여여)紅(훵훵)花(화화) ○엉것귀	귀	보사94)
237	하40b:04:하	馬(마마)菲(비비)草(찰촤) ○젼뽀야기		(2엽본: 아)
238	하40b:09:하	茜(쳔쳔)草(찰촤) ○곡도숑	곡도숑이	추가보사(2엽본: 숑)
239	하40b:10:하	葎(륭류)草(찰촤)蔓(먼먼) ○한삼너출		2엽본: 삼
240	하41a:08:하	藤(뜽틍)子(즈즈) ○出凳倚蔓之物通胃之ㅣㅣ	너출	첨언(고유어)
241	하41b:06:하	皁(짭좌)角(갸교)樹(슈슈) ○주엽나모		2엽본: 엽
242	하42b:04:하	臭(칭추)椿(츈츈)樹(슈슈) ○개듕나모	개듕나모	수정보사(2엽본: 듁)
243	하42b:07:상	蘇(수수)木(뭉무) ○다목	丹木	첨언(한어, 欄上)
244	하43a:01:하	木(뭉무)根(근근)老(랄롼) ○나모ㅅ등궐		2엽본: 결
	하43a:02	璦說		
	하43a:03	二字類		
245	하43a:09:상	向(향향)他(타타) ○뎌를 넉드다	又 幫방他	첨언(한어)
246	하43a:10:난 상		小心 소심ᄒᆞ다	항목추가
247	하43b:02:상	喫(칭치)哄(훙훙) ○소김을 닙다	被哄소기물 입다	첨언(한어/고유어, 欄上)
248	하43b:02:하	喫(칭치)虧(퀴퀴) ○셜옴을 닙다		2엽본: 옴
249	하43b:04:하	賴(래래)我(어오) ○날조로다 ○一云 折倒我	날을 썩지른다	2엽본: 나 첨언(고유어)

250	하43b:09:하	颫(숭스)殺(샹사) ○싸호다 ○一云 颫打	치다	첨언(고유어)
251	하43b:10:하	粧(쟝쟝)假(갸갸) ○조쟝ᄒ다	又 거즛말 ᄭᅮ며ᄒ다	2엽본: 쟝 첨언(고유어)
252	하44a:02:하	巧(캴챠)奇(끼키) ○고이ᄒ다	又 공교ᄒ다	첨언(고유어)
253	하44a:04:샹	生(숭승)受(씽슈) ○上소	又 안심치 아니타	첨언(고유어)
254	하44a:07:샹	和(훠호)動(뚱둥) ○周旋ᄒ다	和谷音허	첨언(속음, 欄上)
255	하44a:07:샹	和(훠호)動(뚱둥) ○周旋ᄒ다	황동ᄒ다	첨언(고유어)
256	하44a:07:하	方(방방)便(뼨변) ○上소	又 슌편이 ᄒ다	첨언(고유어)
257	하44a:08:샹	轉(쿤쿤)便(뼨변) ○살활잇다	산	수정보사(2엽본: 살)
258	하44a:08:하	受(씽슈)氣(키키) ○욕먹다	吃치罵마 又 욕보다	첨언(한어/고유어)
259	하44b:01:하	記(기기)號(향화) ○上소	보람	첨언(고유어)
260	하44b:02:하	瞧(쟝챠)瞧(쟝챠) ○보다	又 看칸看 一云 보쟈	첨언(한어/고유어)
261	하44b:05:난 샹		可커危위 위티ᄒ다 又 危哉	항목추가
262	하44b:05:하	生(숭승)得(딍더) ○얼굴	又 싱긴 것시	첨언(고유어)
263	하44b:06:샹		悠위戀려 홀기다	항목추가
264	하44b:07:하	剗(챤챤)新(신신) ○上소	죠타 기리다	첨언(고유어)

265	하44b:08:상	斬(잔잔)新(신신) ○上仝	마이 죠타	첨언(고유어)
266	하44b:08:하	又(일위)新(신신) ○上仝	一云 又 好 더 죠타	첨언(한어/고유어)
267	하45a:02:상	認(신신)得(딩더) ○上仝	안다	첨언(고유어)
268	하45a:03:하	扮(반반)做(주주) ○ᄭᅮ미다	又 打扮 一云 비오다	첨언(한어/고유어)
269	하45a:10:상	撐(충충)者(져져) ○上仝	亦云 버틔오다	첨언(고유어)
270	하45b:04:하	撞(장쨩)着(쟐죠) ○만나다	一云 逢逢着져	첨언(한어)
271	하45b:06:상	洗(시시)塵(젼친) ○上仝	마지에 먹이는 술	첨언(고유어)
272	하46a:01:하	拍(픵퍼)拍(픵퍼) ○등 두드리다	又 拍背빅	첨언(한어)
273	하46a:02:상	白(삥버)住(쥬쥬) ○부졀업시 머므다	一云 白存着	첨언(한어)
274	하46a:02:하	白(삥버)來(래레) ○부졀업시 오다	白俗音배	첨언(속음)
275	하46a:04:하	活(훵호)絟(쳔쳔) ○살오미다	又 고내여 미다	첨언(고유어)
276	하46a:07:상	由(일위)他(타타) ○졔대로	又 憑픵他	첨언(한어)
277	하46a:07:하	從(쭝충)他(타타) ○무던히 너기다	上仝	첨언(한어)
278	하46a:08:상	隨(쉬취)你(니니) ○네대로	隨本音쉬	첨언(본음, 欄上)

279	하46a:08 상	隨(쉬취)你(니니) ○네대로	一云 憑你	첨언(한어)
280	하46a:10 하	撒(승수)撒(승수) ○上소	又 抖撒	첨언(한어)
281	하46b:01 상	摩(뭐모)摩(뭐모) ○믄지다	亦作 摸摸	첨언(유의자)
282	하46b:02 상	撞(장쾅)頭(뜽투) ○마리 삐호다	一云 마리 부듸잇다	첨언(고유어)
283	하46b:02 하	朋(빵퐁)頭(뜽투) ○上소	一作 蓬頭 又 마리 싸고 놉다	첨언(한어/고유어)
284	하46b:08 하	租(주주)來(래레) ○貰내다	一云 雇子來	첨언(한어)
285	하47a:02 상	捲(권권)了(랄랴) ○뎌브러디다	一云 졉픠이다	첨언(고유어)
286	하47b:07 상	可(커커)惡(후우) ○과심호다	씸	수정보사(2엽본: 심)
287	하47b:07 하	對(뒤뒤)頭(뜽투) ○相合디 못호다	相ㅅ合이	추가보사
288	하47b:09 상	重(쭝충)羅(러로) ○노외아츠다	노외여츠다85)	수정보사(2엽본: 외야)
289	하48a:03 상	厮(스스)罷(과과) ○힘 결오다	힘	단순보사
290	하48a:07 하	牲(승승)口(큐큐) ○上소 關東之話	牲俗音승	첨언(속음)
291	하48a:08 하	通(퉁퉁)該(개개) ○上소	一云 모도	첨언(고유어)
292	하48b:01 상	昏(훈훈)了(랄랴) ○어즐호다	一云 發바昏	첨언(한어)
293	하48b:07 상	搬(번번)去(큐큐) ○옴겨가다	搬俗音반 又 捫노〃去	첨언(속음/한어)

294	하48b:07:하	搬(번번)來(래레) ○옴겨오다	又 挪ㄴ挪ㄴ來	첨언(한어)
295	하48b:08:하	剛(강강)纔(째채) ○又	一云 纔剛	첨언(한어)
296	하48b:09:상	允(뒤뒤)付(부부) ○장만ᄒ다	又 찰여주다	첨언(고유어)
297	하48b:10:상	駁(방반)彈(딴단) ○혼나므라다	又 논박ᄒ다	첨언(고유어)
298	하49a:01~0 8:난상		打火 点燈 菸草 裝菸 夜壺 唾口 火鎌	항목추가
299	하49a:05:상	住(힙휘)强(깡캉) ○세오디 말라	又 우기지 말아	2엽본: 깡 첨언(고유어)
300	하49a:07:상	守(심쉬)寡(과과) ○ㅣㅣᄒ다	슈절	대체보사
301	하49b:01:상	嚼(쟐죠)氷(빙빙) ○어름?므다	어름ᄢᅵ므다96)	수정보사(2엽본: ᄢᅢ)
302	하49b:03:하	奈(내내)何(훠허)人(신신) ○사룸보채다	又 頼人	첨언(한어)
303	하49b:07:상	使(슝스)黑(흿허)心(신신) ○숨읏치다	一云 욕심부리다	첨언(고유어)
304	하49b:07:하	打(다다)背(븨비)公(궁궁) ○곡뒤치다	쏙뒤내다	수정보사(2엽본:곡뒤치다)
305	하49b:08:상	駝(떠토)朶(더도)子(즁즈) ○점싯다	一云 駝包子	첨언(한어)
306	하49b:08:하	撒(상사)朶(더도)子(즁즈) ○上소	御 짐 부리오다 一云 下包子	수정보사(2엽본: 撒) 첨언(고유어/한어)
307	하50a:01:상	手(실쉬)不(붕부)停(띵뎡) ○손 노로다 아니타	놀리지	2엽본: 텽 수정보사(2엽본:노로다)
308	하50a:04:상	稍(샬쇼)將(쟝장)去(큐큐) ○부려가다	부려가다	수정보사
309	하50a:05:하	尋(씬신)不(붕부)着(쟐죠) ○上소	一云 춧지 못ᄒ다	첨언(고유어)

310	하50a:09:난상		運氣好 슈 죠타	항목추가
311	하50a:09:상	捨(셔셔)不(붕부)得(딍더) ○앗겨다	一云 노치 못한다	첨언(고유어)
312	하50a:09:하	使(숭스)不(붕부)得(딍더) ○쓰디 못한다	又 되지 못한리라	첨언(고유어)
313	하50a:10:상	壞(퇘홰)不(붕부)得(딍더) ○문허디디 아니한다	又 문허 브리지 못한리라	첨언(고유어)
314	하50b:03:하	俊(쥰쥰)窠(회오)兒(슝올) ○美女	에엿분 계집	첨언(고유어)
315	하50b:05:상	花(화화)裡(리리)走(즣쥬) ○上소	娼家에 가다	첨언(고유어)
316	하50b:07:하	久(깋귀)住(쥬쥬)戶(횩후) ○元居人	无居人	수정보사(2엽본: 元)
317	하51a:04:상	懷(퇘홰)裡(리리)撒(취훼) ○上소	血소 품에 품다	수정보사
319	하51a:06:하	暖(뉜뉜)壽(쎵싀)宴(련연) ○生日宴	싱일잔채	첨언(고유어)
320	하51a:07:상	那(너노)一(힝이)那(너노) ○那移한다	又 옴기다	첨언(고유어)
321	하51a:07:하	打(다다)夥(훠호)兒(슝올) ○흥긔	又 동모한다	첨언(고유어)
322	하51a:09:상	好(핳핳)些(셔셔)兒(슝올) ○겨기낫다	又 져기좃타	첨언(고유어)
323	하51a:10:하	失(싱시)了(랗럎)火(훠호) ○븘?다	븘내다[97] 又 丟궢了火	수정보사(2엽본: 내) 첨언(한어)
324	하51b:03:상	控(쿵쿵)一(힝이)控(쿵쿵) ○滌器倒乾	그룻 써서 업퍼 말뇌오다	첨언(고유어)
325	하51b:03:하	儘(진진)一(힝이)儘(진진) ○지긔우다	又 이긋	첨언(고유어)

326	히51b:04:상	貓(맏뫄)喫(칭치)齎(재재) ○고양의소		2엽본: 이
327	히51b:06:상	大(따다)摸(무무)樣(양양) ○서재다	又 몸 큰 양ᄒ다	첨언(고유어, 欄上)
328	히51b:06:상	大(따다)摸(무무)樣(양양) ○서재다	서젠양ᄒ다 又 어르인 체 ᄒ다98)	수정보사(2엽본 서재다) 첨언(고유어)
329	히52a:01:하	打(다다)嘴(쥐쥐)吧(바바) ○부리티다	又 쌈치다	첨언(고유어)
330	히52a:03:상	狐(후후)狸(리리)精(징징) ○上仝	여ᄋ의 졍녕	첨언(고유어)
331	히52a:06:상	喫(칭치)了(랼랸)乾(간간) ○다 먹다	又 吃乾了	첨언(한어)
332	히52a:08:난 상		不相干 관계치 아니타	항목추가
333	히52a:08:상	不(붕부)妨(방방)事(쓩스) ○무던타	又 해롭지 아니타	첨언(고유어)
334	히52a:08:하	不(붕부)打(다다)緊(긴긴) ○관계티 아니타	又 긴치 아니ᄒ다	첨언(고유어, 欄下)
335	히52a:10:하	尅(킁크)減(견견)了(랼랸) ○ᄀ려더다	又 덜치다	첨언(고유어)
336	히52b:01:하	多(터도)大(따다)少(샽쇼) ○언마나 크뇨	언마나 졈그뇨	수정보사(2엽본: 크뇨)
337	히52b:05:하	斷(뒌뒨)送(승승)了(랼랸) ○명을 ᄉᆞ다		2엽본: 타
338	히52b:07:상	雜(짱자)巴(바바)剌(랼라) ○삽것99) ○一云 雜巴剌東西		2엽본: 잡
339	히52b:10:하		多少大 언마나 크뇨	항목추가100)
	히53a:01		四字類	
340	히53a:03:난 상		粗捜放橐	항목추가101)

341	히53a:05:상	山高水低 ○사롬 죽는 딕 쓰는 말	言 哀痛若此	첨언(한어)
342	히53a:07:상	小心必勝 ○소심ᄒ면 반둣시 낫ᄂ니라	조심ᄒ면 반둣시 낫ᄂ니라102)	수정보사
343	히53a:09:상	你管他磨 ○네 아롱곳가	一云 管你磨	첨언(한어)
344	히53a:10:상	旋買旋喫 ○ᄌᄌ곰 사 ᄌᄌ곰 먹다	ᄌᄌ곰 사 ᄌᄌ곰 먹는다	추가보사
345	히53b:03:상	應應知道 ○벅벅이 아다	벅 〃 이 알리라	첨언(고유어, 欄上)
346	히53b:03:상	應應知道 ○벅벅이 아다	○明白知道	첨언(한어)
347	히53b:04:하	門館先生 ○집의 두고눌 비호눈 **승승**		2엽본: 스

---

23) 이 기록을 통해 이 자료가 소통사청 내에 있던 자료임을 알 수 있다.

24) 『역어유해보』(1775)에 제시되어 있다.

25) 『유씨물명고』(1824)에는 '밀화쥬'로 나타남

26) 『몽어유해』(1790), 『한청문감』 등에 '機頭'의 풀이로 '화두'가 제시된다.

27) 연한 남빛 비단

28) 『역어유해보』(1775)에 제시되어 있다.

29) 무늬 없는 비단

30) 『역어유해보』(1775)에 제시되어 있다.

31) 『역어유해보』(40a:3하단)에 제시되어 있다. '又魚유白버'와 달리 뒤의 음을 달지 않았다. '湖縐'은 『방언유석』(1778)에도 보인다.

32) 사모 겉을 싸는 얇은 사(絲)

33) 『방언유석』(1778)에는 이 한어의 발음을 '무로'가 아닌 '모라'로 제시하고 있다.

34) 『방언유석』, 『한청문감』에 제시되어 있다.

35) 석새삼베의 한 가지

36) 尺을 쓰려다가 又로 고쳐쓴 흔적이 보인다.

37) 榜椎는 '방츄'(현대어의 '방망이', '다듬이'의 의미)를 한자로 고쳐쓴 것인데, 이 필사자료 이외에는 이 한자로 쓰인 곳이 없다. '棒槌'가 『동문유해』에 보인다.

38) 『역어유해보』(1775)에 제시되어 있다.

39) 『역어유해보』에 '袖根'의 풀이로 나온다.

40) 『역어유해보』(1775)에 제시되어 있다.

41) 『역어유해보』(1775)에 제시되어 있다.

42) '▨'은 '냥'에서 한 획이 떨어져 나간 듯이 보인다.

43) 보통의 수정보사와 달리 덧씌우거나 수정표시를 하지 않고 한자의 옆에 따로 기입해
두었다.

44) 'ㅇ'표지를 달지 않은 것이 특이하다. 2엽본에서도 마찬가지로 'ㅇ'가 달리지 않았다.

45) 『동문유해』, 『한청문감』에 제시

46) 『역어유해보』, 『방언유석』에 제시

47) 『번역노걸대』, 『노걸대언해』에 제시

48) '릅'의 'ㅂ'이 훼손되어 '룹'처럼 보인다.

49) 『역어유해보』에 제시

50) 『역어유해보』에는 菉豆芽의 풀이로 '녹두기름'이 나오고, 만송문고본은 豆芽菜의 풀이
로 黃豆芽, 菉豆芽, '콩기름' 모두를 필사했다.

51) 『동문유해』(하3)에 제시.
   SENGKULE:: 부추 (福田昆之 2008:713).

52) HŪŠAJU: 토란 (J. Norman 1978:141).

53) 같은 책인 『역어유해』(下)의 「花草」(40b)에 나오는 단어이다.

54) 『한청문감』에 제시.

55) 『동문유해』, 『방언유석』, 『한청문감』에 제시

56) YASHANGGA: 격자 모양의(福田昆之 2008:920).
   ŠOLOKŪ: 석쇠. ŠOLOMBI: 굽다(福田昆之 2008::775).

57) 『역어유해보』에 제시

58) 『역어유해보』에 제시

59) 『방언유석』, 『한청문감』에 제시

60) '벗탕'과 '밧탕'이 겹쳐있어서 어느쪽이 필사된 것인지 분간이 힘들다. 2엽본을 참조했
   다. ' '

61) 『동문유해』, 『한청문감』에 제시

62) 『역어유해보』에 앞뒤의 위치가 바뀌어 '鑽弓'으로 제시되어 있다.

63) 『동문유해』(하17)에 제시.
   FORKO: 물레(福田昆之 2008:292)
   TOROKŪ: 福田昆之(2008), J. Norman(1978)에 등재되어 있지 않다. TORHOMBI(돌
   다, 회전하다)와 관련 있어 보인다.

64) 권인한(2009)에 의하면 扇의 중세시기의 동음은 '션'이다.

65) 『역어유해보』, 『동문유해』에 제시

66) 『사성통해』에 제시

67) 말이나 당나귀의 안장이나 소의 길마에 걸고 꼬리 밑에 거는, 좁다란 나무 막대기.(표준
   국어대사전).

68) 『한불자전』에 제시

69) 겨드랑이나 오금 양쪽의 오목한 곳.(표준국어대사전).

70) 『유씨물명고』에 제시. 구개음화

71) 『역어유해보』에 제시

72) 같은 책인 『역어유해』(상:24a)에 나온다.

73) 거룻배처럼 노를 젓는 작은 배.(표준국어대사전).

74) '상앗대'의 옛말. 배질을 할 때 쓰는 긴 막대. 배를 댈 때나 띄울 때, 또는 물이 얕은 곳에서 배를 밀어 나갈 때 쓴다.(표준국어대사전).

75) ŠURUCI: 뱃사공(福田昆之 2008:784).

76) '배'와 '비'의 표기를 혼용하고 있다.

77) 『한청문감』, 『동문유해』에 제시

78) '산대'를 의미한다.

79) 특이하게도 '飛(비븨)禽(긴킨)'라는 범주제목이 있는 행에 단어를 추가하였다.

80) 모음 'ㅖ'의 획이 떨어져 나간 것처럼 보인다.

81) 『역어유해보』(47a)에 '鸊鷉:며부리'라고 하여 필사자료와 유사하게 나온다.

82) 구개음화

83) 『역어유해보』에 제시

84) 『동문유해』, 『한청문감』, 『방언유석』에 제시

85) 표제어는 '새끼말'을 뜻하는 단어인데 필사자료는 '수말'로 풀이하고 있다.

86) 앞의 단어는 '狗哭:개 즛다'인데 '狗吠'를 '개 우다'로 다르게 본 점은 특이하다.

87) 『역어유해보』에 제시

88) 『역어유해보』에는 '범'을 뜻하는 동의어로 제시되어 있다.

89) 『역어유해보』(34b)에는 '골왕이'의 바로 옆에 '들팡이'를 제시해 놓았으나 표제어가 草螺子로써 '골왕이'와 엄연히 구분되어 있음에도 불구하고 필사자는 동의어 관계로 보았다. 『동문유해』, 『방언유석』에는 서식지의 구분없이 소라과의 동물로 '들팡이'를 제시하였다.

90) 『방언유석』에 표제어 '士螺'의 고유어로 '우렁이'가 나온다. 필사자료는 분철되어 있는 특징을 보인다.

91) '바드리벌'은 '나나니벌'을 의미하는 단어이다. '물벌'이라 기입한 것은 필사자의 오류로 보인다.

92) '조개'[貝]와 '조기'[魚, 조기]는 표기상 근대국어까지 지켜진 단어인데 '貝'의 의미로 '조기'를 기입하였다.

93) 수정보사(십→셥)인지 단순보사(셥→셥)인지 판단이 힘들다.

94) 수정보사(기→귀)인지 단순보사(귀→귀)인지 판단이 힘들다.

95)

3.4. 필사 자료의 시기 추정

3.4.1. 필사자 분석

이상의 필사 목록을 바탕으로 필사된 연대를 추정해보고자 한다. 필사시기를 추정하려면 우선 필사가 한 사람에 의해서 이루어졌는지 시기를 거치며 여러 사람에 의해서 이루어졌는지를 살펴볼 필요가 있다. 그런데 이 자료의 필사된 부분들은 여러 사람이 썼을 가능성을 내포하고 있다. 그렇게 보는 근거로는 첫째, 맨 뒷장에 '譯語類解'라는 서지명이 여러 번 적혀 있고 최종 소유지가 '소통사청'이라는 것이다. 제목이 여러 번 적혀있다는 것은 한 사람이 지속적으로 가지고 있었다기보다는 여러 사람의 손을 거쳤을 가능성이 높다. 또한 개인이 아닌 소통사청의 소유라는 말은 여러 사람들이 돌아가면서 봤을 가능성을 내포하고 있다. 둘째, 고쳐 쓴 글씨가 이전의 글씨체와 차이를 보이고 있다. 아래의 그림3은 '만호'라고 쓴 글씨를 '마노'라고 고쳐 쓴 것인데 옆에 있는 '산호', '밀하쥬'와 비교해 보았을 때 글씨체의 차이를 발견하게 된다. 이것은 두 사람 이상이 필사를 했거나 적어도 동일인이 시간을 두고 다른 필기구로 필사를 한 것으로 볼 수 있다. 셋째, 필사자가 부연 설명해 놓은 필사의 패턴이 크게 두 부분으로 갈린다. 예컨대, 책의 앞에서는 주로 '又'를 달고 그 표제어를 부연하다가 19장부터 37장까지는 주로 '一云'을 달고서 그 표제어에 대한 부연 설명을 한다. 이후의 장에서는 서로 혼용하여 쓰기는 하되 다시 '又'의 사용이

---

96)

97)

98)

99) 은 'ㅈ'의 윗획이 떨어져 나간 것으로 보인다.

100) 多大少와 구분을 지음.

101) 한어에 대한 풀이는 보사하지 않았다.

102) 에서 보는 바와 같이 수정된 부분을 확인하는 것이 쉽지 않다.

좀 더 높다. 이를 통해 보았을 때 '又'를 주로 사용한 필사자와 '一云'을 주로 사용한 필사자로 나누어 볼 수 있을 듯하다. 그러나 필자가 살펴본 바에 의하면, 又계통의 필사어휘와 一云 계통의 필사어휘 간의 자체의 커다란 변화를 느끼지 못했다. 오히려 又나 一云이 압도적으로 많이 사용되고 있음에도 불구하고 체계적 통일성이 결여되었다는 것은 여러 사람에 의해 필사가 이루어졌음을 암시한다고 볼 수 있다.103)

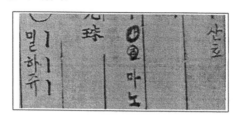

<그림3> 『역어유해』 下권 1b엽

3.4.2. 국어학적 특징을 통한 필사시기추정

글씨체를 통해서 필사된 시기를 추정하는 데는 많은 무리가 따르나 이동경로나 소유주가 소통사청인 점을 들어 필사는 한 명에 의해 이루어졌다기보다 여러 명에 의해서 필사되었을 가능성을 암시하고 있었다. 여기서는 필사한 어휘들의 국어학적 특징을 통해서 필사자의 시기를 검토해 보고자 한다.

앞서 필사목록들의 비고에 제시한 자료들을 보면 필사자가 단순히 머릿속의 지식만을 이용해서 필사를 한 것이 아님을 알게 된다. 특히 『동문유해』(1748) , 『역어유해보』(1775), 『방언유석』(1778)에 보이는 어휘들이 많이 필사된 편인데 한어음까지도 앞의 책들과 동일하게 필사하고 있다는 사실이 주목된다. 즉, 필사자는 적어도 『동문유해』(1748) , 『역어유해보』(1775), 『방언유석』(1778) 등의 책들을 참조하여 필사를 하였을 가능성이 높다는 것이다. 그렇다면 필사의 기입연대는 적어도 이 책들이 간행된 이후로 잡을 수 있을 것이다.

---

103) 그러나 이것도 소통사청의 소유라는 것을 바탕으로 한 하나의 가능성일 뿐이다. 필사자가 후에 제시하는 것처럼 다양한 책을 참고로 필사를 하였다면 표지의 체계가 비체계적으로 보이는 것이 당연한 것일 수 있다. 예컨대 『동문유해』 는 一云이 만주어에만 쓰이는 표지인데 반해 『역어유해보』 에는 一云이 고유어의 표지로 나타난다.

필사자가 한 명인지 다수인지는 파악하기 어렵지만 필자사의 신분은 의주 소통사일 가능성이 높다. 맨 첫 장과 끝장에 '의주소통사청'임을 밝혀놓은 필사 부분이 우선 주목된다. 게다가 여러 참고자료를 이용해서 필사를 했으나 잘못 기입된 부분이 많고 그것을 다시 수정한 부분이 있다는 사실(만호마노, ~~~~~~)은 필사자가 만송문고본의 오류를 수정하려 한 것이 아니고 개인학습을 위해 필사했기 때문으로 보인다. 또한 부연 설명할 때의 표지의 사용이 비체계적인 것도 이런 추정을 뒷받침한다. 책의 올바른 교정이 목적이었다면 이처럼 비체계적인 표지를 달지는 않았을 것이다. 또한 『동문유해』에 제시된 만주어들을 자주 필사를 했다는 사실은 필사자가 만주어도 함께 공부했다는 것으로써 『동문유해』를 참고했다는 증거인 동시에 아직 초보단계의 소통사임을 보여주는 좋은 예라고 할 수 있겠다.

이외에도 이중모음이 단모음화된 흔적(배 젓다/비 쓰이다, 어흠조기)이나 구개음화(닷져구리, 턱쟈감이), 경음화(뿔쏠타)가 된 어휘들도 발견된다. 특히 당시의 중국 속음을 표기하기 위해 제시한 한자의 우측음을 수정하였다는 것(楷俗音키)은 필사 시기가 책의 간행시기와 차이가 있다는 것을 말해주는 것이다. 이러한 사실들을 종합해 보았을 때 필사자는 근대국어 후기(18세기말~19세기)의 의주소통사로 추정된다.

4. 맺음말

본고에서는 현전하는 『역어유해』 (하)의 특징들을 만송문고본 『역어유해』 (하)와 비교해보고자 하였다. 그 결과 '쟘뛰'와 '곡뒤치다'의 두 용례가 의심되기는 하나 대체로 만송문고본은 삼엽본 중에서도 선본으로 추정할 수 있는 국어학적 특징을 보이고 있었다. 특히 조선시대 숙종대 벼슬을 지녔던 이대성의 이름과 서명이 적혀있으므로 초간본에 가까운 자료일 수도 있음을 확인할 수 있었다.

만송문고본은 필사로 보충설명을 기입한 부분이 많아서 이 자료만으로도 충분히 연구할 만한 가치를 지닌 자료라고 할 수 있다. 필사자료를 인쇄된 자료와 비교해 본 결과 필사된 부분은 필사자가『동문유해』,『방언유석』,『역어유해보』 등을 주로 참고하여 필사했다는 사실을 추정할 수 있었다. 이 외에도 필사자가 반영하고 있는 국어학적 특징이 근대국어후기의 것들로서 필사의 오류가 있는 것들이 다수 존재한다는 점과 '의주소통사청'이라는 글을 1a엽에 필사해 놓은 점 등으로 미루어 필사자를 의주소통사로 추정하였다.

필사자료가 이대성이라는 인물과는 직접적인 연관성이 없으므로 간행된 시기의 자료로는 이용될 수 없지만 그렇다고 하더라도 이 필사자료가 가치를 잃었다고는 볼 수 없다. 특히 난해어로 제시된 방언과 다른 자료에서는 발견되지 않는 몇 어휘들은 그 어휘의 존재만으로도 우리의 국어사 연구가 여전히 밝혀지지 않는 부분이 많이 있음을 보여주는 것이다.

<參考文献>

강신항(1966), 「이조중기 이후의 역학자에 대한 고찰」, 成大論文集 11輯.

_____(1978),『이조시대의 역학정책과 역학자』, 탑출판사.

고려대도서관(1985),『漢籍目錄綜合索引』, 고려대출판부.

국회도서관(1968),『한국고서종합목록』.

권인한(2009),『中世 韓國漢字音의 分析的 硏究』, 박문사.

박찬식(2008),『유해류 역학서 연구 1』, 역락.

심소희(1992),「『역어유해』小考」, 중국어문학집.

심재기(1991),「근대국어의 어휘체계에 대하여-역어유해 분석을 중심으로-」,『국어학의 새로운 인식과 전개』, 서울대학교 대학원 국어연구회.

안미경(1990),「조선조 서지학의 판종에 관한 연구」, 서지학연구회

연규동(1995),「역어유해 현존본에 대한 일고찰」, 국어학회 26집

이기문(1974),「역어유해 해제」『역어유해』영인본, 아세아문화연구소

정광(2005),『역학서 연구』, 제이앤씨

_____(1978),『유해류 역학서에 대하여』, 국어학 7집.

정광・윤세영(1998),『사역원 역학서 책판연구』, 고려대출판부.

정승혜(2010),「국어문화교육론」강의자료.

홍윤표(1995), 「역어유해 · 역어유해보 해제」, 『역어유해』 영인본, 홍문각.

<辭典類>

유창돈(1964), 『이조어사전』, 연세대 출판부
남광우(1997), 『고어사전』, 교학사
JERRY NORMAN(1978), 『A Concise Manchu-English Lexicon』, Univ of Washington
               press
福田昆之(2008), 『補訂 滿洲語文語辭典』, FLL.

<參考資料>

『역어유해』 하, 고려대학교 한적실 만송문고
『역어유해』 영인본(1974), 아세아문화연구소
『역어유해』 영인본(1995), 홍문관
『역어유해』 영인본(2005), 서울대학교규장각
『동문유해』 영인본(1995), 홍문각

참고 사이트
조선왕조실록(http://sillok.history.go.kr/)
한국역대인물 종합정보시스템(http://people.aks.ac.kr)

□ 성명 : 오민석(吳㟁錫)
   주소 : 서울시 안암동 5가 104-5번지 동인 B203호
   전화 : 010-5389-5557
   전자우편 : malbeot@korea.ac.kr

□ 이 논문은 2010년 12월 29일 투고되어
        2011년 1월 10일부터 1월 25일까지 심사하고
        2011년 2월 25일 편집회의에서 게재 결정되었음.

『淸語老乞大』 만주어 색인

최동권 · 김양진

(韓國, 상지대학교) · (韓國, 고려대)

※ 아래 어휘 색인은 『淸語老乞大』의 만주어 어휘를 로마자로 전사하여 배열한 것이다. 『청어노걸대』는 17세기 조선시대 청과의 관계가 밀접해지자 만주어에 대한 필요성이 증가하면서 만주어 학습을 위한 교재로 편찬되었다. 당시 만주어 학습에 이용된 교재는 『청어노걸대』, 『삼역총해』, 『소아론』, 『팔세아』 등, 소위 淸學四書가 있었는데 그 중에서도 『청어노걸대』가 가장 대표적인 교재로 활용되었음을 당시의 만주어 시권(試卷)의 시험 문제 등을 통해서 알아볼 수 있다. 『淸語老乞大』는 양적으로도 방대할 뿐만 아니라 질적으로도 가장 우수한 만주어 교재라 할 수 있다. 이 책은 병자호란 때에 청에 납치되었다가 귀환한 사람들이 (漢語)『老乞大』를 만주어로 번역하고 청학관 이세만 등이 서사(書寫)한 것을 박창유 등이 강희(康熙) 계미(癸未, 1703)에 간행한 것이다. 이 책의 초판 활자본은 현재 전하지 않고 이를 저본으로 하여 후대에 청학관(淸學官) 김진하(金振夏)가 수정하여 건륭(乾隆) 을유(乙酉, 1765)에 평양에서 목판본으로 간행한 『淸語老乞大新』의 탁족본과 동양어학교본, 대영도서관본, 그리고 고려대 박물관에 소장된 책판의 탁본 등 모두 4종이 현존하고 있다. 이 가운데 탁족본이 가장 완전한 형태를 유지하고 있으므로 이 어휘 색인에서도 만주어 연구와 학습을 위하여 (탁족본)『淸語老乞大新釋』을 저본(底本)으로 하여 만주어를 전사하고 주석을 달았다. 교착어인 만주어의 특성을 고려하여 체언과 용언의 다양한 굴절을 하나로 묶어 대표어(용언의 경우는 어간형)로 먼저 배열하고 체언의 곡용형과 용언의 활용형들은 각 단어의 아래에 따로 배열하여 보였다. 또 만주어를 모르는 독자를 위하여 『淸語老乞大新』에 실린 근대 국어 어휘의 대표형(비굴절형)을 대응어로 보였는데, 근대 국어 어휘가 현대 국어로 뜻을 명확히 알기 어렵거나 현대 국어와 표기 및 의미상의 차이가 있는 경우는 근대 국어 어휘 뒤에 ';'으로 구별하여 현대 국어의 뜻을 덧붙여 보였다. 『淸語老乞大新』의 근대 국어 번역문에 한자로 되어 있는 부분은 한자를 밝히는 것으로 대신하였다. 표제어로 사용된 대표형과 실제 사용된 어형 사이에 차이가 없으면 줄을 바꾸지 않고 바로 색인을 보였으나 차이가 있으면 줄을 바꾸어 색인을 보였다. 간혹 의역의 과정에 근대 국어 번역 대당어가 없거나 현대 국어 대응형과 차이를 보이는 경우가 있는데 이는 현대 국어에 따라 이해하면 된다. 끝으로 만주어의 형용사가 국어와 달리 활용을 하지 않기 때문에 『淸語老乞大』의 근대 국어 어형과 일대일로 대응하지 않는 경우가 많은데 현대 국어 대응형에서는 기본형('-다')으로 통일하는 것을 원칙으로 하였다.

abka 하눌 ; 하늘 (1:2a) (1:14a) (2:13b) (2:19b) (2:19b) (3:3b) (3:4a) (3:15a)
              (3:16a) (3:19b) (4:2a) (4:9b) (4:17a) (7:10a) (7:12b)

abkai fejergi 天下
  abkai fejergi be (1:6b)

absi 어디로 ; 어디로 (1:1a) (1:9b)

absi ᄀ장, 엇지 ; 가장. 어찌. (3:21b) (4:1b)

aca- 만나다
  acafi (1:22a) (1:24b) (1:24b) (3:4a) (4:10b) (8:21b)
  acaha (5:1a) (5:10b)
  acahakū (1:24b)
  acaki (5:10a)
  acara be (8:22b)

aca- 맛당ᄒ다, ᄒ염즉ᄒ다 ; 마땅하다, 함직하다
  acambi (2:24b) (5:20b) (7:14b) (7:14b) (8:12a)
  acambihe (4:3b)
  acara (3:19a)
  acara be (3:9b) (4:3a) (7:22a)

acabu- 모도다, 타다, 마초다 ; 모으다, 타다, 맞추다
  acabufi (2:8a) (2:9a) (5:18a) (8:5b)
   acabufi (4:14a)
  acabume (5:16a) (5:16b) (6:21a) (7:19b)

acabu- 아첨ᄒ다 ; 아첨하다
  acabuha (7:24a)

acana- 맞다
  acanambi (6:15a)

aciha 짐
  aciha (3:5b) (4:13a) (4:15a)
  aciha be (3:4a) (3:9a) (3:14a) (3:15b) (4:7a) (4:10a) (4:10a) (4:10b) (5:1b)
      (5:1b)

aci- 싯다 ; 씻다
  acifi (2:16b)
  aciha (1:10b) (4:10b)
  aciki (3:14a)
  acime (3:4a) (4:15a)
  acire (3:14a)
acinggiya- 흔들다
  acinggiyame (1:5a)
ada- 겻희 ; 이웃하다, 곁에 있다
  adame (2:4a)
adaki 이웃 (2:16a) (7:17b)
adaki boo 이웃집 (3:19a)
  adaki boo i (1:22b)
adali ㄹ혼 ; (~과) 같이 (1:6b) (1:12b) (1:16a) (1:26a) (2:2b) (3:1a) (3:2a) (3:8b)
    (4:4b) (5:6a) (5:9a) (5:11a) (5:12a) (5:14a) (7:16b) (8:9b) (8:10a)
    (8:11a) (8:21b)
adalingge ㄹ혼것 ; 같은 것.
  adalingge be (8:8b)
adarame 엇지 (1:2a) (1:4b) (2:1a) (2:2a) (2:11b) (2:13b) (2:14b) (2:26a) (3:2a)
    (3:17b) (3:19a) (3:20b) (3:22a) (4:1a) (4:12b) (4:18a) (4:18b)
    (4:19b) (4:19b) (4:20b) (4:24a) (5:17a) (5:22b) (6:4b) (7:6a) (8:5a)
afa- 맛다 ; 맡다
  afaha (7:11b)
afabu- 맛지다 ; 맡기다
  afabufi (3:14a) (7:23a)
  afabumbi (8:4a)
  afabume (6:2a)
aga 雨 (7:2a)
age 형

age (1:1a) (1:9b) (1:10a) (1:11a) (1:24a) (1:24a) (1:25b) (2:6b) (3:4a) (3:6a)
(3:8b) (3:11b) (3:12a) (3:12b) (3:12b) (3:13a) (3:15a) (3:16b)
(3:17b) (3:19b) (4:1a) (4:6a) (4:10b) (4:17a) (4:17b) (4:18b) (4:19b)
(4:23a) (5:7a) (5:12b) (6:7b) (6:11a) (6:11b) (6:18b) (6:19a) (7:3a)
(8:2a) (8:6a) (8:10b) (8:13b) (8:16a) (8:21b)

age de (3:16a) (5:4a) (5:10a)

age i (1:22a) (3:8a) (4:2b) (4:7a)

agese 형들 (5:20a)

agūra hajun 器械

agūra hajun be (2:18b)

aha nehu 奴婢

aha nehu be[1] (7:18b)

ahūn 兄 ; 형 (1:22b) (1:22b) (4:17a)

ahūn deo 兄弟

ahūn deo (1:22b) (1:22b) (1:23a) (6:21b) (6:22a) (6:22a) (6:22a)

ahūn deo de (6:22a) (7:12a)

ahūn deo i (8:21b)

ahūn deo de banjiha jalahi jui 兄弟의게 난 족하 ; 형제에게서 태어난 조카,
친조카 (6:22a)

ai 므엇, 므슴 ; 무엇, 무슨

ai (1:2b) (1:3a) (1:4a) (1:7b) (1:10a) (1:10b) (1:17a) (1:22a) (1:25b) (1:26a)
(1:26b) (2:3b) (2:5a) (2:19b) (2:19b) (2:22a) (3:6b) (3:8a) (3:8b)
(3:10a) (3:11a) (3:12b) (3:15a) (3:17a) (3:23a) (4:11a) (4:13b)
(4:16a) (4:17b) (4:17b) (4:20a) (4:20a) (5:5b) (5:5b) (5:6b) (5:7b)
(5:8b) (5:11a) (5:18b) (5:23a) (6:6b) (6:8b) (6:12a) (6:13a) (6:13b)
(6:19b) (6:23b) (7:7a) (8:2b) (8:3a) (8:3b) (8:11a) (8:12b) (8:15b)
(8:15b)

---

1) 기존 만주어 사전에는 nehū의 형태로 등재되어 있음.

aibe (1:3a) (1:4a) (4:12b) (4:19b) (5:19b) (6:18b)

aide (2:23a)

ai geli 이럴 리 이시랴 ; 이럴 리가 있을까 (4:17b)

aiba 어디 ; 어느 곳, 어디

　aibaningge (6:17a)

aibi 어디 ; 어디 (5:19a) (6:17a) (7:13a)

　aibici (1:1a) (1:24b)

　aibide (1:10a) (1:13a) (1:14b) (2:20a) (3:2b) (3:12b) (3:19b) (4:2b) (4:6b)
　　　(5:1a) (5:3b) (5:23a) (7:1b)

aifini 임의, 볼셔 ; 이미, 벌써 (2:12b) (2:19a)

aigan 관혁, 솔 ; 과녁, 솔

　aigan de (7:3a)

　aigan i (7:2a)

aiha 구슬 (8:17a)

aika 만일, 아모 ; 만일, 아무 (1:4b) (1:7a) (1:25a) (2:10b) (2:11b) (3:7a) (3:11b)
　　　(3:13a) (3:14b) (3:15b) (4:1a) (4:4b) (5:16a) (5:19a) (6:5a) (6:7a)
　　　(7:3a) (7:11b) (7:14b) (7:17a)

aikabade 힝혀 ; 행혀 (1:5b) (1:6a) (1:13b) (2:10a) (3:13a) (3:22a) (6:2b)
　　　(8:11a)

aina- 므엇ᄒ다, 엇지ᄒ다 ; 무엇하다, 어찌하다

　ainambi (1:6a) (2:14a) (2:20b) (4:7a) (5:4b) (5:19a) (6:4b) (6:10b)

ainaha 엇던 ; 어떤 (2:23b) (6:16a)

ainaha seme 결단코 (4:18a) (6:9b)

ainambaha- 엇지 ᄒ다 ; 어떻게 하다, 어떡하다

　ainambahafi (8:22b)

ainara 엇지ᄒ다 ; 어찌하다 (1:8a) (3:16a) (3:16b) (3:19a) (3:20a) (4:6a) (6:10a)

ainci 응당 (1:22b) (2:15a) (2:17a) (5:8a)

ainu 엇지 ; 어찌 (1:1b) (1:9a) (3:14b) (3:19b) (4:11b) (6:16a) (6:17b) (6:19a)
　　　(6:19b) (6:23a) (7:2b) (7:5b) (8:2b) (8:3b) (8:10b)

aise 시부다 ; 싶다 (5:5b) (5:8a)

aise- 므슴ᄒ다 ; 무엇이라 하다

   aiseme (3:4a) (5:7a)

aisi 利息,

   aisi (1:17b) (5:19a) (6:14a) (8:21a)

   aisi be (1:18a) (1:20b) (8:15a)

aisila- 돕다

   aisilame (7:14a)

aisin 金

   aisin (5:8a) (7:20a) (7:21a) (7:22a)

   aisin i (6:11a) (6:15a) (8:19a)

aisin gu 金玉 (7:20b)

aisin kiyamnaha 鍍金ᄒ다 ; 도금(鍍金)하다

   aisin kiyamnaha (7:20b)

aisin menggun 金銀

   aisin menggun i (7:23b)

aisin sirge 金絲

   aisin sirgei (6:13b)

aitu- 되씌여나다 ; 되깨어나다, 되살아나다

   aituha (2:17b)

   aitume (5:3a)

ajige 젹은, 小 ; 적다 (1:18b) (4:24a) (5:5a) (5:8b) (5:15a) (8:18a) (8:18a)
        (8:19a)

ajige niyalma 小人

   ajige niyalma (3:8a) (3:17b) (3:18a) (4:17b) (4:18a)

   ajige niyalma be (3:13a)

ajige niyalma se 小人들 (3:12a)

ajigen 어린, 작은 ; 어리다, 작다

   ajigen ci (7:11b)

ajigen tacin i bithe 小學

    ajigen tacin i bithe be (1:3a) (1:4a)

nakcu 外三寸 (6:22a)

akda- 밋다 ; 믿다

    akda (8:8a)

    akdaci (3:20a) (4:16a)

    akdambi (6:5b)

    akdarakū (1:26a) (3:17b) (6:18a) (6:19b)

akdun 실흔 ; 실하다, 믿을만하다 (3:5a) (7:12a)

akdun bithe 明文

    akdun bithe be (6:5b)

akta 블친 ; 거세(去勢) (5:13b) (6:1b) (6:8a)

aktala- 블치다 ; 불까다

    aktalaha (5:13a)

akū 아니, 없다, 못 (1:2a) (1:6a) (1:9a) (1:10a) (1:13b) (1:16a) (1:22b) (1:24b)
(2:1a) (2:11b) (2:12b) (2:13b) (2:14a) (2:14a) (2:16a) (2:17a)
(2:19a) (2:19a) (2:20a) (2:22a) (2:22a) (2:22a) (2:22b) (2:23a)
(3:1a) (3:1a) (3:5b) (3:6b) (3:7b) (3:7b) (3:10a) (3:11a) (3:16a)
(3:16b) (3:19a) (3:22a) (4:1b) (4:4a) (4:5a) (4:6a) (4:10b) (4:12b)
(4:15b) (4:16a) (4:17a) (4:18b) (4:21a) (4:23b) (4:23b) (4:24b)
(5:3b) (5:5a) (5:5b) (5:6a) (5:6a) (5:6b) (5:7b) (5:11a) (5:11b)
(5:16b) (5:19a) (5:20a) (5:20b) (5:20b) (5:21b) (6:1a) (6:2b) (6:9b)
(6:9b) (6:11b) (6:12a) (6:13b) (6:17a) (6:17b) (6:18b) (6:19b)
(7:5b) (7:6b) (7:7a) (7:13a) (7:17a) (8:1a) (8:4a) (8:8b) (8:9a)
(8:9b) (8:9b) (8:10a) (8:12a) (8:14a) (8:19b) (8:20b)

akūmbu- 극진이ᄒ다 ; 극진히 하다

    akūmbume (7:17a)

akūna- 극진ᄒ다 ; 극진하다

    akūnahakū (1:6b)

ala- 알외다 ; 알리다, 알려 주다
    ala (3:12b) (4:13b) (5:15a) (5:15b) (8:20a)
    alafi (1:9a)
    alame (5:11b)
    alara (2:17b) (5:17b) (6:13b)
    alarangg (1:12a)
ala- 쓰다 ; 싸다, 입히다
    alaha (6:18b)
alan 봊 ; 벗나무 (6:18b) (6:19b) (6:19b) (6:20a)
alašan 느릔 ; 느리다 (5:14a)
alban 官家, 구실
    alban ci (8:19a)
    alban de (7:11b)
    alban i (2:19a) (5:20b)   (6:16b) (8:3a) (8:8b) (8:12b)
alban diyan 官店
    alban diyan i (1:14b)
    alban diyan de (4:22a)
aldangga 먼 ; 멀다 (1:22b) (3:3b)
algimbu- 소문나게 하다.
    algimbure de (7:14b)
alha 아롱 ; 아롱무늬, 얼룩무늬 (8:18b)
alhūda- 본받다
    alhūdame (7:4a)
ali- 밧다, 닙다 ; 받다, 입다
    alifi (3:8a)
    alimbi (1:6a)
    alime (4:17b) (4:18a) (4:21a) (8:13b)
alimbaharakū 이긔지못ᄒ여 ; 이기지 못하여 (3:11b)
alin 뫼 ; 산(山)

alin de (3:2b)

alin i holo 묏골 ; 산골

    alin i holo de (2:18b)

aliya- 기드리다 ; 기다리다

    aliya (5:5a) (6:4a) (6:6b)

    aliyafi (2:9b) (2:19b) (2:22b) (5:2a) (8:1b) (8:15a)

    aliyaki (5:3b) (5:5a)

    aliyambi (6:6b)

aliya- 뉘우치다

    aliyafi (6:2a) (6:2b) (6:5a) (6:5a)

    aliyame (7:24a)

aliyakiya- 기드리다 ; 가면서 기다리다

    aliyakiyame (1:1b)

ama eniye 父母 (1:7b) (1:7b)

    ama eniye de (7:12a)

amaga 뒤, 後

amaga inenggi 後日 (8:22a)

amargi 뒤, 北

    amargi (1:24a) (2:2b) (2:20a) (2:25a) (3:2b) (3:15a) (3:18a) (3:18b) (4:5a)
        (4:6b) (4:8b) (4:21b) (4:22a) (4:23a) (4:25a) (5:21b) (6:2a) (6:2b)
        (7:1b) (7:3a) (7:3b) (7:8a) (7:10b) (8:13b)

    amargi ci (2:17a)

    amargi de (6:1b)

amargi nahan 뒷방 (3:22b)

amasi 도로, 도라, 뒤흐로 ; 돌아서, 뒤로 (1:13b) (1:17a) (2:18b) (3:2b) (3:4b)
        (3:14b) (4:7b) (4:19a) (6:2a) (6:2b) (6:5a) (6:5a) (6:6a) (8:1b)
        (8:14b) (8:15a) (8:19b) (8:20b) (8:21b)

amasi julesi 往來 (1:21a)

amba 큰, 大 (1:1a) (1:9b) (1:24a) (2:15a) (4:1a) (4:17b) (4:17a) (4:19b) (5:4a)

(5:15a) (6:11b) (6:12a) (6:12b) (6:17a) (7:2a) (8:12b) (8:17a)
(8:18a) (8:19a) (8:21a) (8:21b)

amba dulin 太半

  amba dulin be (7:23a)

amba muru 대강 (1:14a)

ambalinggū 거오흔 ; 거룩하다, 위대하다 (7:21a)

ambasa 신하들, 大人들

  ambasa be (7:16a)

ambula 크게 (1:20b) (1:23a) (3:11a) (3:12a) (4:5b) (4:10b) (4:21a) (5:10a)
       (7:2a) (8:14a) (8:21b)

amca- 밋다, 밋치다, ᄯᆞ르다 ; 미치다, 따르다

  amcame (1:1b) (2:16b) (2:17b) (4:12a) (7:11a)

  amcarakū (1:13b) (2:4b)

amha- 자다

  amhaha (2:15a)

  amhaki (4:8a)

  amhakini (4:7b)

  amhambi (4:1a)

  amhame (2:10b) (4:8b)

  amhara de (7:16a)

amhabu- 재오다 ; 재우다

  amhabuki (4:8b)

amji amu 叔父 (6:21b)

amtala- 맛보다

  amtalaci (2:6b)

  amtalame (2:6a) (4:16a)

amtan 맛 (4:14a) (4:16a)

amtangga 맛잇는 ; 맛있다 (7:21b)

amu 좀 ; 잠 (4:8b)

amu šabura- 조을리다 ; 졸리다
    amu šaburame (1:23b)
    amu šaburara de (4:7b)
amuran 죠하흔 ; 좋아하다 (3:9a) (7:14b)
an 례ᄉ ; 예사(例事)
    an i (6:14a) (7:8b) (8:18a)
an i ucuri 常時 (7:11b)
ana- 미뤄다. ; 밀치다, 밀어 내다
    anaci (2:10b)
anabu- (승부에) 지다.
    anabuha (7:4a)
anahūnja- ᄉ양하다 ; 사양(辭讓)하다
    anahūnjara (4:19a)
aname 두로 ; 두루 (7:22a)
anda 나그니 ; 나그네
    anda (1:25b) (2:14b) (2:16b) (2:17a) (2:17b) (3:16a) (4:4a) (4:4b) (4:13b)
           (4:16b) (5:2a) (5:4b) (5:5a) (5:18b) (6:11a) (6:12a)
    anda i (5:11b)
andase 나그니들 ; 나그네들
    andase (1:15a) (2:3a) (2:12a) (2:19b) (3:6b) (3:8a) (3:19b) (4:4a) (4:5b)
           (4:24b) (5:16a)
    andase be (3:7a)
    andase de (3:7b) (3:7b)
andande 믄득 ; 문득 (7:10b)
anduhūri 無情흔 ; 무정(無情)하다 (6:23a)
angga 아귀, 어귀
    angga (3:11a) (5:14a) (5:14a) (5:15b)
    angga be (3:21b)
angga tatarambi 입히름ᄒ다 ; 입씨름하다

angga tataraci (4:21a)

aniya 히, 年 ; 해, 년(年)

    aniya (1:8a) (1:8a) (1:21b) (2:13b) (3:5a) (4:12b) (8:20a)

    aniya ci (6:18a)

aniyadari 히마다, 每年 ; 해마다, 매년(每年) (1:15a) (2:23b) (7:9b)

aniyangge 히 ; 해 (8:20a)

antaha 손

    antaha (4:1b) (4:3b)

    antaha be (3:8b) (3:10b) (3:12a) (3:20b)

    antaha i (3:21a)

antahala- 나그니로 머물다 ; 손님으로 머물다, 사신으로 머물다

    antahalara (3:10a)

antaka 엇더ᄒ뇨 ; 어떠한가 (1:10a) (1:11a) (1:16b) (2:8b) (3:2b) (3:17a)

        (3:23a) (4:2a) (4:5b) (4:6a) (4:13a) (5:6a) (5:9a) (5:17b) (7:9a)

        (8:3a) (8:12a) (8:15a)

ara 어겨 ; 아아 (1:24a) (2:13a) (2:19a) (3:2b) (3:14a) (4:9a) (6:19a) (7:2b)

    (8:14b)

ara- 민들다, 짓다 ; 만들다, 짓다

    ara (2:3b) (2:3b)

    araci (3:7a)

    araha (2:6b) (2:7a) (3:7a) (3:13b) (7:20b)

    arahangge (8:19a)

    arambi (1:18b)

    arame (1:10a) (1:11a) (1:24b) (3:5b) (3:6b) (4:3a) (4:4a) (4:5a) (4:5b)

        (4:23b) (4:24b) (4:24b) (5:9b)

    arara (6:16b)

    arara de (6:16b) (8:10b) (8:10b)

ara- 쓰다

    ara (5:22a) (5:22b) (5:22b) (5:23a)

araci (5:22a) (5:22b)

arafi (1:5a) (6:4a)

araha (6:2a) (6:2b) (6:2b) (6:3a) (6:6b)

arahabi (6:1a)

arahangge (5:7b) (6:5a)

araha (8:14a)

araki (5:21a)

arambi (1:5b) (6:4a)

arambio (5:22a) (5:22a)

arame (1:3b) (6:6a)

arara (6:3a)

arabu- 쓰이다

    arabumbi (5:22a)

arbun 거동 ; 거동

    arbun be (5:18b) (7:21b)

arbun muru 形容 (3:20b)

arkan 계요 ; 겨우 (3:15a)

arkan seme 마지 못ᄒ여 ; 마지못해 (2:1b)

arsarakū[2] 녜ᄉ롭지않은 ; 예사롭지 않다 (3:21a)

asara- 굽초다 ; 감추다

    asarafi (6:10b)

asha- (허리에) ᄎ다 ; 차다

    ashafi (2:16b)

    ashara (8:18b)

asihata 졈은이 ; 젊은이, 청년

    asihata (2:24a) (5:5b)

    asihata de (7:18a)

---

2) arsari akū가 결합하여 통합한 형태로 기존 만주어 사전에서는 확인되지 않는다.

asuru ㄱ장 ; 아주, 매우 (1:25a) (2:2b) (3:22b) (4:5a) (6:4b) (8:10a)

aša 兄嫂 (6:21b)

ašša- 動ㅎ다 ; 움직이다, 이동하다

   aššambi (7:8a)

   aš* ame (7:8a)

aššabu- 움직이게 하다.

   aššaburakū (5:16a)

atanggi 언제 (1:1a) (5:7a) (5:16a) (6:4a) (8:1b)

ayan 밀(蜜) (8:17b)

ayoo 시부다 ; 싶다 (3:7a)

ba 곳, 짜, 디 ; 곳, 땅, 데, 장소

   ba (1:6b) (1:16a) (1:16b) (3:16a) (3:18b) (3:19a) (4:18b) (4:21a) (5:16b)
         (6:7b) (6:9b) (6:20a)

   babe (2:11a) (3:15b) (3:16a) (3:16b) (3:19b) (3:23a) (3:23a) (4:5b) (7:13b)
         (7:13b) (7:23b)

   babi (1:26b) (2:5a) (2:16a) (2:19b) (3:6b) (3:10a) (3:11a) (3:23b) (4:11a)
         (8:3a)

   baci (2:16a) (4:3a) (5:4b) (5:5b) (6:12b) (6:13a) (6:14b) (7:20b) (8:9b)

   bade (1:7a) (1:7a) (1:8a) (1:10a) (1:11a) (1:15a) (1:17a) (1:18a) (2:1b)
         (2:8a) (2:15a) (2:17a) (3:1a) (3:1b) (3:13a) (3:16b) (3:18a) (3:20a)
         (3:23a) (4:6a) (4:9a) (4:10b) (4:20a) (4:20b) (5:9b) (5:15a) (5:18b)
         (5:22a) (5:22b) (6:7a) (6:10b) (6:15b) (6:18a) (7:15a) (7:15b)
         (7:15b) (7:22b) (8:1a) (8:9a) (8:15a) (8:16a)

   ba i (3:17a) (5:6b) (6:11a) (6:11b) (6:11b) (6:12b) (6:12b) (6:13a)

ba 바, 것

   babe (4:13b) (4:18b) (5:15a) (7:12a) (8:1b)

   babi (5:7b)

   bade (4:2b) (6:23b)

ba 里

  ba (1:14a) (4:11b) (4:11b) (4:11b)

  babi (1:14a) (3:15a) (4:11b) (4:12a) (4:21b)

  bade (3:12a) (3:12a)

  ba i (1:13a) (1:13b) (2:12b) (2:18a)

ba na 地方 (1:16a)

baha- 엇다 ; 얻다

  baha (1:18a) (1:20b) (1:23a) (4:11b) (5:10a) (8:15a)

  bahabi (7:7a)

  bahaci (3:23a) (4:20a)

  bahafi (1:2a) (1:22a) (1:26a) (2:14b) (2:26b)

  bahaki (3:12a) (6:14a)

  bahambi (4:6b) (8:21a)

  bahambihe (5:6b)

  bahara (3:11a) (4:22b) (5:8a)

  bahara ci (3:11a)

  baharakū (1:13b) (2:21b) (5:6b) (5:18b) (7:24a)

  baharakūngge (7:11b)

  baharengge (7:11b)

bahana- 알다

  bahanambi (1:2b) (1:8a)

  bahanambio (1:8a) (2:3a)

  bahanarakū (2:2b) (2:3a) (2:5a) (2:21a) (3:5a) (5:9b)

  bahanarakūn (1:8a) (2:3a)

bai- 춫다, 빌다 ; 찾다, 얻다, 빌다

  baifi (2:1b) (2:20b) (5:2b) (5:4b) (8:13b)

  baiki (3:15b)

  baimbi (5:22a)

  baime (1:23b) (2:1b) (3:6b) (3:11b) (3:13a) (3:13b) (3:16a) (3:16b) (4:21b)

    (4:22a) (5:10b) (7:17b) (8:14b)

baire (4:1b) (4:4a)

baire de (2:1b) (5:10a)

baisu (3:19b) (5:22a)

bai 그저 (2:3a) (2:9b)

bai gisun 샹말 ; 상말, 속어(俗語)

　　bai gisun de (2:23b) (5:8a) (7:14b)

baibi 속졀업시, 부졀업시, 그저 ; 속절없이, 부질없이, 그저 (2:16a) (4:6b)

　　　　(4:15b) (6:10b) (6:20b) (7:10a) (7:11a) (7:21a) (8:11a) (8:22a)

baibu- 허비ᄒ다 ; 허비하다

　　baibumbi (1:15b) (8:11a)

baica- 査察ᄒ다 ; 찾다, 조사(調査)하다, 사찰(査察)하다

　　baicame (3:21a)

baili 恩惠 (7:9a)

baime 向ᄒ여 ; 향하여 (2:15b)

baita 일

　　baita (1:10b) (2:16b) (2:19a) (3:13a) (4:24a) (5:20b) (6:9a) (7:17a) (8:4a)

　　　　(8:14b)

　　baita be (2:20a) (7:14a) (7:14b) (7:14b)

　　baita de (7:12b) (7:18a)

baitalabu- 쓰게ᄒ다 ; 쓰게 하다

　　baitalabumbi (6:2b)

　　baitalabure (7:17a)

baitala- 쓰다

　　baitala (2:2a)

　　baitalaci (4:19b) (4:20b) (5:21b) (8:13b)

　　baitalaha (3:5a) (7:5b) (7:23a) (8:21b)

　　baitalambi (1:7a) (1:16a) (1:16a) (1:16b) (4:19b) (8:3b) (8:12b)

　　baitalame (7:23b)

　　baitalara (1:6b) (4:25a) (8:18a)

baitalara be (6:10a)

bakta- 빈다 ; 허용하다, 수용하다, 받아들이다

    baktarakū (7:21b)

balai 망녕되이, 간대로/간더로 ; 함부로, 제멋대로 (1:23a) (1:26a) (3:19b)

           (5:15b) (5:15b) (5:16a) (6:14b) (6:15a) (7:13a) (8:7a)

balama 狂忘흔 ; 말버릇이 없다, 말이 건방지다 (7:18a)

banda- 게으르다

    bandarakū (7:12b)

baniha 감사, 謝㑡 (4:6a) (7:9b)

baniha arambi 謝㑡한다 ; 사례(謝㑡)하다

    baniha araha (4:10b)

    baniha arambihe (6:23a)

banji- 낳다

    banjiha (8:20a) (8:20a) (8:20b)

    banjire (7:23b)

    banjire be (7:13a)

banjibu- 민들다, 삼기게하다 ; 만들다, 생기게 하다

    banjibufi (8:5b)

    banjiburengge (7:12b)

banjiha ahūn deo 親兄弟

    banjiha ahūn deo i (7:16b)

banjire were 平生

    banjire were be (7:18a)

banjinji- 태어나다

    banjinjifi (7:14a)

barambu- 섯ㄱ다 ; 섞다

    barambufi (5:13a) (1:15b) (5:15a)

bardanggila- 쟈랑하다 ; 자랑하다

    bardanggilara (7:16b)

bargiya- 서럿다, 거두다 ; 수습하다, 정리하다, 거두다
    bargiya (3:10a)
    bargiyafi (1:21a) (3:10b) (4:9a) (8:14b)
    bargiyaha (4:4b)
    bargiyahakū (2:13b) (4:2a) (4:3b) (4:5a)
    bargiyahangge (1:16a)
    bargiyambi (7:16a)
    bargiyame (1:17b) (1:18a) (4:15a)
baru 向ᄒᆞ여 ; 쪽으로, 향하여 (1:1a) (1:9b) (1:9b) (1:14b) (2:18a) (3:22b)
          (4:20b) (4:24a) (8:21a)
basa 슈공 ; 수공(手工), 품삯, 노임(勞賃)
    basa (6:3b) (8:21a)
    basa be (6:3a) (6:3a) (6:3b)
basu- 웃다
    basumbi (4:21b)
    basure (7:13b)
bayan 富 (2:21b) (7:12b) (7:13a)
be 우리 (1:23a) (1:23a) (1:24b) (2:11a) (2:12a) (2:13a) (2:14a) (3:4a) (3:6a)
          (3:9b) (3:10a) (3:10a) (3:11b) (3:16a) (3:16b) (3:17b) (4:1a) (4:2a)
          (4:2b) (4:3a) (4:10b) (4:14a) (4:17a) (4:23a) (4:23a) (4:24b) (5:9b)
          (5:20a) (6:6b) (6:23a) (8:21b)
bederebu- 므르다 ; 물러오다, 돌아오다
    bederebuci (6:2a) (6:5a) (8:13b)
    bederebuki (6:4b)
    bedereburakū (6:2b) (6:5b)
    bederebure (6:5b)
    bedereburengge (6:2b) (6:5a)
beging 북경(北京)
    beging ci (2:12b)

beging de (2:9a) (4:12a)

beging ni (3:22b)

beide- 져조다 ; 심문(審問)하다

beideme (2:16a)

beiguwen 寒 (7:1a) (7:2a)

beihu[3] 다스마 ; 다시마 (7:4b)

bele 뿔 ; 쌀

bele (1:12a) (3:6a) (3:6b) (3:6b) (3:11a) (3:13b) (4:1b) (4:2b) (4:3b) (4:3b) (3:5b)

bele be (4:3a)

beleni 쟝만흔, 시방잇는 ; 장만하다, 지금 있다 (3:13b)

beleningge 시방잇는것, ; 지금 있는 것, 장만한 것

beleningge be (4:6b)

belhebu- 준비케ᄒ다 ; 준비하게 하다

belhebufi (7:21b)

belhebuki (4:13b)

bene- 보내다

benefi (7:1b)

benere (2:22a)

benji- 보내오다

benjifi (4:5b)

benjihe (2:16a)

benjimbi (2:11b)

benjire (4:16b)

benju (4:13b) (6:6b)

benjibu- 보내게 ᄒ다 ; 보내게 하다

benjibu (4:25a)

---

3) 기존 만주어사전에서는 beihe로 등재되어 있음.

benjibuhebi (3:14a)

beri 활
    beri (6:18b) (6:18b) (6:18b) (6:18b) (6:19a) (6:19a) (6:19a) (6:19b) (6:20b)
    beri be 활을 (6:19b) (6:18b) (6:19b) (6:19b) (6:20a)

beri sirdan 弓矢 (2:16b) (2:18b)

bethe 발 (5:14b) (7:1a) (7:14a)

beye 몸
    beye (1:2a) (1:14b) (1:24a) (3:8b) (6:17a) (7:13a) (7:23b)
    beye be (7:8b)
    beye de (6:16b)

beye 친히, 이녁 ; 친히, 몸소, 이녁 (2:26b) (4:2a) (4:14a) (4:24b) (5:21b)
        (7:17a)

bi 나, 내 (1:1a) (1:1a) (1:1a) (1:1b) (1:2a) (1:2b) (1:3a) (1:3a) (1:9b) (1:10a)
            (1:17b) (1:21a) (2:1b) (2:1b) (2:2a) (2:3a) (2:3a) (2:3b) (2:5a)
            (2:6b) (2:6b) (2:9a) (2:12a) (2:12b) (2:12b) (2:13a) (2:19b) (2:21a)
            (2:22a) (2:25a) (2:25a) (2:25b) (2:26a) (2:26a) (3:2b) (3:3a)
            (3:13a) (3:13b) (3:14b) (3:17a) (3:20a) (3:20b) (4:3b) (4:5a) (4:5b)
            (4:7a) (4:8b) (4:8b) (4:11a) (4:11b) (4:12b) (4:13b) (4:13b) (4:16b)
            (4:17a) (4:17b) (4:18b) (4:18b) (4:21a) (4:21a) (4:21b) (4:23b)
            (4:24a) (5:2a) (5:2a) (5:3a) (5:4b) (5:5a) (5:5b) (5:7a) (5:8b)
            (5:10a) (5:11a) (5:11a) (5:11b) (5:12b) (5:15a) (5:15b) (5:16b)
            (5:17b) (5:17b) (5:19a) (5:19b) (5:21b) (5:22a) (6:1a) (6:4a) (6:4b)
            (6:4b) (6:5a) (6:6a) (6:7a) (6:7b) (6:9b) (6:8b) (6:9a) (6:9a) (6:10a)
            (6:10b) (6:10b) (6:12a) (6:12b) (6:13a) (6:13a) (6:13b) (6:13b)
            (6:14a) (6:14b) (6:15a) (6:15b) (6:16a) (6:17a) (6:17b) (6:19a)
            (6:21a) (6:22b) (7:6b) (7:7a) (7:7b) (7:9a) (7:16b) (8:1a) (8:1a)
            (8:1b) (8:1b) (8:2a) (8:9a) (8:7a) (8:8b) (8:10b) (8:13a) (8:13a)
            (8:13b) (8:14a) (8:14b) (8:15b) (8:16a) (8:16b) (8:20a) (8:20b)
            (8:21a)

bi 잇다 ; 있다

   bi (1:13a) (1:25a) (2:12b) (2:20a) (2:20b) (2:20b) (2:11a) (2:20a) (3:1a)
         (3:7b) (3:9b) (4:2b) (4:6a) (4:6b) (4:11b) (4:15b) (4:16b) (4:17b)
         (4:23b) (4:25a) (5:1a) (5:1b) (5:3a) (5:3b) (5:5b) (5:6a) (5:7b)
         (5:9a) (5:9b) (5:9b) (5:16b) (5:20b) (5:22b) (6:10b) (6:12b) (7:11b)
         (8:7a) (8:9b) (8:9b) (8:9b) (8:9b) (8:19b)

   bici (2:11b) (3:7b) (3:7b) (3:9b) (4:14a) (4:16b) (4:4b) (6:2b) (6:5a) (6:16b)
         (6:16b) (6:16b) (6:20b) (7:17a)

   bio (1:9a) (1:17b) (1:24b) (2:12b) (2:20a) (3:1a) (3:9a) (4:23b) (4:25a) (5:4a)
         (5:5b) (5:7a) (6:11a) (6:12a) (6:13a) (6:18b) (8:4b)

   bicibe (1:6b) (2:19a) (2:26b) (3:7a) (3:19a) (3:22b) (4:6a) (4:18a) (7:6b)
         (7:11b) (8:10b) (8:20b)

   bifi (1:10b) (3:13a)

   bihe (1:12b) (1:15a) (1:22a) (1:24a) (1:24b) (2:1b) (2:12b) (2:13b) (2:15a)
         (2:26b) (3:13b) (3:16a) (3:20b) (3:21a) (4:4a) (4:11b) (5:5b) (8:1a)
         (8:5a) (8:5a) (8:22a)

   bihede (7:17a) (7:17b)

   biheo (6:16a)

   bikai (1:24a)

   bikini (2:8b) (2:8b) (4:16b)

   bime (1:1b) (2:9b) (3:5a) (4:11a) (4:12a) (6:11b) (6:11b) (6:22b) (7:3b)
         (7:5b) (7:9b) (8:7b) (8:10a)

   bio (3:13b)

   bisire (2:4a) (2:14a) (3:3a) (6:1b) (6:8a)

   bisire de (2:16a)

   bisirengge (5:20b)

   bisu (3:15b) (6:10b) (8:1b) (8:21b)

bibu- 두다

   bibu (5:2a)

bibufi (2:24a) (4:21b) (6:7a)

bibuhe be (4:1b)

bila- 限ㅎ다 ; 한(限)하다, 정하다, 한정하다

bilafi (8:4b)

bilaki (8:4a)

bin lang wan 檳榔丸 (7:7b)

bin lang wan be 檳榔丸을(7:8a)

birebu- 잠기다

birebufi 씻기여(4:2a)

bireme 두로(3:20a)

bisan 쟝마

bisan de (4:2a)

bithe 글

bithe (1:2b) (1:3a) (1:3a) (1:3b) (1:3b) (1:4a) (1:4a) (1:4b) (1:8a) (3:17a)
(5:21a) (6:2a) (6:2b) (6:3a) (6:3a) (6:4a) (6:6a) (6:6b)

bithe be (1:3a) (1:3b) (1:4a) (1:6a) (1:7b) (5:22a) (5:23a) (6:4a)

biya 돌, 月

biya (1:1a) (1:1b) (1:1b) (1:2a) (1:21a) (7:10a) (8:20a) (8:20a) (8:21a)
(8:22a)

biya de (1:21a) (1:21b) (2:14b)

biya i (2:11a)

biyadari 每月 (7:9b)

boco 빗

bocoi (6:11a) (7:20b)

boconggo 빗나고(6:11b)

bodo- 혜다

bodo (2:6b) (6:3b) (6:3b)

bodoci (1:2a) (1:16a) (1:20b) (2:7a) (2:7a) (2:7b) (2:8a) (2:8a) (2:8a) (2:24a)
(4:3b) (5:18a) (8:5b) (8:11b)

bodofi (2:9a) (6:3b) (8:11b)

bodoho (6:4a)

bodoki (8:2a)

bodome (1:19b) (1:20a) (1:20a) (1:20a) (4:14b) (5:15b) (5:17a) (6:6a)
(7:18a) (8:11b)

bodorakū (6:10a)

bodoro (5:13a) (8:3a)

boigon hethe 基業 (7:10b)

boihoji 주인(主人)

boihoji (1:24a) (2:1a) (2:4a) (2:4b) (2:6b) (2:11a) (2:12a) (2:19b) (2:22a)
(3:4a) (3:6a) (3:12a) (3:16a) (3:17b) (3:21b) (4:6a) (4:10b) (4:14b)
(4:23a) (5:11b) (5:11b) (8:2a) (8:6a)

boihoji be (3:10b)

boihoji de (3:4a) (4:1b) (4:10b) (5:1b)

boihon 흙 ; 흙 (2:11b)

bolho 조혼 ; 좋다 (1:23b) (7:10a) (7:18a)

bolokon i 조츨이 ; 조촐히, 깨끗이 (2:5a)

bolori ㄱ을, 秋 (4:2a) (7:9b) (7:20a) (7:20b)

boo 집

boo (1:10a) (1:24a) (3:12b) (3:16a) (3:17a) (3:18b) (3:19a) (4:23b) (5:7b)
(7:19a) (7:23b)

boo be (3:11b) (3:13a) (3:21a) (4:23a) (4:24a) (5:5b) (5:10a)

boode (1:3b) (1:24a) (1:24a) (2:4a) (2:6b) (2:8b) (2:11b) (3:11b) (3:13a)
(3:15a) (3:15a) (3:16a) (3:16b) (3:9b) (3:20b) (3:23a) (4:5a) (4:5b)
(4:7a) (4:10a) (4:24a) (4:25a) (5:5a) (5:10a) (5:23a) (6:6b) (6:6b)
(6:10a) (6:22b) (7:2a) (7:22b) (8:5a) (8:22a)

booi (1:26a) (2:1b) (2:20a) (3:15b) (4:5a) (4:6b) (5:7a) (5:7a) (5:8a) (5:8a)
(5:11a) (7:23b)

booi turigen 집세 (2:7a) (2:7b)

booha 반찬 (2:4a) (2:3b) (7:21b)

borho- 에워싸다

    borhome 둘러 (2:18b)

boro 갓 (7:20b) (7:20b) (7:20b)

boso 무명 (8:19a)

bošo- 몰다

    bošome (1:10b) (1:10b) (2:14a) (2:17a) (3:14a) (3:22b) (4:6b) (4:9a) (4:10a)
           (4:21b) (4:22b) (4:23a) (6:7b) (6:9a) (6:10b)

buce- 죽다

    bucehe (2:15b) (7:10b)

    bucehebi (2:17a)

    bucere (7:9b)

    bucere be (7:9b)

buda 밥

    buda (1:3b) (2:6b) (2:7a) (3:5b) (3:6b) (3:6b) (3:7a) (3:7a) (3:7a) (3:8a)
           (3:8b) (3:9b) (3:10b) (3:10b) (3:11a) (3:11b) (3:14a) (4:2b) (4:6b)
           (4:8a) (4:11a) (4:14b) (4:20b) (4:24b) (4:24b) (6:22b)

    buda ci (3:9b)

    buda be (2:3b) (2:3b) (3:11b) (3:13b) (7:4a) (7:8b)

    budai (4:1b)

budala- 먹다

    budalaha (7:8a)

buhi 鹿皮 (7:21a) (7:21a)

bujan 수풀 (4:12a)

buju- 숨다 ; 삼다

    bujuha (7:5b)

    bujume (2:2b)

buka honin 수羊 ; 숫양 (6:8a)

bu- 주다

bu (2:1a) (4:3a) (4:19b) (5:19b) (6:10a)

buci (2:10a) (4:2a) (4:5b) (4:6a) (6:15a) (6:15b) (8:12a) (8:12a)

bucina (4:3a) (4:19a) (4:19b) (4:20a)

bufi (2:9b) (3:3b) (3:11b) (4:4b) (4:14b) (4:20b) (6:2b) (7:7b) (7:17a) (8:9a)

buhe (2:1b) (6:2a) (6:6a)

buhengge (8:8a)

buki (2:9a) (3:9b) (6:6a) (6:9a) (8:4a) (8:8a)

bukini (6:5b)

bumbi (1:4b) (1:5b) (1:12b) (5:22b) (6:3b) (6:3b) (8:7b)

bume (7:9b)

burakū (4:21a) (6:15a) (6:15b)

bure (1:19a) (1:20a) (2:9a) (4:2b) (4:4a) (5:20b) (6:3a) (6:3b) (6:4a) (7:23a)
      (8:7a)

bure de (6:3a)

burengge (1:4b)

bureo (3:9b)

bureci (6:5b)

buri- 닙히다 ; 입히다

  burici (6:19b) (6:20a)

  buriha (6:19b)

butu 어두온 ; 어둡다

  butui (7:15a)

butu sejen 집지은 술의 ; 덮개 씌운 수레 (7:2a)

buya 어린, 즌 ; 어리다, 잘다 (8:16b) (8:17a) (8:19b)

buyarame 잡 ; 잡스러운, 잡된 (7:2a)

cak sere 嚴 ; 엄하다, 기특하다, 착하다 (7:1a)

caliyan 전량(錢糧)

  caliyan i (5:21a)

ca- 치다

cafi (7:15b)

canjura- 揖ᄒᆞ다 ; 읍하다

   canjurambi (5:4a)

cargi 겨편 (1:13b) (7:2b)

caru- 지지다

   caruha (7:4b)

ce 저희

   ce (3:21b) (3:22a) (4:7b)

   cembe (4:7b)

   ceni (7:19a)

cece ceri 沙羅

   cece ceri (6:11a)

   cece ceri sebe (6:13b)

ceceri 깁 ; 비단

   ceceri (1:17b) (1:18a) (1:18b) (1:19a) (1:19b) (6:12a) (6:12b) (6:12b)
        (6:12b) (6:12b) (6:12b) (6:12b) (6:12b) (6:13b)

   ceceri be (1:21a) (1:18a) (1:20b) (6:12a) (6:12b)

cende- 시험ᄒᆞ다 ; 시험(試驗)하다

   cendeme (1:26a) (1:26b) (2:25b) (6:16a)

   cendere (2:26b)

cerhuwe (고기) 알

   cerhuwei 알 (8:10a)

ceri 羅 (7:19b) (7:20a)

cifele- 춤밧다 ; 침뱉다

   cifeleme (7:17b)

cihai 任意로 (1:7b) (4:3a) (5:5a) (6:3b) (6:20b) (7:23a) (8:9a)

cihakū 願치아니ᄒᆞ ; 원치 않은 (6:4a) (6:9a)

cihala- 願ᄒᆞ다 ; 원하다

   cihalaci (6:9a)

cihalaha (7:17b)

cihalarakū (6:15b)

cikten 살째 ; 화살대 (6:21a) (6:21a)

cimari 너일 ; 내일 (1:14a) (2:6b) (2:12a) (2:13a) (3:3a) (4:1b) (4:7b) (5:2b)

    (5:3a) (5:3b) (5:10b) (5:10b) (7:9b)

cimari 아춤 ; 아침 (7:10b) (7:17b) (7:21b)

cimari buda 아춤밥 ; 아침밥 (3:6a)

cira 몰골 ; 겉모습, 모양(模樣), 형체(形體) (5:3a)

cira 嚴흔, 돈돈흔 ; 엄격하다, 단단하다 (3:22a) (7:3b)

cirala- 嚴ᄒ다 ; 엄하다

  ciralame (3:20a)

cirgebu- 부리우다 ; (활 따위를) 느슨하게 하다, 이완시키다

  cirgebufi (6:20a)

cirku hengke 동화 ; 동아/동과 (7:4b)

cisu 스스 ; 사사(私事), 사삿일 (6:5b)

cohome 별로 (3:6b) (5:8a) (6:16a) (6:18b)

cohoro morin 도화쟘불물 ; 토황마(土黃馬)/황부루 (5:13b)

coko 둙 ; 닭 (2:11a) (3:3b) (7:4a)

cola- 복ㄱ다 ; 볶다

  colaha (4:13a)

  colame (2:4b) (2:5a) (2:5b)

colabu- 복기게 ᄒ다 ; 볶이다, 볶아지게 하다

  colabukini (2:5a)

cooha 군사(軍士)

  cooha be (2:17b) (2:18a)

coohiyan 조선(朝鮮)

  coohiyan (1:1a) (1:9a)

  coohiyan ci (3:22b)

  coohiyan i (1:2b) (1:7a) (1:7a) (1:8b) (1:9b) (1:10a) (1:17a) (3:21b) (4:12b)

(5:4a) (5:4b) (5:5b) (5:18b) (8:16a) (8:2b)

cu niru 셔부ᄌ ; 추 화살, 불화살, 신기전 (6:21a)

cun cun i 졈졈 ; 점점, 점차 (7:23b)

cuse moo 대

    cuse mooi (1:4b)

da 발(길이의 단위, 사람의 키 정도 길이를 나타내는 말)

    da (3:1a) (6:16b) (6:17a) (7:3b)

    da de (3:1b)

da 본(本), 근본, 밑둥, 처음

    da (1:18a) (5:16a) (8:9b)

    da ci (7:12b)

da an i 平常하여 ; 평상적으로 (7:8b)

da beye 본싴 ; 본색(本色) (6:10a)

daba- 과ᄒ다 ; 넘다, 과(過)하다

    dabatala (6:8b)

daba- ᄀ리다 ; 지나치게 닳다

    dabaha[4] (5:14b)

dabana- 과ᄒ다 ; 지나치다, 초과(超過)하다

    dabanaha[5] (5:14b)

    dabanahabi (7:24a)

dabsun 소곰 ; 소금 (2:5b) (4:14a)

    dabsun be (2:6b)

dabu- 혜다 ; 세다, 헤아리다

    dabuci (1:16b)

    daburakū ci (1:20b)

---

4) dabaha가 '말 발굽이 갈리고'라는 의미의 'ᄀ리고'로 번역되어 있는데 만주어 사전에서는 확인이 되지 않는다.

5) dabanaha가 '굶주리고 야위다'라는 의미의 '들픠지고'로 번역되어 있는데 만주어 사전에서는 확인이 되지 않는다.

dabu- 켜다

    dabufi (2:11a) (2:11a)

daci 본더 ; 본래 (1:2b) (1:8b) (1:11a) (1:20b) (3:14b) (3:17b) (4:3b) (5:23a)

dacilame fonjimbi ᄌ셔히 뭇다 ; 자세히 묻다

    dacilame fonjiki (2:20b)

dacun 드ᄂ ; (칼 따위가) 들다 (2:1a) (2:1b) (2:2a)

dade 그리고 (5:8a)

dagila- 쟝만ᄒ다 ; 장만하다

    dagilaci (7:4a)

    dagilafi (6:21b)

    dagilahabi (7:4b)

    dagilahao (7:4b)

    dagilame (7:4a) (7:5b) (7:16a)

    dagilara (4:24b)

daha- 므르다 ; 무르다[6]

    dahambi (6:19a)

daha- 좃다 ; 좇다, 따르다, 항복하다

    dahafi (5:11a)

    dahaki (4:7a) (8:4b)

    dahame (1:2b) (1:11a) (1:16a) (1:18a) (2:4b) (2:18a) (2:24a) (3:10a) (3:10b)
            (3:12b) (4:1b) (4:19a) (4:22a) (5:17b) (5:20a) (6:2a) (6:4a) (6:10a)
            (6:17b) (7:15a) (7:19b) (7:20a) (8:7a) (8:8a) (8:8a) (8:14b) (8:15b)

dahabu- ᄯ로이다 ; 따르게 하다, 되족치다, 항복받다

    dahabufi (7:18b)

dahala- 조차ᄃ니다 ; 따라 가다, 뒤를 따르다

    dahalame (7:11b)

---

[6] dahambi가 '무르다'라는 뜻으로 쓰인 예는 다른 만주어 자료에서는 확인할 수 없다. 아마도 '따르다'라는 기본 의미에서 파생된 듯하나 그 의미 차이가 커서 확정하기 어렵다.

dahan morin 매야지몰 ; 망아지 (5:13a) (5:13b)

dahūme 다시 (5:4b)

dahūn dahūn i 屢屢이 (2:1b)

daksa 罪過[7)

    daksa de (7:13a)

dala- 쥬장ᄒ다 ; 주장(主掌)하다, 관장(管掌)하다, 으뜸으로 삼다

    dalaha (1:9a) (6:18b)

dala- 밟다

    dalame (6:17a)

    dalara (6:17a)

dalba 녑ᄒ, ᄀ ; 옆, 가, 주변

    dalba (2:14b) (2:25b)

    dalbade (2:20b) (2:20b) (3:3a) (3:6a) (4:23b)

dalbaki 겻희 ; 곁

    dalbaki (5:20a)

    dalbaki ci (7:19a)

dalda- 곰초다 ; 감추다

    daldaci (7:14b)

dalgan 덩이

    dalgan de (5:12a)

    dalgan i (2:15a) (2:21a)

dalji 干涉 (5:20a)

damu 다만 (1:7a) (1:16b) (2:2b) (2:10a) (2:14a) (2:15b) (3:7a) (3:7b) (3:11a)
            (3:17a) (3:23a) (4:2b) (4:3b) (5:6a) (5:14b) (5:16b) (5:20b) (6:9a)
            (6:10a) (6:12b) (6:13b) (6:20a) (6:23a) (7:8a) (7:10a) (7:18a)
            (8:4a) (8:4b) (8:16b) (8:20b)

---

7) 『어제청문감』(1706)에서는 이 단어가 'weile[罪]'와 함께 항상 붙어 쓰여서 '罪過'의 뜻으로 쓰인다고 설명하고 있는데 이 책에서는 'daksa' 단독으로 쓰여서 '罪過'의 뜻을 나타내고 있다. 아마도 'weile daksa'에서 줄어든 꼴이 아닌가 한다.

dara 허리
   dara de (2:14b) (2:15a)
darin 등 헐다 (5:14b)
daruhai 건네 ; 늘, 항상 (3:14b)
dasa- 고치다
   dasa (7:17b)
   dasaha (2:12b) (2:12b)
   dasame (2:17b) (4:11b) (5:2b) (8:22a)
dasabu-
   dasabumbi 고치리오 (7:1b)
dasata- 슈습ᄒ다 ; 수습하다, 닦다
   dasata (4:10a)
dashūwan 활동개 (6:21a)
dasi- 덥다, 닫다 ; 덮다, 닫다
   dasici (2:23b)
   dasifi (2:2b) (2:6a)
   dasimbi (7:15b)
daya- 붓좇다 ; 붙좇다
   dayafi (7:18a)
deberen 삿기 ; 새끼 (6:8a)
dedu- 자다 ; 눕다, 자다
   dedu (2:19b)
   deduci (3:19a) (3:23a) (3:23a)
   deduhe (2:6b) (2:7a)
   dedumbi (2:11b) (2:12a)
   dedume (1:13a) (1:13b) (1:13b) (3:3b) (4:9a)
   dedure (2:11a) (3:15b) (3:16a) (3:16b) (3:19b) (3:23a) (4:5b) (7:15b)
dedubu- 재오다, 누이다 ; 재우다, 눕히다
   dedubu (3:19b)

dedubuci (3:16b)

dedubufi (1:4b)

dedubuhe (3:20b)

dedubumbi (3:20b)

deduburakū (3:15b) (3:16b) (3:17a)

deduburakūngge (3:17a)

dehema 姨母夫 (6:22a)

deheme 姨母 (6:22a)

dehi 마흔 (2:7b) (5:15b) (5:16b) (5:18a) (8:9b) (8:9b) (8:20a)

dekde- 쓰다 ; 뜨다, 떠오르다

dekdefi (4:8b)

dekdere (7:7a)

dekdeni 俗談 (2:21b)

deken 놉히 ; 높이 (7:3a)

den 놉흔 ; 높다 (2:13a) (3:5b) (4:8b) (4:9b)

dende- 논호다 ; 나누다

dendeme (5:22a) (5:22b)

dengjan 燈盞 (2:11a) (2:11a)

dengneku 저울

dengneku (8:3a) (8:3b) (8:5a) (8:5a) (8:19a) (8:19a) (8:19a)

dengneku be (8:3b)

dengneku i (8:19a)

dengnekule- 돌다 ; 달다

dengnekulefi (6:15b)

dengnekuleki (6:18a)

deo 아리8) ; 아우 (4:18a)

dere 눛 ; 낯

---

8) 만주어 deo의 기본 뜻은 '아우, 弟'이다. 이 문맥에서는 '세 살 아래'라는 뜻으로 '아래'는
　　deo의 어휘적 의미라기보다는 의역된 것이다.

dere (3:17a) (3:20a) (4:13b) (4:13b) (7:21b) (8:3b) (8:13b) (8:22a)

    dere acame (3:8a)[9]

dere 床

    dere (7:21b)

    dere be (3:7a)

dere -리라 (1:2a) (1:10a) (1:14b) (1:22b) (2:17a) (3:4a) (4:6b) (4:17b) (4:22b)
         (8:5a) (8:10a)

derengge 영화 ; 체면(體面) (7:19a)

dergi 東, 웃 ; 동쪽, 위쪽 (3:18a) (4:23b) (7:15a) (8:21a)

derhi 삿 ; 삿, 주사위 (2:11b) (5:1b) (5:2a)

deribu- 시작ᄒ다 ; 시작하다

    deribufi (2:15a) (7:22b)

    deriburne (7:22b)

ding jeo 定州 (6:13a)

dingse 딩즈 ; 증자, 정자, 징자 (7:21a), (8:17b)

diyan 店

    diyan (1:13a) (1:23b) (1:24a) (3:5b) (3:6b) (4:22b) (4:23a) (5:1a) (5:11b)
         (5:11b) (8:2a) (8:6a)

    diyan be (1:13b) (1:23b) (4:21b)

    diyan de (1:24b) (1:26a) (3:4b) (4:12b) (4:13a) (4:23a) (5:2a) (5:3b) (5:4a)
         (5:10b) (5:11b)

    diyan i (2:12b) (2:23b) (4:24b) (5:9a)

diyan boo 店房 (4:15b)

do 소

    do de (7:5b)

dobi 여ᅌ ; 여우 (7:18b)

dobori 밤[夜]

---

9) 본래는 '얼굴을 마주쳐'라는 뜻인데 여기서는 '만나'로 의역되었다.

dobori (1:13a) (1:15b) (2:6b) (2:11b) (2:21b) (3:16b) (3:19b) (4:1a) (4:5a)
      (4:9b) (7:10b)
  dobori be (7:10a)
  dobori dari (1:15b)
dobori dulin 밤듕 (4:7b) (4:8b)
  dobori dulin de (4:8a)
dobton 통 (1:5a)
  dobton de (1:5a)
  dobton i (7:2b)
dogo (눈) 먼 (5:14b)
dogon 여흘 ; 여울 (3:21b)
dohošo- 절다
  dohošombi (5:14b)
doigonde 미리 (2:10a) (4:13b) (5:8a) (6:23a)
doko 속, 안 (1:18b) (7:20a)
doksin 놀라는 ; 난폭하다 (5:14a)
dolo 속 (7:8a) (7:8a) (7:8b)
donji- 듣다.
  donji (5:16b) (5:17b) (5:20a) (6:1a) (8:10b)
  donjici (2:13a) (3:19a) (4:5a) (5:20a) (8:16a)
  donjifi (7:3a) (7:23a)
  donjiha de (4:21b)
  donjiki (5:17b)
  donjirakū (7:19a)
doogan 드리 ; 다리[橋]
  doogan (2:12b) (3:4b)
  doogan be (3:5a)
doola- 붓다, 긷다
  doolacina (2:25b)

    doolafi (2:5b)

    doolaha (2:25a)

doo- 건너다

    doofi (1:21b)

dorgi 듕, 안, 속 ; 중(中), 안, 속

    dorgi (3:18a) (3:18a) (7:13b)

    dorgi ci (1:5a)

    dorgi de (1:8b) (1:9a) (1:9b) (1:10b) (2:5a) (3:13a) (3:17b) (3:21a) (4:17a)

           (5:4a) (5:14b) (5:21b) (5:23a) (6:1a) (7:15a) (7:16b) (8:9a)

    dorgingge (8:21b)

dorgi etuku 속옷 (7:19b)

doro 道理, 禮

    doro (3:13b) (7:16b) (7:23b)

    doro be (8:13b)

    doroi (5:10a)

dorolo- 禮ᄒ다 ; 예(禮)하다, 인사하다

    dorolombi (3:16a)

    dorolome (1:23a)

doron 印 (3:18a) (6:1a) (8:3b)

    doron be (6:5b)

dosi- 들다

    dosifi (3:6a) (5:7a) (7:15b) (7:22b)

    dosiki (4:11a)

    dosime (2:23b)

dosimbu- 드리다

    dosimbu (5:2a)

    dosimbufi (7:1a)

    dosimbume (7:2a)

    dosimbure (5:2a)

dubede 씃히 ; 끝에 (1:13a) (2:12b) (2:18a) (7:12b)

dufe hayan 淫亂한 ; 음란(淫亂)하고 음탕(淫蕩)하다 (7:22b)

duha 챵ᄌ ; 창자 (7:4b)

duibule- 비흐다. ; 뿌리다
 duibuleci (3:4b)

duile- 訟詞흐다
 duilere (7:17a)

duin 네, 四 (1:16a) (2:7b) (2:8b) (4:13b) (4:23a) (5:22b) (6:6a) (6:18a) (7:9b)
   (7:23a)

duin erin 四時
 duin erin be (7:19b) (7:20a)

duin jalan 四寸 (6:22a)

duin mederi 四海 (8:21b)
 duin mederi be (1:6b)

duite 每녁 ; 넷씩 (1:20a)

duka 문(門)
 duka (5:5a) (8:13b)
 duka be (2:12a) (2:23b)
 dukai (3:16b) (3:17a) (5:5a) (5:11a)

duleke aniya 전년(前年)
 duleke aniya (1:12b) (1:15a) (1:18a) (2:14b) (2:16b) (4:4b) (5:6a)
 duleke aniya ci (1:21a) (2:13b)
 duleke aniya i (1:12a)

dule- 지나다
 duleme (1:7a) (1:13b) (2:15a) (2:24b) (3:4b) (3:6b) (4:13a)

dule- 흐리다 ; 병낫다, 쾌유하다
 dulefi (5:8b)
 duleke (7:9a)
 dulembi (7:7b)

dulembu- 지내다
    dulembufi (7:10a)

duli- 계다 ; 지나다, 넘다
    dulike (4:21b)

dulin 반, 중(中)
    dulin (2:5b) (4:14a) (4:14a)
    dulimbe (5:16b)

dung cang 東昌 (1:17b)

dungga 슈박 ; 수박 (7:5a)

durgiya usiha 샛별 (4:9b)

durun 見樣
    durun i (8:2a)

dzo jeo 涿州 (6:7a) (6:10b) (8:1a) (8:15a)

ebci yali 업지운 ; 업진, 갈빗살 (7:5b)

eberembu- 덜다
    eberembu (5:19b)
    eberembuci (2:8b)
    eberembure (6:9a) (6:9a)

eberi 느즌 ; 약하다, (힘이) 모자라다
    eberingge (8:11b)
    eberingge de (8:7a) (8:7b) (8:7b)

eberiken 느즌 ; 나약하다 (8:12a)

ebi- 브르다 ; 배부르다
    ebihe de (3:11a)
    ebihe (3:10a)
    ebiheo (3:10a)
    ebimbi (2:10a) (4:6b)
    ebitele (3:3b) (3:7a) (3:10a) (4:4a)

ebibu- 브르게 ㅎ다 ; 배부르게 하다

ebibuhekū (6:22b)

ebsi 브터 ; 부터 (1:21a) (2:13b) (7:12b)

ebu- 느리다 ; (짐 따위를) 내리다

  ebume (7:15a)

ebubu- 부리우다 ; (짐 따위를) 내리게 하다, (짐을) 풀다.

  ebubufi (3:5b) (4:13a) (5:1b)

ecimari 오늘 아춤 ; 오늘아침 (4:15a) (4:20b) (5:7b)

ede 이예 ; 여기 (6:21a) (7:19a)

edelebu- 써지오다 ; 떨어지다, 부족하다

  edeleburakū (8:3b) (8:7b)

edun 보람 ; 바람[風]

  edun be (2:3a)

  edun i (7:10a)

efen 썩 ; 떡 (4:13a) (4:14a)

  efen be (4:14a)

  efen de (4:14b)

efi- 놀다, 희롱ᄒ다, 노름ᄒ다 ; (무엇을 가지고) 놀다, 희롱하다, 노름하다

  efihe (1:23b)

  efiki (7:9b)

  efire (7:19a)

efu 姐夫 (6:22a)

efuje- 허러지다, 문허지다 ; 헐어지다, 무너지다

  efujehe (2:12b) (7:1b)

  efujeme (3:5a)

efule- 헐다

  efulefi (3:5a)

ehe 惡, 죠치아넌 ; 나쁘다 (1:17a) (2:13a) (2:13b) (2:15a) (2:19a) (3:4b) (3:17b)
      (3:19b) (4:19b) (4:20b) (5:13a) (5:14b) (5:15a) (5:17a) (5:17a)
      (5:18a) (5:20b) (5:20b) (5:21b) (6:14b) (6:19b) (7:14a) (7:16b)

　　　　　(7:24a) (8:6b) (8:8b) (8:10a) (8:16a) (8:16b)

　　ehe be (4:16a) (5:21b) (6:2a) (8:2b) (8:16a)

ehe 사오나온 ; 사납다, 흉하다 (1:9a) (1:9a) (1:9a) (1:9b) (2:13b) (3:14b)
　　　　　(3:21b) (4:5b) (7:13b) (7:14b)

　　ehe be (7:14b)

eici 혹 (1:7b) (1:21b) (1:22a)

eihen 나귀 (7:2a)

　　eihen be (2:17a)

　　eihen de (2:16b)

eime- 슬희여ᄒ다 ; 꺼려하다

　　eimeme (3:15b)

　　eimere (3:23b)

eimende- 슬희여ᄒ다 ; 싫어하다, 꺼려하다

　　eimenderakū (3:23a)

eiten 온갓 (4:18b) (7:4b) (7:5b) (7:10b)

eitere- 소기다 ; 속이다

　　eiterembi (8:14a)

eje- 기록하다

　　ejefi (4:11b)

　　ejehe (8:9b)

　　ejeme (2:9a) (8:14a)

ejen 님자 ; 임자, 주인(主人)

　　ejen i (5:22b)

ekiye- 싣다 ; 까다, 줄이다

　　ekiyehe (8:5a)

　　ekiyehebi (8:5a)

ekše- 밧부다 ; 바쁘다

　　ekšembi (5:10b)

　　ekšeme (4:23b)

ekšere (2:19a)

elbe- (草로) 이다

    elbehe (4:15b)

elben 초(草)

    elben i (4:15b)

elben i boo 草堂

    elben i booi (3:7a)

eldembu- 빗나게 하다 ; 빛나게 하다

    eldembume (8:22a)

elden 빗ᄎ ; 빛 (2:11a)

ele 더옥 ; 더욱 (1:11a)

ele 各 ; 있는 것 전부 (3:20a)

elebu- 흡죡ᄒ다 ; 흡족하다

    eleburakū (6:20b)

elemangga 도로혀 ; 도리어 (3:8b) (7:19a)

eletele 슬토록 ; 실컷 (7:2b) (7:22a)

elgiyen 넉넉이, 흔흔 ; 넉넉하다, 흔하다, 충족하다

    elgiyen (1:16a) (1:16b) (4:4b) (8:16b) (8:20b)

    elgiyūn (1:12a)

elhe 平安흔 ; 평안(平安)하다 (1:2a) (1:14b) (4:5a)

elhei 완완이 ; 천천히 (6:19a)

elheken i 쳔쳔이 ; 천천히 (2:19b) (3:10a) (4:21b) (4:22b) (6:7a)

elheše- 쳔쳔이 ᄒ다 ; 천천히 하다

    elhešeme (1:1b) (2:9b)

eli 厘(4:19a)

elu 파 (2:6a) (3:7b) (7:4b)

emgeri 흔번 ; 한번 (2:2b) (2:6a) (2:15b) (2:26a) (3:10a) (4:1b)

emgi 흔가지로 ; 함께 (1:8a) (1:10a) (5:10b) (5:11b) (8:13a)

emhun 혼자 (4:24a)

emke 흔, 흐나 ; 하나, 한 개

    emke (1:19a) (1:19a) (1:20a) (1:22a) (1:22b) (1:22b) (2:22b) (3:9b) (3:10b) (5:14b) (5:14b) (5:14b) (5:14b) (5:14b) (5:14b) (6:21a) (7:2b) (8:10a)

    emke be (1:4b) (1:5a) (1:5b) (2:1b) (2:23a) (2:24a) (6:1b)

    emke de (1:18b)(1:18b) (1:19a) (1:19a) (1:19b) (1:19b)

emke emken i 한나식 ; 하나씩 (3:22a) (6:8a)

emte 흔 ; 한 (1:4b) (1:15b) (5:15a) (8:6b) (8:11b)

emu 흔, 흐나 ; 한, 하나 (1:1b) (1:5a) (1:7a) (1:8a) (1:11a) (1:11b) (1:11b) (1:12a) (1:12b) (1:12b) (1:12b) (1:12b) (1:13a) (1:15b) (1:18a) (1:19a) (1:19b) (1:25a) (1:25b) (1:25b) (1:25b) (1:26a) (2:1a) (2:1a) (2:4a) (2:4a) (2:4b) (2:5a) (2:6b) (2:7b) (2:8a) (2:8a) (2:8a) (2:9b) (2:10b) (2:11b) (2:12b) (2:14b) (2:14b) (2:15a) (2:15a) (2:16b) (2:16b) (2:16b) (2:18a) (2:18a) (2:20a) (2:21a) (2:23b) (2:25b) (3:3a) (3:6a) (3:9a) (3:9b) (3:11a) (3:11a) (3:11a) (3:16b) (3:18b) (3:19b) (3:20b) (3:21a) (3:23a) (4:1a) (4:1b) (4:1b) (4:2b) (4:3a) (4:3b) (4:3b) (4:4a) (4:6a) (4:6b) (4:8b) (4:9a) (4:13b) (4:15b) (4:16b) (4:17a) (4:21b) (4:23b) (4:24a) (5:5b) (5:6a) (5:6b) (5:10a) (5:10b) (5:11a) (5:11b) (5:12a) (5:12a) (5:14b) (5:15a) (5:15b) (5:16b) (5:18a) (5:19b) (5:20b) (5:21b) (5:22a) (5:22b) (5:22b) (6:3b) (6:3b) (6:4a) (6:7b) (6:16a) (6:21a) (7:3b) (7:5b) (7:6a) (7:8a) (7:9b) (7:10b) (7:14a) (7:14a) (7:16a) (8:3a) (8:3a) (8:4b) (8:5a) (8:6b) (8:6b) (8:7b) (8:11a) (8:11b) (8:11b) (8:14a) (8:14a) (8:17a) (8:17a) (8:17a) (8:17a) (8:17b) (8:17b) (8:17b) (8:17b) (8:17b) (8:17b) (8:18a) (8:18a) (8:18b) (8:18b) (8:18b) (8:19a) (8:19a) (8:19b) (8:19b)

emu adali 흔가지 ; 한가지, 동일(同一) (1:12a)

emu dulin 절반 ; 하나 반, 절반 (1:9a)

emu hala 同姓 (6:22a) (6:22a)

emu udu 흔 두어 ; 한 두어 (5:2b) (7:9a)

encu 다룬 ; 다른 (1:16a) (3:10b) (4:20a)   (8:3b)

encule- 싼로 ᄒ다 ; 따로 하다, 다르게 하다

   enculeme (3:10a) (3:14a)

ende- 소기다 ; 속이다

   endembio (3:21b) (7:9a)

   enderakū (3:18a)

enenggi 오눌 ; 오늘 (1:13a) (2:4a) (2:10b) (2:26b) (3:14b) (3:16a) (4:11b)

        (4:11b) (4:17a) (4:18b) (5:10b) (6:21b) (7:4a) (7:8b) (7:9a) (7:9b)

enggemu 기르마 ; 길마, 안장(鞍裝)

   enggemu (3:4a) (7:15b)

   enggemu be (5:1b) (7:15b)

eniye 어믜 ; 어머니, 모친(母親)

   eniyei (6:22a)

enteke 이런 ; 이렇다 (2:13b) (3:2b) (5:17a) (5:18b) (6:8b)

erde 일 ; 일찍 (1:13a) (2:12a) (2:13a) (2:19b) (7:21b)

erdeken 일즉 ; 일찍

   erdeken i (1:14a) (2:6b) (2:13a) (8:14b)

erdekesaka 일즉이 ; 일찍이 (1:14a)

erdemu 재덕(才德)

   erdemu be (7:14b)

ere 이

   ere (1:1a) (1:1b) (1:2a) (1:2a) (1:7a) (1:7b) (1:10b) (1:10b) (1:11b) (1:11b)

        (1:15b) (1:16b) (1:16b) (1:17a) (1:21b) (1:21b) (1:22a) (1:22a)

        (1:22b) (1:22b) (1:22b) (1:23b) (1:24a) (1:24b) (1:25a) (1:25b)

        (1:25b) (2:1a) (2:1b) (2:2a) (2:2a) (2:2b) (2:4a) (2:5a) (2:6a)

        (2:11b) (2:11b) (2:12b) (2:16b) (2:20a) (2:20a) (2:22a) (2:22b)

        (2:23a) (2:23b) (2:24b) (2:25a) (2:25a) (2:25b) (2:25b) (2:25b)

        (3:2b) (3:3a) (3:4b) (3:5b) (3:6a) (3:6a) (3:7a) (3:8b) (3:9b)

(3:12b) (3:14a) (3:14b) (3:15a) (3:16b) (3:19b) (3:21b) (3:23a)
(4:1a) (4:3a) (4:3b) (4:5a) (4:5b) (4:6a) (4:8a) (4:9b) (4:14a)
(4:14b) (4:15a) (4:16a) (4:17a) (4:18a) (4:18b) (4:19a) (4:19b)
(4:19b) (4:20b) (4:20b) (4:21a) (4:21a) (4:24a) (4:25a) (5:2a)
(5:2a) (5:2b) (5:4a) (5:7b) (5:9b) (5:10a) (5:11a) (5:11b) (5:12a)
(5:12b) (5:13a) (5:13a) (5:13b) (5:14a) (5:14b) (5:15a) (5:17a)
(5:17b) (5:18b) (5:19a) (5:20a) (5:21b) (6:1a) (6:2b) (6:4a) (6:4b)
(6:7b) (6:7b) (6:8a) (6:8b) (6:9b) (6:13b) (6:13b) (6:14a) (6:14b)
(6:14b) (6:16a) (6:16b) (6:17a) (6:17b) (6:18b) (6:19a) (6:19a)
(6:19b) (6:19b) (6:20a) (6:20b) (6:20b) (6:21a) (6:21a) (6:21a)
(6:23a) (6:23a) (7:1b) (7:1b) (7:2b) (7:4b) (7:4b) (7:5a) (7:5b)
(7:6a) (7:7b) (7:10a) (7:16a) (7:16a) (8:1a) (8:1b) (8:2a) (8:2b)
(8:2b) (8:3b) (8:4b) (8:5a) (8:5a) (8:5b) (8:6a) (8:6b) (8:6b) (8:7a)
(8:7a) (8:8a) (8:8b) (8:8b) (8:9a) (8:9b) (8:10a) (8:10a) (8:10a)
(8:10b) (8:11a) (8:12b) (8:13a) (8:13a) (8:14a) (8:15a) (8:19a)
(8:19b) (8:21a)

　ere be (2:21a) (2:24a) (5:13a) (6:3b) (7:11a)
　ereci (1:17a) (3:14b) (7:13a) (8:4b)
　erei (1:9a) (4:17a) (5:14b)
ere aniya 올히 ; 올해 (4:2a) (4:3b) (4:4a) (4:5a) (4:17b) (4:18a) (6:18a) (8:20a)
ere ucuri 요스이 ; 요사이 (1:11b) (1:24a) (3:20b) (4:24b) (5:9a) (8:1a) (8:20b)
ergele- 위격으로 ᄒ다. ; 억지로 하다, 강제하다
　ergeleme (8:9a)
ergen 목숨 (2:19a)
　ergen be (4:2a)
ergi 녁 ; 녘, 쪽
　ergi (1:24a) (2:12b) (2:18b) (3:15a) (6:1a) (7:1b)
　ergi de (3:18a) (5:1b) (5:16b)
eri- 쓸다[掃]

eri (5:1b)

erin 째, 時 ; 때, 시(時)

    erin (2:9b) (5:22a) (8:20b)

    erin be (8:20a)

    erin de (2:6b) (2:11a) (2:12a) (3:4b) (3:11a) (3:19b) (7:1b) (7:22b)

    erin i (3:11a) (4:1b) (4:4a) (6:2a)

erin forgon 時候

    erin forgon be (7:11a)

erin hūda 時價

    erin hūda (5:16b)

    erin hūdai (4:20a)

erindari 째마다 ; 때마다 (2:23b)

erku 뷔 ; 비, 빗자루

    erku be (5:1b)

erše- 시종ᄒ다, 모시다 ; 시종하다, 모시다

    eršehe be (3:4b)

    eršembi (7:16a)

ertele 엿해 ; 여태 (3:6a) (3:10b)

ertu- 밋다 ; 기대다, 의지하다

    ertufi (7:18a)

erule- 刑罰ᄒ다 ; 형벌(刑罰)하다

    eruleme (2:16a)

ese 이들 (3:22a) (4:22b)

eshen oke 叔母 (6:21b)

eshun 눗션 ; 낯설다 (3:17a) (3:20a)

esike 마다 (6:5a) (8:8b)

ete- 이긔다 ; 이기다

    etehe (7:3b) (7:4a)

etuhun 셴 ; 세다 (8:5a) (8:5a)

etuku 옷 (6:16a) (6:16b) (6:16b) (7:19b) (7:20a) (8:10b) (8:10b)

etuku adu 衣服 (7:10b)

etu- 닙다, 쓰다 ; 입다, 쓰다

   etuci (6:11b)

   etufi (7:21a)

   etuhengge (7:20b)

   etuki (6:14a)

   etumbi (7:19b) (7:20a) (7:21a)

   etume (7:18b)

   eture (6:16b) (7:23b) (8:20b)

eyun 형 (6:22a)

eyun non 姉妹

   eyun non (6:21b)

   eyun non de (6:21b)

eyun non de banjiha ina jui 姉妹의게 난 족하 ; 여자형제에게서 태어난 조카, 외조카 (6:21b)

faca- 罷ᄒ다 ; 파(罷)하다, 흩어지다

   facaki (7:6a) (8:21a)

   facame (1:3b)

facihiya- 奔走ᄒ다 ; 분주하다

   facihiyahai (7:10b)

facuhūn 잡, 혼란 (3:22a) (3:22b)

   facuhūn be (3:21b)

fadu 주머니 (8:18b)

fafula- 禁ᄒ다 ; 금령(禁令)하다, 법금(法禁)하다

   fafulame (3:17a) (3:20a)

   fafularengge (3:22a)

faha- 던지다

   fahaha de (2:26a)

faida- 버리다
   faidafi (7:21b)
faita- 버히다 ; 베다
   faitaha (8:9b)
   faitara (8:18a)
fajan 똥
   fajan be (7:1a) (7:1a)
fajiran 바람벽
   fajiran de (2:11a) (3:17a)
fakca- 써나다 ; 떠나다
   fakcafi (8:22a)
   fakcame (8:22a)
falan 집
   falan be (7:19a)
falanggū 손바당 ; 손바닥 (7:14a)
fali 낫, 닙 ; 낱, 개(個), 잎 (1:25b) (1:25b) (2:4a) (2:7a) (2:7a) (2:7b) (2:7b)
          (2:7b) (2:7b) (2:8a) (2:8a) (2:8a) (2:8a) (2:8b) (2:11b) (2:11b)
          (4:3a) (4:3b) (4:21a)
fangkabu- 치다, 셈하다
   fangkabume (1:6a)
fangkala 놋은 ; 낮다 (7:3b)
farhūn 어두온 ; 어둡다
   farhūn (3:2b) (4:5a)
   farhūn de (4:9b)
farsi 무겁, 조각, 고깃덩이 (4:6b) (5:12a) (5:21b)
faššа- 竭力ᄒ다 ; 갈력(竭力)하다, 분발하여 힘쓰다
   faššame (7:10b)
fatha 죡 ; 발 (7:5a)
faya- 허비ᄒ다 ; 허비하다

fayafi (7:23b)

fayaha be (4:19a)

fayame (4:7a)

fe 넷, 舊 ; 예, 구(舊) (3:5a) (7:18a)

fe hethe 舊業

    fe hethe de (7:18a)

fehi 골치 (2:15b)

feise 벽

    feise i (3:1a)

fejergi 아러 ; 아래쪽

    fejergi (5:12b) (7:6b) (7:16a) (7:23a)

    fejergi de (6:3a)

fejile 아러 ; 아래 (2:14b) (3:7a)

feksi- 달리다

    feksime (2:18a)

feliye- 든니다 ; 다니다

    feliyeci (7:14a)

    feliyembio (3:11b)

    feliyeme (1:10a) (1:25b) (4:12a)

fempi 封, 부 (8:17a) (8:17b) (8:18b)

fengse 동희 ; 동이

    fengse be (3:1b)

feniyen 무리

    feniyen i (6:7b)

fergele- 각지끼다 ; 활깍지 끼다

    fergelehengge (7:3b)

fide- 시기다 ; 조발(調發)하다, 징발(徵發)하다

    fidefi (2:18b)

fila 접시 ; 접시

fila (3:15a) (4:25a)

  fila be (3:10a) (3:14a)

file- 불 쬐다

  fileki (7:1a)

finta- 앏흐다 ; 앓다, 매우 앓다

  fintame (7:6b)

fisa 등

  fisai (2:17a)

fita 돈돈이 ; 단단히

  fitai (2:23b)

fithebu- 퇴이다 ; (솜을) 타게 하다

  fithebume (7:22b)

fiya moo 봇나모 ; 벗나무 (6:21a)

fiyakū- 불에 쬐다

  fiyakūfi (4:14b)

fiyan 臕脂 (8:17b) (8:17b)

fiyanara- 外飾ᄒ다 ; 다리다, 겉꾸미다, 빈말로 꾸미다

  fiyanarame (6:23b)

fiyeleku 화로

  fiyeleku de 화로에 (4:14b)

fiyokoyuru[10] morin 비눈물 ; 자꾸 뒷발로 차는 말 (5:14a)

foholon 져름 ; 짧다, 단(短) (6:20a) (8:9b)

fomoci 쳥휘 ; 버선 (7:21a)

fon 째 ; 때, 계절

  fonde (5:7b) (7:10a)

fonji[11] 번 (8:15a)

---

10) 기존 만주어 사전에서는 확인이 되지 않는 어휘이다.
11) 기존 만주어 사전에서는 나타나지 않는 단어이다. 한자어 '番次'에 대한 음차인 듯하나 분명하지 않다.

fonji- 뭇다 ; 묻다
    fonjici (1:12a) (1:26a)
    fonjifi (3:22a)
    fonjiha be (3:12b)
    fonjihakū (1:22a) (3:12b)
    fonjiki (1:22a)
    fonjime (1:7a) (3:6a) (3:16a) (5:3b) (7:17b)
    fonjire (2:12b)
fonjina- 무르라가다 ; 물으러 가다
    fonjinara (1:26b)
forgon 時節, 節候
    forgon (7:1a)
    forgon de (4:2a) (7:9b)
    forgon i (7:19b)
forgošo- 變通ᄒ다 ; (직무를) 바꾸다, (직책을) 옮기다
    forgošome (8:9a)
foyoro 외얏 ; 자두 (7:5a)
fu 服
    fu de (7:8a)
fude- 보내다 ; (손님을) 보내다, 전송(餞送)하다
    fudeme (5:11a)
    fuderakū (5:11a)
    fudere (5:11a)
fuhali 일졀이 ; 일체(一切), 전연(全然) (1:23a) (2:13a) (2:25b) (4:2a) (4:11a)
        (5:6a) (5:19a) (7:7a)
fuheše- 구으르다 ; 구르다, 뒹굴다, 소용돌이치다
    fuhešeme (2:17a)
fulaburu 天靑 ; 모란색, 홍청(紅靑) (6:11a)
fulahūn 粉紅 (1:19a) (1:20a)

fulahūn boco 小紅 ; 분홍빛 (1:18b) (1:18b)

fulan 총이 ; 총이말, 청마(靑馬) (5:12b)

fularja- 낫 블키다 ; 낯붉히다

    fularjahakū (8:22a)

fulehe 불회 ; 뿌리 (7:4b)

fulgiyan 블근 ; 붉다 (8:18b)

fulgiyan boco 다홍

    fulgiyan boco de (6:11a)

fulgiyan sika 象毛 ; 붉은 말총 (8:17a)

fulhū 쟐레 ; 자루

    fulhūi (5:21a)

fulmiyen 뭇 ; 뭇, 묶음

    fulmiyen (1:15b) (1:25b) (1:25b) (2:1a) (2:8a)

    fulmiyen de (2:8a)

fulu 만혼, 나은 ; 많다, 넉넉하다 (1:17a) (4:2b) (4:17b) (4:18a) (5:2b) (5:20b)

        (6:15a)

fulu gisun 잡말

    fulu gisun be (2:3b)

fun 푼

    fun (1:12a) (1:12b) (1:12b) (4:19a) (4:20a) (6:6a) (6:6a)

    fun be (6:3b) (8:21a)

fun 분(粉) (8:17b)

funce- 남다

    funcehe (1:8a) (4:3b) (4:20b) (6:10b) (8:12a)

    funcehengge (8:9b)

    funcembi (1:14a) (8:10b)

    funceme (4:4b) (4:11b) (6:16b)

funcen daban 넉넉하다, 많이 남다 (6:16b)

funde 뒤예 ; 대신(代身)에 (2:4a) (4:5b) (5:2b) (5:19b)

funiyehe 털 (6:8b)

funtuhulebu- 궐ᄒ다 ; 결석(缺席)하다, 결근(缺勤)하다

    funtuhuleburakū (7:9b)

furgisu 生薑 (2:5b) (7:8a)

furu- 싸흘다 ; 잘게 썰다

    furufi (2:4b)

    furuhe (2:7b)

fuseri 川椒 (2:5b)

fusihūn 아리 ; 신분이 낮다, 비천(卑賤)하다 (2:26a)

fusi- 싹다 ; 털을 깎다

    fusire (8:18b)

futa 노, 줄

    futa (3:2a) (3:3b) (7:1b)

    futa be (2:20b) (2:26a)

    futai (2:20a)

fuye- 슳다 ; 끓다

    fuyehe (2:2b)

fuyebu- 슯히다 ; 끓이다

    fuyebufi (2:2b)

g'ao tang de 高唐

    g'ao tang de (1:17b) (1:18a) (1:21a)

gabta- 쏘다

    gabta (7:2b)

    gabtaci (7:3a)

    gabtaha (7:2b) (7:3a) (7:3b)

    gabtaki (7:2b) (7:2b)

    gabtame (2:18a)

    gabtara (2:17a) (2:17b)

gadahūn 멀거니 ; 멀대같다

gadahūn i (1:7a)

gahari 젹삼 (7:20a)

   gahari de (2:22a)

gai- 밧다, 가지다 ; 가져가다, 받아가지다

   gaici (5:15b) (5:17a) (5:20b) (8:8b) (8:13b)

   gaifi (2:9a) (2:15a) (2:17b) (2:18b) (3:15a) (3:22b) (4:17b) (4:18a) (4:21b)
       (8:16b)

   gaiha (4:21a)

   gaiki (5:15a) (6:8b) (6:8b) (6:14b) (8:6a) (8:6b) (8:13a)

   gaimbi (1:19b) (1:20a) (1:20a) (1:20a) (5:15b) (5:17a) (5:17a) (6:8b) (6:14a)

   gaimbiheo (4:21a)

   gairakū (4:3b) (4:16b)

   gaire (2:7a) (6:14b) (8:7a)

   gairengge (5:15b)

   gaisu (4:15a) (6:14a)

gaibu- 지다 ; 가지게 하다, 지우다

   gaibuha (7:3b)

gaija- 듣다 ; (말을) 잘 듣다

   gaijarakū (8:8b)

gaitai 문득 (2:15a) (7:22b)

gaji- 가져오다

   gajifi (1:5a) (2:9a) (2:22b) (3:2b) (3:3b) (3:7b) (4:9a) (4:23a) (5:1b) (5:21a)
       (6:18b) (6:21b) (7:1a) (7:6b) (7:17b)

   gajiha (1:21b) (2:11a) (3:18a) (4:3a) (5:3a) (5:5b) (5:5b) (6:1a) (7:1a)
       (8:14b)

   gajihabi (4:8a) (8:12a)

   gajihangge (5:8b) (8:9b)

   gajiki (6:7b)

   gajime (6:22b) (8:2a) (8:6a)

gaju (2:1b) (2:4b) (2:11a) (2:11b) (2:20b) (2:25a) (2:25b) (3:7b) (3:8a)
　　　(3:10b) (3:14a) (4:14a) (4:14a) (4:14b) (4:16a) (4:16b) (5:1b)
　　　(5:1b) (6:6a) (6:16a) (6:20b) (8:2a) (8:3b) (8:8b) (8:13a)

gajilabu-[12) 窮迫ㅎ다 ; 몹시 궁핍하다

　gajilabufi (7:23b)

　gajilabure de (8:20b)

gala 손, 풀 ; 손, 팔

　gala (6:17a) (7:1a)

　gala ci (7:18b)

galai mayan 풀 ; 팔, 팔뚝 (2:18b)

gama- 가져가다

　gama (2:22a) (3:10a) (6:9a)

　gamaci (8:15b)

　gamafi (1:10b) (1:17a) (3:2b) (3:3a) (3:9b) (4:6b) (4:10a) (4:14b) (4:20a)
　　　(4:23b) (5:12a) (7:15a) (8:7a)

　gamaha (2:17a) (5:2b)

　gamaha de (6:4b)

　gamaki (2:24b) (3:9b) (6:21b)

　gamakini (3:14a)

　gamambi (2:22a) (6:4b)

　gamame (1:17a) (1:18a) (1:21a) (6:10b) (6:14a) (7:11a)

　gamara (1:10b) (4:10b) (5:2a) (8:1b) (8:14b) (8:15a)

　gamarahū (7:1b)

gasa- 怨ㅎ다 ; 원망(怨望)하다

　gasambi (3:4a)

　gasara (3:4a)

　gasarakū (3:4b)

---

12) gacilabu-(몹시 궁핍하다)의 오기(誤記)로 보인다.

gasihiyabu- 해롭게ᄒ다 ; 해롭게 하다

  gasihiyabuha (3:4a)

gašan 村

  gašan be (1:13b)

  gašan de (2:18a) (3:5b) (3:6a) (3:13b)

gašan falga 鄕薫 (7:12a)

gašan tokso 鄕村 (3:20a)

ge ga[13] seme 지져괴여 ; 지껄이어 (4:21a)

gebu 일홈, 姓名 ; 이름, 성명(姓名) (2:16a) (6:3a)

  gebu be (1:5a) (1:13a) (1:22a) (3:12a) (7:18a)

gehun abka 靑天 ; 맑은 하늘, 청명한 하늘 (7:10a)

gejurebu- 씹히다

  gejurebufi[14] (2:10a)

gele- 두렵다

  gelembi (2:23a) (6:19a)

  geleme (3:21a)

  gelere be (1:9a)

gelhun akū 敢히 (1:22a) (1:26a) (3:8a) (3:21a) (4:17b) (8:3b)

geli 쏘 ; 또 (1:2b) (1:5b) (1:20b) (1:21b) (2:14a) (2:16b) (2:19b) (2:20b) (3:2b)
               (3:5b) (3:7a) (3:9a) (3:13b) (3:15a) (3:17b) (3:21b) (3:22a) (3:23a)
               (4:2a) (4:2b) (4:5b) (4:6a) (4:11a) (4:17b) (5:2b) (5:3a) (5:5b)
               (5:8a) (5:8a) (5:9b) (5:14a) (5:19a) (6:19b) (6:20b) (6:21a) (6:22b)
               (7:3b) (7:3b) (7:13a) (7:22b) (8:1a) (8:4b) (8:9b) (8:10a) (8:12b)
               (8:19a) (8:22b)

gemu 다 (1:6b) (1:8a) (1:11a) (1:15a) (1:17a) (1:21a) (1:21b) (1:24a) (1:24b)
             (1:25a) (2:8b) (2:9a) (2:9a) (2:9b) (2:10a) (2:20b) (2:20b) (2:23a)
             (3:1a) (3:1b) (3:2a) (3:2b) (3:5a) (3:5b) (3:6a) (3:9b) (3:21a)

---

13) ge ga는 다투는 소리를 나타내는 의성어로 보인다.
14) 사전에는 해당되는 어휘가 없음

(3:21b) (4:4b) (4:8a) (4:10b) (4:17a) (4:21a) (4:24b) (4:25a)
(4:25a) (4:25a) (5:1b) (5:7a) (5:7a) (5:7b) (5:7b) (5:7b) (5:8b)
(5:8b) (5:9b) (5:12a) (5:12a) (5:12b) (5:16b) (5:16b) (5:20a)
(5:20b) (5:21b) (5:22a) (6:2a) (6:3a) (6:4a) (6:4b) (6:6b) (6:11a)
(6:13b) (6:14b) (6:20a) (6:22b) (6:23a) (7:1b) (7:2a) (7:4b) (7:4b)
(7:5b) (7:5b) (7:5b) (7:21a) (7:23b) (8:4b) (8:8b) (8:9b) (8:12a)
(8:12b) (8:13a) (8:14b) (8:15b) (8:15b) (8:19a) (8:19a) (8:19b)
(8:21b) (8:21b)

gemun hecen 皇城

gemun hecen i (1:1a) (1:9b) (1:9b) (1:11a) (1:12a) (6:1b)

gemun hecen de (1:2a) (1:10b) (1:12b) (1:14a) (1:14a) (1:17a) (1:20b)
(1:21a) (1:24b) (4:11a)

gene- 가다

gene (2:25a) (3:3a) (3:6b) (3:15a) (3:16b) (4:8a) (4:9a) (4:9a) (4:22b)
(4:23b) (6:4a) (8:1b) (8:9a)

geneci (1:9b) (1:10a) (1:13b) (2:23a) (2:23a) (2:24b) (2:24b) (3:11b) (3:15a)
(3:15b) (5:5a) (6:7b) (8:21a)

genefi (1:3b) (1:3b) (1:14b) (1:17b) (1:17b) (1:18a) (1:18b) (1:19b) (1:21a)
(1:21a) (1:23b) (1:26a) (2:3b) (2:17a) (2:18a) (3:2b) (3:5b) (3:10b)
(3:11b) (3:13b) (3:15b) (3:19b) (4:7b) (4:8b) (4:21b) (4:24a) (5:3a)
(5:4a) (5:4b) (5:10b) (5:11b) (6:4a) (6:7a) (6:10a) (6:10b)
(7:22b) (8:1b)

genehe (2:9a) (2:15b) (3:13a) (3:13b) (4:9a) (4:11a) (4:25a) (5:4b) (8:1a)

genehe de (1:20b) (2:19b)

genehebi (4:24b)

genehengge (8:15a)

geneki (1:14b) (1:24a) (2:19b) (2:20a) (2:21b) (2:22b) (3:3b) (3:4a) (3:5b)
(3:6a) (3:16a) (4:5a) (4:12a) (4:13a) (4:13b) (4:14b) (4:15a)
(4:15b) (4:19a) (4:22a) (4:22b) (5:1a) (5:3b) (5:3b) (5:12a) (6:10b)

(7:4a) (7:9b) (8:1a) (8:19b) (8:20a) (8:20b) (8:21b)

genembi (1:1a) (1:1a) (1:9b) (1:9b) (1:10b) (1:10b) (1:13a) (1:17b) (1:24b)
    (2:6b) (2:12a) (2:13a) (2:19b) (2:25a) (3:2b) (3:4a) (3:22b) (4:7a)
    (4:22a) (5:3b) (5:10a) (6:6a) (6:6b) (6:15b) (8:1a) (8:14b) (8:21b)
    (8:22a)

geneme (1:20b) (3:13a)

generakū (3:13a)

genere (1:15a) (2:1b) (2:3b) (2:12a) (2:13a) (2:25a) (3:4b) (4:8b) (4:22b)
    (4:23b) (4:25a) (5:11a)

genere be (1:11a) (2:16b)

genere de (2:14a) (2:15a)

generengge (1:11a) (7:3b)

genereo (3:13a)

genggiyen 붉은 ; 맑다 (7:10a) (7:20b)

geo morin 암물 ; 암말 (5:14a)

geo niman 암염쇼 ; 암염소

 geo niman de (6:8a)

gere- 붉다 ; 밝다

 gereke (2:19b) (3:4a)

 gerembi (4:10a)

 gereme (3:3b) (4:10a)

 gerere be (2:19b)

geren 여러 (1:8b) (1:15b) (1:24b) (3:14b) (3:15b) (3:20b) (3:20b) (3:21b) (4:5b)
    (4:18a) (7:2b) (7:7b) (7:12a) (8:2a)

gersi fersi 새배 ; 새벽

 gersi fersi de (1:3a) (4:2b)

gese ᄀ혼 ; 같다 (1:9b) (1:17a) (2:11b) (3:8b) (4:20b) (5:12b) (5:18b) (5:19a)
    (6:23a) (7:16a) (7:18b) (8:8b) (8:10a) (8:14a)

gete- 씨다 ; 깨다, 각성(覺醒)하다

getefi (4:8b)

getukele- 명빅키ᄒ다, 明白ᄒ다 ; 명백히 하다, 명백하다

   getukelefi (8:21b)

   getukelehe (2:16b)

   getukeleme (3:22a)

getuken 묽앗다, 明白ᄒ다 ; 명백하다 (3:22a) (5:7b) (6:5a) (7:8b)

gidacan 안롱 ; 안롱(鞍籠)

   gidacan i (7:15b)

gida- 누루다 ; 누르다

   gidafi (7:3a) (7:14b) (7:14b)

   gidaha (3:18a) (6:1b)

   gidahabi (8:3b)

   gidarakū (7:3b)

gida- 저리다

   gidaha (3:7b) (4:16b) (7:5a)

giking 吉慶 (5:3b)

gin 金(哥) (1:22a)

gindana 獄

   gindana de (2:19a)

ging 更

   ging de (2:9b)

   ging ni (2:6b) (2:11a) (2:12a)

ginggin 斤 (1:12b) (1:12b) (2:3b) (2:4a) (2:4a) (2:4b) (2:7a) (2:7a) (2:7b) (5:6a)
           (5:6b) (8:3a) (8:3a) (8:4b) (8:4b) (8:5a) (8:5a) (8:5a) (8:5b) (8:5b)
           (8:17a) (8:17b) (8:17b)

   ginggin de (1:19a) (8:5b)

ginggule- 공경ᄒ다 ; 공경(恭敬)하다

   gingguleme (7:16a)

   ginggulerakū (7:17b)

gingne- 둘다 ; 달다, 저울로 재다

   gingneci (8:4b) (8:5a)

   gingnehe (2:7a)

giranggi yali 골육 (6:23a)

girdasikū 金縉 (7:21a)

gise hehe 妓女

   gise hehe i (7:19a)

gisun 말[言]

   gisun (1:7a) (1:7a) (1:7a) (1:25b) (2:12b) (2:20b) (3:8b) (4:6a) (5:3a) (5:9a)
         (5:15b) (5:18b)

   gisun be (1:2b) (1:2b) (1:6b) (2:24a) (3:19a) (3:22b) (4:2b) (4:7a) (4:24a)
         (5:9b) (5:11a) (5:17b) (5:20a) (6:23a) (8:4b) (8:8a) (8:8a) (8:8b)

   gisun de (4:16a) (5:16a)

   gisun i (7:19a) (8:11a)

gisun hese 言語

   gisun hese be (3:20b)

gisure- 니ᄅ다 ; 이르다, 말하다

   gisure (6:9a)

   gisurefi (5:4b)

   gisureki (4:24a) (5:2b) (5:12b) (6:8a)

   gisurembi (4:24a) (5:9a) (5:16b) (6:16a) (6:23a) (8:4a) (8:10b)

   gisureme (3:22b) (8:12b)

   gisurerakū (7:12a)

   gisurere (5:16b) (6:9b) (6:15a)

   gisurere be (5:16b)

giya hing 嘉興 (6:12a)

giya 거리

   giyai (3:18a) (3:18b) (4:20a) (6:1b)

giyala- 즈음ᄒ다 ; 사이를 두다, 칸을 막다, 거르다

giyalafi (5:4b)

giyalabu- 즈음ᄒ다 ; 사이를 두게 하다, 칸을 막게 하다, 거르게 하다

giyalabuhabi (3:18b)

giyalan 간(間)

giyalan i (4:23b)

giyan 理 (7:12b)

giyan be (4:3b)

giyan i 맛당이 ; 마땅히 (2:24b) (5:20b) (6:23a)

giyan giyan i 낫낫치 ; 낱낱이 (2:17b)

giyanakū 언머치리 ; 얼마치인가 (4:21a) (7:6b)

giyangna- 講ᄒ다, 강경ᄒ다 ; 강(講)하다, 강독(講讀)하다

giyangnambi (1:3b) (1:4a) (1:4a)

giyangname (1:4a)

giyangnara (5:10a)

gocishūn 謙讓

gocishūn i (1:23a)

gohon 갈고리 (8:19a)

gohon i (7:20a)

goida- 더디다, 오래다 ; 더디다, 오래다

goidafi (4:12b)

goidaha (1:1b) (5:1a) (5:11b)

goidame (1:24b) (6:11b)

goidarakū (5:3a) (5:4a) (5:10b) (6:20a)

goi- (화살에) 맞다

goifi (2:17b) (2:18b) (7:7a)

goiha (2:18b)

goirakū (7:13a)

gojime ᄯ롬 ; 따름 (3:12a) (6:22b) (7:13b)

golmin 긴 ; 길다 (6:17a) (8:9a)

golo- 슬희다 ; 함께 있기를 꺼리다

   golome (8:10a)

goro 멀리 (3:18a) (4:3a) (4:15b) (5:5a)

gosi- 어엿비너기다, 스랑ㅎ다 ; 아끼다, 사랑하다

   gosicina (3:19b)

   gosifi (1:2a) (1:14b) (4:1b)

   gosime (3:11b) (7:14a) (7:16b)

gu 姑母 (6:22a)

   gu de (1:22a)

gu de banjiha tara 姑母의게 난 四寸 ; 고모에게서 난 사촌(四寸), 고종사촌

        (1:22a) (1:22b)

gu 玉 (7:20a) (7:21b)

gu wehe 玉 (8:17a)

gubci 왼, 전혀 ; 온, 온통, 전혀 (1:7a) (5:7a)

gucihire- 싀긔ㅎ다 ; 시기(猜忌)하다

   gucihirehekū[15] (4:18b)

gucu 벗

   gucu (1:1b) (1:1b) (1:2a) (1:10a) (1:11a) (1:22b) (1:24b) (1:24b) (2:2a)

        (3:9a) (3:9a) (3:10b) (3:14a) (3:17b) (3:19a) (3:21b) (4:23b) (5:9b)

        (5:9b) (5:9b) (5:9b) (6:10a) (8:1a)

   gucu be (1:18a) (3:6a) (4:9a) (4:10a) (4:21b) (4:25a) (6:4a)

   gucu de (3:9b) (3:10b)

   gucui (2:5a) (3:20b) (7:13b)

gucuse 벗들

   gucuse (2:8b) (2:9a) (3:3b) (4:23a) (7:17a)

   gucuse de (8:21b)

   gucuse i (4:18b) (7:16b)

---

15) gucihiyerembi와 동일한 어휘가 사전에는 없다.

gucu gargan 朋友

    gucu gargan de (7:12a)

gucule- 벗ᄒ다 ; 벗하다, 친구 삼다

    guculefi (8:22a)

    guculeme (7:16b)

    guculere de (7:13b)

gufu 姑母夫 (6:22a)

guilehe 슬고 ; 살구 (7:5a)

gukdun jofohori 柑子 (7:5a)

gulu unenggi 純實 (6:23a)

guribu- 옴기다 ; 옮기다

    guribume (5:2a)

guwe- 울다

    guweme (5:7b)

guwebu- 免하다

    guwebu (1:5b)

    guwebumbi (1:6a)

guwebure bithe 免帖 (1:4b) (1:4b) (1:5a) (1:5b) (1:6a)

    guwebure bithe de (1:5b)

guwejihe 양(胖) (7:5a)

guweleku 첩

    guweleku be (7:11a)

guwendembi 소리나다 ; 소리나다 (7:14a)

    guwenderakū (7:14a)

gūlha 훠 ; 장화(長靴), 부츠 종류의 신발 (7:21a) (7:21a) (7:21a) (7:21a)

gūlime acambi 친압ᄒ다 ;

    gūlime acafi (7:18b)

gūni- 싱각ᄒ다 ; 생각하다

    gūnici (1:26a) (4:17b) (4:22b) (6:10b) (7:8a)

gūnifi (2:15a)

· gūnihabi (1:15a) (5:3a)

gūnimbi (1:6b)

gūnirakū (7:7b) (8:22a)

gūnin 뜻 ; 뜻, 생각

gūnin (4:18b) (7:23a)

gūnin be (7:17a)

gūnin de (1:6b) (2:17a) (6:15a) (6:20b)

gūninja- 싱각ᄒᄃᆞ ; 생각하다

gūninjambi (5:19b)

gūsin 셜혼, 30 ; 서른

gūsin (1:8b) (2:7a) (4:11b) (4:11b) (4:17b) (4:18a) (7:8a) (8:19a)

gūsin de (8:11b)

gūsin 서16) (4:13b) (4:15a)

gūwa 다른 ; 다른

gūwa (1:7b) (1:15a) (1:17a) (1:26a) (2:1b) (2:16a) (2:23a) (3:3a) (3:7b)
　　　 (3:16b) (4:20a) (4:21a) (5:5b) (5:6a) (5:22b) (6:4b) (6:7a) (6:15b)
　　　 (6:18a) (6:20a) (6:23b) (7:1b) (7:11a) (7:14b) (8:9a)

gūwa be (3:2b)

gūwa de (4:20a)

gūwaina-17) 맛ᄂᆞᆫ다 ; 맞추어지다, 해당하다

gūwainambi (2:8b) (8:5b)

habša- 訟詞ᄒᄃᆞ ; 소송(訴訟)하다

---

16) 만주어 gūsin(30)에 한국어 '서(3)'가 대응되어 쓰이고 있는데 이는 '서른'의 잘못으로
보인다. 다만 단순한 '셜혼'에 대한 오기(誤記)라면 '셜', 혹은 '혼'으로 쓰였어야 하는데
모두 '서(3)'로 언해되었다든지 같은 계열의 'orin(20)'이 '두(2)'로 언해된 것을 볼 때,
이 부분은 번역상의 오류로 보아야 할 것이다. 다만 이러한 번역상의 오류가 모두 돈의
단위로 쓰이는 경우에만 나타난다는 점을 볼 때, 번역 당시의 물가 차이와 같은 어떤
특별한 원인이 이러한 번역상 오류에 개입한 듯하다.

17) 'gūwai'는 한자어의 음차인 듯한데 어떤 한자인지는 분명하지 않다.

habšara (7:17a)

hacihiya- 지촉ᄒ다 ; 재촉하다

    hacihiyame (2:3b) (3:14a) (4:9a) (4:9a) (4:19a)

hacin 가지, 類 (2:6a)

    hacin de (7:8a)

    hacin i (2:6a)

hacirame[18] 가지가지 ; 하나하나, 건건(件件)이 (7:21b)

hada- (신발창을) 박다

    hadafi (7:21a)

    hadaha (6:19b)

hadala 구레 ; 굴레

    hadala be (7:15b)

hafan 官員 (2:17b) (2:17b) (2:18a) (7:15a) (7:15b)

    hafan be (7:11b) (7:15a)

hafan hergen i usiha 官星 (8:20b)

hafira- 휘넣다 ; 휘어 넣다

    hafiraha (7:21a)

hafirabu- 급ᄒ다 ; 급하다

    hafirabufi (6:10a)

hafirahūn 좁은 ; 좁다 (2:24b) (3:16a) (3:19a) (3:23a)

haha 스나희 ; 사나이, 남자(男子)

    haha be (2:18a)

hailun[19] morin 가리온몰 ; 해류마(海駵馬) (5:13b)

haira- 앗기다 ; 아끼다

    hairambi (3:9a)

    hairame (7:10b)

    hairarakū (7:23a)

---

18) 사전에는 hacilame의 형태로 쓰이고 있음.

19) 어제청문감에는 'kailun'으로 등재되어 있다.

hairanda- 앗기다 ; 아끼다

   hairandarakū (7:17a)

haji 貴흔 ; 귀하다

   haji (1:16a) (4:4b)

   hajio (1:12a)

haji 凶荒

   haji (1:16a) (2:13b)

   haji be (2:23b)

hala 姓

   hala (1:5a) (1:10a) (1:10a) (1:22a) (1:22a) (1:22a) (1:22b) (1:22b) (1:24a)

         (3:12b) (3:12b) (3:12b) (5:23a) (5:23a) (6:3a) (6:3a)

   hala be (3:12b) (3:12b) (3:12b)

hala- 골다 ; 갈다, 바꾸다, 교체하다

   halame (4:7b) (4:8b) (4:8b) (7:18b) (7:19b)

halangga 哥 (3:18b) (5:4a) (5:7a) (6:1a) (6:1b) (6:1b)

halba 엽팔지 ; 날갯죽지 (7:5b)

halbu- 부치다

   halburakū (3:21a)

halbubu- 부치다

   halbubure (3:20a)

haldabaša- 아첨ᄒ다 ; 아첨하다

   haldabašame (7:24a)

halhūn 더운 ; 덥다 (2:5a) (4:13b) (4:14a) (4:14a) (4:15a) (4:16b) (4:17a)

     (7:19b)

halu 국슈 ; 국수 (4:13a)

halu 쇠면 ; 사면(絲麵) (7:4a)

hami- 밋치다, 견듸다 ; 미치다[及], 견디다

   hamika (1:1b) (3:3b) (4:10a) (4:12b)

   hamime (1:21b)

hamirakū (2:1b)

hamina- 밋치다 ; 미치다[及]

    haminambi (4:22b)

hamta- 쏭누다 ; 똥누다

    hamtaci (3:2b)

    hamtame (3:2b)

    hamtara (3:3a)

    hamtarakū (3:3a)

han beise 朝廷 (1:6b)

hanci 갓가이 ; 가까이 (1:12a) (1:14b)

handu orho 이집ㅎ ; 볏짚 (1:25a)

hang jeo 抗州 (6:11b)

harga 청 ; 신발의 밑창 (7:21a)

hargi 계ㅈ ; 겨자 (7:4b)

harša- 斗護ㅎ다 ; 두호(斗護)하다

    haršara (5:16b)

hasa 밧비 ; 바삐, 쉬이, 급히 (4:22b)

hasaha 가이 ; 가위 (8:18b)

hashū 왼녁 ; 왼쪽 (2:18b) (6:1a)

hasi 가지[茄子] (3:7b) (7:4b)

hasi šatan 감 (7:5a)

haša- 소질ㅎ다 ; 솔질하다

    hašafi (2:5a)

hatan 미온 ; (술이) 독하다 (7:22a)

hatuhūn 쓰다 ; 짜다 (2:6a)

hebeše- 議論ㅎ다 ; 의논하다, 협의하다

    hebešefi (8:15b)

    hebeseki (8:1b) (8:15a)

    hebešeme (4:22a) (4:24a) (6:15b)

hefeli 빈 ; 배[腹] (2:10a) (3:5b) (3:10a) (4:1a) (4:6b)

hehesi 계집들ᅙ ; 여자들 (3:1b)

heiheri haihari 빗독여 ; 건들거리며 가는 모양을 나타낸 의태어 (7:22a)

hendu- 니르다 ; 이르다, 말하다

    hendufi (5:1b)

    henduhe (3:4b) (4:11b) (5:20a)

    henduhengge (2:21b) (2:23b) (7:14b)

    hendumbi (1:26a)

    hendume (8:2b) (8:8a)

    hendure (2:14a) (3:8b) (6:19b) (6:23b)

    hendurengge (1:6a) (1:11b) (1:15a) (4:4b)

hendure balama[20] 상담(常談)에 니르되 ; 세속에서 말하기를 (3:12a)

heni 죠곰 ; 조금 (1:16b) (6:9b) (7:11a) (8:3b) (8:12b)

heni majige 죠곰 ; 조금, 약간 (8:7b)

her seme 죠곰도 ; 조금도 (7:24a)

here- 건지다 ; (거름종이로) 거르다

    hereme (2:9a)

hergen 일홈 ; 이름 (1:5b) (6:3a)

hergen 벼슬 ; 벼슬 (7:11b)

hetu ulin 橫財

    hetu ulin be (2:21b)

hetumbu- 지내다

    hetumbume (4:2b)

hibsu 쓸 ; 꿀

    hibsu de (7:5a)

hihala- 쓴더이너기다 ; 귀하게 여기다

    hihalarakū (8:10a)

---

20) 일반 사전에서는 balama의 의미가 확인 되지 않음.

hiya diyan 夏店
    hiya diyan (3:15a) (4:12a) (4:11a)
    hiya diyan de (4:11a)
hiya ᄀᄆ들다 ; 가물다 (2:13b) (4:2a)
hiyangci 쟝긔 ; 장기(將棋), 상기(象棋) (8:18b)
hiyase 말, 斗 (1:12a) (1:12b) (1:25a) (1:25b) (2:1a) (2:7b) (3:11a) (4:3b)
                    hiyase de (2:7b)
hiyase 匣 (8:17b)
hiyooxungga 孝ᄒ다 ; 효도하다 (7:12a)
hocikon hehe 義女 (7:10b)
hojihon 사회 ; 사위 (6:22a)
hokobu- 쩌나다 ; 떠나다
    hokoburakū (7:18b)
holbobu- 얼키다, 結連ᄒ다 ; 얽히다
    holboburahū (3:3b)
    holbobure de (3:21a)
holo 假, 거즛말 ; 거짓말
    holo be (8:13a)
    holo gisun (6:8b)
holo 골 (2:24b)
holto- 소기다 ; 속이다
    holtorakū (6:17b)
    holtoro (1:26a) (1:25b)
hon 너모 ; 너무
    hon (2:2a) (6:20b) (8:10b)
    hon i (1:16b) (7:11a)
honggon 방올 ; 방울 (8:19b)
honin 羊
    honin (6:8a) (6:8a) (7:2b)

honin be (6:7a) (6:7b) (6:7b) (6:7b) (6:7b) (6:8b) (6:10b)
honin de (6:8b)
honin i (5:4b) (5:5a) (6:1b) (7:4b)
honin yali 羊肉
    honin yali (1:12b) (4:13b)
    honin yali de (4:15a)
hono 오히려 (4:24a) (8:16a)
hono 도 (4:2b) (4:6a) (5:6b) (6:23b)
hontohon 半 (1:1b) (1:8a) (2:5b)
hoošan 죠희 ; 종이
    hoošan (2:15b) (8:18a)
    hoošan be (2:14b)
hori- 가도이다 ; 갇히다
    horiha be (2:19a)
hošo 모롱이
    hošo i (5:5a)
hoto 박
    hoto (7:4b)
    hoto de (3:2a)
hoton 城
    hoton (5:4a) (5:23a) (6:1a)
    hoton ci (4:21b)
hu jeo 湖州 (6:13a)
huju 구유
    huju (2:20b) (3:3a)
    huju de (2:25a)
hukše- 이다
    hukšefi (3:1b) (3:11b)
hukše- 感激ᄒ다 ; 감격(感激)하다

hukšerne (3:11b)

hutu enduri 鬼神

   hutu enduri de (7:15a)

huwekiyebu- 붓도도다 ; 북돋우다

   huwekiyebufi (7:17b)

huwesi 칼 (8:18a) (8:18a) (8:18a) (8:18a) (8:18b) (8:18b)

hūbe 호박 (8:17a) (8:17b)

hūcin 우믈 ; 우물

   hūcin (2:20a) (2:20a) (2:20a) (3:1a) (3:1a) (3:1b)

   hūcin i (2:20b) (3:1a)

hūda 값

   hūda (1:11a) (1:11b) (1:11b) (1:12a) (1:12a) (1:12b) (1:16a) (1:19a) (2:6b)
        (2:7a) (2:7b) (3:18b) (5:2b) (5:3a) (5:6a) (5:6a) (5:6a) (5:9a) (5:9a)
        (5:9a) (5:9a) (5:13a) (5:15a) (5:16a) (5:16a) (5:17a) (5:18b) (5:19a)
        (5:20a) (6:2a) (6:3a) (6:15b) (6:17b) (6:17b) (6:18a) (8:3a) (8:3b)
        (8:6a) (8:6a) (8:6b) (8:6b) (8:7a) (8:8a)

   hūda be (2:6b) (4:14b) (4:16b) (5:3a) (5:10a) (5:12b) (5:15a) (5:15b) (5:17b)
        (5:17b) (5:20a) (6:2a) (6:8a) (6:8b) (6:8b) (6:14a) (6:14b) (6:15a)
        (6:15b) (6:20a) (8:2a) (8:4a) (8:7a) (8:7a) (8:8a) (8:8a) (8:11a)
        (8:12b) (8:14b)

   hūda de (1:18b) (1:18b) (5:17a) (5:19a) (6:8b) (6:9b) (6:15a)

   hūdai (5:2b) (5:6a) (6:1b) (8:2a) (8:12b) (8:14b) (8:14b)

hūdai ba 져제 ; 시장(市場)

   hūdai ba (1:14b) (3:18b)

   hūdai ba i (8:3a)

   hūdai bade (5:2a) (5:2b) (5:4b) (5:5a) (5:12a) (6:14a)

hūda toktosi 즈름 ; 중개상(仲介商), 중개인(仲介人), 거간꾼

   hūda toktosi (5:11b) (5:19a) (5:22a) (6:3a) (6:3b)

   hūda toktosi be (5:21b)

hūda toktosi de (1:20a) (5:21a) (6:3a) (6:6a)

hūdaša- 홍정ᄒ다 ; 홍정하다

  hūdašaci (1:17b) (5:19b) (5:17b) (5:20a)

  hūdašaki (8:7a)

  hūdašambi (6:18b)

  hūdašame (1:11a) (1:20b) (3:22b) (6:10b) (8:14a) (8:15a) (8:20b)

  hūdašara (6:14b) (8:13b)

hūdukan 쉽사리

  hūdukan i (4:19a) (4:22a)

hūdun 쌀리 ; 빨리 (3:4a) (3:15a) (4:10a) (7:6a) (8:2a)

hūla- 넑다, 울다 ; 읽다, (닭이) 울다

  hūlara (6:1a)

  hūlafi (3:3b)

  hūlaha (2:11a)

hūlaša- 밧고다 ; 바꾸다, 매매(賣買)하다, 거래(去來)하다

  hūlašambi (4:3b)

  hūlašame (3:5b) (3:6b) (3:13b) (4:2a) (4:2a) (4:2b) (4:3a) (4:20a) (8:13b)

  hūlašara (3:6b) (4:20a)

hūlha 盜賊

  hūlha (2:15a) (2:15b) (2:16b) (2:17b) (2:17b) (2:18a) (2:18a) (2:19a)

  hūlha be (2:16a) (2:18b) (2:23b)

  hūlhai (2:17a)

hūlhatu 盜賊놈 (2:14a) (2:14a)

hūlhi 흐림 ; 모호(模糊) (7:24a)

hūntaha 잔(盞)

  hūntaha (4:15b) (4:17a) (5:10a) (5:10b) (7:21b)

  hūntaha i (2:5b)

hūri 잣 (7:5a)

hūsihan 치마

hūsihan de (8:18b)
hūsun 힘
   hūsun (5:10a)
   hūsun de (7:22b)
hūsutule- 힘쓰다 ; 힘쓰다
   hūsutuleme (7:12b)
hūwa 터ㅎ ; 터 (3:3b)
hūwaita- 믜다 ; 매다[拴]
   hūwaita (2:21a) (3:3b)
   hūwaitafi (3:2a) (4:13a)
   hūwaitaki (3:3a)
   hūwaitambi (7:15a)
   hūwaitame (4:10a)
hūwaliyasun 和ㅎ다 ; 화목(和睦)하다
   hūwaliyasun (7:12a)
hūwanggiya- 관계ㅎ다 ; 관계하다
   hūwanggiyarakū (2:14a) (3:7a)
i 제 ; 저[他] (1:12a) (3:22a) (3:22b)
i jeo 易州 (6:12b)
i jeo 義州
   i jeo be (1:7a)
icakū 맛지못ㅎ다 ; 뜻에 맞지 않다 (6:19a)
icangga 뜻에 마즌 ; 뜻에 맞다 (7:21b)
icangga 빗난 ; 빛나다 (7:18b)
ice 새, 초싱 ; 새것, 첫
   ice (2:4a) (5:13a)
   ice de (1:1a) (1:1b)
ice- 믈들이다
   icefi (1:18b)

icembi (1:19a)

icere de (1:19a) (1:19a)

icemle- 새로이 ᄒ다 ; 새로이 하다

icemleme (3:5a)

ici 으로 (2:25b) (3:1a) (5:15b)

icihiya- 츌호다 ; 차리다

icihiya (4:5b)

icihiyafi (3:4a)

icihiyaki (2:11a)

icihiyatala (4:10a)

icihiyahangge (2:22a)

idura- (번) 돌리다

idurame (2:10b) (2:21a)

igen 고재 ; 활고자 (6:20a)

ihan 쇼 ; 소 (5:14a) (7:10b) (7:23b) (8:20a)

ijifun 얼에빗 ; 얼레빗 (8:17b) (8:17b)

iji- 빗다

ijime (7:21b)

ijishūn 順ᄒ ; 순(順)하다 (5:16a)

iju- (푼즈) 먹이다 ; 풀칠하다, 풀먹이다

ijuhabi (6:11b)

ilan 세, 3 (1:16a) (1:18b) (1:19a) (1:19b) (1:20a) (1:20a) (1:21b) (2:3b) (2:7a)
(2:8a) (2:8b) (2:11b) (2:13a) (2:24a) (2:24a) (4:4a) (4:4b) (4:18a)
(5:6a) (5:11b) (5:14b) (5:16a) (6:8b) (6:9b) (7:2b) (7:23a) (8:4a)

ilan moo 세 대, 셋 (1:4b) (1:5b) (1:6a)

ilanggeri 세 번 (3:3b)

ilata 셋씩 (6:6a) (6:3b)

iletulebu- 낫하내다 ; 나타내다

iletulebuci (7:14b)

ilga- 分揀ᄒ다, 굴히다 ; 분간(分揀)하다, 가리다

    ilgame (8:16b)

    ilgarakū (3:17b)

ilgaša- 구경하다

    ilgašame (7:22a)

ilha 紋 (8:19a)

ili- 머물다, 닐다 ; 머물다, 멈추다, 서다

    ili (5:10a)

    ilicina (3:3b)

    ilifi (1:3b) (2:10b) (2:11a) (2:21a) (4:10a) (5:11b) (7:21b)

ilibu- 닐게 ᄒ다, 니르혀다, 세오다 ; 서게 하다, 일으키다

    ilibu (4:10a)

    ilibuha (7:10b) (7:11b)

    ilibure (6:7b)

ilmahū usiha 參星 (4:8b)

indahūn 개 (4:5b)

    indahūn i (7:18b)

indebu- 머물다

    indebume (3:20b)

inemene 아무려나 (2:22b) (4:1b)

inenggi 날, 낫 ; 날, 낮

    inenggi (1:14b) (2:10b) (4:2b) (5:3a) (5:3b) (7:9a) (7:9b) (7:10b) (7:23a)

        (8:4a) (8:4b) (8:20a) (8:20b) (8:22a)

    inenggi be (8:19b)

inenggi dulin 낫 ; 낮[晝] (4:15a) (4:21b)

inenggi sonjo- 擇日ᄒ다 ; 택일(擇日)하다

    inenggi sonjorongge (8:19b)

inenggidari 날마다 (1:3a) (1:3a) (1:8a) (1:9a) (5:2b) (7:9b)

ini 저의, 제 (3:13b) (6:1a) (7:23a)

ini cisui 졀로 ; 절로 (2:3a) (2:26a) (7:3a) (7:12b)

inu 도 (1:9a) (1:9b) (1:11a) (1:14b) (1:15a) (1:15a) (1:17b) (1:25b) (1:26a)
　　　　(2:21a) (2:22b) (2:23b) (3:5a) (3:5b) (3:7a) (3:8a) (3:8b) (3:12b)
　　　　(3:12b) (3:14a) (3:20b) (3:20b) (4:2a) (4:5a) (4:14b) (4:16b)
　　　　(4:21a) (4:22b) (5:3a) (5:3a) (5:9a) (5:10b) (5:15b) (5:18b) (5:20b)
　　　　(5:20b) (6:6a) (6:7b) (6:9b) (6:15a) (6:15a) (6:17b) (6:20a) (7:5b)
　　　　(7:6b) (7:9b) (7:13b) (7:20a) (7:21a) (7:23a) (8:9a) (8:9b) (8:9b)
　　　　(8:9b) (8:14b) (8:15b) (8:15b)

inu 눈 ; 는 (2:1b)

inu 쯔 (1:16a) (1:16b) (3:8b) (3:11b) (4:1b) (5:2b) (5:6b) (6:17a) (7:11b)

inu 올타 ; 옳다
　　inu (1:6a) (1:11a) (1:15a) (3:6b) (3:8b) (3:18b) (4:5a) (5:3a) (5:9a) (7:9a)
　　inu i (5:12b)

inu -이라(긍정을 나타냄) (1:2a) (3:18b) (5:5a) (8:8a)

iru- 줌기다 ; 잠기다
　　irurakū (2:20b)
　　irurengge (7:7a)

irubu- 줌그다 ; 잠기게 하다
　　irubume (2:21a)

isheliyen 좁은 ; 좁다 (6:12b) (8:10b) (8:10b) (8:10b)

ishunde 서로 (1:22a) (1:24b) (7:14a) (7:14a) (7:16b) (8:22a)

isi- 쯔라다, 니르다 ; 자라다, 이르다[到]
　　isimbi (6:16b) (6:16b) (6:17a)
　　isirakū (5:12a) (8:10b) (8:11a)
　　isitala (3:20a) (7:12b)
　　isitala (7:24a)

isibu- 갌다 ; 보내주다, 갚다
　　isibufi (7:12b)

isina- 니르다 ; 이르다[到]

isinaci (1:14a)

isinafi (1:21b) (2:18a) (4:22b) (7:22b) (7:24a)

isinaha (4:8a) (4:15b)

isinambi (1:2a) (1:14b) (2:10b) (7:3a)

isinambio (1:2a)

isiname (2:9b) (3:15a) (4:12b)

isinara (5:11b)

isinarakū (3:1b) (4:7b) (8:20b)

isinarakūn (1:2a)

isinarangge (1:14a) (1:14a) (4:12a)

isinji- 오다

isinjiha (5:1a) (5:7a) (5:7a)

isinjiha be (8:15b)

isinjihabi (3:21a)

isinjihangge (8:15a)

isinjiha (1:1b)

isinjimbi (3:22a)

isinjimbio (1:2a)

isinjire be (8:15a)

ja 쉽다, 賤 (1:16a) (4:9b) (6:18a) (8:16a) (8:16b)

jabdu- 쟝만ᄒ다, 겨롤ᄒ다 ; 짬을 내다, 준비하다, 마련하다

jabduha (7:5b)

jabdurakū (1:22a)

jabša- 多幸ᄒ다 ; 다행(多幸)하다

jabšaha (7:13a)

jabšabu- 스망ᄒ다, 이익 얻게 하다. ; 싸게 사들이다, 이익을 얻게 하다

jabšabumbi (7:11a)

jabšaki 요힝 ; 요행(僥倖), 편의(便宜)

jabšaki be (7:12b)

jabu- 디답ᄒ다 ; 대답하다
    jabume (1:7a)
jaci 과히 (6:20b)
jafakū 좀 (6:19a)
jafa- 잡다
    jafafi (5:16b)
    jafafi (2:16a) (3:3a)
    jafaha (2:18b) (3:15a)
    jafahakū (2:16a)
    jafame (7:8b) (7:9a)
    jafara (2:17b) (2:17b) (2:18a)
    jafara de (2:18a) (3:14b)
jafabu- 잡히다
    jafabume (7:6b)
jafu 담 (7:20b)
jahūdai 비 ; 배[船]
    jahūdai (1:21b) (7:13b)
    jahūdai de (7:14a)
jai 다시, 쪼 ; 다시, 또 (1:4a) (1:14b) (1:17a) (1:20b) (1:25b) (2:2b) (2:5b) (2:6b)
            (2:6b) (2:9a) (2:10a) (2:19b) (2:25b) (3:7b) (3:10a) (4:10b) (4:15b)
            (4:19a) (4:22a) (5:2a) (5:3a) (5:10a) (5:10b) (5:19b) (5:20b)
            (5:21a) (6:6a) (6:7a) (6:8a) (6:13b) (6:18a) (7:2a) (7:8b) (7:9a)
jai 지츠 ; 다음 (8:2b) (8:2b)
jaila- 避ᄒ다 ; 피하다
    jailame (2:15b)
jaka 것, 믈건 ; 것, 물건(物件)
    jaka (1:12a) (4:13a) (5:5b) (6:21b) (7:2a) (7:4a) (7:8a) (8:14b) (8:15b)
    jaka be (1:20b) (2:6a) (2:15a) (4:25a) (7:7b) (7:7b) (7:10b) (7:16a) (7:17b)
            (8:14b) (8:16b)

jaka de (2:22a)

jaka i (5:6a) (5:15b)

jakade 故로 (1:1b) (1:16b) (1:23b) (2:13b) (2:15b) (2:17a) (2:17b) (2:26b)
    (4:2a) (4:4a) (4:15b) (5:6b) (5:11b)

jakan 近間 (1:11b)

jakūn 여듧, 8 ; 여덟 (1:12a) (3:1b) (4:12a) (6:6a) (6:16b) (8:6b) (8:9b) (8:12a)
    (8:12a)

jakūn hergen 八字

    jakūn hergen be (8:20a)

jakūnju 여든(5:17a)

jakūta 여듧식 ; 여덟씩 (5:18a)

jalan 世上

    jalan de (1:6b) (7:14a)

    jalan i (7:10a) (7:18a)

jalgiya- 덜다

    jalgiyame (4:3a) (7:17a)

jalin 위ㅎ여 ; 위하여 (2:14a) (4:21a) (5:7a) (6:14a) (7:10b) (8:12b)

jamara- 지져괴다 ; 지저귀다

    jamarambi (3:20a) (4:20b)

    jamarara (5:19b) (7:2b)

jancuhūn hengke 춤외 ; 참외 (7:5a)

jancuhūn usiha 밤 (7:5a)

jang 張(哥) (3:12b) (3:12b) (6:3a)

jasigan 편지 (5:7a) (5:7a) (5:8a)

    jasigan be (5:8a)

    jasigan de (5:7b)

je 오냐 (2:12a) (3:15a) (4:5b) (4:18b) (4:18b) (5:2a) (6:6a) (6:8a) (6:10a)
    (6:17a) (7:2b) (7:9a) (8:14a)

je 조

je bele 조쌀 ; 좁쌀 (1:12b)

jebele 살동개

    jebele be (6:21a)

jeku 곡식 (4:4b)

    jeku be (4:2a) (4:3b)

jeku 조 (1:25a) (1:25a)

jelgiyen 갓씬 ; 갓끈 (8:17a) (8:17a) (8:17a) (8:17a) (8:17a)

je- 먹다

    jeci (4:12b) (4:13a) (4:24b)

    jefi (2:10a) (3:5b) (3:6b) (3:14a) (4:2b) (4:11a) (4:13a) (7:6a) (7:22a)

    jefu (3:9b) (3:10a) (4:4a) (4:8a) (4:24b) (7:8b) (7:8b)

    jeke (3:9b) (3:10a) (3:10b) (4:6b) (4:14b) (4:14b) (7:7b)

    jeke be (3:10a)

    jekekū (3:10b)

    jeki (2:3b) (3:6b) (4:3a) (4:14a) (4:14b) (7:4a) (7:8a)

    jekini (3:3b) (3:6a)

    jembi (2:2a) (3:11b)

    jeme (1:3b) (3:14a) (4:13a) (4:2a) (4:8a) (7:16a)

    jeterakū (1:25a) (2:21b)

    jetere (1:12a) (1:15b) (2:9b) (3:6a) (4:1a) (4:13a) (4:13b) (4:15a) (4:20b)
            (6:21b) (7:4a) (7:7b) (7:15b)

    jetere be (2:22b)

    jeterengge (3:11a) (3:11a) (4:4b) (4:6a) (4:6a) (7:5b) (7:23b) (8:20b)

    jeterengge be (4:24a) (4:24b)

    jetereo (3:7b) (3:8a)

jenduken ᄀ만이 ; 가만히

    jenduken i (2:15b)

jerde 졀다 ; 절다말, 적다마(赤多馬) (6:1b)

jerde morin 졀다몰 ; 절다말, 적다마(赤多馬) (5:13b)

jergi 등 (1:3a) (1:11b) (1:11b) (2:3b)
  jergingge (8:2b) (8:2b)
jergi 샹해 ; 평상시(平常時) (8:18a)
ji nan fu 濟南府 (1:17b) (6:1b)
jiha 돈
  jiha (1:12b) (1:15b) (1:16a) (1:16a) (1:16b) (1:18b) (1:19a) (1:19a) (1:19a)
        (1:19a) (1:19b) (1:20a) (1:20a) (2:7a) (2:7a) (2:7b) (2:7b) (2:7b)
        (2:7b) (2:8a) (2:8a) (2:8a) (2:8b) (2:8b) (4:7a) (4:14b) (4:15a)
        (4:16a) (4:19a) (4:20a) (4:21a) (5:6a) (5:6b) (6:1a) (6:6a) (7:19a)
        (8:5b) (8:6b) (8:7a) (8:7b) (8:7b) (8:7b) (8:11a) (8:11b)
  jiha be (4:3b) (4:15a) (6:9a) (6:9a) (8:6b)
  jiha de (1:25b) (1:25b) (2:4a) (2:4a) (4:3a) (4:3b)
  jiha i (4:13b) (4:14a) (4:16b) (7:6a)
jik gu 直沽
  jik gu deri (1:21a)
jilgan 소리 ; 소리
  jilgan be (7:18b)
  jilgan de (7:3a)
ji- 오다
  jici (1:7a)
  jidere (1:12a) (3:4b) (4:22a) (5:7b) (5:8b) (5:8b)
  jidere de (2:12b) (3:21b) (3:22a) (8:5a)
  jiderengge (5:7a)
  jifi (1:3b) (1:11b) (2:8b) (2:18b) (3:4b) (3:6b) (4:7b) (4:10b) (5:1a)
        (5:19a) (6:22b) (7:8b)
  jihe (1:1a) (1:1a) (1:2a) (1:24b) (3:16a) (4:3b) (4:23a) (5:4b) (5:8a) (6:15a)
        (6:17b) (6:18a) (8:22a)
  jihe be (8:8a)
  jihebi (4:19a) (6:7b)

jihei (3:2a)

jihengge (5:9b)

jihenggeo (1:22a)

jiheo (1:24b) (4:9a)

jikini (4:21b)

jimbi (5:4a) (5:4b) (6:10b) (8:1b) (8:13b)

jime (1:1b) (1:1b) (4:18a) (6:15b)

jio (2:12a) (4:8b) (4:9a) (4:14b) (4:16a) (4:22a) (5:4b) (8:2a) (8:2a) (8:6a)
    (8:22b)

jingkini 바론 ; 바르다 (5:15b) (6:17b) (6:23a) (8:12b)

jingkini tara 바론 四寸 ; 친사촌(親四寸) (1:23a)

jo- 싸홀다 ; 썰다

joha (2:2b)

jombi (2:1a)

jore (2:2a)

jobo- 근심ᄒ다, 슈고ᄒ다 ; 근심하다, 걱정하다, 수고하다

joboho (4:11a)

jobombi (2:24a) (5:7a)

jobome (7:10b)

joboro (3:8b)

jobobu- 슈고ᄒ게 ᄒ다 ; 근심하게 하다, 수고하게 하다

jobobuha (3:11a) (3:11a) (3:12a) (4:10b) (8:21b)

joboho suilambi 辛苦ᄒ다 ; 신고(辛苦)하다

joboho suilaha (4:18b)

jobošo- 근심ᄒ다 ; 근심하다

jobošoro (2:14a)

jobumbi 싸홀게ᄒ다 ; 썰게 하다

jobu (2:2a)

jodo- ᄧᆞ다 ; 짜다[織]

jodofi (8:9b)

jodoho (6:11a) (6:11b) (6:13b) (6:14a) (6:15a) (8:19a)

jodohongge (8:10a)

jodon 뵈 ; 베

    jodon (1:11a) (1:11b) (1:11b) (1:19b) (1:19b) (1:20a) (1:20a) (5:3a) (5:4a)
           (5:6a) (5:9a) (6:7a) (7:20a) (8:1b) (8:6a) (8:6a) (8:6b) (8:7a) (8:7b)
           (8:7b) (8:9b) (8:10a) (8:10b) (8:11b)

    jodon be (1:17a) (1:21a) (1:21b) (6:7a) (8:13a)

    jodon de (8:6b)

    jodon i (2:22a) (5:9a) (5:21a) (8:10a) (8:11a) (8:9a)

jojin 마함

    jojin be (3:6a)

jokū 쟉도 ; 작두 (2:1a) (2:1b) (2:1b)

joo 마라, 무던ᄒ다 ; 됐다, 두어라 (2:4b) (3:4b) (3:23a) (7:9a)

joo 趙(哥) (1:22b)

joobai 마라 ; 두어라 (2:22b) (4:21a) (5:10b)

jorgon biya 섯돌 ; 섣달 (7:1a)

jortai 짐즛 ; 짐짓 (1:23b)

jugūn 길

    jugūn (1:23a) (2:13a) (2:19a) (3:6a) (3:15a) (3:16a) (3:16b) (5:2b)

    jugūn i (1:23a) (1:24a) (1:24b) (2:14b) (3:3a) (3:6a) (4:18a) (5:9b) (5:10a)

    jugūn be (4:9b)

jui 아희, 子息 ; 아이, 자식(子息)

    jui (7:11b)

    jui de (3:14a)

juken 평평ᄒ ; 평평하다 (2:25b) (4:19b)

julergi 남편, 앏 ; 남쪽, 앞

    julergi (3:18b) (5:5a) (7:1b) (7:3a) (7:3a)

    julergi de (4:15b)

juleri 앎 ; 앞
 juleri (1:3b) (1:4a) (1:23b) (2:13a) (3:5b) (3:6b) (3:16b) (4:12a) (4:23a)
   (8:13b)
 juleri de (8:3b)
julesi 앎흐로 ; 앞으로 (1:13a) (1:13b) (2:17a) (2:17b)
julesiken 前에 (5:8b)
julge 녜 ; 옛날
 julge ci (7:12b)
 julgeci (3:2a)
jumanggi 纏帒
 jumanggi be (2:15b)
 jumanggi de (2:14b)
jura- 써나다 ; 떠나다
 jurafi (1:1b) (2:6b) (8:21a)
 juraka (1:1a) (1:1a)
 juraki (4:10b)
 jurambi (8:21a)
jurgan 구의 ; 관청(官廳), 부(部)
 jurgan (3:21b)
 jurgan ci (3:17a) (3:20a) (3:21a) (6:12a)
 jurgan i (6:12b)
juru homhon 쌍거플 ; 쌍까풀
 juru homhon i (8:18a)
juse 아희들, 子息들 ; 아이들, 자식들
 juse (1:9b) (3:7b) (3:10b) (5:8b) (7:13a)
 juse be (7:12b) (7:23a)
 jusei (1:9b) (8:19b)
juse omosi 子孫
 juse omosi de (7:13a)

jušun 초 (2:5b)

jušuru 자(길이의 단위) (2:13a) (2:13a) (3:1b) (6:16a) (6:16b) (6:16b) (6:16b)
　　　　(6:16b) (8:9b)

　jušuringge[21)] (8:9b) (8:9b)

juwan 열, 10 (1:11b) (1:12b) (1:13a) (1:21b) (1:25b) (2:1a) (2:1a) (2:7a) (2:7b)
　　　　(2:8a) (2:8a) (2:8a) (3:5a) (3:15a) (4:4b) (4:11b) (4:23a) (5:14b)
　　　　(5:17a) (5:17a) (5:18a) (6:2a) (7:6a) (7:6b) (8:3a) (8:4b) (8:5a)
　　　　(8:5a) (8:5a) (8:5b) (8:12a) (8:18a) (8:18a) (8:18a) (8:18b) (8:18b)
　　　　(8:19a) (8:20a)

juwaran 잰 ; 재다 (5:14a)

juwaranda- 걷다

　juwarandame (1:16b)

juwari 녀름 ; 여름 (4:2a) (7:9b) (7:19b) (7:20a) (7:21a)

juwe 둘, 2

　juwe (1:12b) (1:16a) (1:16b) (1:18b) (1:19a) (1:19a) (1:19b) (1:19b) (2:10b)
　　　　(2:13a) (2:16b) (2:24b) (2:25a) (2:25a) (3:1a) (3:1b) (3:15b)
　　　　(3:15b) (3:18b) (4:1b) (4:4b) (4:6b) (4:7a) (4:7a) (4:7b) (4:8a)
　　　　(4:8a) (4:8b) (4:9a) (4:10a) (4:10a) (4:18a) (4:22b) (4:22b) (5:1a)
　　　　(5:3b) (5:4a) (5:9b) (5:10b) (5:11b) (5:16a) (5:16b) (5:17b) (6:2a)
　　　　(6:3b) (6:6a) (6:9a) (6:9b) (7:1b) (7:6a) (7:6a) (7:6b) (8:2b) (8:4a)
　　　　(8:4a) (8:4b) (8:6b) (8:9b) (8:22a)

　juwe be (4:21b)

juwe- 긷다

　juweme (3:1b)

juwen bumbi 빌리다

　juwen burakū bihe (2:1b)

juwete 둘식 ; 둘씩 (3:3a)

---

21) jušuringge는 jušuru와 -ngge의 통합형태이다.

kaca morin 골희눈몰 ; 고리눈말 (5:14a)

kadala- 거느리다, 檢擧ᄒ다 ; 거느리다, 관장(管掌)하다

    kadalahabi (1:6b)

    kadalara (1:4b) (1:5a) (2:16a) (3:21b)

kai -이라 (1:2b) (1:7b) (1:10a) (1:23a) (1:23b) (2:3a) (2:6a) (2:13a) (2:14b)

          (3:2a) (3:4b) (3:8b) (3:9a) (3:12b) (3:14b) (3:19a) (3:21a) (3:23a)

          (4:9a) (4:12a) (4:13a) (4:18a) (4:20b) (4:21b) (5:6b) (5:7b) (5:12a)

          (6:7b) (6:11b) (6:14b) (6:23a) (6:23a) (7:10a) (7:13a) (7:15a)

          (7:19b) (7:24a) (8:2b) (8:4b) (8:5b) (8:11b) (8:16b) (8:21b)

kalja morin 간쟈몰 ; 간자말 (5:13b)

ka- 싼다, 막다 ; 싸다, 막다

    kafi (2:18b)

    kaki (3:14b)

kangka- 목ᄆᆞᆯ다 ; 목마르다

    kangkaha (4:17a)

    kangkambi (4:15b)

    kangkara (3:11b)

    kangkara be (4:15b)

kara kalja seberi morin 가라간쟈 四足白이 몰 ; 오명마(五明馬) (5:13b)

kara morin 가라몰 ; 흑마(黑馬) (5:13b)

kata- ᄆᆞᆯ다 ; 마르다, 강마르다

    kataha (7:4a)

kedere- 巡檢ᄒ다 ; 순검(巡檢)하다

    kederere de (2:17b)

keire morin 오류몰 ; 오류마 (5:13b)

kejine 이슥이, 여러 ; 이윽고, 여러 (2:17b) (4:12b)

kemuni 오히려 (1:6b) (1:9b) (2:19a) (3:15a) (4:1a) (4:12a) (4:17b) (5:9a)

       (5:16a) (6:7a) (7:24a)

kemuni 쩌쩌시 ; 항상, 늘 (3:4b) (3:14b) (8:20b) (8:22a)

kemuni 일즙 ; 일찍이, 오히려 (8:16a)

kenehunjecuke 疑心저은 ; 의심쩍다 (3:17a)

kenehunje- 疑心ᄒ다 ; 의심하다

    kenehunjeci (3:19a)

    kenehunjeme (2:16a)

    kenehunjere (8:8a)

kesi 덕, 恩惠 (7:12b)

    kesi be (3:8a)

    kesi de (4:18b)

kice- 부즈런하다, 힘쓰다 ; 부지런하다, 힘쓰다

    kicembi (1:3a) (1:4a)

    kiceme (2:10b) (2:21a) (7:11b)

    kicerakū (7:12b) (7:18a)

kimci- 숣히다 ; 살피다

    kimcici (3:20b)

    kimcihakū (6:4b)

    kimcime (3:22a) (4:10b) (5:21b) (6:2a) (6:8a) (6:17b) (8:13b)

kin 거믄고 ; 거문고 (7:22b)

kiyan 권 (2:14b)

koco wai 隱僻ᄒ ; 깊숙하고 후미진 곳 (3:20a)

kokira- 샹ᄒ다 ; 상(傷)하다, 다치다

    kokiraha (2:19a)

    kokirara be (6:10a)

komso 젹은 ; 적다 (2:25b) (3:7a) (3:7a) (4:4a) (6:15a) (7:6b) (7:23a) (8:11a)

konggoro morin 공골몰 ; 고라말, 황마(黃馬) (5:13b)

kooli 規矩 (4:1b) (6:17a)

    kooli de (6:3a)

koro ba- 傷ᄒ다 ; 상처 입다

    koro baha (2:19a)

kubun 소옴 ; 솜
   kubun (1:18a) (1:19a) (1:20a) (1:20b) (1:21a) (8:17b)
   kubun be (1:17b) (1:18a)
kubun i etuku 핫옷ㅅ ; 핫옷
   kubun i etuku be (7:20a)
kula morin 고라몰 ; 고라말 (5:13b)
kundule- 디졉ᄒ다 ; 대접하다
   kundulefi (3:12a)
   kunduleme (7:17b)
kunggur22) seme 믈뼈 가면 ; 무리지어 가면 (3:15b)
kuren morin 굴헝몰 ; 구렁말 (5:13b)
kutule- 잇글다 ; 이끌다
   kutulehengge (2:24b)
   kutuleme (2:23a) (2:24b) (2:25a) (3:2b) (3:2b) (3:3a) (7:15a)
kuwangse 광조리 ; 광주리 (2:22a)
la li akū 맛것지 못ᄒ다 ; 칠칠하지 못하다, 마땅하지 못하다 (2:22a)
labdu 만히 ; 많이 (1:6b) (1:25a) (2:9b) (2:24b) (3:1a) (3:5a) (3:9b) (6:13a)
            (3:23a) (7:6b) (7:7a) (7:9a) (7:11b) (8:12a)
lak seme 마츰 ; 마침 (2:17b) (5:1a) (6:21a) (8:15a)
lakiya- 걸다, 치다
   lakiya (2:11a)
   lakiyafi (7:2b)
lakiyakū hacuhan 노고 ; 노구솥 (4:24b)
lashala- 꼿다 ; 끊다, 결단하다
   lashalarakū (7:18b)
lasihida- 혼더기다 ; 흔들리다
   lasihidambi (7:3b)

---

22) 이 말은 무리지어 가면서 내는 의성어인 듯하다.

lata 쓴 ; 뜨다, 느리다

   lata (5:14a)

   lata ci (1:17a)

latubu- 부치다

   latubuhangge (3:17a)

leole- 論難ᄒᆞ다 ; 논란(論難)하다

   leoleme (7:12a)

leolen gisuren 論語 (1:3a) (1:4a)

leose 樓閣

   leose ci (3:18a) (3:18b)

   leose i (3:18a)

lii 李(哥) (1:22b) (5:4a) (5:7a) (6:1b)

lio 劉(哥) (3:18b)

liyeliye- 어즐ᄒᆞ다 ; 어지러워 하다, 아득해 하다

   liyeliyefi (2:17b)

   liyeliyembi (7:6b)

liyoo 콩

   liyoo be (2:7a)

liyoodung 遼東 (3:20a) (5:23a) (6:1a)

   liyoodung ci (1:15a) (8:8a)

   liyoodung ni (5:9b)

liyoodung hoton 遼東城 (1:10b) (3:12b) (3:17b) (3:18a) (3:18a)

lorin 노새

   lorin de (7:2a)

mafari 祖上 (7:18a) (7:18a)

mahala 이엄 ; 이엄(耳掩) (7:20b)

maikan 쟝막 ; 장막(帳幕) (7:15b)

majige 젹이, 죠곰 ; 적이, 조금 (1:2b) (1:8a) (1:9b) (1:17a) (1:17b) (1:18a)
       (2:6b) (2:6b) (2:8b) (2:10a) (2:10b) (2:22b) (2:26a) (3:6b) (3:8a)

        (3:9b) (3:19b) (4:3a) (4:6a) (4:14a) (4:15b) (4:16b) (4:21a) (5:3a)
        (5:4b) (5:19b) (6:17b) (6:20a) (7:3a) (7:3a) (7:6b) (7:11a) (8:7a)
        (8:11a) (8:12a) (8:12b) (8:13b) (8:15a)

makta- 놓다
  maktaha (6:19b)

mama eršembi 역질ᄒ다 ; 마마에 걸리다
  mama eršefi (5:8b)

mana- 닳다
  manafi (5:12b)

manashūn 그믐끠 ; 그믐 (1:2a)

mangga 어려온, 잘혼, 貴, 셴 ; 굳다, 어렵다, 잘하다, 귀하다, 굳세다 (1:16a)
        (2:5a) (3:14b) (4:20b) (5:9a) (6:8b) (6:17b) (6:18a) (6:19a) (8:16a)
        (8:16b) (8:19b)

manggai 어궁혼 ; 잘하면, 구태여 (3:1b)

manggaša- 어려워ᄒ다 ; 어려워하다
  manggašara (3:10a)

manggi 후에, -거든 (1:3b) (1:4a) (2:2b) (2:5a) (2:5b) (2:5b) (2:6a) (2:9a)
        (2:11a) (2:16a) (2:17a) (2:17b) (2:18b) (2:19b) (2:21b) (3:9b)
        (3:10a) (3:10b) (3:13a) (4:6b) (4:7b) (4:8a) (4:9a) (4:10b) (4:11a)
        (4:13b) (4:15b) (5:10b) (5:21a) (6:6b) (6:18a) (6:20a) (7:3b) (7:8b)
        (7:9a) (7:15b) (7:16a) (8:22a)

manggina- 신코지다 ; 말이 병에 걸려 코를 홀리다
  mangginaha de (6:4b)
  mangginahabi (6:4b)

manju 淸人 (3:20b) (3:21a)

mase muyari 荔芰 (7:5a)

mase usiha 호도 (7:5a)

maša 구기 ; 국자
  mašai (2:5b)

mayan 줌 ; 줌, 주먹

    mayan be (7:3a) (7:3a)

meifen i giranggi 목장뼈 ; 목장뼈 (7:5b)

meimeni 各各 (1:5a) (2:10b) (3:2a) (4:8a) (5:22b) (5:22b) (5:22b) (6:3a) (6:3b)

        (8:17a) (8:17a) (8:17b) (8:17b) (8:18a) (8:18b) (8:18b) (8:21a)

mejigele- 소문듯다 ; 소식 듣다, 기별 듣다, 소문 듣다

    mejigelefi (6:18a)

mekele 혼갓 ; 한갓, 속절없이 (7:10a)

mekte- 나기ᄒ다 ; 내기하다

    mekteme (7:2b)

mele- 믈먹이다 ; 물먹이다

    mele (2:25a) (3:2b)

    melehekū (2:20a)

    meleme (2:20a) (2:21b) (2:22b) (3:2b)

    melere (2:10a) (2:20b)

melebu- 믈먹이게 ᄒ다 ; 물먹이게 하다

    melebu (2:10b)

membe 우리롤 ; 우리를 (1:7b) (2:14a) (3:16b) (3:16b) (3:19b) (3:19b) (3:19b)

          (4:1b) (4:24a)

mende 우리게 ; 우리에게 (2:19a) (3:13b) (4:3a) (4:16a) (5:20a)

mengdz ajigan 孟子 (1:3a) (1:4a)

menggu 銀

    menggu (1:20a) (5:17a) (6:5a) (6:16a)

    menggun be (1:16a) (1:16a) (1:16b) (1:19b) (1:19b) (1:19b) (1:20a) (4:19a)

        (4:19a) (4:19b) (4:19b) (4:19b) (4:19b) (4:20a) (4:20b) (4:20b)

        (5:15b) (5:17a) (5:20b) (5:20b) (5:21a) (5:21a) (5:21a) (5:21a)

        (5:21b) (6:2a) (6:2b) (6:5b) (6:6a) (6:8b) (6:9a) (6:10a) (6:10a)

        (6:10b) (6:15b) (6:18a) (7:23b) (8:3b) (8:4a) (8:4a) (8:5b) (8:5b)

        (8:7b) (8:8b) (8:8b) (8:8b) (8:9a) (8:11a) (8:11b) (8:12a) (8:12a)

(8:12a) (8:12b) (8:12b) (8:13a)

menggun de (1:12a) (1:12b) (1:12b) (1:12b) (5:6a) (5:6b) (5:19b) (6:6a)
        (8:8b) (8:12b)

menggun i (7:6a) (7:6a) (8:13a)

meni 우리 (1:7a) (1:7b) (1:8b) (1:10b) (1:15a) (2:1a) (2:1b) (2:3b) (2:5a) (2:8b)
        (2:14a) (2:14b) (2:20a) (3:1b) (3:1b) (3:6b) (3:13a) (3:16a) (4:2a)
        (4:6b) (4:13b) (4:14b) (4:24b) (4:25a) (5:18b) (8:14a) (8:16a)

menji 쉰무우 ; 순무 (7:4b)

mentu 상화 ; 만두 (7:4a)

  mentu i (7:5b)

mentuhun 어린 ; 멍청하다, 어리석다 (7:10a) (7:24a)

merhe 춤빗 ; 참빗 (8:18a) (8:18a)

merki- 싱각ᄒ다 ; 생각하다

  merkime (4:11b)

meye 妹夫 (6:22a)

micihiyan 엿흔 ; 앝다, 옅다 (2:20a) (3:1a)

mimbe 나롤 ; 나를 (1:25b) (1:26a) (4:23b) (5:22a) (6:4a)

minci 내게셔 ; 나에게서 (4:17b)

minde 내게 ; 나에게 (3:12b) (4:13b) (4:18b) (4:19b) (5:19a) (5:20b) (5:20b)
        (6:5b) (6:6a) (6:10a) (6:10b) (6:12a) (8:8b) (8:16a)

mingga[23] 千 (3:12a)

minggan 千 (5:12a)

mini 내 ; 나의

  mini (1:6b) (1:8a) (1:10a) (1:11b) (1:12a) (1:15a) (1:18a) (1:22a) (1:22b)
        (1:22b) (1:24a) (1:26a) (2:4a) (2:11b) (2:24a) (3:4b) (3:4b) (3:9b)
        (3:12b) (3:12b) (3:12b) (3:13a) (3:18b) (3:19a) (4:5b) (4:16a)
        (4:18b) (4:25a) (5:3b) (5:7a) (5:7a) (5:7b) (5:8b) (5:8b) (5:8b)

---

23) 일반사전에서는 확인이 되지 않는 형태로 minggan의 이형태로 간주됨

     (5:9b) (5:16a) (5:17b) (5:20a) (5:22b) (5:23a) (6:6a) (6:6b) (6:20b)
     (8:3b) (8:4b) (8:8a) (8:8b) (8:8b) (8:14b) (8:20a) (8:22a)

miningge (5:6b) (5:23a) (8:3a)

misun muke 쟝믈 (2:5b)

miyali- 되다, 자히다 ; (되로) 되다, 재다
   miyalifi (2:1a)
   miyaliki (6:16a)

miyami- 外飾ᄒ다 ; 겉꾸미다
   miyamirengge (6:23b)

miyanceo 면쥬 ; 명주 (7:20a)

moho- 貧窮ᄒ다, 窮極ᄒ다, 窮迫ᄒ다 ; 빈궁하다, 빈한하다
   mohofi (7:17a)
   mohoho (7:24a)
   mohoro (8:20b)

moo 나모 ; 나무
   moo (2:22b) (7:1b) (7:1b)
   moo be (2:22b)
   mooi (2:14b)

morin 몰
   morin (1:10b) (1:11a) (1:11b) (1:11b) (1:11b) (1:14b) (1:15b) (1:17a)
        (1:21a) (1:21b) (2:1a) (2:9b) (2:9b) (2:10a) (2:10b) (2:16b) (2:20b)
        (2:21a) (2:21b) (2:22b) (2:24b) (2:25a) (2:25a) (2:25a) (2:25b)
        (3:4a) (3:9a) (3:10b) (3:14b) (4:7b) (4:8a) (4:13a) (4:23a) (4:23a)
        (5:2b) (5:5b) (5:9a) (5:11b) (5:12b) (5:13a) (5:13b) (5:14a) (5:14a)
        (5:14a) (5:14a) (5:14a) (5:14a) (5:14a) (5:14b) (5:15a) (5:17a)
        (5:18a) (5:18a) (5:22b) (5:23a) (6:1b) (6:4b) (6:4b) (7:10b) (7:15a)
        (7:15b) (7:23b)
   morin be (1:10b) (1:16b) (2:14a) (2:20a) (2:23a) (2:25a) (3:2b) (3:3a) (3:5b)
        (3:14a) (3:22b) (4:6a) (4:6b) (4:8b) (4:9a) (4:10a) (4:10a) (4:23a)

　　　　(5:1b) (5:2a) (5:11b) (5:12a) (5:12b) (6:6b) (7:15a) (7:18a)
　　morin ci (2:18a) (7:15a)
　　morin de (1:10b) (2:7a) (2:21b) (5:14b) (5:17a) (5:17a) (5:17a) (5:18a)
　　　　(5:18a) (7:22a)
　　morin i (1:16b) (4:1b) (4:6a) (5:9a) (5:10a) (5:15a) (5:22b) (6:2a) (6:4a)
　　　　(7:1a) (7:1a)
morin ihan 무쇼 ; 마소
　　morin ihan (1:15b)
　　morin ihan be (1:14a)
morin se 몰들 ; 말들
　　morin sebe (4:1a)
moro 사발 (3:9b) (3:9b) (3:10a) (3:14a) (3:15a) (4:8a) (4:13b) (4:25a)
moro hiyase 되 (1:15b)
　　moro hiyase be (4:4a)
mu hiyang pun ki wan 木香分氣丸 (7:7b)
mucen 가마 ; 가마솥
　　mucen (2:2b) (4:24b)
　　mucen be (2:5a) (2:5a)
　　mucen de (2:5b)
　　mucen i (2:6a)
mucu 보도 ; 포도(葡萄) (7:5a)
mudan 번, 순 ; 번(番), 순(巡), 곡(曲), 구비 (2:12b) (2:24b) (4:18a)
mudan 부졀 (4:10b)
muheren 골희 ; 고리, 환(環)
　　muheren i (7:20a)
mujakū ᄀ장 ; 매우, 아주 (1:2b) (3:13b) (4:4a) (4:15a)
mujilen 무옴 ; 마음
　　mujilen (2:13a) (2:15a) (6:22b) (7:11b) (7:22b)
　　mujilen be (4:25a)

mujilen de (1:15a)

muke 믈 ; 물

    muke (2:20a) (2:24b) (2:25a) (2:25a) (2:25a) (2:25b) (2:25b) (2:25b) (2:25b)
           (2:26a) (2:26a) (2:26a) (3:1b) (3:2a) (3:2a) (4:13b)

    muke be (2:20b) (3:2a)

    muke de (2:9b) (2:20b) (7:8a) (7:13b) (7:13b)

mukūn 겨리 ; 겨레,

    mukūn (5:4b)

    mukūn i (1:22b) (2:1b)

murikū 고집ᄒᆞ는이 ; 고집쟁이 (3:21b)

mursa 무 (3:7b) (7:4b)

muse 우리

    muse (1:10a) (1:11a) (1:13a) (1:13a) (1:13a) (1:13b) (1:14b) (1:14b) (1:23b)
           (1:24a) (1:26a) (2:21a) (2:21b) (2:22b) (2:23a) (2:24a) (2:24a)
           (2:24b) (2:25a) (3:2b) (3:3a) (3:3b) (3:3b) (3:5b) (3:6a) (3:14a)
           (3:14b) (3:15b) (3:15b) (4:7a) (4:7b) (4:8a) (4:8b) (4:11a) (4:11b)
           (4:12b) (4:12b) (4:13a) (4:14b) (4:15a) (4:19a) (4:22a) (4:22b)
           (4:22b) (5:1a) (5:3b) (5:4a) (5:11a) (5:12b) (5:13a) (6:16a) (6:23a)
           (7:2a) (7:2b) (7:3b) (7:3b) (7:4a) (7:6a) (7:6a) (7:9b) (7:15a)
           (7:16b) (8:1b) (8:14b) (8:14b) (8:15a) (8:15b) (8:15b) (8:19b)
           (8:21b)

    musei (1:14a) (4:9b) (7:13b)

mušuri 모시 (1:10b) (1:21b) (5:3a) (5:4a) (5:6a) (5:9a) (7:20a) (8:1b) (8:6a)
           (8:6a) (8:7b) (8:11b)

mute- 능히 하다

    mutehekū (4:11a)

    mutehengge (1:4a)

    mutembi (2:23b)

    muterakū (1:4b) (1:5b) (1:7a) (3:15a) (3:22b) (7:7a) (7:11a) (7:13b) (7:13b)

(7:14a) (8:16b)

muwa 굵은 ; 굵다 (2:2a) (6:12b) (6:20b) (8:6a) (8:6b) (8:10a) (8:18a) (8:19a)

muwakan 굵즉이 ; 굵직이 (2:4b)

muyari 龍眼 (7:5a)

na 짜ㅎ ; 땅, 지역

　na be (5:1b)

　naci (5:19a)

　nade (2:17a) (3:2b) (7:13b)

nadan 닐곱, 7 ; 일곱, 7

　nadan (3:1b) (4:12a) (6:14a) (6:14b) (6:16b) (6:17a) (8:7a) (8:20a)

　nadan i (8:20a)

nahan 방, 흙구돌 ; 구들장, 방바닥

　nahan be (2:23a) (2:23a) (2:24a) (2:24a)

　nahan de (2:11b) (2:22b) (3:16b) (5:11a)

naka- 그치다

　naka (2:2b) (2:3b) (6:9a) (6:9b) (6:14b) (7:13b)

　nakaki (1:23b)

nakabu- 그치게ㅎ다 ; 그치게 하다

　nakabu (7:17a)

nakcu 外三寸

　nakcu de (1:22b)

nan ging 南京

　nan ging ci (6:14b) (6:17b)

　nan ging ni (6:11a) (6:11b)

narašambi 戀戀ㅎ다 ; 연연(戀戀)하다

　narašame (8:22a)

narhūn ㄱ는 (1:19b) (2:2a) (3:2a) (6:2a) (6:11b) (6:15a) (6:20b) (7:20a) (8:6a)
　　　(8:6b) (8:18a)

narhūn kumun 줄 풍류 ; 현악 연주 (7:22b)

narhūša- 仔細ᄒ다 ; 자세(仔細)하다

    narhūšame (6:8a)

nasan hengke 외 ; 오이 (3:7b) (4:16b) (7:4b)

nashūn 적 ; 때, 기회, 기미 (3:11b) (5:11b)

ne 시방 ; 지금(只今) (2:19a) (6:10a)

nehū se 奴婢들

    nehū sebe (6:22b)

neigen 고로매 ; 고르다, 균등(均等)하다 (6:11b) (7:7a) (7:8b) (8:10a) (8:10a)

nei- (가게문을) 열다, (매장을) 운영하다

    neifi (6:18b)

    neihe (3:18b)

nekcu 外三寸의 妻 (6:22a)

nekeliyen 엷고 ; 엷다, 얇다 (6:11b)

nememe 더옥 ; 더욱, 더더욱 (7:3b) (8:16a)

nemše- 드토다 ; 다투다

    nemšehe (5:20b)

nenehe 몬져, 前 ; 먼저, 전(前)에

    nenehe (1:5b) (2:12b) (5:6a) (5:9a) (6:3a) (7:24a)

    nenehe ci (2:12b) (3:5a)

neneme 몬져 ; 먼저, 당초(當初)에, 앞에 (2:2b) (2:14b) (2:25a) (4:8a) (4:8b)

        (4:13b) (4:17a) (4:18a) (4:18b) (4:21b) (4:22a) (4:22b) (4:24a)

        (5:21a) (5:22b) (7:2b) (7:2b) (7:8b)

nere 아리쇠 (4:24b)

nergin 즈음, 시방

    nergin de (5:8b) (6:2a) (8:4a)

    nergin i (8:7a)

nerki- 펴다

    nerki (6:17a)

nikan 漢, 漢人

nikan (1:9a) (3:20b)

nikan be (7:4a)

nikan i (1:2b) (1:2b) (1:2b) (1:3a) (1:6a) (1:6b) (1:7a) (1:7a) (1:7b) (1:8a)
　　　(1:8a) (1:8b) (1:9b) (1:10a) (1:18a) (3:22b) (5:9b) (5:9b) (8:21a)

nikede- 의지ᄒ다

nikedeme (2:11b) (5:15a) (6:20a) (7:2a)

nilukan 브드러온 ; 부드럽다, 매끄럽다

nilukan be (7:18b)

nimaci 염쇼가족 ; 염소가죽 (7:21a)

nimaha 고기, 믈고기, 셩션 ; 물고기, 생선 (7:4b) (8:10a)

niman 염쇼 ; 염소

niman i (6:8a)

nimanggi 雪

nimanggi de (7:2a)

nimeku 病 (7:7a) (7:9a) (7:17b)

nime- 앏흐다 ; 앓다

nimeme (7:7b) (8:1a)

nimenggi 기룸 ; 기름 (2:5b)

ningge 것, 이

ningge (1:9a) (1:9a) (1:19a) (1:19a) (1:20a) (2:1b) (3:1a) (3:1b) (3:8a)
　　　(4:15a) (4:17a) (4:17a) (4:17b) (5:2b) (5:13a) (5:21b) (5:22b)
　　　(6:21a) (6:21a) (7:2b) (7:17a) (8:2b) (8:16a) (8:16a) (8:16b)
　　　(8:16b)

ningge be (1:9a) (2:4b) (4:10b) (4:13a) (4:14a) (4:14b) (4:16b) (4:16b)
　　　(5:13a) (5:15a) (8:4a) (8:13a)

ningge de (8:6a) (8:6a) (8:6b) (8:6b) (8:6b) (8:6b) (8:7b) (8:7b)

ninggeo (5:22b) (5:22b)

ninggu 우ᄒ

ninggude (1:5b) (2:21a) (7:20b)

ninggun 여슷, 6 (1:19a) (1:19b) (1:20a) (2:1a) (2:7b) (2:14b) (4:19a) (5:12b)
    (7:2b) (8:7b)

ninggun jalan 六寸 (6:22a)

ninggun sudala 六脈
    ninggun sudala be (7:7a)

ningguta 엿 ; 여섯째, 엿 (5:18a) (8:11b)

ninju 여순 ; 예순 (5:17a) (5:18a)

nio -냐? (2:6a) (2:6a) (2:19a) (4:16a) (7:5b) (8:2a) (8:2a) (8:5a)

niowanggiyan 프른 ; 푸르다 (6:16a) (7:20a)

nitan 승거온 ; 싱겁다 (2:6b) (2:6a) (4:14a)

niyalma 사룸 ; 사람
    niyalma (1:2b) (1:4b) (1:7b) (1:7b) (1:8a) (1:8a) (1:8b) (1:8b) (1:10a)
        (1:11a) (1:11b) (1:21b) (1:26b) (2:2a) (2:7b) (2:13b) (2:13b)
        (2:16a) (2:17a) (2:17a) (2:18b) (2:21b) (2:23a) (2:23a) (2:23b)
        (2:23b) (2:24a) (3:3a) (3:3a) (3:6a) (3:13b) (3:15b) (3:15b) (3:15b)
        (3:16a) (3:16a) (3:16b) (3:17a) (3:17b) (3:18b) (3:20a) (3:21a)
        (3:21b) (3:21b) (3:22a) (3:22b) (4:4b) (4:6a) (4:6a) (4:8a) (4:12a)
        (4:13a) (4:16a) (4:19a) (4:20b) (4:21b) (4:23a) (4:23a) (4:24b)
        (4:24b) (5:2b) (5:3b) (5:4a) (5:5b) (5:6b) (5:9a) (5:9b) (5:11a)
        (5:11b) (5:11b) (5:11b) (5:19b) (5:19b) (5:20a) (5:21a) (6:1a)
        (6:2a) (6:3a) (6:3a) (6:3b) (6:14b) (6:19b) (7:1b) (7:2b) (7:2b)
        (7:4a) (7:6a) (7:6b) (7:10a) (7:10a) (7:14a) (7:18a) (7:23b) (8:4a)
        (8:10a) (8:11a) (8:16a) (8:21b)
    niyalma de (1:2b) (1:12a) (2:3b) (2:7a) (2:7b) (2:10b) (4:2b) (4:13b) (4:20a)
        (5:22b) (6:1b) (6:2b) (6:5b) (6:20a) (6:23b) (7:11a) (7:17b)
    niyalma be (2:5a) (2:15b) (2:16a) (2:18b) (3:9a) (3:13b) (3:17a) (3:20a)
        (3:20b) (3:21a) (3:21b) (5:2b) (6:1b) (6:17b) (8:2a) (8:6a) (8:14a)
    niyalmai (2:3b) (2:15b) (2:15b) (2:26a) (3:11b) (3:15a) (3:20b) (5:11a)
        (5:20a) (5:22b) (6:3b) (7:11b) (7:14b) (7:22b)

niyalma i (7:16a)

niyalma boo 人家 (1:13b)

niyaman hūncihin 親戚 (5:8a) (5:9b) (7:19a)

   niyaman hūncihin be (6:21b) (6:23b) (8:1a)

   niyaman hūncihin de (7:12a)

   niyaman hūncihin i (5:10b)

niyaman hūncihiyūn24) 親戚 (1:21b)

niyecen 조각

   niyecen be (8:11a)

niyengniyeri 봄 (5:13a) (7:9b) (7:19b) (7:20a) (7:21a)

nofi 사람(수를 셀 때 쓰는 말)

   nofi (2:9a) (2:24a) (2:25a) (3:16a) (4:6b) (4:7a) (4:7b) (4:8a) (4:8b) (4:9a)

      (4:10a) (4:22b) (4:22b) (5:1a) (5:3b) (5:4a) (5:17b) (8:2b) (8:4a)

   nofi be (4:7a) (4:21b)

nomhon 용흔 ; 양순(良順)하다, 고지식하다 (1:8b) (1:9b)

nonggi- 더흥다 ; 더하다

   nonggime (5:19b)

   nonggire (6:9b)

nujan 주머귀 ; 주먹

   nujan be (7:3a) (7:3b)

nure 술

   nure (4:15b) (4:16a) (4:16a) (4:19a) (4:20b) (5:10b) (5:10b) (6:22b) (7:6b)

      (7:22a) (7:22b)

   nure be (4:16a) (5:10b) (7:6a) (7:6a) (7:6a) (7:7a) (7:7b)

   nure de (3:9a)

   nure i (4:16a)

   nurei (3:18b)

---

24) hūncihiyūn은 사전에 등재되어 있는 않은 어휘로 hūncihin의 다른 형태로 보인다.

nurei hūntaha 술잔

nurei hūntaha be (7:18b)

o- ᄒᆞ다, 되다

oci (1:2a) (1:4a) (1:4b) (1:5a) (1:5a) (1:6a) (1:7a) (1:7b) (1:14b) (1:16a)
(1:16b) (1:19a) (1:19a) (1:19b) (1:19b) (1:20a) (1:20a) (1:20a)
(1:25a) (1:25a) (1:25a) (1:25b) (1:25b) (1:26a) (2:20b) (2:21a)
(2:21b) (2:21b) (2:22a) (2:24b) (3:1b) (3:4b) (3:4b) (3:7b) (3:8a)
(3:8b) (3:9a) (3:13a) (3:13a) (3:14b) (3:17b) (3:22a) (3:23a)
(4:16b) (4:19b) (4:20b) (5:3b) (5:3b) (5:6b) (5:7b) (5:16a) (5:16a)
(5:18a) (5:18a) (5:18b) (5:19a) (6:4a) (6:5b) (6:5b) (6:7a) (6:9a)
(6:9b) (6:9b) (6:9b) (6:15b) (6:15b) (6:16a) (6:16b) (6:16b) (6:18a)
(6:18a) (6:18a) (6:18b) (6:19a) (6:19a) (7:3b) (7:10a) (7:12b)
(7:13a) (7:13a) (7:14b) (7:15a) (7:15b) (7:16a) (7:19b) (8:4a)
(8:4a) (8:8b) (8:10b) (8:10b) (8:11a) (8:11b) (8:11b) (8:16a)
(8:22a)

ocibe (1:13a) (1:13a) (1:23a) (3:19b) (3:19b) (4:16a) (5:22a) (6:11b) (6:14b)
(6:23a) (8:1b)

ofi (1:1b) (1:7a) (1:8b) (1:22a) (2:1b) (2:11b) (2:13b) (3:6b) (4:2a) (4:3b)
(4:12b) (4:15a) (4:18b) (5:6a) (5:7b) (5:9b) (6:1a) (6:19b) (6:20a)
(7:8a) (7:8b) (7:9a) (7:12a) (7:13b) (7:13b) (7:19a) (7:23b) (8:1a)
(8:5a) (8:14a) (8:16b)

oho (1:4a) (1:8a) (1:8b) (1:8b) (1:11a) (2:10b) (3:4b) (3:5b) (3:15a) (4:7b)
(4:8b) (4:15a) (4:17b) (5:8b) (5:11a) (7:8b) (7:8b) (7:9a) (8:20a)

ohobi (2:25b) (4:9b)

ohode (1:5b) (1:7a) (1:14b) (2:3a) (2:4b) (2:9b) (2:26a) (3:1b) (3:7a) (3:13a)
(4:9b) (5:18b) (5:21b) (7:11a) (8:8b) (8:11a) (8:13b)

ojorakū (1:16b) (2:21b) (2:24b) (3:19a) (3:20a) (3:23a) (4:16a) (4:18a)
(4:19b) (4:20b) (5:17b) (5:19a) (5:21b) (6:2a) (6:2b) (6:5a) (6:9b)
(6:9b) (6:11b) (6:23b) (7:11a) (8:13b) (8:13b)

ojoro (1:16b) (1:23b) (2:13b) (2:15b) (4:2a) (5:6b)

okini (2:8b) (2:23b) (3:1b) (3:16b) (4:1b) (4:21a) (4:21a) (6:10a) (6:17a)

ombi (1:13b) (1:26a) (2:23a) (3:6b) (3:7a) (4:7b) (4:17b) (4:18b) (4:24b) (5:4b) (5:15a) (5:15b) (5:18a) (5:20a) (5:20a) (6:20a) (7:13a) (7:16b)

oso (7:16b)

obo- 씻다

   obofi (2:5a) (7:21b)

   oboha (4:13b)

   oboki (4:13b)

obu- 민들다, 삼다, 되게 ㅎ다 ; 만들다, 삼다, 되게 하다

   obufi (2:24b) (6:1b) (8:5b) (8:14a)

   obuha (2:5a)

   obumbi (6:5b)

   obume (7:19a)

okcingga 둑게 ; 덮개 (8:18b)

okdo- 맞다

   okdome (4:22a) (4:25a) (5:1a)

   okdoro (5:10a)

oforo 코 (5:14a) (6:4b)

oilo 우ㅎ (2:2b)

okso- 걷다[步]

   oksome (7:14a) (7:21a) (7:22a)

okson 거름 ; 걸음[步] (1:16b) (1:16b) (3:18b) (5:14a)

okto 藥 (7:8a) (7:9a) (7:17b)

   okto be (7:7b)

oktosi 醫員

   oktosi be (7:6b) (7:17b)

olho- ᄆᆞᆯ다 ; 마르다[乾]

olhofi (8:5a)

olhon ᄆ론 ; 마르다, 건조(乾燥)하다 (4:13a) (4:15a) (7:5a) (7:5a)

olhošo- 조심ᄒ다 ; 조심하다

    olhošorne (2:2a) (7:18a)

    olhošoro (7:16a)

    olhošorongge (2:14b)

olon 오랑

    olon be (3:5b) (5:1b)

omi- 마시다, 먹다

    omi (4:17a) (7:8a) (7:8a)

    omici (4:17a) (4:17b) (4:18a) (4:18b) (5:10b)

    omifi (4:15b) (7:7a)

    omiha (7:6a) (7:6a) (7:6a)

    omiha de (7:7b)

    omihangge (7:6b)

    omiki (4:16b) (5:10b)

    omimbio (4:16b) (4:17a)

    omime (7:8a) (7:22a) (7:22b)

    omire be (7:9a)

    omirengge (2:25b) (2:25b)

omibu- 먹이다

    omibuha (6:22b)

    omibuki (5:10b)

    omibume (7:17b)

    omiburengge (4:18b)

omica- 먹다

    omicafi (4:19a)

omiholabu- 굼기다 ; 굶기다

    omiholabuci (4:1a)

omiholabumbio (3:9a)

onco 너른 ; 너르다, 넓다, 관대(寬大)하다 (2:13a) (3:3b) (8:10a) (8:10b)

onggolo 일즉, 曾前 ; 일찍이 , 이전(以前)에 (1:15b) (1:15b) (1:16a) (1:16a)
　　　　(1:16b) (1:22a) (1:24a) (1:24b) (1:24b) (1:25a) (1:25a) (1:25a)
　　　　(1:25a) (1:25a) (1:25b) (2:1a) (2:2a) (2:7a) (2:8a) (2:8b) (2:13a)
　　　　(2:22a) (2:22b) (3:3b) (4:1b) (4:6a) (4:6a) (4:7a) (5:10a) (6:15b)
　　　　(6:4b) (6:6b) (7:15b) (7:24a)

onggo- 닛다, 닞다 ; 잊다

　onggofi (3:14b)

　onggoho (2:20a) (4:12b) (4:12b)

　onggorakū (3:11b)

orho 집ㅎ, 여믈 ; 짚, 여물, 풀

　orho be (2:1a) (2:2b) (2:10a) (2:21b) (2:21b) (2:22a) (2:22a) (3:6a)

　orhoi (2:11b) (5:1b)

orhoi sektefun 집자리 ; 짚으로 짠 돗자리, 거적, 가마니

　orhoi sektefun be (2:11b)

orhoda 人蔘

　orhoda (5:3a) (5:6a) (5:6a) (5:6b) (5:6b) (5:6b) (5:6b) (5:9a) (6:7a) (8:1b)
　　　　(8:2a) (8:2a) (8:2b) (8:2b) (8:2b) (8:3a) (8:5a) (8:14b)

　orhoda be (8:4b) (8:5b)

　orhoda i (5:9a) (8:2a)

orin 스믈, 20 ; 스물, 20 (1:13b) (2:4a) (2:7b) (2:10b) (2:12b) (2:18a) (6:16b)
　　　　(6:16b) (8:3a) (8:5b) (8:12a) (8:21a) (8:21a)

orin 두25) (4:14a) (4:14b) (4:16a)

---

25) 만주어 orin(20)에 한국어 '두(2)'가 대응되어 쓰이고 있는데 이는 '스물'의 잘못으로 보인
다. 다만 단순한 '스물'에 대한 오기(誤記)라면 '스' 혹은 '물'로 쓰였어야 하는데 '두(2)'로
언해되었다든지 같은 계열의 'gūsin(30)'이 '서(3)'로 언해된 것을 볼 때, 이 부분은 번역
상의 오류로 보아야 할 것이다. 다만 이러한 번역상의 오류가 모두 돈의 단위로 쓰이는
경우에만 나타난다는 점을 볼 때, 번역 당시의 물가 차이와 같은 어떤 특별한 원인이
이러한 번역상 오류에 개입한 듯하다.

orita 스므 ; 스무째 (8:5b)

oron 바히 ; 전혀 (7:19a)

oyonggo 긴흔 ; 긴(緊)하다, 긴요(緊要)하다 (2:19a)

puseli 푸즈 ; 가게, 점포 (3:18b) (6:18b) (6:18b)

sa 난간 ; 끌채 (7:1b)

sa- 알다

   saci (1:26a) (6:15b)

   saha (7:9a)

   sambi (1:2a) (2:14b) (2:21a) (6:14b) (6:15a) (6:17a) (7:3b)

   sara (8:22b)

   sarkū (1:9a) (2:13b) (2:19a) (3:19a) (3:20b) (7:9b) (8:8a) (8:13b) (8:15b)

   sarkūngge (7:24a)

sabu- 뵈다, 보다

   sabucibe (7:24a)

   sabufi (2:15a)

   sabuha de (3:3a)

   sabuhakū (7:5b)

   sabure (4:12a)

sadun mukūn 査頓 (6:22b)

sahaliyan 거믄 ; 검다 (1:25a) (1:25a) (2:7b) (4:12a) (7:21a)

saha- 쓰다 ; 쌓다

   sahahangge (3:1a) (3:1b)

saifi 술 ; 숟가락[匙]

   saifi be (4:8a)

saikan 잘 (3:12a) (4:3b) (4:10b) (5:3a) (6:10b) (7:1a) (7:2a)

saikan 아름답다 (7:11a)

saikū 얌쥬 ; 안주(按酒)

   saikū (7:4a)

   saikū be (7:21b)

sain 잘 (1:2b), (1:5a)

sain 좋다, 잘ᄒ다, 어질다, 平安ᄒ다, 착ᄒ다, 佳 ; 좋다, 잘하다, 어질다, 평안
(平安)하다, 착하다

    sain (1:10a) (1:10b) (1:11b) (1:14b) (1:15b) (1:17b) (1:24a) (1:25a) (2:10b)
        (2:13a) (2:14a) (2:14b) (2:19b) (2:25b) (3:4b) (3:8a) (3:11a)
        (3:13b) (3:18b) (3:19b) (3:21b) (4:6b) (4:12b) (4:16a) (4:16a)
        (4:16a) (4:16b) (4:17a) (4:19b) (4:20a) (4:21b) (5:3a) (5:3b) (5:6a)
        (5:6b) (5:7a) (5:7b) (5:7b) (5:8b) (5:13a) (5:15a) (5:17a) (5:17a)
        (5:17b) (5:21a) (5:21b) (6:2a) (6:2b) (6:8b) (6:10a) (6:11a) (6:12a)
        (6:12a) (6:12a) (6:13a) (6:15a) (6:16a) (6:17a) (6:18b) (6:18b)
        (6:19a) (6:19b) (6:21a) (6:21a) (6:23b) (7:1b) (7:4a) (7:10b)
        (7:13b) (7:14a) (7:14b) (7:14b) (7:15b) (7:16b) (7:18a) (7:18a)
        (7:19a) (7:20b) (7:20b) (8:1b) (8:1b) (8:2a) (8:2b) (8:2b) (8:3b)
        (8:4a) (8:6b) (8:6b) (8:7b) (8:7b) (8:7b) (8:9a) (8:10a) (8:10b)
        (8:12a) (8:12a) (8:12b) (8:14a) (8:15a) (8:15b) (8:16a) (8:16a)
        (8:16b) (8:19b) (8:20b) (8:20b) (8:20b) (8:21b)

  sain be (7:11b) (8:15b)

  sain de (1:16b)

  sain i (1:2b)

sain ehe 善惡

  sain ehe be (3:17b)

sain šun i inenggi 佳日 (7:10a)

saiyūn 平安ᄒ냐? ; 평안하냐? (1:24a) (5:7a) (5:7b) (5:8b)

sajirtu 胸背 (6:11a)

  sajirtu be (6:13b)

  sajirtu de (6:14a)

  sajirtu i (6:14b)

sakda asiha 老少 (3:23a)

sakda- 늙다

sakdakabi (5:12b)

saksaha 가치 (5:7b)

sali- 빳다, 쓰다 ; (값이) 나가다

   salimbi (1:11b) (1:11b) (5:8a) (8:3a)

   salimbio (1:11b)

   salirakūn (1:11b)

   salire (4:16a)

   salire be (5:15b)

salibu- 치다(값)

   salibumbi (1:19b) (1:19b) (1:20a) (1:20a)

salja 거리 ; 갈림길 (1:24a)

samsi- 헤여지다 ; 헤어지다, 흩어지다

   samsiha de (4:9b)

sarala morin 츄마몰 ; 추마(騅馬)26) (5:13b)

sargan 妻 (5:8b) (7:23a)

sargan jui 쌀 ; 딸, 딸자식

   sargan jui be (5:8b)

sarila- 잔치ᄒ다 ; 잔치하다

   sarilambime (8:1a)

sarin 잔치 ; 잔치

   sarin de (7:6a)

sartabu- 어긋나게 ᄒ다 ; 어긋나게 하다

   sartabumbi (4:9b)

   sartabure (2:19b)

sasa 홈의 ; 함께 (5:9b) (6:7b) (6:10b) (8:10b)

sasari 홈의 ; 함께 (1:10a) (1:11a) (2:24a) (4:18a) (5:3b)

se 나히, 희 ; 나이, 세(歲) (1:8b) (1:8b) (4:17a) (4:17b) (4:17b) (4:17b) (4:18a)

---

26) 흰 바탕에 흑색, 짙은 갈색, 짙은 적색 등의 털이 섞여 난 말. 흔히 오추마(烏騅馬)라고 한다.

(4:18a) (4:18a) (5:12b) (6:1b) (8:20a)

se jang 社長

   se jang ni (3:12b)

se sirge 白絲 (6:13a) (6:13a)

   se sirge be (6:13a) (6:13a)

   se sirge i (6:12b) (6:12b)

sebderi 그눌 ; 그늘 (2:14b) (7:15a)

sebjele- 즐기다

   sebjeleme (7:9b)

   sebjelerakū (7:10a)

   sebjelere be (7:11a) (7:19a)

seci- 씍다 ; 째다, 찢다

   secihe (5:14a)

sefu 스숭, 사부(師父)

   sefu (1:3b) (1:4a) (1:4b) (1:5a) (1:8a) (1:8b)

   sefu de (1:3b) (1:9a)

seibeni 以前

   seibeni (2:26a) (4:12a) (8:21b)

   seibeningge de (3:4b)

sejen 술의 ; 수레

   sejen (4:23b) (4:23b) (7:2a) (7:13b) (7:2a)

   sejen be (7:2a)

   sejen de (7:13b)

   sejen i (3:16b) (3:23a) (4:5b) (4:7a) (7:1b) (7:1b)

seke 돈피 ; 담비가죽

   sekei (7:20b)

sektefun 자리, 방석 ; 돗자리, 방석(方席)

   sektefun (2:11b) (7:15b)

   sektefun be (5:1b)

sekte- 꿀다 ; (돗자리 따위를) 깔다

    sekte (2:11b)

    sektehebi (3:5a)

    sektembi (7:15b)

    sektere be (5:2a)

sela- 싀훤ᄒᆞ다 ; 흡족하다, 뜻에 맞아 마음에 들다

    selame (7:23a)

sele 쇠 (2:5b) (7:1b)

selgiye- 頒布ᄒᆞ다 ; 반포(頒布)하다

    selgiyehebi (3:20a)

se- ᄒᆞ다 ; 하다

    se (4:9a) (5:1b) (6:4a)

    sembi (1:13a) (2:3b) (2:13a) (2:24a) (3:6b) (3:19b) (4:5a) (4:11b) (4:19b)
            (4:20b) (4:23a) (5:2a) (5:12a) (6:8a) (6:8b) (6:13a) (8:2b) (8:2b)
            (8:6a) (8:6b) (8:7a) (8:16a) (8:20b)

    sembihe (5:1a) (8:1a)

    sembime (6:17a)

    sembio (1:7b) (5:2a) (6:4b) (6:7b) (6:12a)

    seme (1:5b) (1:7b) (2:15a) (2:17a) (3:4a) (3:8a) (3:15a) (3:15b) (3:20a)
            (3:23a) (4:4b) (4:11b) (5:2b) (5:4b) (5:20b) (6:2a) (6:2b) (6:5a)
            (7:8a) (7:9b) (7:14a) (7:16b) (7:19b) (7:23a) (8:10a)

    seci (2:19a) (4:3a) (4:5a) (4:18a) (5:2a) (5:21a) (6:8a) (6:8b) (6:9b) (6:9b)
            (6:14b) (6:15a) (6:19b) (7:11a) (7:16b) (8:9a)

    secibe (1:6a) (3:20a)

    sehe (4:4b) (1:7b)

    sehe be (4:22a)

    sehe seme (3:5a)

    sehebi (2:21b) (2:23b) (3:12a) (5:8a) (5:12a) (6:5b) (8:13b)

    sehengge (7:14b)

serakū (3:4b) (8:9a)

sere anggala (4:1a) (4:4b) (6:17a) (7:19a)

sere de (8:15a) (8:22a)

sere (1:11b) (1:12a) (1:12b) (4:4a) (4:11a) (5:7b) (5:15a) (6:14a)

serengge (4:18b) (5:18b) (5:18b) (6:14a) (8:4a)

sendejebu- 부러지게 ᄒ다 ; (칼을) 날이 부러지게 하다, (칼날을) 부러뜨리다

　　sendejebure (2:2a)

sengge sakdasa 老人들 ; 노친(老親)네 (7:19a)

senggi- 友愛ᄒ다 ; (형제간에) 우애하다, (친척간에) 화목하다

　　senggime (7:12a)

sengkule 부치 ; 부추 (7:4b)

seremše- 防備ᄒ다 ; 방비(防備)하다

　　seremše (2:23b) (2:23b)

serguwen 서늘혼 ; 서늘하다

　　serguwen be (4:12a)

sese tonggo 金縷

　　sese tonggo i (6:14a)

seshe- 뿌리다 ; 뿌리다

　　sesheme (2:2b) (2:6a)

seshete- 허이지다 ; 흩뜨리다

　　sesheteme (2:10a)

si 너, 네 (1:1a) (1:1a) (1:1b) (1:2a) (1:2b) (1:3a) (1:3a) (1:3a) (1:6a) (1:7b)
　　(1:9b) (1:9b) (1:10b) (1:11a) (1:11a) (1:17a) (1:17b) (1:18a)
　　(1:20b) (1:25b) (1:25b) (1:25b) (1:26a) (1:26a) (2:1a) (2:2a) (2:2b)
　　(2:3b) (2:3b) (2:3b) (2:4a) (2:6a) (2:8b) (2:9a) (2:12a) (2:13a)
　　(2:13b) (2:14a) (2:21a) (2:21a) (2:24a) (2:25a) (3:2b) (3:3a) (3:3a)
　　(3:12b) (3:13a) (3:14a) (3:14a) (3:15a) (3:16b) (3:17b) (3:18a)
　　(3:19a) (3:19b) (3:20a) (3:23a) (4:1b) (4:5b) (4:6b) (4:8b) (4:9a)
　　(4:9a) (4:11b) (4:12a) (4:13b) (4:14b) (4:14b) (4:15a) (4:16a)

(4:16b) (4:17a) (4:17a) (4:19a) (4:19b) (4:19b) (4:20a) (4:23b)
(4:23b) (4:24a) (4:25a) (5:1b) (5:2a) (5:2a) (5:3b) (5:4a) (5:4b)
(5:5b) (5:7b) (5:11a) (5:11a) (5:12a) (5:12b) (5:12b) (5:15b)
(5:16b) (5:17a) (5:17b) (5:18b) (5:19a) (5:21a) (5:21b) (5:22a)
(5:22b) (5:22b) (6:1a) (6:3b) (6:4a) (6:4b) (6:5b) (6:6b) (6:7a)
(6:7b) (6:7b) (6:8a) (6:9a) (6:9a) (6:9a) (6:9a) (6:9b) (6:9b) (6:10a)
(6:11a) (6:12a) (6:12a) (6:13a) (6:13a) (6:13b) (6:14a) (6:14a)
(6:14b) (6:15a) (6:15b) (6:15b) (6:17a) (6:17a) (6:17b) (6:17b)
(6:18b) (7:2b) (7:3a) (7:5b) (7:7a) (7:7a) (7:8b) (7:10a) (7:16b)
(8:1a) (8:1b) (8:2a) (8:2a) (8:2b) (8:3b) (8:5a) (8:6a) (8:7a) (8:8b)
(8:8b) (8:10b) (8:10b) (8:11b) (8:13a) (8:13a) (8:13a) (8:13b)
(8:14a) (8:14a) (8:15a) (8:15a) (8:15b) (8:16a) (8:20a) (8:21a)
(8:21b)

sibiya 사슬 ; 삿, 제비, 서표(書標), 표찰(標札)
  sibiya (1:4a) (1:4b)
  sibiyai (1:5a) (1:5a)

siden 스이 ; 사이, 간(間), 동안
  sidende (1:13b) (3:4a) (3:14a) (3:18b) (4:22b) (6:7a)

siden 證人 ; 중매인(仲買人), 거간(居間), 보증인(保證人)
  siden (6:1b)
  siden niyalma (8:2b) (8:7b) (8:11b)
  siden niyalma be (8:13b)
  siden niyalmai (8:4b) (8:13a)

siden 구의 ; 공사(公事) (6:5b)

sidere- 지달쓰다 ; 말이 함부로 뛰지 못하게 발을 싸매다.
  siderefi (7:15b)
  siderehekū (3:14b)
  sidereki (3:14b)
  siderembihe (3:14b)

sideri 지달27) (7:15b)

siheše- 아첨ᄒᆞ다 ; 아첨하다, 애교떨다

    sihešeme (7:24a)

sijigiyan 긴옷 ; 도포(道袍) (7:19b)

sikse 어제

    sikse (1:2a) (3:4b) (4:10b) (4:11b) (4:11b) (5:7a) (7:7a)

    sikse ci (7:9a) (7:9a)

silemin 질긘 ; (천 따위가) 질기다 (6:11b)

simbe 너를 (2:26a) (5:10b) (5:11a) (6:6b) (7:17b) (8:1b) (8:9a) (8:16b) (8:21b)

sin kung wan 神芎丸 (7:7b)

sinci 네게셔 ; 네게서 (3:9a) (4:17a) (4:18a)

sinda- 놓다, 두다

    sinda (2:2b) (2:6b) (3:7a) (4:9b) (4:25a) (5:21b) (6:20a) (7:1a) (7:2a)

        (8:21a)

    sindaci (4:6b) (8:14a)

    sindafi (2:2b) (2:5b) (2:6a) (2:13a) (3:22a) (4:10a) (4:14b) (7:15b)

    sindahabi (3:9a)

    sindambi (7:15b)

    sindame (3:6a) (4:8a)

    sindara (5:22a)

sindabu- 놓다 ; 방목(放牧)하다, 놓이다, 놓게 하다

    sindabume (4:7b)

sinde 네게 (2:12b) (2:20b) (3:14a) (4:23b) (5:17b) (6:3b) (6:4a) (6:6a) (6:9a)

          (6:10a) (6:11a) (6:12a) (6:13a) (6:13b) (6:15a) (6:16a) (6:23a)

          (7:7b) (8:4a) (8:7a) (8:9a)

singgebu- 삭이다, 소화(消化)시키다

    singgebume (7:7a)

---

27) (말이 함부로 뛰지 못하게) 발을 싸매는 기구.

singgebure (7:7b)

sini 네, 너의

    sini (1:6a) (1:7b) (1:7b) (1:7b) (1:8a) (1:10a) (1:10a) (1:10a) (1:15a)
        (1:15b) (1:21b) (1:22b) (1:24b) (2:6b) (2:7a) (2:8b) (2:24b) (3:7a)
        (3:8b) (3:12b) (3:12b) (3:13a) (3:16a) (3:16b) (3:19a) (4:3a) (4:3a)
        (4:5a) (4:5a) (4:17b) (4:23a) (4:24a) (4:24a) (5:2a) (5:3a) (5:5a)
        (5:6b) (5:8b) (5:8b) (5:9a) (5:9a) (5:11a) (5:15a) (5:15b) (5:15b)
        (5:17b) (5:18b) (5:18b) (5:21a) (5:22b) (5:23a) (5:23a) (6:3b)
        (6:7a) (6:15a) (6:16b) (6:17a) (6:20b) (7:7a) (7:8b) (7:8b) (8:3a)
        (8:3a) (8:5a) (8:6a) (8:8a) (8:9a) (8:9a) (8:11a) (8:15a) (8:20a)
        (8:20a)

    sininggeo (3:18b)

sira- 닛다 ; 잇다[繼]

    sirame (7:15b)

sirdan 살, 화살

    sirdan (6:21a) (7:3b)

    sirdan be (7:2b)

    sirdan de (2:17a) (2:18b) (2:18b)

sirge 실 (6:11b)

    sirgei (7:20b)

sitahūn 쇼죠흔 ; 적다, 부족하다 (7:17a)

sithū- 힘쓰다 ; 힘쓰다, 진력(盡力)하다, 전심(專心)하다

    sithūme (1:8b) (1:8b) (1:8b)

siyan lo 新羅

    siyan lo i (5:6b) (5:6b)

siyan šeng 先生

    siyan šeng (7:7a) (8:19b)

    siyan šeng de (7:9a)

soco orho 生草 (4:6b)

sogi ᄂᄆᆞᆯ, 치소 ; 나물, 채소
    sogi (3:7b) (3:7b) (4:16b)
    sogi be (7:4b)
sokto- 취ᄒᆞ다 ; (술에) 취하다
    soktoho (3:9a) (7:22b)
soktobu- 취ᄒᆞ게 ᄒᆞ다 ; (술에) 취하게 하다
    soktobuhakū (6:22b)
soli- 請ᄒᆞ다 ; 청(請)하다, 부르다
    solime (6:21b) (6:22b) (7:6b) (8:1a)
somi- ᄀᆞᆷ초다 ; 감추다
    somime (7:1a)
son son i 산산이 (4:9b)
songko 자최 ; 자취
    songko be (2:18a)
songko muru 踪跡 (3:22a)
songkoi 대로 (4:20a) (5:16a) (8:11a)
sonjo- ᄀᆞᆯ희다 ; 가리다, 고르다, 선발(選拔)하다
    sonjofi (6:10a) (8:19b)
    sonjoho (8:21a)
    sonjome (2:10a) (6:20b) (7:18a) (8:16b) (8:21a)
sonjobu- ᄀᆞᆯ희다 ; 뽑게 하다
    sonjobume (8:20a)
soro 대쵸 ; 대추
    soro (7:5a)
    soro be (2:16b)
soro moo 대쵸나모 ; 대추나무
    soro mooi (8:17b)
su- 벗기다, 그르다 ; 벗기다, 끄르다, 풀다
    sufi (2:15b) (3:6a) (7:15b)

sure (5:1b)

su jeo 蘇州 (6:11a) (6:11b) (6:12b) (6:12b) (6:14b)

su moo 蘇木 (8:17b)

sube 힘 ; 힘줄, 근력(筋力)

    sube be (6:20a)

suberi 綾

    suberi (1:17b) (1:18a) (1:18b) (1:19a) (1:19b) (6:12a) (6:12a) (6:13b)

    suberi be (6:12a) (6:12a)

subu- 누기다, 씨다 ; (술기운 따위를) 누그러뜨리다, (술을) 깨다

    subume (4:15b)

    subure (7:7b)

sucile- 삿기비다 ; 새끼 배다, 수태(受胎)하다

    sucilehe (5:14a)

sudala 脉

    sudala (7:6b)

    sudala be (7:8b)

sui 罪 (2:16a) (7:13a)

suifun 송곳 (8:19a)

suja- 괴오다 ; 괴게 하다, 받치다

    sujara (7:1b) (7:1b)

suje 비단

    suje (6:11a) (6:11a) (6:11b) (6:11b) (6:11b) (6:13b) (6:14b) (6:14b) (6:14b)
            (6:16a) (6:16b) (6:17a) (6:17b) (6:17b) (7:20b) (8:19b)

    suje be (6:10b) (6:11a) (6:11a) (6:13b) (6:14a) (6:15a) (6:17a)

    suje de (6:13b)

sukdun 김

    sukdun be (2:3a) (2:6a)

suksaha 다리, 넓적다리, 뒷다리

    suksaha (7:5b) (7:5b)

suksaha de (6:1a)

sula 한가히 ; 한가하다 (6:21b)

sula gisun 잡말

   sula gisun be (1:23b)

sula- 놓다

   sulaka (4:25a)

sulabu- 느초다 ; 늦추다, 느슨하게 하다, 넉넉하게 하다, 여유있게 하다

   sulabufi (5:1b)

   sulabume (3:5b)

sunja 다숫, 5 ; 다섯, 5

   (1:8b) (1:12b) (1:14a) (1:14b) (1:20a) (1:21a) (2:3b) (2:3b) (2:8a) (4:17b)
        (4:19a) (4:20a) (4:21b) (5:6b) (5:14b) (5:17a) (5:17a) (5:17b)
        (5:19b) (5:19b) (6:1b) (6:2b) (6:3b) (6:5a) (6:5b) (6:9a) (6:9a)
        (6:15b) (6:16b) (6:18a) (8:3a) (8:5b) (8:7b) (8:21a) (8:21a) (8:21a)

sunjaci 五 (2:6b) (2:9b) (2:10b) (2:12a)

sunjata 다섯式 ; 다섯씩 (1:15b) (8:5b)

suru morin 셔라몰 ; 설아말 (5:13b)

susai 쉰 (1:25b) (2:7b) (2:8b) (8:5b) (8:9b)

susai 닷28) (4:15a)

suwaliya- 석다, 아오로다 ; 섞다, 아우르다

   suwaliya (2:9b)

   suwaliyame (3:21a) (5:13a) (6:4b) (6:5b) (6:20b)

suwanda 마눌 ; 마늘 (7:4b)

suwayan 누룬 ; 누렇다 (6:18b) (8:6b) (8:7b)

suwayan aisin 黃金

   suwayan aisin be (5:7b)

suwayan moo 黃楊木

---

28) 20(orin), 30(gūnin)의 경우와 같다.

suwayan mooi (8:17b)

suwe 너희 (1:23a) (2:3a) (2:11b) (2:25a) (3:4b) (3:9b) (3:9b) (3:10a) (3:10b)
    (3:15a) (3:16a) (3:17a) (4:3a) (4:4a) (4:4a) (4:8a) (4:22a) (4:23a)
    (4:24b) (5:19b) (5:20a) (6:6b) (8:8a)

suwembe 너희롤 ; 너희를 (3:17a) (3:20b) (4:8b) (4:10b) (4:11a) (4:22a) (5:1a)
    (5:1a)

suwende 너희게 ; 너희에게 (2:14a) (4:4a) (4:5b)

suweni 너희 ; 너희의 (1:8b) (1:24b) (2:8b) (2:12b) (3:1a) (3:8b) (3:15b) (3:20b)
    (4:4b) (4:5b) (4:8a) (4:9a) (4:10a) (4:22b) (5:1a) (5:3b) (5:16b)
    (5:17b) (5:19b) (8:2b) (8:4a) (8:15b)

suwen dzano lin 酸棗林 (2:16b)

šada- ㅈ브다, 지치다 ; 가쁘다, 지치다
  šadaha (4:9a)
  šadaha de (2:10a)
  šadafi (5:2b)
  šadame (4:2b) (5:19a)

šahūrun 춘, 凉 ; 차다, 차갑다
  šahūrun (2:9a) (3:23a) (3:23a) (4:14a) (4:14b) (4:16b) (4:17a) (7:7a)
  šahūrun de (7:7a) (7:19b)

ša- 보다
  šame (1:7a)

šan 귀
  šan de (7:22b) (7:18b)

šan dung 山東 (1:17b) (6:12a) (6:1b)
  šan dung de (5:12a)

šangna- 賞 주다
  šangname (7:23a)

šanggabu- 못다 ; 마치다, 성취시키다, 완성케 하다
  šanggabufi (8:12b)

šangnan 賞
    šangnan be (1:6a)
šanyan 흰 ; 하얗다 (1:12a) (6:13a) (7:19b) (7:21a)
šanyan malanggū nimengg I촌기름 ; 참기름 (2:5b)
šao fei wan 消痞丸 (7:7b)
šasiha 湯, 국
    šasiha (7:4a) (7:4a)
    šasiha be (3:10b)
šasihan 국(= šasiha)
    šasihan i (4:14a)
šatan 사탕 (7:5a)
šejile- 외오다 ; 외우다
    šejilehengge (1:5a)
    šejilembi (1:4a)
    šejileme (1:4a) (1:4b) (1:5b)
    šejilere (1:4b)
šejilebu- 외오게 ᄒ다 ; 외우게 하다
    šejilebumbi (1:5a)
šeole- 수 놓다
    šeolere (8:17b)
šolo 틈, 겨를
    šolo (3:16b) (4:23b)
    šolo de (1:2b)
    šolo de (2:20a)
šolo- 굽다
    šoloho (4:13a) (4:14a) (4:14a) (4:14b)
šo- 긁다
    šome (2:5a)
šoro 채롱, 쾅지 ; 광주리

šoro (2:16b)

    šoro de (7:1a)

šu ilha 蓮

    šu ilhai (7:4b)

šui jin wehe 水晶 (8:17a)

šulge[29] 비 ; 배[梨] (7:5a)

šumin 깁흔 ; 깊다 (3:1a) (3:1b) (3:1b)

šun 히 ; 해, 태양 (3:5b) (3:19b) (4:2b) (4:15a) (4:21b) (6:22b) (7:6a) (7:22a)

šun ceng hoton duka 順城門 (1:14b) (4:22a)

šurde- 에우다 ; 에우다

    šurdeme (2:18b) (3:14b)

šuru 珊瑚 (8:17a)

šusai 션비 ; 선비, 수재(秀才) (1:4b) (1:5a) (1:8a) (1:8b) (1:9a)

šusihe 쪽 ; 패쪽 (1:4b)

šusihiye- 하쇼 쩌리다 ; 모함하다, 참소(讒訴)하다

    šusihiyeme (7:17a)

šuwanglu 雙陸 (8:18b)

tabu- 얻다, 짓다

    tabu (6:18b)

    tabuha (6:19a)

tacikū 學堂

    tacikū ci (1:3b)

    tacikū de (1:3a) (1:3b) (1:3b)

taci- 빈호다 ; 배우다

    taci (1:7b) (1:7b)

    tacifi (1:6a) (7:11b)

    taciha (1:2b) (1:3a) (1:3a) (1:3a) (1:3a) (1:8a)

---

29) 기존 만주어 사전에는 'šulhe'로 등재되어 있음.

taciha be (1:2b)

tacihakū (2:26b) (4:13a)

tacihangge (1:7b) (1:8a)

taciki (2:25b)

tacimbi (1:3b)

tacimbio (1:7b)

tacirengge (1:7b)

tacibu- ᄀᄅ치다 ; 가르치다

　　tacibu (8:16a)

　　tacibumbi (1:8b)

　　tacibumbio (1:8b)

　　taciburakūn (1:8b)

　　tacibure (2:26a) (2:21a)

tacin 학문, 버릇 (1:3a) (1:4a) (1:9b)

tafula- 말리다, 간(諫)하다

　　tafulafi (7:17a)

　　tafulara be (7:19a)

taibu 들보 (3:5a)

taili 더 ; 대, 장대

　　taili de (7:22a)

taka 아직 (1:23b) (2:10a) (2:12a) (2:22a) (2:22b) (3:3a) (4:4a) (4:14b) (5:1b)
　　　　(5:1b) (5:2a) (5:3b) (5:4b) (5:10a) (5:16a) (5:17b) (6:7a) (6:20a)
　　　　(7:2a)

taka- 알다

　　takambi (3:16b)

　　takambio (3:19a)

　　takara (1:11b) (1:12a) (3:17b) (5:3b)

　　takarakū (4:19b) (5:13a) (8:13a) (5:21b) (6:17b)

takasu30) 날회라, 천천히 하라 (3:15b) (7:3b) (8:13a) (8:21a)

takūra- 부리다

    takūrafi (3:14a)

    takūraki (7:2a)

takūrara 使喚 (6:22b)

takūrša- 부리다

    takūršara (7:22a)

tama- 담다

    tamafi (3:10a) (3:10b) (4:8a)

    tamame (3:9b)

tanggū 百, 100

    tanggū (1:14a) (2:8a) (2:8a) (2:8a) (2:8b) (2:18a) (3:18b) (4:3a) (4:3b)
            (5:15b) (5:16b) (5:18a) (5:19b) (6:3b) (8:3a) (8:4b) (8:5a) (8:11b)
            (8:14a) (8:17a) (8:17a) (8:17a) (8:17a) (8:17b) (8:17b) (8:17b)
            (8:17b) (8:17b) (8:17b) (8:18a) (8:18a) (8:18b) (8:18b) (8:18b)
            (8:18b) (8:19a) (8:19a) (8:19b) (8:19b)

    tanggū de (8:11b)

tanta- 치다

    tantacibe (1:9a)

    tantafi (2:15b)

    tantambi (1:4b)

    tantame (2:16a)

    tantara be (1:5b)

tantabu- 맞다 ; 맞다

    tantabure be (1:6a) (1:6a)

tara 四寸, (1:22b) (1:22b) (6:22a)

targa- 긔탄ᄒ다 ; 기탄(忌憚)하다

    targahakū (1:23a)

---

30) takasu는 단어의 형태로 보아 'takasu-mbi'의 명령형일 듯하나 만주어 일반사전에서는
   확인이 되지 않는 어휘이다.

tarhūn 살쩐 ; 살찌다 (2:4b) (5:2b) (7:15a)

tarhū- 슬찌다 ; (살이) 찌다

   tarhūrakū (2:21b)

tarun 센 ; 세다 (5:14a)

tasha erin 寅時

   tasha erin de (8:20a) (8:21a)

tašan 虛

   tašan be (1:26a)

tašarame 그릇 (4:10b) (4:11b) (7:3a)

tata- 부리오다 ; (활)을 느슨하게 하다, 이완(弛緩)하다

   tataci (1:14b)

   tatacina (4:23b)

   tatafi (4:22a)

   tataha (1:15a) (1:24a) (4:10a) (5:7a) (5:10a) (6:6b) (6:6b) (6:10a)

   tatahabi (5:5a)

   tataki (4:23a)

   tatambi (1:15a)

   tatame (1:14b) (1:23b) (1:24a) (4:22a)

   tatara (3:16a) (4:23a) (5:10a)

   tatarakū (1:15a)

   tatareo (3:4b)

tata- 드리다, 깃다, 긷다, 짜히다 ; 다리다, 긷다, 빼다

   tata (6:19a)

   tatafi (1:4a) (1:4b) (2:25b)

   tatahangge (1:5a)

   tatambi (1:5a) (2:20b) (3:2a)

   tatame (2:25a) (2:25a) (6:19a)

   tatara (3:2a)

   tatara be (2:25b) (2:26a)

tatara de (6:19a) (6:19a)

tatarangge (2:24b)

tatabu- 부리오게 ᄒ다 ; 짐을 풀게 하다

    tatabuci (4:24a)

    tatabuha (3:21a)

    tatabumbi (3:17b)

tatabu- 쓰이다 ; 뜨이다

    tatabumbi (2:26a)

tatakū 드레 ; 두레

    tatakū (2:20a) (2:20b) (2:20b) (2:21a) (2:25a) (2:25b) (2:25b) (2:26a)

    tatakū be (2:25b) (2:21a)

    tatakū i (2:20a)

tatakū 족집게 ; 족집게 (8:17a)

tata- 믜다31) ; 지우다

    tatame (1:5b)

te 이제 (1:1a) (1:1b) (1:1b) (1:6b) (1:9b) (1:22a) (2:12b) (2:13b) (3:4a) (3:5a)
        (3:19b) (3:20a) (4:8a) (4:12b) (4:16b) (5:5b) (5:6a) (5:6a) (5:6b)
        (6:4b) (7:1a) (7:6a) (8:1a) (8:3a) (8:5a) (8:13a) (8:14b) (8:15b)
        (8:22a)

tebci- 춤다 ; 참다

    tebcirakū (7:19a) (8:22a)

tebu- 담다, 싯다, 붓다 ; 담다, 싣다, 붓다

    tebufi (2:14b) (3:7a) (4:16a) (7:22a)

    tebuhebi (7:1a)

    tebumbi (1:5a) (7:13b) (7:14a)

    tebure (7:2a) (2:22a)

tebubu- 담기다

---

31) '믜다'는 '찢다'의 고어인데 'tatambi 당기다, 뽑다'의 의미와 일치하지 않는다.

tebubumbi (2:26a)

tece- 앉다

   tecefi (5:12b)

   tecehe (6:22b)

   teceki (6:21b)

tede 져의게 ; 그에게 (2:9a) (3:9b) (5:4b) (5:12b) (7:17a)

tede 져긔 ; 저기에 (5:3b) (8:20a)

tehere- 샹격ᄒ다, 비기다 ; 상응(相應)하다, 맞추다, 비기다

   tehereme (8:12b)

   teherere (6:15b)

teifule- 집허오다 ; 짚고 오다

   teifulehe (2:22b)

teike 앗가 ; 갓, 막, 방금(方今) (2:25a) (3:13b) (4:8b) (4:14b) (5:1a) (5:4b)

           (5:19a)

teile 만, 뿐 ; 만, 뿐, 따름 (1:7a) (2:10a) (2:10b) (2:15b) (3:19b) (4:4b) (6:9b)

           (7:5b)

teisu 마즘 ; 맞은편, 건너 (3:18b)

teisule- 만나다

   teisulefi (3:13b)

teisulebu- 마조치다 ; 마주치다

   teisulebufi (2:17b)

te- 앉다, 살다

   tefi (1:8a) (2:22b)

   tehe (6:1a) (6:1b) (7:12a) (7:15b)

   tehe de (7:12a)

   tehebi (1:10a) (1:10b) (3:12b) (3:13a) (3:17b) (3:18a) (3:18a) (5:23a) (5:23a)

   teki (5:7a)

   teme (1:21b)

temgetu 보람 (5:21b) (5:22a) (6:1b) (6:2b) (6:5b) (8:14a)

temgetu bithe 標文

   temgetu bithe (3:22a)

   temgetu bithe be (3:18a)

temgetu hergen ara- 일홈 두다 ; 이름쓰다

   temgetu hergen arambi (1:5b)

   temgetu hergen araha (6:3a)

temgetule- 보람ᄒ다 ; 표시하다

   temgetule (8:13a)

temše- 드토다 ; 다투다

   temšembi (8:11a) (8:12b)

   temšere (3:22b) (4:20b) (5:16a) (8:3a) (8:4b)

ten 窮極ᄒ ; 극진(極盡)하다, 다하다

   ten de (7:24a)

teng seme 든든이 ; 단단하게, 빡빡하게 (3:3a) (5:16a)

teni ᄀ, 비로소 ; 갓, 바야흐로, 비로소 (1:1b) (1:2a) (2:4a) (2:10b) (2:16b)
         (2:26a) (2:26b) (3:8a) (3:22a) (4:11b) (4:17b) (4:18a) (5:1a)
         (5:16a) (6:15a) (6:19a) (7:3b) (7:18a) (8:8a) (8:14a)

tenteke 져런 ; 저런, 저러한 (6:19b)

tere 그, 져 ; 그, 저

  tere (1:1b) (1:2a) (1:5b) (1:6a) (1:9a) (1:12a) (1:17b) (1:18a) (2:1b) (2:10a)
       (2:14a) (2:15b) (2:15b) (2:15b) (2:16a) (2:17a) (2:17a) (2:17a)
       (2:17b) (2:18a) (2:18b) (2:18b) (2:19a) (2:20a) (2:20b) (3:5b)
       (3:8a) (3:9b) (3:10b) (3:10b) (3:13b) (3:14a) (3:15a) (3:15b)
       (3:18b) (3:18b) (3:19a) (3:21a) (4:7a) (4:9a) (4:10a) (4:12a)
       (4:20b) (4:23b) (5:1a) (5:4b) (5:4b) (5:5a) (5:5a) (5:5a) (5:7a)
       (5:9a) (5:9b) (5:10b) (6:2a) (6:12a) (6:13a) (6:23a) (8:12a) (8:21a)

  tere be (1:4b) (3:9a) (5:4a)

  tereci (1:5b) (1:9a) (2:23a)

  terei (1:5a) (4:20b) (8:8a)

tese 져들 ; 저들
  tese (5:12a)
  tese be (4:8b)
tesu- 뭇ᄒ다 ; 족(足)하다
  tesurakū (4:2b) (7:10b)
tetele 엿히 ; 여태 (4:1a)
tetendere -이면 (1:9b) (6:15b)
tetun 器皿, 그릇
  tetun (7:23b)
  tetun be (3:10b) (7:16a)
teye- 쉬다
  teye (2:12a)
  teyeme (2:15a) (2:22b)
  teyere (2:20a) (4:12a)
  teyere be (2:9b)
teyebu- 쉬오다 ; 쉬게 하다
  teyebufi (1:14a) (4:15b)
  teyebuki (1:23b)
tob seme 正히 (1:9a) (4:15a) (5:18a) (6:15b) (7:12a)
tob sere 正흔 (5:20a) (8:8a)
todolo 징죠 ; 징조(徵兆)
  todolo be (5:8a)
tofohon 열닷 (1:11b)
toho- 메오다 ; 메게 하다
  tohoro (3:4a) (7:2a)
tohoron 박회 ; 바퀴
  tohoron (7:1b) (7:1b)
  tohoron i (7:1b)
tokto- 경ᄒ다 ; 정(定)하다

toktoho (7:12b) (8:7a)

toktombi (5:16a)

toktobu- 경ᄒ다 ; 정(定)하다

    toktobuha (5:19a) (5:18b) (6:20a) (6:2a)

    toktobuhangge (4:22a)

    toktobuki (5:13a)

    toktobure (5:17b) (5:19b)

tolo- 數혜다 ; 계산(計算)하다

    tolofi (4:15a) (4:19a)

    tolome (8:13a)

tome 每, 마다 (1:4b) (1:15b) (2:7a) (2:7b) (2:7b) (2:8a) (3:17a) (5:15a) (5:18a)

    (5:18a) (6:6a) (8:5b) (8:5b)

tomo- 담다

    tomoro (7:23b)

ton 數 (5:22b)

    ton be (2:9a) (8:21b)

tondo 고든, 바론 ; 곧다, 바르다

    tondo (5:17b) (5:20b) (8:8a)

    tondoi (6:9a)

tonggo 실 (8:10a) (8:10a)

too- 辱ᄒ다 ; 욕(辱)하다

    toome (1:23a)

    toorahū (3:3a)

toobu- 꾸종ᄒ다 ; 꾸중하다

    toobure (7:17b)

tookabu- 어긋나다

    tookabure de (2:10b)

tuba 져긔 ; 저기

    tubaci (1:14b) (2:15a) (2:15b) (6:7b)

tubade (1:13a) (1:13b) (1:15a) (1:15a) (1:17b) (4:6b) (4:9a) (4:12a) (4:15b)
      (4:22a) (4:22b) (4:24a) (8:1b)
tubai (3:1a) (3:1b) (8:16a)
tubihe 과실 (7:4b)
tuci- 나다
   tucifi (2:15b) (3:8b) (3:8b) (4:24b) (5:1a) (5:4b) (7:22a)
   tucihe (6:12b) (6:12a) (6:14b) (7:20b)
   tucike (2:13b) (2:13b) (5:5b) (6:13a)
   tucime (8:13b)
   tucire (3:18b)
tucibu- 내다
   tucibu (2:9a)
   tucibufi (1:5b) (2:5a) (3:9b) (6:2b) (6:5a) (6:5b)
   tuciburakū (2:6a) (5:2b) (5:7a)
   tucibure (2:3a) (6:13a)
tucire dosire 出入
   tucire dosire de (4:5a)
tuhe 두에 ; 덮개, 뚜껑 (2:6a)
tuhe- 지다, 쩌러지다 ; 떨어지다
   tuhefi (3:19b)
   tuheke (2:17a)
   tuhekebi (7:6a)
   tuhetele (4:2b) (6:22b)
tuhebu- 쩌르치다 ; 떨어뜨리다
   tuhebufi (2:18a)
tuhene- 싸지다, 되다 ; 빠지다
   tuhenefi (7:13a)
   tuhenembi (5:18a) (5:18a)
tuilgakū morin ᄀ래ᄂ 몰 ; 사나운 말 (5:14a)

tukiyece- 쟈랑ᄒ다 ; 자랑하다
    tukiyeceme (7:13b)
tukiye- 들다, 드리다
    tukiye (3:7b) (7:6a)
    tukiyefi (2:26a) (7:3a)
    tukiyembi (7:16a)
    tukiyeme (5:12b)
    tukiyerakū (7:3a)
tukiye- 일ᄏ다 ; 일컫다
    tukiyeme (7:14a)
tuktan 처음 (2:9b)
tule 밧긔 ; 바깥, 바깥쪽 (3:8b) (3:8b) (5:11a)
tulergi 밧 ; 밖, 바깥
    tulergi de (3:8b) (3:11b)
tulgiyen 밧긔 ; 바깥 (1:17a) (1:20b) (2:23a) (3:9a) (6:6a) (8:4b)
tumen 萬 (3:12a) (5:8a)
tumin 지튼 ; 짙다 (6:13b)
tunggiya- 줏다 ; 줍다
    tunggiyeme 주어 (2:15a) (7:1a)
tura 기동 ; 기둥 (3:5a)
turga 여윈 ; 여위다, 야위다 (5:14b) (7:15a)
turgakan 격이 여윈 ; 약간 야위다 (2:4b)
turgunde 緣故로 (1:8a) (2:16a) (2:19b) (3:21a) (4:20a) (4:20b) (6:6b) (8:11a)
            (8:12b)
turi 콩
    turi (1:15b) (1:15b) (1:16a) (1:16b) (1:24b) (1:24b) (1:25a) (1:25a) (1:25a)
            (1:25b) (2:2a) (2:2b) (2:7b) (2:8b) (2:22b) (2:22b) (5:10a) (6:6b)
    turi be (2:1a) (2:2b) (2:9a) (2:9b) (2:10a) (2:10a) (3:3b) (4:1b) (4:6a) (4:6b)
            (4:7a)

turi i (1:16a)

turi muke 콩믈

    turi muke be (2:9b) (2:22a)

tusa 有益 (5:20b)

tuta- 써지다 ; (뒤)떨어지다

    tutafi (1:1b) (4:7a) (8:1b)

tutabu- 써지우다 ; 떨어뜨리다, 뒤에 남기다

    tutabufi (2:23a) (2:24a)

tuttu 그러모로, 故로 ; 그러므로, 고(故)로

    tuttu (1:1b) (1:23b) (3:5a) (4:12b) (5:7b) (6:17a)

    tuttu ni (3:2a)

    tuttu oci (1:10b) (1:13b) (2:9a) (3:9a) (6:5a) (8:4a)

    tuttu okini (2:12a) (3:5b) (7:2b)

tuwa 불

    tuwa (2:2b) (2:2b) (2:3a) (2:3a) (2:5a) (2:12a) (7:1a)

    tuwai (2:7b)

tuwa sinda- 불 쎗다 ; 불 피우다

    tuwa sindaha (2:6a)

    tuwa sindame (2:3a) (2:3a) (2:5a)

    tuwa sindara (2:2b)

tuwa- 보다

    tuwa (2:6a) (3:15a) (4:10b) (4:19b) (5:12b) (5:21b) (6:17b) (7:7a) (7:10a)
          (8:11b) (8:13a) (8:20a)

    tuwaci (2:2a) (2:3a) (2:15b) (2:18b) (3:18a) (4:8b) (4:17a) (5:11b) (5:12b)
          (5:15a) (6:4b) (7:7a) (7:8b)

    tuwacibe (5:21b)

    tuwafi (4:16a) (6:2a) (6:8a) (8:13b)

    tuwaha (2:26a) (5:21a) (8:13a)

    tuwaki (6:16a) (6:17a) (6:19a) (7:7a) (8:2b) (8:21a) (8:11b) tuwambi (1:7b)

tuwame (3:9b) (3:10b) (3:15b) (4:3a) (4:11a) (4:23a) (5:3a) (5:3b) (5:18b)
   (7:11a) (7:16a) (7:19a) (7:22a) (7:22a)

tuwara (5:11b)

tuwarengge (3:9a) (4:24a)

tuwabu- 뵈다

tuwabu (4:20a) (5:21a)

tuwabufi (6:20a)

tuwabumbi (4:20a)

tuwakiyabu- 직희오다 ; 지키게 하다

tuwakiyabu (2:24a)

tuwakiyabufi (3:6a)

tuwakiyabumbi (2:24a)

tuwakiya- 직희다 ; 지키다

tuwakiyafi (3:21b)

tuwakiyaki (4:7a) (4:8b)

tuwakiyame (3:9a) (6:10b)

tuwakiyara (5:5b)

tuwana- 보라가다 ; 보러가다

tuwana (4:24a)

tuwanaki (4:23b)

tuwaname (4:23b)

tuwanarakū (3:13b)

tuwaša- 보술히다 ; 보살피다, 돌보다

tuwaša (5:4a)

tuwašafi (2:12a)

tuwašame (7:14a)

tuwašara (2:23a) (3:10b)

tuwašara de (4:9b)

tuwašabume 보숣히게 ᄒ다 ; 보살피게 하다
   tuwašabume (2:23a)
tuweri 겨올 ; 겨울 (7:9b) (7:20b) (7:20a) (7:21a)
tuyembu- 드러내다
   tuyembumbi (7:21b)
tū- 치다
   tūci (7:14a)
u hū 五虎 (8:19b)
uba 여긔 ; 여기
   uba (4:2a) (4:21b)
   ubaci (1:14a) (1:14a) (3:15a) (3:22a) (4:11a) (4:12a) (4:15b) (5:5a)
   ubade (1:1b) (1:24a) (2:14b) (3:12a) (3:15b) (3:22a) (4:5a) (4:7a) (4:13a)
           (4:16a) (5:1a) (5:1a) (5:5a) (5:5b) (5:12a) (5:19a) (6:4a) (6:6b)
           (8:19b)
   ubai (3:1a) (3:1a) (3:2a)
ubaša- 뒤잊다 ; 뒤집다, 뒤치다
   ubašame (2:5b)
ubiyabu- 믜이이다 ; 미움받게 되다
   ubiyabumbi (7:15a)
ubu ᄆ이 ; 몫, 묶음 (8:5b) (8:5b)
ucara- 만나다
   ucarafi (5:9b)
ucule- 노래 부르다 ; 노래부르다
   uculere (7:18b) (7:22b)
ucu- 범으리다 ; 버무리다, 섞다
   ucu (2:22b)
   ucuhe (2:21b)
   ucume (3:3b)
   ucure (2:22b)

uda- 사다

    uda (6:20b) (8:9a)

    udaci (1:17a) (1:17b) (1:18a) (1:18b) (1:20b) (2:4b) (4:7a) (4:14a) (4:18b)
           (5:6b) (5:12a) (5:19a) (6:1a) (6:4b) (6:4b) (6:7a) (6:7b) (6:10b)
           (6:14a) (6:21a) (8:1a) (8:11a) (8:15a) (8:15b)

    udaha (1:18b)

    udahabi (6:13b) (8:19b)

    udahangge (2:8b) (5:23a)

    udahanggeo (5:23a)

    udaki (5:18b) (6:8a) (6:9a) (6:12a) (6:13a) (6:20b) (6:21a) (6:21a) (8:9a)
           (8:14b)

    udambi (6:11a) (6:11a) (6:12a) (6:12a) (6:12b) (6:13a) (6:13a) (6:13b)
           (6:13b) (6:19a) (8:16b) (8:16b)

    udame (1:21b) (2:3b) (4:11a) (4:13a) (5:18b) (6:7b) (8:7a) (8:9a)

    udara (5:2b) (5:11b) (5:19b) (6:2a) (6:3a) (6:17b) (6:19b) (8:1b) (8:4a)
           (8:6a) (8:10a) (8:11a)

    udara be (2:4b)

    udara de (5:16b)

    udarakū (5:19a)

udana- 사라가다

    udana (2:4a) (2:4a)

    udanaci (2:4a)

udu 비록 (1:6a) (3:5a) (3:7a) (3:20a) (4:18a) (5:12a) (5:21b) (6:14b) (7:11b)
         (7:23a) (8:10b)

udu 언머, 몃 ; 얼마, 몇

    udu (1:7b) (1:8b) (1:8b) (1:8b) (1:14a) (1:15b) (1:18b) (1:18b) (1:21a) (2:4a)
           (2:7a) (2:11b) (3:18a) (4:11b) (4:15b) (4:21a) (4:23a) (4:23a)
           (5:1a) (5:3b) (5:5b) (5:8b) (5:9b) (5:12b) (5:12b) (5:15a) (5:15a)
           (6:3b) (6:8b) (6:8b) (6:15a) (6:15a) (6:16a) (6:17b) (7:6a) (7:6b)

(7:6b) (8:3a) (8:6a) (8:6a) (8:6b)(8:6b)

    udu de (1:25a) (1:25a) (5:6a)

udunggeri 여러번 (7:8a)

udz 倭 (6:12b)

ufa 푼즈 ; 밀가루 (6:11b) (6:17b)

ufa ᄀᆞᄅ ; 가루

    ufa (1:12b) (2:8b)

    ufa de (2:7a)

ufa i efen 갈레쩍 ; 가래떡 (2:3b)

ufarabu- 잃다

    ufarabuha (4:21a)

    ufaraburakū (5:20a)

uhei 대되 ; 모두, 함께 (3:14b) (5:12b) (8:15b)

uhen 弟嫂 (6:21b)

uheri 대되 ; 모두, 함께 (1:15b) (1:16a) (2:1a) (2:7a) (2:7a) (2:7b) (2:8a) (2:8a)
           (2:8a) (2:9a) (4:15a) (4:23a) (4:23a) (5:15b) (5:18a) (5:19b) (6:8b)
           (6:8b) (8:5b) (8:11b) (8:12a) (8:18a)

uherile- 統一ᄒ다 ; 통일(統一)하다

    uherilefi (1:6b)

uhuken 므른 ; 무르다 (5:14b)

uhu- 쏟다 ; 싸다[包]

    uhufi (2:22a)

uhun 쏨 ; 쌈 (8:14a)

ujan 끗 ; 끝, 가

    ujan (8:9b)

    ujan de (8:9b)

ujen 重ᄒ ; 중(重)하다 (3:9a)

uji- 기르다, 기르다

    ujihenggeo (5:23a)

    ujimbi (7:23a)
uju 마리 ; 머리, 우두머리
    uju (7:5a) (7:6b) (7:7a) (7:21b) (8:18b)
    uju be (2:15b)
    uju de (3:1b) (7:20b)
uju jergi 웃듬 ; 으뜸 (6:19b) (8:3b) (8:6a) (8:11b)
uka-32) 逃亡ᄒ다 ; 도망(逃亡)치다
    ukaha (2:18a)
    ukaka (3:21a)
ulcin 쎄음 ; 꿰미 (8:17a)
ulebu- 먹이다
    ulebu (2:9b) (2:9b) (3:7a) (7:17b)
    ulebuci (2:10b)
    ulebufi (3:10b) (3:13b) (5:3a)
    ulebuhe (2:7a) (2:21b) (6:22b)
    ulebuhe de (3:11a)
    ulebuki (2:21a) (3:8a) (4:5b)
    ulebumbi (3:11b)
    ulebumbihe (4:4b)
    ulebume (6:6b)
    uleburakū (4:6b)
    ulebure de (2:9b) (3:8a)
ulgiyan yali 猪肉
    ulgiyan yali be (2:4a)
ulha 즘싱 ; 짐승, 가축
    ulha (1:23b) (2:2a)
    ulha be (4:15b) (4:21b) (4:22b) (5:3b)

---

32) 완료형어미로 -ha와 -ka가 함께 쓰이고 있음.

ulha se 즘싱들 ; 짐승들 (1:25a)
ulhi- 씨치다 ; 깨우치다
   ulhihe (2:26b) (4:2b)
ulhibu- 알외다, 알게ᄒ다 ; 알게 하다, 깨우치게 하다
   ulhibuhengge (5:8a)
   ulhibume (3:20a)
uli 시위 ; 활시위
   uli (6:18b) (6:20b)
   uli be (6:20b) (6:20b)
ulin 貨物
   ulin (2:14a) (2:14a) (2:15a) (5:5b) (5:8b) (8:1b) (8:16a)
   ulin be (1:17a) (1:20b) (1:21b) (5:5b) (6:7a) (6:17a) (7:17a) (8:1a) (8:1b)
         (8:15b) (8:15b) (8:15b) (8:16b) (8:19b)
   ulin i (3:18b) (3:18b)
ulin jaka 貨物
   ulin jaka be (7:23a) (8:15a)
ulin nadan 財物 (7:23b)
ulme 바눌 ; 바늘 (8:17a) (8:17a) (8:17b)
umai 아조 ; 아주 (1:9a) (2:14a) (2:19a) (3:11a) (3:19a) (3:22b) (4:18b) (4:21a)
         (5:5b) (5:20a) (6:22b) (6:23a)
umbu- 믇다 ; 묻다
   umbu (2:12a) (7:1a)
ume 말라 (1:25b) (2:2a) (2:3a) (2:10a) (2:12a) (2:13a) (2:14a) (2:14a) (2:21a)
         (3:3a) (3:4a) (3:10a) (3:20a) (3:22b) (4:4a) (4:4a) (4:10b) (4:11b)
         (4:17a) (4:19a) (5:1b) (5:2a) (5:2a) (5:11a) (5:11a) (5:13a) (5:16a)
         (5:19b) (5:20b) (6:9b) (6:13a) (6:15a) (7:16b) (7:17a) (8:3a) (8:4b)
         (8:7a) (8:8a)
umesi ᄀ장 ; 아주, 매우 (1:6b) (1:8b) (1:9b) (1:10b) (1:15a) (1:23b) (2:2a)
         (2:2a) (2:4b) (2:13a) (2:20a) (2:22a) (2:24b) (2:24b) (3:1a) (3:1b)

    (3:3b) (3:4b) (3:5b) (3:10a) (4:2b) (4:3a) (4:19b) (5:3a) (5:6a)
    (5:9a) (5:12b) (5:20b) (6:5a) (6:19a) (6:19b) (7:8b) (7:8b) (7:14b)
    (8:2b) (8:16a) (8:19b) (8:20b)

umiyele- 씌다 ; (띠를) 띠다

  umiyelembi (7:20b)

umiyesun 씌 ; 띠 (7:20a) (7:20a) (7:20a) (7:20b) (7:20b)

unca- 풀다 ; 팔다[賣]

  unca (6:7a) (6:9b)

  uncaci (5:3a) (5:6b) (5:12b) (5:17b)

  uncafi (1:17a) (1:20b) (1:21b) (6:10b) (6:14a) (8:1b) (8:1b)

  uncaha (6:1b) (8:15b)

  uncaha de (1:18a)

  uncahao (8:15b)

  uncaki (5:2a) (5:2a) (5:2a) (5:3b) (6:7b) (6:8a) (6:9b) (6:10a)

  uncambi (1:17a) (1:18b) (5:6a) (6:8b) (6:15a) (6:18a) (8:10b)

  uncame (1:10b) (1:17b) (1:21a) (5:12a) (5:22b) (6:7a) (6:7a) (8:1a)

  uncara (4:13a) (4:16a) (4:19a) (4:20b) (5:2b) (5:4a) (5:6b) (5:12a) (5:15b)
        (5:19b) (5:21a) (6:3b) (6:7a) (6:11a) (6:16a) (6:18b) (6:18b)
        (6:18b) (6:20b) (7:22b) (8:16a) (8:16a)

  uncara de (1:19b) (5:16b) (8:16a) (8:16b) (8:16b)

  uncarakū (5:19a) (6:9b) (8:8b)

  uncarengge (1:11a) (5:12a)

unde 못하다, 못

  unde (3:6b) (4:1a) (6:7a) (7:3b)

  undeo (6:7a) (7:4b)

undehen 널, 널빤지

  undehen (5:5a)

  undehen i (3:5a)

unduri 沿路에 (1:23a) (1:24b) (4:18a) (5:9b) (5:10a)

unenggi 진실 (1:17b) (1:25b) (3:19a) (3:22b) (4:4b) (4:20b) (5:7b) (5:18b)
　　　　(6:15a) (6:23a) (7:11b) (8:8b)

unggi- 보내다
　unggifi (4:7b) (4:8b) (6:4a)
　unggimbi (3:22a)
　unggirengge (3:12a)

untuhun 뷘, 민 ; 비다[空], 다른것이 섞이지 않다 (2:17a) (3:7a) (3:8b) (3:11a)
　　　　(4:23b) (7:8a)

untuhun orho 민집 ; 맨짚
　untuhun orho be (2:10a)

unu- 씌다 ; (짐을) 지다, 메다, 띠다
　unufi (2:14b)
　unuhe (2:15a)

ure- 닉다 ; (고기가) 익다, (어떤 일이) 익숙하다, 숙련되다
　urehe (1:10a) (1:25b) (2:5b) (2:5b) (2:6a) (3:7b) (4:12a) (7:5b) (8:14a)
　　　　(8:14a)
　urehebi (2:24b) (3:6b)
　urehengge (3:8b)
　urehengge be (7:16a)
　urembi (2:3a) (2:6a)

urebu- 닉키다 ; 익히다, 익숙하게 하다
　urebufi (2:4b)

urhu- 기올다, 기우러지다 ; 기울다, 기울어지다
　urhuhe (7:22b)
　urhurakū (2:25b)

urse 類들 ; 종류(種類)들, 무리
　urse (7:6b) (7:16a) (7:22a) (7:24a) (8:14a)
　urse de (7:18b) (7:23a)

uru waka 是非 (7:12a)

urui 벅벅이 (7:13b)

urunakū 반듯시 ; 반드시 (1:6a) (2:10b) (2:11a) (2:24a) (3:13a) (3:15b) (4:10a)
(8:2a) (8:10a) (8:11a)

useri 石榴 (7:5a)

usha- 허믈ᄒ다 ; 허물하다, 탓하다
　　ushambi (3:8b) (5:11a) (7:19b)
　　ushara (4:4a) (5:11a)
　　usharakū (3:8a)

usihibu- 젓다
　　usihibuhe (8:5a)
　　usihiburahū (7:2a)

usihiye- 마시다
　　usihiyembio (2:3b)

usin 밧 ; 밭
　　usin be (7:23b)

usin jeku 밧곡식 ; 밭곡식
　　usin jeku (2:13b)
　　usin jeku be (4:2a) (4:5a)

ušada- 서운ᄒ다 ; 서운하다
　　ušadaha (6:22b)

uše 씬 ; 가죽끈 (8:18b) (8:18b)

utala 許多히 (2:1a) (7:10b) (8:12b)

uthai 곳, 즉시 ; 곧, 즉시 (1:2a) (1:3b) (1:5a) (1:23b) (2:2b) (2:6a) (2:11a)
(2:15a) (2:23b) (3:2a) (3:4b) (3:8a) (3:14b) (3:16b) (3:23a) (4:4b)
(4:12a) (4:16b) (4:17b) (4:20a) (4:22a) (5:2b) (5:4a) (5:4b) (5:5a)
(5:16a) (5:19b) (6:4a) (6:7b) (6:10b) (6:15b) (6:15b) (7:7b) (7:8a)
(7:13a) (7:15b) (8:1b) (8:3b) (8:8a) (8:15a)

uttu 이리 ; 이렇다 (1:15a) (1:23a) (2:3a) (2:9b) (2:13b) (2:14a) (2:19a) (3:2a) (3:5b)

    (3:14b) (3:14b) (3:19b) (4:9b) (4:18b) (5:3a) (5:9a) (6:14a) (7:12b)
    (8:4a) (8:10b) (8:16b)
 uttu de (3:21a)
uttu oci 이러호면 ; 이러하면 (1:10a) (1:12b) (2:1b) (2:4a) (2:8b) (2:13a)
    (2:20b) (3:6b) (3:22b) (4:5b) (4:7a) (4:7b) (4:9a) (4:17b) (4:22b)
    (4:23b) (4:25a) (5:3b) (5:10b) (5:21a) (6:4b) (6:9a) (6:23a) (7:4a)
    (7:9a) (7:17b) (8:4b) (8:8a) (8:9a) (8:13b)
uyan 눅은 ; 묽다, 눅다 (4:13a)
uyan buda 粥
 uyan buda (4:3a) (4:4a) (4:5a) (4:5b) (4:5b) (4:8a)
 uyan buda be (7:8b)
uyun 아홉 (8:7b)
uyunju 아흔 (8:12a)
wa 내 (6:8a)
wacihiya- 뭇다 ; 맻다, 완결(完結)하다
 wacihiyaki (8:4b)
wadan 솔 ; 깃발, 휘장, 장막(帳幕)
 wadan be (7:2a)
wahan 굽 (5:14b) (5:14b)
waida- 쓰다 ; 뜨다, 떠내다
 waidara (3:2a)
waiku 기운 (5:14b)
waji- 뭇다, 무츠다, 뭇차다, 무츠다 ; 맻다, 마치다
 wajifi (1:4a) (1:21a)
 wajiha (1:3b) (3:2b) (3:4a) (3:13a) (3:22b) (4:8a) (4:20a) (7:16a) (8:14b)
 wajiha be (8:14b)
 wajimbi (3:14a) (5:16a)
 wajime (1:21b)
 wajirakū (6:16a)

wajire (6:7a) (6:7a) (7:3b)

waka 아니

    waka (1:26b) (3:17a) (3:17b) (3:17b) (3:20b) (3:20b) (3:22b) (5:2b) (5:15b)
            (5:18b) (6:14a) (6:14b) (6:23a) (7:11a)

    waka be (7:24a)

    wakao (5:7a)

waliya- 브리다 ; 버리다

    waliyafi (1:5b)

    waliyambi (2:10a)

    waliyame (8:22a)

    waliyarakū (3:13a)

wa- 죽이다

    waha (2:4a) (2:16a)

wandz 丸

    wandz be (7:8a)

wang 王(哥) (1:10a) (1:24a) (3:12b) (5:23a) (6:1a) (6:1b) (6:3a)

wang ging 王京

    wang ging ci (1:1a) (1:1a)

    wang ging de (1:17b) (1:18a) (1:18b) (1:19b) (1:20b) (1:21b)

wargi 西 (2:12b) (2:18a) (5:1a)

wargi julergi 西南 (5:5a)

wase 瓦子, 지새 ; 기와 (5:5a)

wase diyan 瓦子店 (1:13a) (1:23b)

wasime ebere- 쇠패ᄒᆞ다. ; 쇠패(衰敗)하다

    wasime eberefi (7:23b)

we 누 ; 누, 누구

    we (1:5a) (2:19a) (5:9b) (7:3b) (7:3b) (7:17b) (8:3b)

    webe (2:24a) (3:16b)

    wede (1:3a) (5:22a)

we ya 아모 ; 아무
   we ya (1:7a) (6:2a) (6:5a)
   we ya de (5:16b)
wehe 돌ㅎ ; 돌
   wehe be (2:15a) (2:21a)
   wehe i (3:1b)
   wehei (2:20b)
wehiye- 붓들다 ; 붙들다
   wehiyeme (7:22a)
weihe 니 ; 이
   weihe (5:12b)
   weihe be (5:12b)
weihe 쓸 ; 뿔 (6:19b)
weihukele- 輕히 ㅎ다 ; 가볍게 하다
   weihukelehe (3:8a)
weihun 산 ; 살아있다 (7:10a)
weile 죄
   weile (1:23a) (7:13a)
   weile de (1:6a)
weile- 민들다, 짓다 ; 만들다, 짓다
   weileci (6:16b)
   weilefi (1:5a) (7:4a)
   weilehengge (2:13a)
weile- 일ㅎ다 ; 일하다
   weileme (2:4b)
weile- 셤기다 ; 섬기다
   weilere (7:16b)
weilengge niyalma 罪人
   weilengge niyalma be (2:16a)

wen su bithe 文書
 wen su bithe (6:1a) (6:2b)
 wen su bithe be (5:22a)
 wen su bithe de (6:5a) (6:5b)
wenje- 半醉ᄒ다 ; (술이) 얼근히 오르다
 wenjefi (7:22b)
wenje- 더이다 ; 데우다
 wenjere (4:17a)
were- 치오다 ; 차게 하다, 식히다
 were (2:9b)
weri 놈 ; 남
 weri (7:12a) (7:13b)
 weringge be (2:2a)
weri- 머믈다, 머물다, 기치다 ; 머물다, 깃들이다
 werifi (3:6a)
 werihe (7:18a)
 werirakū (2:23b)
wesihun 貴ᄒ ; 귀하다 (1:24a) (2:26a) (3:11a) (5:7b) (7:12b) (7:13a)
ya 어늬 ; 어느 (3:18a) (5:5a) (8:20b)
yabu- 돈니다, 녜다 ; 다니다, 가다, 걸어가다
 yabuci (3:8b) (7:18a)
 yabufi (1:13a) (4:2b) (7:11b)
 yabuha (1:11a) (1:21a) (4:12b)
 yabuha de (1:23a)
 yabuhai (7:12b) (7:22a)
 yabuki (2:11a)
 yabumbi (4:1b)
 yabume (3:8b) (5:2b) (7:13b) (7:13b)
 yaburakūn (3:8b)

yabure (1:1b) (3:6a) (3:16a) (3:16b) (4:9b) (7:13b)

　　yabure de (1:23a) (2:24a) (7:15a) (7:16b) (7:21a) (8:20b)

yabun 行實 (7:12a)

　　yabun be (7:14a)

yacihiya- 즈칙움ᄒ다 ; 재채기하다

　　yacihiyambihengge (5:8a)

yacin 鴉靑 (1:18b) (1:19a) (1:19b) (6:13b) (7:19b)

yadahūša- 골프다, 비곫ᄒ다 ; 배곯다

　　yadahūšaha (3:5b) (4:3a)

　　yadahūšame (4:1a)

　　yadahūšara (3:11a)

yada- 貧窮ᄒ다 ; 가난하다, 빈곤하다

　　yadame (7:17a)

yahila- 긇여내다 ; 떼어 먹다

　　yahilame (7:23a)

yala 과연 (7:24a) (8:4a)

yali 고기

　　yali (2:4a) (2:5a) (2:5a) (2:6a) (4:13a) (7:5b)

　　yali be (2:4b) (2:4b) (2:5b)

　　yali de (2:7b)

yalu- 튼다 ; (말을) 타다[騎]

　　yalufi (2:16b) (4:1b)

　　yaluha (4:1a)

　　yalume (7:18b)

yalubu- 틴오다 ; (말을) 태우다, 타게 하다

　　yalubufi (7:22a)

yamji 저녁 (1:4a) (1:13a) (7:17b)

yamji buda 겨녁밥 (4:1a)

yamji- 졈을다 ; 저물다

yamjifi (3:16a)

yamjiha (3:15a) (3:19b) .

yamjishūn 夕陽

yamjishūn de (4:11a)

yamun 衙門 (6:12a)

yamun ci (2:15b)

yan 兩

yan (1:11b) (1:11b) (1:18b) (1:19b) (1:19b) (1:20a) (5:15b) (5:17a) (5:18a)
(5:18a) (5:18a) (5:18a) (5:18a) (5:19b) (6:5b) (6:6a) (6:6a) (6:8b)
(6:9a) (6:9b) (6:9b) (6:15b) (6:18a) (7:6a) (7:6a) (7:23b) (8:3a)
(8:5b) (8:5b) (8:6b) (8:6b) (8:7b) (8:11b) (8:11b) (8:12a)

yan be (5:17a) (5:17a) (5:19b) (6:2a) (6:2b) (6:5a) (6:14a) (6:14b) (8:12a)
(8:12a) (8:14a)

yan de (1:20a) (6:3b) (6:3b) (6:18a) (8:3a)

yan i (5:8a) (7:6b)

yangsangga 빗난, 치레ᄒᄂᆞᆫ ; 꾸미다, 치레하다 (7:10b) (7:21b)

yargiyan 진실

yargiyan (1:26a) (8:3b) (8:13a)

yargiyan i (1:23a) (3:11b) (4:24b) (6:5a) (6:13b) (7:10a) (7:16a) (8:7a)
(8:12a) (8:15b)

yaru- 引導ᄒ다 ; 인도(引導)하다, 이끌다

yarume (4:23b)

yasa 눈

yasa (1:7a) (5:14b) (8:19a)

yasai (1:23b) (4:12a)

yaya 온갖, 므릇 ; 온갖, 무릇 (5:16b) (5:20a) (5:22a) (6:18a) (6:20a) (6:23a)
(7:12a) (7:18a)

yayadame okini 아므라 ᄒ거니 ; 아무렇든지, 아무려나 (4:21a)

yebe oho 낫다 (7:8b) (7:9a)

yebelerakū 게염ᄒ다 ; 기뻐하지 않다 (7:19b)

yebken 나은 ; 낫다, 우수하다 (8:13a)

yobodo- 戱弄ᄒ다 ; 희롱(戱弄)하다

   yobodome (1:23a)

yohi 볼 ; 벌 (6:21a)

yohindarakū 괴수치 아니키 ; 상종하지 않다, 깔보다

   yohindarakū de (7:24a)

yo- 가다

   yoki (1:10a) (1:13b) (1:13b) (1:14a) (6:7b)

yongkiya- 궃다 ; 갖추다, 완비(完備)하다

   yongkiyahabi (8:19a)

yooni 오로 ; 전체, 완전, 전부 (1:6b) (1:7a) (3:1b) (4:25a) (8:3b) (8:4a) (8:19b)

yoro 고도리 ; 고두리뼈

   yoro be (6:21a)

yuyu- 주리다

   yuyure (3:11b)

yūn nan 雲南 (7:20b)

□ 성명 : 최동권(崔東權)
   주소 : (138-787) 서울시 송파구 오륜동 올림픽아파트 135동 1801호
   전화 : 010-9770-0036
   전자우편 : orangkai@hanmail.net

□ 성명 : 김양진(金亮鎭)
   주소 : (482-912) 경기도 양주시 장흥면 부곡리 우남송추마을아파트 102동 808호
   전화 : 010-3186-7648
   전자우편 : kimrj@chol.com

□ 이 논문은 2010년 12월 29일 투고되어
        2011년 1월 15일부터 2월 15일까지 심사하고
        2011년 2월 25일 편집회의에서 게재 결정되었음.

역학서학회 임원 현황 (학회 조직)

顧問 姜信沆(成均館大 名譽敎授)
會長 鄭光(高麗大 名譽敎授)
副會長 金文京(日本 京都大), 梁伍鎭(德成女大)
監事 朴在淵(鮮文大)

總務理事 2人　鄭丞惠(水原女大), 遠藤光曉(日本 靑山學院大)
硏究理事 2人　權仁瀚(成均館大), 岸田文隆(日本 大阪大)
出版理事 2人　金亮鎭(高麗大), 竹越孝(日本 愛知県立大)
財務理事 2人　朴眞完(日本 京都産業大), 朴美英(서울女大)
涉外理事 2人　廣剛(東서울大), 張香實(高麗大),
情報理事 2人　延圭東(서울大), 徐炯國(全北大),
地域理事 日本/伊藤英人(東京外大), 中國/苗春梅(北京外大)

譯學書學會 會則

제1장 總 則

제1조(名稱) 本會는 '譯學書學會'라 稱한다.

제2조(目的) 本會는 譯學書 硏究를 통하여 韓國語, 中國語, 日本語, 滿洲語, 몽골語의 歷史와 言語를 통한 東아시아의 歷史·文化의 제반 교류 과정을 밝힘으로써 東아시아학의 發達에 寄與하는 것을 目的으로 한다.

제3조(事務所) 本會의 事務所는 會長의 勤務處에 두는 것을 原則으로 하되, 會長의 有故時 總務理事의 勤務處에 둘 수 있다.

제2장 事 業

제4조(事業) 本會의 目的을 達成하기 위해 다음의 事業을 한다.

1. 學會誌 <譯學과 譯學書>의 刊行
2. 每年 國際學術大會 開催
3. 譯學 資料의 發掘, 調査, 整理, 影印, 出版과 情報化하는 일과 譯學書을 통한 言語史 및 言語·文化 交流史를 연구하는 일을 수행한다.
4. 其他 本會의 目的 達成에 필요한 사업을 수행한다.

제3장 會 員

제5조(會員) 本會의 會員은 다음과 같다.

1. 顧問 : 본회와 譯學書 관련 학문의 발전에 功이 뚜렷하여 총회의 추대를 받은 분.

   2. 正會員 : 本會의 目的에 찬동하는 석사 이상의 학력과 경력을 갖춘
      사람.

   3. 準會員 : 本會의 目的에 찬동하는 사람.

   4. 機關會員 : 本會의 目的에 찬동하는 각급 기관이나 단체.

   5. 名譽會員 : 本會의 目的에 찬동하여 발전을 도운 사람으로 運營委
      員會의 推戴를 받은 분.

제6조(加入 節次) 本會의 會員이 되고자 하는 者는 所定의 會費와 함께 入會
    願書를 本會에 提出하여 總會의 同意를 받아야 한다.

제7조(資格 喪失) 會員이 정당한 사유 없이 소정회비를 3년 이상 납입하지
    않을 때에는 그 자격을 상실한다.

제8조(脫退) 회원은 본인의 의사에 따라 자유로이 본회를 탈퇴할 수 있다.

제9조(除名) 본회의 명예를 훼손하거나 본회의 목적에 위배된 행위를 한
    사람은 운영위원회의 의결로 제명할 수 있다.

제10조(權限과 義務) 본회의 회원은 다음 각 호에 해당하는 權限과 義務를
    갖는다.

   1. 任員 選出 및 被選擧權 : 正會員 및 準會員, 名譽會員은 總會의 構成
      員이 되며, 임원 선출 및 피선거권을 갖는다.

   2. 회비 납입의 의무 : 顧問과 名譽會員을 제외한 모든 회원은 소정의
      회비를 납입하여야 한다.

제4장 任 員

제11조(任員) 本會는 다음의 任員을 둘 수 있다.

   1. 會長 1인

   2. 副會長 2인

   3. 總務理事 2인

   4. 硏究理事 2인

   5. 出版理事 2인

　　6. 財務理事 2인
　　7. 涉外理事 2인
　　8. 情報理事 2인
　　9. 地域理事 若干名

제12조(任務)
　　1. 會長은 學會를 代表하고 會務를 總括하며 運營委員會와 總會를 소
　　　집하여 그 議長이 된다.
　　2. 副會長은 會長과 함께 學會를 代表하고 會長의 有故時 會長의 役割
　　　을 代理한다.
　　3. 總務理事는 회원의 연락 및 서무에 관한 사항을 주관한다.
　　4. 硏究理事는 연구발표회를 비롯하여 연구에 관한 사항을 주관한다.
　　5. 出版理事는 학회지 편집 및 출판 업무와 기타 학회 도서 출판과 관련
　　　한 사항을 주관한다.
　　6. 財務理事는 재정에 관한 사항을 주관한다.
　　7. 涉外理事는 본회의 섭외 활동을 주관한다.
　　8. 情報理事는 본회의 홈페이지 관리 및 홍보 업무를 주관한다.
　　9. 地域理事는 각국에서의 학회 홍보를 담당하고 해당국에서 진행되는
　　　학술대회를 총무이사와 공동으로 추진한다.

제13조(選出 및 任命) 회장은 정기총회에서 선출하며, 이사는 회장이 임명
　　한다.
제14조(任期) 임원의 임기는 선출 및 선임된 해의 10월 1일부터 2년으로
　　하되 동일 직위에 대한 연임은 1차에 한한다.

제5장　監　事

제15조(監事) 本會의 활동 및 업무 전반에 관한 監査를 위하여 2인 이내의
　　監事를 둔다.

제16조(權限과 義務) 監事는 다음 각 호의 권한과 의무를 갖는다.

    1. 운영위원회 및 편집위원회에 대해 본회의 활동 및 업무 전반에 대해 감사하기 위한 자료의 제출을 요구할 권한을 갖는다.

    2. 운영위원회 및 본회의 각종 위원회에 참석할 권한을 갖는다.

    3. 연1회 이상 회계를 감사하여 그 결과를 정기총회에 보고한다.

    제17조(選出) 감사는 정기총회에서 선출한다.

    제18조(任期) 감사의 임기는 2년으로 한다.

제6장 會 議

제1절 總會

제19조(總會) 본회는 회무에 관한 중요한 사항을 의결하기 위하여 총회를 둔다.

제20조(種類) 총회는 정기총회와 임시총회로 나눈다.

제21조(召集) 정기총회는 定期學術大會 시 召集하는 것을 原則으로 하며 임시총회는 회장 또는 운영위원 과반수, 또는 회원 5분의 1 이상의 요구에 의하여 소집한다.

제22조(成立과 議決) 총회는 참석인원으로 성립되며 참석인원 과반수의 승인으로 의결한다.

제23조(權限) 총회에서는 다음 사항을 의결, 승인 또는 동의한다.

    1. 회칙의 개정 및 보완, 내규의 제정과 개정

    2. 고문 추대에 대한 동의

    3. 회장, 부회장, 감사의 선출

    4. 회원의 입회 및 제명처분에 대한 동의

    5. 입회비 및 연회비의 책정과 재정에 관한 사항 승인

    6. 기타 회무에 관한 중요사항

제2절 運營委員會

제24조(設置) 본회의 중요한 업무 및 방침 등에 관하여 심의, 의결하기 위하

여 운영위원회를 둔다.

제25조(構成) 운영위원회는 임원 전원, 고문, 감사 및 본회의 업무 추진을 위하여 필요하다고 판단되는 회원을 포함한다.

제26조(召集) 운영위원회는 회장 또는 운영위원 3분의 1 이상의 요구에 의하여 소집한다.

제27조(權限) 운영위원회에서는 다음 사항을 심의 또는 의결한다.

1. 회칙의 변경 및 내규의 제정에 관한 사항
2. 고문 추대에 관한 사항
3. 회원의 입회 및 제명에 관한 사항
4. 입회비 및 연회비의 책정과 재정에 관한 사항
5. 학회지의 편집 및 발행과 출판에 관한 제반 사항
6. 회원의 연구윤리 위반 및 그에 따른 징계에 관한 사항
7. 기타 필요한 사항

제7장 財 政

제28조(財政) 본회의 재정은 入會費, 年會費, 寄附金과 각종 수입금으로 충당한다.

제29조(會費의 策定) 입회비 및 연회비 책정에 관한 사항은 운영위원회의 의결과 총회의 승인에 따라 시행한다.

제30조(會計年度) 본회의 회계연도는 10월 1일부터 다음해 9월 말일까지로 한다.

제8장 學會誌 發行 및 論文의 投稿와 審査

제31조(學會誌 名稱) 본회의 학회지는 『역학과 역학서』로 칭한다. 본 학회지의 한자 표기는 『譯學과 譯學書』로 하고 영문 표기는 *Journal of Traditional Translation Study and Philology*로 한다.

제32조(학회지 발행 횟수 및 발행일자) 학회지는 연1회 3월 30일에 발행한

다. 단, 회칙의 개정을 통해 연 2회 이상의 발행을 결정할 수 있다.

제33조(학회지 논문의 투고·심사·편집) 본 학회에서 발행하는 학회지에 게재하는 논문의 투고 및 심사와 편집 등에 관한 제반 사항은 "학회지 논문의 투고와 심사에 관한 규정"에 따른다.

부칙 제1호 제1조 본 회칙은 2009년 11월 13일부터 시행한다.

학회지 논문의 투고 규정

제1조(목적) 이 규정은 본 '역학서학회'의 회칙에 따라 학회지에 게재하는 논문의 투고와 원고 작성 요령에 대하여 명시하는 것을 목적으로 한다.

제2조(논문의 종류) 학회지에 게재되는 논문은 심사논문과 기획논문으로 나뉜다. 심사논문은 본 학회의 학회지 논문의 투고와 심사에 관한 규정에 따른 심사 절차를 거쳐 게재된 논문을 가리키며, 기획논문은 편집위원회에서 기획하여 특정의 연구자에게 집필을 위촉한 논문을 가리킨다.

제3조(기획논문) 기획논문에 대하여도 심사논문과 동일한 절차의 심사를 시행하는 것을 원칙으로 하되, 편집위원회의 결정에 따라 심사 방법을 정할 수 있다. 기획논문의 집필자는 본 학회의 회원 여부에 구애받지 아니한다.

제4조(투고 기한) 논문의 투고 기한은 매년 12월 말로 한다.

제5조(발행일) 12월 말까지 투고된 논문은 심사 과정을 거쳐 이듬해의 3월 30일에 발행하는 학회지에 수록하는 것을 원칙으로 한다.

제6조(심사료/원고료) 심사용 논문을 투고할 때에는 3만원의 심사료를 '역학서학회' 계좌(00은행 00000000, 예금주 000)에 넣어야 한다. '수정 후 재심'의 경우는 심사료를 따로 받지 않는다. 학회지에 수록되는 논문에 대하여는 운영위원회의 결정에 따라 필자에게 소정의 원고료를 지불할 수 있다.

제7조(분량/게재료) 원고 분량은 200자 원고지로 환산하여 150매 이내로 한다. 게재가 확정되었다는 통보를 받으면 전임은 5만원, 연구비를 받은 논문은 10만원의 게재료를 '역학서학회' 계좌(00은행 00000000, 예금주 000)에 넣어야 한다.(비전임은 게재료 면제). 「연구논문」의 경우, 매수를 초과하면 원고지 1매당 2,000원의 초과 게재료를 따로 내야 한다.

제8조(익명성 유지 조건) 심사용 논문에서는 졸고 및 졸저 등 투고자의 신원을 드러내는 표현을 할 수 없다. 편집간사는 심사자에게 심사용 논문을 송부할 때 반드시 투고자의 성명과 기타 투고자의 신원을 알 수 있는 표현 등을 삭제하여야 한다.

제9조(요약문) 연구논문의 경우, 한국어 요약과 한국어 핵심어휘는 필자명과 「서론/들어가기」 사이에 넣고 영문 요약과 영어 핵심어휘는 참고논저 다음에 넣는다. 핵심어휘는 요약문 다음에 한 줄을 띄고 넣는다.

제10조(원고 작성) 논문의 원고는 컴퓨터로 작성함을 원칙으로 하며, 문장편집기 프로그램은 「흔글」(3.0판 이상)을 사용할 것을 권장한다.

제11조(편집 형식) 원고는 다음 각 항에 따라 편집한다.

1. 전체 형식 : 논문의 형식은 다음의 배열에 따른다.
   제목-필자명(소속)-요약-핵심어-본문-참고문헌-필자사항

2. 문단모양(Alt-T) : A4 용지 기준 : 왼쪽 여백(0)/오른쪽 여백(0)/들여쓰기(10pt)/줄간격(160)/문단 위(0)/문단 아래(0)/최소공백(60%)/정렬방식(양쪽 혼합)

3. 글자크기와 모양(Alt-L) : 본문(10;신명조;보통)/각주번호와 각주본문(9;
   신명조;보통)/본문과 각주 모두 장평은 100로 하고 자간은 -10으로 함.

주제목(16;신명조;진하게)

소제목(12;신명조)

저자명(12;HY중고딕)

(소속)(10;HY중고딕)

<ABSTRACT>(9;바탕체;진하게)

요약(9;신명조)

Key Words: 핵심어(9;HY중고딕;진하게)

1. 큰제목

1.1.

  1.1.1.

본문(10;신명조;보통;들여쓰기10)

---

4. 요약 : 요약은 1,200자 이내의 영문 요약을 논문 본문의 앞에 핵심어와 함께
   싣는 것을 원칙으로 하되 본문의 언어와 다른 언어로 된 요약문을 허용한다.
   다만 논문 본문의 언어가 한국어 이외의 언어인 경우는 한국어 요약을 본문
   의 앞에 핵심어와 함께 싣고 참고문헌 뒤에 해당 언어로 된 요약문을 따로
   싣는 것을 기본 형식으로 한다.

5. 본문의 모양 :

> 1. (큰제목:글자크기(13)신명궁서;진하게/가운데정렬(0))
> 1.1.(작은제목:글자크기(11)신명조;진하게/들여쓰기(0))
> 1.1.1.(작은제목:글자크기(10)신명조;보통/들여쓰기(10))

6. 주석

주석은 서지사항 등의 간략한 사항은 될 수 있는 대로 내각주로 처리하고 본문의 내용을 보충 설명하는 내용주만을 외각주의 형식으로 처리하는 것을 원칙으로 한다.

한국어로 작성된 논문의 경우, 내각주나 외각주에서 서지사항을 인용할 때는 지은이의 이름과 논저의 작성 연대를 '홍길동(2010)'과 같이 간략하게 밝히되, 지은이가 세 사람 미만일 때는 이름을 모두 밝히고, 세 사람 이상일 때에는 '홍길동 외에(2010)'와 같이 표시한다. 같은 해에 동일한 저자가 두 편 이상의 논저를 발표한 경우는 홍길동(2010a), 홍길동(2010b)와 같이 표시한다. 서양인이나 중국인, 일본인 등의 논저를 인용할 때에는 외래어 표기법에 맞게 한글로 음사한 표기로 적음을 원칙으로 하되, 괄호 안에 그 원어명을 논저의 작성 연도와 함께, '람스테트(G.J. Ramstedt, 1928)'와 같이 적는다.

한국어 이외의 언어로 된 논문의 경우는 전체적인 체제는 한국어의 경우에 따르되 서지사항의 인용에서 지은이의 이름은 해당 언어에서의 일반적 관습에 따르는 것을 허용한다.

제12조(참고문헌) 참고문헌은 본문이 끝나고 2줄을 띄고 작성한다. 참고문헌의 문단모양은 본문과 동일하나 들여쓰기를 하지 않는다.

> 가. 국문 책
>
> ○○○(2010), 『역학서 연구』, ○○출판사.
>
> 나. 국문 논문
>
> ○○○(2010), 「역학서 연구에 대하여」, 『역학서 연구』 5, ○○학회, 1-19.
>
> 다. 영문 책

Poppe, N.(1965), *Introduction to Altaic Linguistics*,
　　　Wiesbaden: Otto Harrassowitz.
라. 영문 논문
　　Ramstedt, G. J.(1928), "Remarks on the Korean Language,"
　　　　Mémoires de la Société Finno-Ougrienne LVIII:441-453,
　　　　Helsinki: Suomalais-Ugrilainen Seura,

제13조(제출 방법) 게재가 확정된 원고는 편집위원회의 전자우편으로 제출
한다.

학회지 논문의 심사 규정

제1조(목적) 이 규정은 역학서학회의 학회지 「역학과 역학서」에 투고된 논문의 내용과 형식에 대한 제반 심사에 관한 사항을 규정함을 목적으로 한다.

제2조(심사의 대상)
① 논문 심사는 청탁 논문을 제외한, 투고된 모든 논문을 대상으로 한다.
② 청탁 논문에는 기획논문과 특집논문, 서평 및 자료 소개 등이 포함된다.
  「역학과 역학서」에 비정기적인 기획에 따라 이루어지는 기획논문과 학계의 원로로부터 받는 특집논문 및 역학 분야의 전문가에 의해 제공되는 각종 문헌에 대한 서지 소개 및 색인 등의 기초 자료를 제공할 목적으로 작성된 기초 자료 논문이 포함된다.
③ 단, 청탁논문이라 하더라도 경우에 따라 심사의 필요성이 제기될 경우에는 편집위원회의 의결을 거쳐 심사할 수 있다.

제3조(심사위원 위촉) 편집위원회는 투고된 각 논문에 대하여 해당 분야의 전공자 3인을 심사위원으로 위촉한다.

제4조(논문 심사 의뢰) 편집위원회는 위촉된 3인의 심사위원에게 심사를 의뢰한다.

제5조(심사 기간) 심사위원은 심사 위촉을 받은 날로부터 초심의 경우 21일 이내에, 재심의 경우 14일 이내에 심사 결과를 반송하여야 한다.

제6조(심사)

① 논문 심사의 객관성을 확보하기 위해, 심사위원은 심사 의견서에 명시된 각 평가 항목에 대해 정해진 기준에 의거하여 점수를 부여하고 이를 심사 의견서에 기재한다.

② 심사의견은 '개재 가', '수정 후 개재', '수정 후 재심', '게재 불가'의 4단계로 하며 심사위원회에서는 3인의 심사 결과를 바탕으로 심사 평점을 부여하여 게재 여부를 최종 결정한다.

제7조(심사의 기준)

① 논문 체제의 안정성 : 논문의 일반적인 구비 여건을 두루 갖추었는가?

② 주제의 명료성 : 논문이 주장하는 바가 명료한가?

③ 주제의 독창성 : 논문이 주장하는 바가 창의적이고 새로운가?

④ 논지 전개의 타당성 : 논지의 전개는 일관되고 설득력 있게 전개되었는가?

⑤ 학술적 완성도 : 논문이 본 학회지가 요구하는 학술적 수준의 깊이를 충족하였는가?

제8조(심사료 및 게재료)

① 논문 투고시 소정의 심사료(6만원)를 납부하고 논문 게재가 확정되었을 때는 일반 논문 10만원, 학술지원비 수혜 논문은 20만원 게재료를 납부한다.

② 논문의 분량은 학회지 편집 체제에 따라 20쪽 내외로 하되 초과된 분량에 대해서는 학술지를 기준으로 1면당 5천원씩의 조판비를 부담함을 원칙으로 한다. 단, 청탁논문의 경우는 분량의 제한이 없다.

③ 학회 운영진에서는 논문 심사자에게 소정의 심사비를 제공한다.

제9조(개정) 이 규정은 편집위원회 재적위원 2/3의 참석과 과반수의 찬성에 따라 개정할 수 있다.

譯學과 譯學書 第2號

發行日 2011年 3月 30日

發行處 **譯學書學會**

　　　　(우) 441-748

　　　　　　경기도 수원시 권선구 오목천동 수원여대길62

　　　　　　수원여자대학 인제관 406호

　　　　Tel .(031) 290 | 8162

　　　　Fax .(031) 290 | 8145

　　　　e-mail: cshblue@chol.com

製作處 **圖書出版 博文社**

　　　　Tel .(02) 992 | 3253

　　　　e-mail: bakmunsa@hanmail.net

　　　　http://www.jncbms.co.kr

ISBN 978-89-94024-61-5 94710　　　　　　　정가 18,000원